Ilit Ferber

# Sprachwehen
## Über Schmerz und den Ursprung der Sprache

**Ilit Ferber** ist Professorin für Philosophie an der Tel Aviv University. Ihre Forschung befasst sich schwerpunktmäßig mit der Philosophie der Emotionen, insbesondere mit der Melancholie, dem Leiden und dem Schmerz aus der Perspektive der Sprache. Sie hat u. a. Aufsätze zu Benjamin, Heidegger, Leibniz, Scholem, Herder, Freud und Améry publiziert und ist Autorin von *Philosophy and Melancholy. Benjamin's Early Reflections on Theater and Language* (Stanford UP 2013). Zudem ist sie Mitherausgeberin von vier internationalen Bänden zur Philosophie der Stimmung, Sprache der Klage sowie zur Relation zwischen Sprache und Gewalt.

Ilit Ferber

# Sprachwehen

## Über Schmerz und den Ursprung der Sprache

Aus dem Englischen von Peter Brandes

Neofelis

# Inhalt

Im Gedenken an Werner Hamacher

# 1
# Über Schmerz und den Ursprung der Sprache

Auf den ersten Blick erscheint es evident, dass Sprache und Schmerz vollkommen unterschiedliche – wenn nicht gar entgegengesetzte – Strukturen aufweisen. Paradigmatisch für das äußerst Private separiert uns Schmerz, wenn er in unseren Körper eindringt, von jedem, der nicht Gegenstand von dessen überwältigender Vehemenz ist. Aus sprachlicher Perspektive markiert der Schmerz sogar eine noch tiefere Trennung zwischen dem Leidenden und der Welt: Vollkommen unzugänglich und unsichtbar für alle außer der Person, die diesen erlebt, ist der Schmerz von dem artikulierten und kommunikativen sprachlichen Ausdruck grundsätzlich ausgeschlossen. Schmerz wird daher üblicherweise als eine Erfahrung angesehen, die nicht vollständig durch die Sprache ausgedrückt werden kann, als etwas, das wir nie gänzlich kommunizieren oder mit anderen teilen können. Sein unmittelbares Wesen verleitet dazu, ihn als etwas Privates anzusehen, insofern jeglicher Versuch, ihn in der Öffentlichkeit auszusprechen, zum Scheitern verurteilt ist. Nach diesen Überlegungen scheint Sprache all das zu sein, was nicht Schmerz ist. Die ihr zugrunde liegenden Prinzipien sind solche der Teilhabe, der Kommunikation und verschiedener Formen der Ausdehnung des Selbst in die Welt und zu anderen hin.

Unabhängig von unserem theoretischen Zugriff auf Sprache – sei er nun durch die analytische, die kontinentale oder die logische Philosophie geprägt – ist diese Konfiguration von Sprache und sind ihre verschiedenen Arten, durch die sie zuordnet, repräsentiert, ausdrückt und kommuniziert, konstant. Sprache stellt nicht nur die private und solipsistische Struktur von Schmerz infrage, sondern sie konstituiert sich selbst als grundsätzlich verschieden gegenüber allem, das körperbezogen, physisch oder nicht-symbolisch ist. So gesehen müssen der physische Schmerz und der Körper als solcher überwunden werden, damit Sprache entstehen kann. Wenn das Hervortreten der Sprache die Abkehr des Menschen vom Animalischen markiert, dann sind die Gewalt und die Intensität der Schmerzensschreie genau das, was uns zurück in Tiere verwandeln kann oder zumindest – für einen Moment – die Animalität herausstellt, die unser sprachliches Wesen durchzieht.

*Sprachwehen* hinterfragt diese so vertrauten Vorstellungen und schlägt eine Neubewertung des Verhältnisses von Sprache und Schmerz vor – und zwar eher im Sinne einer wesensmäßigen Verwobenheit als im Sinne der üblichen ausschließenden Opposition. Meine Prämisse ist, dass wir einerseits nicht wirklich die Erfahrung von Schmerz durchdringen können, ohne dessen inhärente Beziehung zur Sprache zu berücksichtigen, und dass andererseits das Wesen der Sprache grundsätzlich von unserem Verständnis des ihr inhärenten Verhältnisses zum Schmerz abhängt. Ich stelle die Annahme infrage, dass die Erfahrung von Schmerz unsere sprachlichen Fähigkeiten grundsätzlich einschränkt und uns als sprachliche Lebewesen zerstört. Die Erforschung des Wesens und des Ursprungs der Sprache offenbart im Gegenteil ein sehr starkes verwandtschaftliches Verhältnis derselben zum Schmerz. Daher muss dieses Verhältnis anders gedacht werden als in Begriffen von grundsätzlicher Rivalität und Opposition. Es geht darum, sich der inhärenten Verbundenheit und der tiefgreifenden Vertrautheit zwischen Schmerz und Sprache zuzuwenden. Obwohl es unbestreitbar sein könnte, dass im Zustand extremer Schmerzen die Sprache, indem sie uns der Wörter beraubt, zu zerbröckeln oder zu kollabieren scheint, ist diese Bestimmung selbst problematisch und einseitig, leitet sie sich doch möglicherweise davon ab, wie Schmerz und Sprache zuerst entworfen und definiert wurden.

Obwohl ich mich hauptsächlich auf körperliche und nicht psychische Schmerzen oder Leiden konzentriere, ist meine Erörterung nicht auf physische Aspekte und Implikationen von Schmerz begrenzt (wenn es überhaupt möglich ist, Schmerz als etwas zu behandeln, das lediglich physische Implikationen hat). Der vorherrschende Gebrauch des Wortes *Schmerz* im Zusammenhang mit psychischen Leiden (Verlustschmerz, Sehnsucht oder sogar Liebe) offenbart die Verwandtschaft zwischen körperlichem und psychischem Schmerz. Es ist überdies schwierig, vielleicht sogar unmöglich, philosophische Erörterungen über körperlichen Schmerz zu finden, die nicht in den Bereich von dessen psychischen und psychologischen Effekten hinüberschwappen. Erörterungen zu den rein physischen Aspekten von Schmerz sind generell disziplinär und in ihrer Reichweite daher eher eingeschränkt (wie z. B. medizinische Erörterungen). Ich interessiere mich für die Art und Weise, wie sich die Erfahrung von Schmerz (zerstörend ebenso wie erschaffend) auf unser Gefühl für das Sein und das Selbst, auf unsere Erfahrung mit anderen und mit der Welt als solcher und schließlich auf unsere sprachliche

Existenz auswirkt. Mein Verständnis vom Leiden ist nicht beschränkt auf Interpretationen, die dieses beispielsweise in Kategorien der Philosophie des Geistes als ein ‚Urteil' über den Schmerz oder sogar als einen der ‚Aspekte' von Schmerz diskutieren. In meiner Erörterung wird Schmerz weder in etwas anderes ‚transformiert', welches das nur Physische transzendiert, noch wird Schmerz hier als bloße ‚Ursache' des psychischen Leidens angesehen. Weil die Erfahrung von Schmerz stets eine Erfahrung *an der Grenze* ist, bezeichne ich sie als eine Erfahrung von Grenzen: stets zwischen dem Physischen und Psychischen oszillierend, sowohl innerlich als auch äußerlich, ununterschieden von unserer eigentlichen Identität, aber gleichzeitig als unsere äußerste Negation entstehend.

Bei meinem Gebrauch des Begriffs *Schmerz* ist daher ein doppeltes Bedeutungsregister im Spiel. Selbst wenn ich mich eingehend mit einer ausführlichen Phänomenologie der Erfahrung von körperlichem und psychischem Schmerz befasse, ist das, worauf ich mich beziehe, nicht Schmerz als eigenständiges Ereignis oder Gefühl. In diesem Sinn werde ich mich eher frei zwischen körperlichem Schmerz, psychischem Leiden und einer allgemeineren Bedeutung von Leiden hin und her bewegen. Schmerz ist gerade aufgrund seiner unerreichten Fähigkeit, sich selbst zu überschreiten, so bedeutend und weist auf so viel mehr hin als auf Kopfschmerzen oder eine offene Wunde. Seine vollständige Bedeutsamkeit wird erreicht, um es mit Ciorans schönen Worten auszudrücken, wenn „Wunden aufhören, lediglich äußerliche Erscheinungen ohne tiefe Komplikationen zu sein, sondern am Kern unsres Wesens teilhaben."[1] Ich betrachte daher Schmerz als eine philosophische Figur. Dies soll den Schmerz nicht von seiner körperlichen Erfahrung und – allgemeiner gesprochen – von seinem somatischen Umfeld und seinen physischen Auswirkungen abkoppeln. Die Einzigartigkeit des Schmerzes liegt gerade darin, wie er eine Schnittfläche zwischen der einfachsten rohen körperlichen Empfindung und ihrem philosophischen Gehalt ermöglicht. Diese Implikationen werden, wie ich zeigen möchte, nicht immer erkannt oder kognitiv erfasst, aber nichtsdestoweniger zutiefst empfunden. Die Erfahrung von extremem Schmerz ist immer mit einer ihr inhärenten Überschreitung von dessen physischem Aspekt verknüpft, die eine Begegnung mit und eine Neudefinition von Bedingungen der Erfahrung als solcher zur Folge hat: nicht nur einer Erfahrung des schmerzenden Körpers, sondern vor allem auch ein Gespür für unser wirkliches Erleben von Sein, Welt und Sprache, die sich auf eine Weise öffnen, die nur so und nicht ohne den Schmerz für uns offen ist.

1 Emile M. Cioran: *Auf den Gipfeln der Verzweiflung*, aus d. Rumän. v. Ferdinand Leopold. Frankfurt am Main: Suhrkamp 1989, S. 9.

Obwohl die Offenbarungskraft des Schmerzes überaus groß ist, konzentriert sich dieses Buch auf eine entscheidende Dimension, die in der Erfahrung des Schmerzes eingefasst ist: nämlich die der Sprache und des Ausdrucks. Schmerz ist bekanntermaßen als eine enorm sprachzerstörende Kraft diskutiert worden; er ist als etwas aufgefasst worden, das unsere Fähigkeit, unser Leiden zu kommunizieren, unterminiert und die bloße Möglichkeit bedroht, Beziehungen zu anderen Menschen einzugehen. Die Intensität von Schmerz hat unbestreitbar einen entscheidenden Einfluss auf unsere Sprache und unsere kommunikativen Fähigkeiten. Aber es wäre – um das Mindeste zu sagen – ausgesprochen restriktiv, diese Effekte lediglich als destruktiv anzusehen und den Fokus allein darauf zu legen, dass sie uns unserer eigentlichen Menschlichkeit und der Möglichkeit, mit anderen mitzufühlen, berauben. Die Herangehensweise dieses Buches schlägt einen anderen Blick auf das Verhältnis von Schmerz und Sprache vor. Wenn der Schmerz auf die Sprache trifft, zerreißt er sie, und indem er dies tut, offenbart er sein eigentliches Wesen. Bezeichnenderweise macht Schmerz – und darin besteht seine Einzigartigkeit, in der er alle anderen Gefühle und Regungen übertrifft – deutlich, dass das innerste Wesen der Sprache von körperlichen Gefühlen, Leiden oder Mitgefühl untrennbar ist. Es ist in ihrem Austausch mit dem Schmerz begründet, dass die Sprache als etwas die binären Verhältnisse von Mensch und Tier, von Innen und Außen, von Subjekt und Objekt Transzendierendes gedacht werden kann.

Die Begegnung zwischen Schmerz und Sprache erscheint nur dann zerstörerisch, wenn wir Sprache als ein bloßes Instrument begreifen, mit dem wir uns auf den Schmerz beziehen oder versuchen, ihn kommunizierbar zu machen – versuchen, etwas *über* ihn zu sagen. Wenn wir aber Sprache vielmehr als eine ausdrucksstarke Apparatur ansehen, die sich über diese rein propositionale Struktur hinaus erstreckt, dann ergeben sich vielfältige Perspektiven, in denen Schmerz die genauen Bedingungen der Möglichkeit von Ausdruck und Sprache enthält.[2] Der Schmerz bezeichnet daher nicht nur das Scheitern oder den Zusammenbruch von Sprache. Er ist ebenso – und viel eindringlicher – eine energische Kraft, die

2 Die psychoanalytische Tradition ist zweifelsohne eine wichtige Quelle für die Diskussion des Verhältnisses von Schmerz und Ausdruck. Das Beziehungsgeflecht zwischen Schmerz, Leiden und deren Ausdruck (verbal oder non-verbal) ist aus dieser Perspektive (Freuds ‚Sprechkur' kann als ein Anfang dieser Vorstellung angesehen werden) zu einer mehr oder weniger selbst-evidenten Voranname geworden. Die philosophische Perspektive auf diese Beziehung ist allerdings weniger etabliert. Meine Argumentation sucht einige Schlüsselmomente in der Geschichte der Philosophie offenzulegen, in denen die Verwandtschaft zwischen Schmerz und Sprache noch nicht bezweifelt oder angefochten, sondern herausgestellt wurde. An dieser Stelle lasse ich die therapeutische Perspektive auf den Schmerz fallen und wage eine philosophische Untersuchung des Problems.

nach Ausdruck verlangt. So betrachtet arbeitet der Schmerz nicht gegen die Sprache; er erkennt vielmehr ihre Neigung und ihren Drang sich auszudrücken und setzt die Sprache in Gang. Der Schmerz offenbart daher etwas von der Stärke der Sprache, nämlich ihre Unbegrenztheit und nicht ihre Schwäche oder ihren Zusammenbruch; er erzeugt die Möglichkeiten von Sprache als solcher, die eigentlichen Bedingungen, die sie zu dem machen, was sie ist.

## Eine Phänomenologie des Schmerzes

Die Intensität der Erfahrung von extremem Schmerz ist geradezu inkommensurabel. Der Schmerz scheint wie eine allmächtige, unbezwingbare Kraft in uns einzudringen, uns dabei vollständig überwältigend und verschlingend. Schmerz ist nicht einfach etwas, das wir ‚haben' oder ‚fühlen'; er prägt nicht nur unsere Welt oder unsere körperliche Erfahrung. Er wird bald zum dominanten Modus unseres wirklichen Lebens. Wir erfahren den Schmerz als eine überwältigende Kraft, die uns gleichzeitig umschlingt und verschlingt. Wenn er uns trifft, durchleben wir nicht nur eine qualvolle körperliche Empfindung: Schmerz beeinträchtigt direkt unser bloßes Selbstgefühl. Anstatt uns selbst *im* Schmerz zu fühlen, *werden* wir zu unserem Schmerz und sind mit ihm so sehr vereint, dass da nichts mehr ist – außer Schmerz. Mit dem Auftauchen von Schmerz wird unserem elementarsten Selbstempfinden Gewalt angetan, was eine fundamentale Infragestellung unserer zerbrechlichen, zusammengesetzten Existenz darstellt, da die Einheit unseres Selbst dadurch völlig verwüstet ist.[3] In diesem Sinne ist jegliches Verständnis von Schmerz als einem physischen, genau definierten ‚Ereignis' substanzlos.

Schmerz birgt in sich die Möglichkeit, unser ganzes Dasein umzugestalten. In einer von intensivem Schmerz geprägten Realität zu leben (sei er akut oder chronisch, physisch oder psychisch), ist weder ein Ereignis noch ein Zustand; es ist nicht einmal eine Qualität unserer üblichen, vertrauten Existenz. Die Erfahrung von Schmerz stößt uns gewaltsam in einen einzigartigen existentiellen Zustand, in dem er zum vollkommenen Grund unseres Seins, zu dessen organisierendem Prinzip wird. Selbst wenn Schmerz chronisch ist, ein Schmerz, der immer da ist, aber nie akut oder intensiv, hat das zur Folge, dass unsere Seinsart durch ihn konstituiert und durch seinen allgegenwärtigen Zwang zutiefst geprägt und ausgezeichnet wird. Über diesen Zusammenhang schreibt Emily Dickinson:

3 Vgl. Georges Bataille: *Die innere Erfahrung nebst Methode der Meditation und Postskriptum 1953*, aus d. Franz. u. hrsg. v. Gerd Bergfleth. München: Matthes & Seitz 1999, S. 90.

Pain—has an Element of Blank—
It cannot recollect
When it begun—Or if there were
A time when it was not—

It has no Future—but itself—
Its Infinite contain
Its Past—enlightened to perceive
New Periods—Of Pain.

[Der Schmerz – hat einen Weißen Fleck –
Er weiß es nicht zu sagen
Wann er begann – noch ob es je
Zeit ohne ihn gegeben –

Hat keine Zukunft – außer sich –
Seine Unendlichkeit
Enthält was war – um zu erhellen
Die neue Schmerzenszeit.][4]

Für Dickinson bewirkt das Zulassen von Schmerz die Akzeptanz seiner Herrschaft über Zeit und Raum, über uns und unsere Welt. Es gibt nichts außer Schmerz: weder Vergangenheit noch Zukunft und insbesondere keinen Bezugspunkt zu der „Zeit ohne ihn". Dies ist ein weiteres Kennzeichen des Schmerzes: Er füllt uns vollständig aus, verdichtet unsere Identität, unsere Zeiterfahrung und unser Verhältnis zu allem, was außerhalb von uns und außerhalb von ihm ist. Und tatsächlich ist alles außerhalb von ihm. Es gibt nichts außer Schmerz. Schmerz drängt sich uns als unser einziges Zentrum auf, als der Kernpunkt unseres Seins. Es ist nicht nur der Körper, der von ihm dominiert wird: Der Schmerz scheint jeden Zentimeter unserer Aufmerksamkeit und Tatkraft in seinen Strudel zu ziehen und zu sammeln. Zuerst fühlen wir uns, als ob der Schmerz wie ein ungeladener Gast von außen hereinkommt, in uns eindringt und mit all seiner Kraft auf uns einschlägt, bis wir auseinanderfallen. Es stellt sich allerdings heraus, dass diese Qualität der Fremdheit nicht ganz so einfach gestaltet ist. Durch die unbarmherzige Macht seines Zugriffs hat der Schmerz eine

4 Emily Dickinson: *Sämtliche Gedichte*. Englisch / deutsch, aus d. Amerik. v. Gunhild Kübler. München: Hanser 2015, S. 680–681.

transformative Wirkung, die auch unser initiales Verhältnis zu ihm betrifft, insbesondere das Gefühl seiner Fremdheit. Der Schmerz ist daher entstellt: Was zuerst so erscheint, als ob es etwas Äußerliches, eine fremde ‚Handlungsmacht' wäre, die uns trotzt, wird fast unmerklich zu etwas in einzigartiger Weise Innerlichem und Intimem. Ist er erst zu einem untrennbaren Teil von uns geworden, können wir uns nicht selbst von dem Schmerz und seiner Intensität lösen, auch wenn wir uns nichts mehr wünschen als das: Wir könnten ebenso gut wählen, uns von uns selbst zurückzuziehen.[5]

Anhaltender Schmerz ist in der Tat eine Erfahrung von völliger Privatheit und Isolierung: Wir erleben unsere Schmerzen allein. Die Totalität, mit der Schmerz uns isoliert, ist nicht nur insofern singulär, als er uns vollständig einschließt; er stellt auch auf einzigartige Weise die Grundlagen unserer Beziehung zu allem anderen – zum Selbst, zum Körper, zur Welt und zur Sprache – wieder her, ja, erschafft sie möglicherweise sogar neu. Die Erfahrung der völligen Trennung und Absonderung, die dem Schmerz so eigen ist, öffnet einen Abgrund zwischen dem Davor und dem Danach des Schmerzes. Es ist jetzt der Leidende allein, der mit sich selbst auf eine völlig andere Art konfrontiert ist: in der völligen Abwesenheit von allem anderen *außer* Schmerz – einem nackten, sensiblen Körper, mit nichts Äußerem, auf das er sich beziehen, das er fühlen oder zu dem er sich in Beziehung setzen kann. Die überwältigende Abgeschiedenheit, die uns der Schmerz aufzwingt, nötigt uns dazu, dem Schmerz von einer geringen Distanz, in einem geschlossenen Raum, der keinen Rückzug erlaubt, entgegenzutreten.

Die Konzeption von Schmerz als isolierendem Phänomen ist auch in der psychoanalytischen Theorie, zuerst und vor allem in Freuds Frühwerk, zu finden.[6] Obwohl er selten in seinen Werken körperlichen Schmerz erörtert („vom

5 Vgl. Jean-Luc Marion: *In Excess. Studies of Saturated Phenomena*, aus d. Franz. v. Robyn Horner / Vincent Berraud. New York: Fordham UP 2002, S. 92.

6 Freud beschäftigte sich bereits in seinem *Projekt einer wissenschaftlichen Psychoanalyse* (1895) mit den Verbindungen zwischen körperlichem und psychischem Schmerz. Trotz seiner Bedeutung für das Verständnis von Freuds psychoanalytischem Projekt insgesamt ist dieses Werk relativ wenig interpretiert worden. Einige wissenschaftliche Arbeiten stechen heraus: Valerie D. Greenberg: *Freud and His Aphasia Book*. Ithaca: Cornell UP 1997; Anna-Maria Rizzuto: Freud's Speech Apparatus and Spontaneous Speech. In: *International Journal of Psycho-Analysis* 74 (1993), S. 113–127; sowie das erste Kapitel von John Forrester: *Language and the Origins of Psychoanalysis*. London: Macmillan 1980. Vgl. auch meine Ausführungen zu Freuds frühem Werk über die Aphasie, eine provozierende Voraussetzung was die Verbindung zwischen Schmerz und Sprache betrifft: Ilit Ferber: A Wound without Pain. Freud on Aphasia. In: *Naharaim. Zeitschrift für deutsch-jüdische Literatur- und Kulturgeschichte* 4 (2010), S. 133–151; in leicht abgewandelter Form auch veröffentlicht als Aphasie, Trauma und Freuds schmerzlose Wunde. In: Christine Kirchhoff / Gerhard Scharbert (Hrsg.): *Freuds Referenzen*. Berlin: Kadmos 2012, S. 145–167.

Schmerz wissen wir sehr wenig"[7], schreibt er), bietet uns Freud ein anregendes Verständnis von körperlichem Schmerz bezüglich einer solipsistischen Zurückgezogenheit, eines Rückzugs aus der Welt an: Schmerz zu empfinden, schreibt er, ist immer mit einer grundsätzlichen Aufgabe des Interesses an der Außenwelt verbunden, soweit sie nicht unser Leiden betrifft.[8] Einfühlsam beschreibt er den Schmerz als eine „*Einziehung*", die wie eine Wunde funktioniert und sich in der inneren, psychischen Sphäre wie eine „innere Verblutung" vollzieht.[9] Mit der Metapher der inneren, blutenden Wunde bietet uns Freud ein ökonomisches Modell des gänzlichen Rückzugs an, das so kennzeichnend für den körperlichen Schmerz ist.[10] Der Schmerz saugt uns buchstäblich auf und hindert uns daran, uns mit irgendetwas anderem als dem Schmerz zu beschäftigen. Das exzessive Wesen des Schmerzes ist hier mit derjenigen Form der Verarmung verknüpft, die so charakteristisch für den melancholischen Rückzug aus der Welt ist: von dem einen ist zu viel da, von dem anderen kaum genug.[11]

Unter den vielen Facetten und Implikationen des einbrechenden Schmerzes sticht eine Fähigkeit besonders heraus: Er zerstört jede Möglichkeit, auf ihn zu reagieren oder gegen ihn zu handeln. Während eine der Grundlagen von Subjektivität (zumindest in ihrer modernen Konzeption) sich auf die Handlungsfähigkeit bezieht, erfahren wir uns selbst als geradezu passiv, wenn wir Schmerzen haben.[12] Der unerbittliche Anspruch des Schmerzes nach völliger Unterwerfung lässt uns schutzlos zurück. Aber diese machtvolle Umklammerung durch den Schmerz ist nicht bloß überwältigend; sie ist vor allem eine Erfahrung, der wir uns nicht entziehen können, ein Zustand, vor dem es kein Entkommen gibt.

7 Sigmund Freud: Hemmung, Symptom und Angst. In: Ders.: *Gesammelte Werke*, Bd. 14, hrsg. v. Anna Freud u. a. London: Imago 1948, S. 111–205, hier S. 204.

8 Vgl. Sigmund Freud: Zur Einführung des Narzißmus. In: Ders.: *Gesammelte Werke*, Bd. 10, hrsg. v. Anna Freud u. a. London: Imago 1946, S. 137–170, hier S. 148.

9 Sigmund Freud: Manuskript G (Melancholie). In: Ders.: *Briefe an Wilhelm Fliess 1887–1904*, hrsg. v. Jeffrey Moussaieff Masson. Frankfurt am Main: Fischer 1986, S. 96–106, hier S. 102 (Herv. i. Orig.).

10 Freud greift die Metapher des Schmerzes als einer Wunde in *Trauer und Melancholie* wieder auf. In: *Gesammelte Werke*, Bd. 10, hrsg. v. Anna Freud u. a. London: Imago 1946, S. 427–446.

11 Vgl. Jean-Bertrand Pontalis: *Zwischen Traum und Schmerz*, aus d. Franz. v. Hans-Dieter Gondek. Frankfurt am Main: Fischer 1998, S. 226.

12 Talal Asad kritisiert diese Auffassung mit dem Argument, dass die starre Trennung zwischen einem „Handelnde[n] [...], der sich selbst darstellt und sich behauptet", und einem „Opfer, das passive[s] Objekt von Risiko und Grausamkeit" ist, eine gängige moderne, säkulare Sichtweise ist. Er behauptet stattdessen: „Jedoch muss man Schmerz nicht ausschließlich als einen passiven Zustand verstehen, obschon er natürlich genau dies sein kann, sondern kann in ihm auch etwas sehen, das selbst handlungsförmig ist." (Talal Asad: *Ordnungen des Säkularen. Christentum, Islam, Moderne*, aus d. Amerik. v. Uwe Hebekus. Konstanz: Konstanz UP 2017, S. 97.)

Emmanuel Levinas' Beschreibung des körperlichen Schmerzes ist in diesem Zusammenhang besonders vielsagend:

> [D]as physische Leiden [ist] in allen seinen Stufen eine Unmöglichkeit, sich vom Moment der Existenz freizumachen. Es ist die Unerlaßbarkeit des Seins als solche. Der Inhalt des Leidens verbindet sich mit der Unmöglichkeit, sich vom Leiden freizumachen. [...] Die ganze Schärfe des Leidens liegt in dieser Unmöglichkeit des Ausweichens. [...] In diesem Sinne ist das Leiden die Unmöglichkeit des Nichts.[13]

Unfähig, gegen den Schmerz anzuarbeiten, sind wir gezwungen, uns ihm zu unterwerfen, ihn auf uns zu nehmen und mit ihm eins zu werden. Diese Unterwerfung bedeutet aber auch, dass wir die Erfahrung von Schmerz nicht durch die Übersetzung in eine sinnstiftende Struktur in unsere Welt und Existenz aufnehmen können. Die durch den Schmerz erwirkte fundamentale Unterbrechung wird, anders ausgedrückt, nicht allein und abgesondert im Körper des leidenden Individuums erfahren, sondern betrifft sein grundlegendes Vermögen, den Schmerz zu *bezeichnen*. Der Schmerz wird daher oft als unfasslich erlebt und vorgestellt, wodurch unsere Fähigkeit, ihn aufzunehmen und in unser Leben zu integrieren, ständig infrage gestellt wird.

Die Art und Weise, mit der der Schmerz die Möglichkeit der Aufrechterhaltung fester Sinnstrukturen angreift, unterminiert und sogar zurückweist, beeinträchtigt unsere Fähigkeit zu synthetisieren zutiefst. Das liegt nicht nur, wie Levinas erklärt, an der exzessiven Intensität der Schmerzerfahrung, an ihrem ‚Zuviel'; es liegt vielmehr an dem Exzess, der in die Bedeutungsdimensionen eindringt, welche wir, wenn wir nicht leiden, für uns offenhalten. Es gibt also eine fundamentale Leugnung der Bedeutung, die dem Schmerz inhärent ist, eine einzigartige Form einer unerträglichen Erfahrung. Levinas zufolge zeigt sich die paradoxe Koexistenz des unerträglichen Wesens des Schmerzes daran, dass es einfach keine Möglichkeit gibt, ihn nicht zu ertragen. D. h., während wir gezwungen sind, den Schmerz zu ertragen, ist er zugleich der Inbegriff des fundamental Unerträglichen.[14] Blanchot verfolgt einen ähnlichen Ansatz, wenn er das körperliche Leiden als etwas charakterisiert, das wir weder ertragen noch zu ertragen aufhören können, als eine Erfahrung, die uns an einen Punkt der Suspension von Zeit versetzt, wo die Gegenwart ein fortlaufender Augenblick ist, ohne

13 Emmanuel Levinas: *Die Zeit und der Andere*, aus d. Franz. v. Ludwig Wenzler. Hamburg: Meiner 1984, S. 42.

14 Vgl. Emmanuel Levinas: *Zwischen uns. Versuche über das Denken an den Anderen*, aus d. Franz. v. Frank Miething. München / Wien: Hanser 1995, S. 117–131 (Kapitel „Das sinnlose Leiden"), hier S. 117.

Zukunft oder Vorausschau, „ein unpassierbares Unendliches, das Unendliche des Leidens.“[15] Jean Amérys Beschreibung seiner quälenden Erfahrungen in den Konzentrationslagern offenbart einen ähnlichen Zugang, wenn er auf die Sinnlosigkeit jedes Versuchs verweist, seine Erfahrungen von Schmerz zu beschreiben, denn „Gefühlsqualitäten sind so unvergleichbar wie unbeschreibbar.“[16] Für Améry reicht es nicht aus, auf den Zerfall von Sprache hinzuweisen; es liegt hier ein grundsätzliches Verständnis davon vor, dass der Zusammenbruch der sprachlichen Fähigkeiten einen tieferen Zusammenbruch markiert: den der logischen Möglichkeit unserer bloßen Existenz.

Es gibt eine Fülle von literarischen Werken, die die fundamentale Unstimmigkeit zwischen dem Schmerz und unserem Vermögen, ihm Ausdruck zu verleihen, in den Blick nehmen, und sie weisen alle auf den Zusammenbruch der Sprache angesichts intensiven Schmerzes hin.[17] Schmerz ist oft als eine undurchdringliche Barriere für die Sprache beschrieben worden, an deren Front die letztere langsam, manchmal aber auch plötzlich auseinanderfällt. Dieses Scheitern wird noch viel stärker empfunden, weil die Erfahrung von intensivem Schmerz zwingend mit dem Drang verbunden ist, ihn auszudrücken. Schmerz scheint den Ausdruck zu fordern, als würde er uns von Innen dazu drängen, ihm Gehör zu verschaffen und dabei darauf beharren, sich im Mienenspiel, in körperlichen Verdrehungen, in Lauten und in Schreien zu entladen. Es scheint daher eher plausibel zu erörtern, dass der Schmerz entlang des Spektrums der Gefühle und Empfindungen am kräftigsten und umgehend nach seinem eigenen Ausdruck verlangt, obwohl klar ist, dass wir, wenn wir Schmerzen haben, merklich daran scheitern, genau das zu tun. Das unvereinbare Wesen dieser beiden Charakteristiken – das Streben nach Ausdruck und die Unmöglichkeit, ihn zu realisieren – ist das, was körperlichen Schmerz einzigartig macht. Es markiert den Gipfel unserer Sehnsucht nach Ausdruck, konfrontiert uns aber zugleich mit der Unmöglichkeit seines Vollzugs. Wenn der Schmerz zuschlägt, gibt es keinen

15 Maurice Blanchot: *L'entretien infini*. Paris: Gallimard 1995, S. 174.

16 Jean Améry: Die Tortur. In: Ders.: *Jenseits von Schuld und Sühne. Bewältigungsversuche eines Überwältigten*. München: dtv 1970, S. 33–54, hier S. 46; vgl. auch ebd., S. 11–32 (Kapitel „An den Grenzen des Geistes“). Zur Beziehung zwischen Sprache und dem Solipsismus des Schmerzes bei Améry vgl. Ilit Ferber: Pain as Yardstick. Jean Améry. In: *Journal of French and Francophone Philosophy* 24,3 (2016), S. 3–16. Vgl. auch Alphonse Daudets Beschreibung seines Leidens: „Es gibt keine Worte, um es auszudrücken. […] Die Worte kommen erst, wenn alles vorbei ist, wenn sich die Dinge beruhigt haben. Sie beziehen sich nur auf die Erinnerung und sind entweder machtlos oder unwahr.“ (Alphonse Daudet: *Im Land der Schmerzen*, aus d. Franz. v. Dirk Hemjeoltmanns. Bremen: Manholt 2003, S. 32.)

17 Zum Zusammenhang von Sprache und Gewalt vgl. auch Paul Ricœur: Violence and Language. In: Ders.: *Political and Social Essays*, aus d. Franz. v. David Stewart / Joseph Bien. Athens: Ohio UP 1974, S. 32–41.

Raum für Worte, nur Geschrei. Sprache kann nur dann wieder funktionieren, wenn der überwältigende Effekt von Schmerz durch die schwache Erinnerung an ihn abgelöst wird.

Der Gegensatz von Schmerz und Sprache wird häufig als Ohnmacht der Sprache gegenüber der Grausamkeit des Schmerzes geschildert. Virginia Woolf schreibt bekanntlich, dass das

> Englische, das die Gedanken Hamlets und die Tragödie des Lear ausdrücken kann, [...] keine Worte für den Fieberschauer und das Kopfweh [hat]. [...] [A]ber ein Leidender versuche, den Schmerz in seinem Kopf dem Doktor zu beschreiben, und sogleich versiegt die Sprache. Er ist gezwungen, selbst Worte für sich zu prägen, und seinen Schmerz in die eine Hand nehmend und einen Klumpen schieren Klangs in die andere [...], muß er sie so zusammenpressen, daß am Ende ein nagelneues Wort herausfällt.[18]

An anderer Stelle merkt sie an, dass „für den Schmerz [...] die Worte [fehlen]. Es müßte Schreie geben, Brüche, Risse, etwas Weißes, das über Chintzhüllen gleitet, eine Verschiebung des Zeit-, des Raumgefühls"[19]. Was Woolf so verblüfft, ist das Ungleichgewicht zwischen dem Reichtum und dem Überfluss in der Fähigkeit von Sprache, extrem komplexe Gedanken und Gefühle auszudrücken, und deren Zusammenbruch angesichts des Schmerzes. Die sprachliche Fülle versiegt, wenn man keine Worte für ein Zittern oder Kopfschmerzen findet, d.h., für die grundlegendsten Alltagserfahrungen. Hierfür gibt es nur Laute und Schreie, „Klumpen schieren Klangs", aber keine Worte, geschweige denn eine kommunikative und verständliche Darstellung.

Diese Beschreibung, so überzeugend und sprechend sie ist, stellt uns vor eine Schwierigkeit. Wir glauben, dass wir wissen, was Schmerz ist: Wir haben ihn alle auf die eine oder die andere Weise erlebt, sei es ein würgender, alles umfassender und durch Gewalt hervorgerufener Schmerz oder bloß ein vorübergehender Kopfschmerz. Insofern wir menschlich sind, sind wir für Schmerz empfänglich und unterliegen seiner Macht. Wir kennen das zu ihm gehörende Leiden aus erster Hand; wir haben seine Einschränkungen gefühlt und waren alle, bis zu einem gewissen Grad, angesichts von heftigem Schmerz sprachlos. Durch den Instinkt, den physischen wie den psychischen, wird es möglich, dass wir den Schmerz

18 Virginia Woolf: Über das Kranksein. In: Dies.: *Der Augenblick. Essays*, aus d. Engl. v. Hannelore Faden / Helmut Viebrock, hrsg. v. Klaus Reichert. Frankfurt am Main: Fischer 1996, S. 13–27, hier S. 14–15.

19 Virginia Woolf: *Die Wellen*, aus d. Engl. v. Maria Bosse-Sporleder, hrsg. v. Klaus Reichert. Frankfurt am Main: Fischer 1994, S. 205.

bekämpfen, jede Anstrengung auf uns nehmen, ihn zu vermeiden, oder – wenn es keine andere Option gibt – ihn zu kurieren bzw. zum Verschwinden zu bringen. Daher knüpfen wir sofort an philosophische und insbesondere literarische Beschreibungen darüber an, wie sich die Erfahrung von Schmerz anfühlt und was sie bewirkt: Es ist, als ob diese uns Worte dafür geben, was wir zutiefst, aber sprachlos wissen. Allerdings führt uns unser unmittelbares Gefühl des Wiedererkennens dieser phänomenologischen Beschreibungen allzu oft in Versuchung anzunehmen, sie würden etwas von dem singulären Wesen, dem Kern und der Tiefe des Schmerzes erfassen. Ich verwende das Wort ‚Versuchung', um darauf aufmerksam zu machen, wie dieses Gefühl des Wiedererkennens unsere Perspektive auf das vorliegende Problem eingrenzen kann, indem es dieses ausschließlich unter dem schmalen Strahl seines nackten, gefährlich blendenden Lichts offenbart.

## Die zwei Paradigmen

Die neuere Forschungsliteratur zum Schmerz trägt einiges zur Erklärung dieser Versuchung bei. Dies kann anhand von zwei grundlegenden Auffassungen aufgezeigt werden, die in der Literatur über den Schmerz vorherrschen. Erstens ist das zerstörerische Wesen des Schmerzes hervorzuheben: Schmerz zerstört unsere Körper, unsere Seelen, unsere sprachlichen Fähigkeiten und die Möglichkeit, mit anderen zu kommunizieren. Zweitens isoliert uns der Schmerz, indem er eine unüberbrückbare Kluft zwischen der Erfahrung unseres eigenen Leidens und allem anderen aufreißt: der Welt, den Objekten, den anderen. Man kann mit Sicherheit sagen, dass sich diese beiden Postulate inzwischen zu zwei Schlüsselparadigmen herauskristallisiert haben, die mit unserer Art, über Schmerz nachzudenken, ja sogar mit der Art, ihn zu empfinden, nahezu unentwirrbar verbunden sind. Dem ersten Paradigma zufolge ist Schmerz grundsätzlich durch seine *Destruktivität* gekennzeichnet; dem zweiten Paradigma zufolge ist Schmerz auf gewaltsame Weise *isolierend* und verwandelt uns dadurch in eingeschlossene, solipsistische Wesen. Der Schmerz reißt unsere Welt, unser Sein und unsere Fähigkeit, aktiv unsere Subjektivität auszuüben, ein, nicht nur, weil er buchstäblich unsere körperliche Integrität zerstört, sondern wichtiger noch, weil er sie – aufgrund seines Einflusses auf unsere sprachlichen und kommunikativen Fähigkeiten – geradezu entmachtet.[20]

20 Eine wichtige Ausnahme stellen selbstverständlich Ludwig Wittgensteins *Philosophische Untersuchungen* und seine in dem *Blauen* und dem *Braunen Buch* veröffentlichten Vorstudien aus den Jahren 1933 bis 1935 dar. Diese beiden Texte markieren einen Wendepunkt in

Beide Paradigmen spielen eine zentrale Rolle in Elaine Scarrys gefeiertem *Der Körper im Schmerz*. Obwohl Scarrys Werk seit seiner Veröffentlichung im Jahr 1985 zu einem Referenzpunkt für jegliche Untersuchung zum Schmerz geworden ist, weist ihr Buch einige manchmal in der Pionierforschung zu findende Schwächen auf. Als eines der ersten Bücher, die die weitreichenden politischen Implikationen von Schmerz- und Gewalterfahrung betonen, präsentiert es eine grundsätzlich einseitige und voreingenommene Darstellung, der es nicht gelingt, ihrem Gegenstand, dem Körper im Schmerz, gerecht zu werden.[21] Der Hauptgrund dafür ist, so vermute ich, dass Scarrys Buch den Fokus auf die Diskussion von Krieg und Folter legt, d. h., auf extreme Fälle von Schmerz, die im Kontext politischer Feindschaft zugefügt werden. Für diese Fälle hat Scarrys Analyse zweifelsohne Gültigkeit,[22] aber sie lässt viele andere Kontexte, Grade und Konstellationen von Schmerz unberücksichtigt. Ich werde mich dennoch auf Scarry beziehen, um mein Argument für die Existenz der beiden paradigmatischen Darstellungen von Schmerz (die sie größtenteils entwickelt hat) zu stützen, wobei ich ihre Position mit einem kritischen Blick vorstellen werde. Obwohl ihre Untersuchung behauptet, sowohl das durch den Schmerz ausgelöste ‚Schaffen' (*making*) als auch das ‚Zunichtemachen' (*unmaking*) von Welt zu thematisieren, stellt Scarry den zweiten Aspekt heraus, und zwar insbesondere die Art und Weise, wie Schmerz die Welt und die Subjektivität, wie wir sie kennen, erschüttert und zerstört. Gekonnt zeichnet Scarry das Bild einer erbitterten Auseinandersetzung zwischen Schmerz und der menschlichen Existenz (bzw. der Welt) im Allgemeinen, in der der Schmerz die Rolle einer überwältigenden, zerstörerischen Kraft spielt. Dementsprechend begreift Scarry Schmerz als „die reine physische Erfahrung der Negation, eine Sinneswahrnehmung des ‚gegen'",

der Konzeption des Verhältnisses zwischen Schmerz und Sprache und wurden von J. L. Austin und Stanley Cavell aufgegriffen. Ich werde deren Interpretation von Wittgenstein ausführlich in Kapitel 5 diskutieren.

21 Vgl. Elaine Scarry: *Der Körper im Schmerz. Die Chiffren der Verletzlichkeit und die Erfindung der Kultur*, aus d. Amerik. v. Michael Bischoff. Frankfurt am Main: Fischer 1992. Obwohl ihr Beitrag zur Erforschung des Schmerzes, insb. im Kontext des politischen Denkens, nicht zu bezweifeln ist, wurde Scarry vielfach kritisiert. Für einige der aufschlussreichsten kritischen Darstellungen vgl. insb. Asad: *Ordnungen des Säkularen*, S. 98–100; Robert M. Cover: Violence and the Word. In: *Yale Faculty Scholarship Series* 2708 (1986), S. 1601–1629; Peter Fitzpatrick: Why the Law Is Also Nonviolent. In: Austin Sarat (Hrsg.): *Law, Violence, and the Possibility of Justice*. Princeton: Princeton UP 2001, S. 142–173; Lucy Bending: *The Representation of Bodily Pain in Late Nineteenth-Century English Culture*. Oxford: Clarendon 2000, S. 82–115.

22 Peter Singer kritisiert, dass Scarry selbst im Rahmen der Diskussion über Folter ungenau ist. Vgl. Peter Singer: Unspeakable Acts [Rezension zu E. Scarry: The Body in Pain. The Making and Unmaking of the World und E. Peters: Torture]. In: *New York Review of Books*, 27.02.1986. https://www.nybooks.com/articles/1986/02/27/unspeakable-acts/ (Zugriff am 21.02.2023).

die bis zu dem Punkt reicht, an dem „die schlichte und absolute Unvereinbarkeit von Schmerz und Welt" herrscht.[23] Aber noch bezeichnender für Scarrys Darstellung ist ihre Betonung der metaphorischen Sprache, die wir üblicherweise benutzen, wenn wir Schmerz als eine Form der Handlungsmacht beschreiben, so als wolle er uns mit Absicht angreifen und zielgerichtet auf uns einwirken. Ihre Rhetorik ist konsequent durch Metaphern bestimmt, die eine solche Bedeutung des Schmerzes unterstützen: „‚Es fühlt sich an, als träfe ein Hammer mich im Kreuz', auch wenn da gar kein Hammer ist; oder: ‚Es fühlt sich an, als wäre mein Arm an allen Gelenken gebrochen und die zersplitterten Knochen drängen wie Spieße durch die Haut'"[24] und so weiter. Der extreme körperliche Schmerz, so Scarry, „ist nicht nur resistent gegen Sprache, er zerstört sie" und erweist sich „in seinem Angriff auf die Sprache als ein monolithischer Block".[25]
Susan Sontag hat die Rhetorik und die Bildlichkeit von medizinischen Darstellungen des Schmerzes analysiert und fand dabei ähnliche Bilder wie diejenigen, die Scarry verwendet. Sontag legt dar, dass die dominanten Metaphern der Krankheit und des Schmerzes häufig der Sprache der Kriegsführung entlehnt sind. Sie zeigt beispielsweise, dass Krebs häufig als „innerer Barbar" beschrieben wird; Krebszellen vermehren sich nicht bloß, sondern sie sind „invasorisch"[26] und die Krankheit und ihre Wirkung werden „aufgebauscht und in eine Metapher für den größten Feind [...] projiziert" und „als eine Form dämonischer Besessenheit erfahren".[27] Sontag fährt damit fort zu zeigen, dass die Beschreibungen von medizinischen Behandlungen, die Schmerz und Krankheit ‚bekämpfen', eine vergleichbare militärische Sprache verwenden: „Die Strahlentherapie benutzt die Metaphern des Luftkriegs; die Patienten werden mit toxischen Strahlen ‚beschossen', und die Chemotherapie ist chemische Kriegsführung, bei der Gifte eingesetzt werden."[28] Diese Charakterisierungen von Krankheit und den Schmerzen, die diese wie hemmende Feinde begleiten, stellen nicht nur die Vertreter des medizinischen Systems als rettende Wohltäter dar, die den Schmerz bekämpfen und ihn überwinden, sondern sie bezeichnen auch und vielleicht sogar an erster Stelle Schmerz als eine bedrohliche Gefahr, als unseren schlimmsten Feind. Schmerz dringt in unsere Körper und unser Leben ein, zerbricht

23 Scarry: *Der Körper im Schmerz*, S. 79, 77.

24 Ebd., S. 28.

25 Ebd., S. 13, 25.

26 Susan Sontag: *Krankheit als Metapher*, aus d. Amerik. v. Karin Kersten / Caroline Neubaur. München / Wien: Hanser 1980, S. 66, 69.

27 Ebd., S. 74–75.

28 Ebd., S. 70.

unsere sprachlichen Fähigkeiten und erreicht die absolute, vollkommene Störung. Indem er die Sprache erschöpft, übernimmt der Schmerz eine antagonistische, aversive Rolle und triumphiert schließlich dadurch, dass er sich selbst, in Scarrys Terminologie, ‚nichtkommunizierbar' (*unshareable*) macht: „Was immer der Schmerz bewirken mag, er bewirkt es zum Teil durch seine Nichtkommunizierbarkeit. Dies bestätigt sich darin, daß er sich der Sprache widersetzt."[29] Um diese Auffassung, die vielleicht der Grundstein ihres Buches ist, plausibel zu machen, ist es notwendig, einige von Scarrys Schlüsselargumenten genauer zu prüfen.

Scarry zufolge verweisen die meisten unserer Bewusstseinszustände auf äußere Objekte (wir lieben *jemanden*, wir fürchten *etwas*, wir sind ambivalent *gegenüber* etwas etc.). Diese Anordnung werde unterbrochen, so Scarry,

> sobald man beim körperlichen Schmerz anlangte, denn im Unterschied zu allen übrigen inneren Zuständen besitzt der physische Schmerz keinen Referenten. Er ist nicht *von* oder *für* etwas. Und gerade weil er kein Objekt hat, widersetzt er sich mehr als jedes andere Phänomen der sprachlichen Objektivierung.[30]

Schmerz kann dann einen objektiven Grund haben (er kann durch eine Krankheit oder einen bewaffneten Angriff verursacht worden sein), aber das bedeutet nicht, dass die Erfahrung des Schmerzes selbst eine referentiellen Struktur hat. Es ist offensichtlich, worauf Scarry mit diesem Argument hinauswill: Da er kein Objekt hat (d. h., er ist nicht wegen oder für etwas da), erlangt Schmerz keine objektive, öffentliche Präsenz. Er bleibt privat und kann daher nicht in eine objektive, referentielle Struktur eingefügt werden, die mit anderen geteilt werden kann. Schmerz ist prinzipiell unteilbar, verurteilt zu einer immerwährenden, grundlegenden Privatheit, die ihn zu etwas Nichtsprachlichen macht. Hannah Arendt erwägt ähnliche Gedanken in einem politischen Kontext und argumentiert, dass Schmerz uns der Möglichkeit beraubt, vom privaten auf den öffentlichen Bereich zuzugreifen. Dies liegt nicht nur an unserer Unfähigkeit, seine äußerste Privatheit in einen Gegenstand zu verwandeln, der für den öffentlichen Diskurs geeignet ist, sondern auch daran, dass er uns gewaltsam von allem trennt, was wir eine Welt nennen. Wenn wir die Realität als eine Welt denken, die wir alle gleichzeitig sehen und hören, dann markiert der Schmerz, so Arendt, den

29 Scarry: *Der Körper im Schmerz*, S. 12–13.
30 Ebd., S. 14 (Herv. i. Orig.).

Übergang in eine schattenhafte, unsichere Form der Existenz und wird daher als „Privatsache“[31] angesehen.

Dies hat weitreichende Implikationen: Erstens bedeutet es, dass Schmerz eine Bedrohung für unsere Menschlichkeit darstellt. Wenn man unter Menschsein versteht, dass man über eine Sprache verfügt, ein sprechendes Wesen ist, und Schmerz die Erfahrung ist, die Sprache zerstört, dann konstituiert sich Schmerz, nach Scarrys Darstellung, als das die Möglichkeit unseres Menschseins Auslöschende. Der Entzug der Menschlichkeit ist zweifach: Zum einen werden diejenigen, die *Schmerzen haben*, ihrer Menschlichkeit beraubt, weil sie ihrer Sprache beraubt werden – ebenjener Grundlage ihrer Menschlichkeit; und zum anderen werden diejenigen, die den *Schmerz bezeugen*, durch Ansteckung unmenschlich, denn in der Begegnung mit dem Schmerz des anderen können sie grundsätzlich kein Mitgefühl empfinden. In beiden Fällen ist der Verlust der Menschlichkeit eng mit dem Verlust von Sprache verbunden. Nach Scarrys Darstellung zerstört extremer Schmerz nicht nur Sprache, sondern „er versetzt uns in einen Zustand zurück, in dem Laute und Schreie vorherrschen, deren wir uns bedienten, bevor wir sprechen lernten.“[32] Wenn der Mensch Schmerzen hat, verliert er jeden Fitzel Menschlichkeit und regrediert unmittelbar und fundamental zu einer buchstäblichen Infantilität, zurückgelassen mit seinen bloßen körperlichen und tierischen Komponenten. Schmerz beraubt uns dessen, was uns zum Menschen macht.

Hier kommen die beiden zuvor erwähnten Paradigmen – Zerstörung und Isolierung – zusammen. Schmerz ist, um Scarrys Begriff zu verwenden, weltzerstörend, nicht nur weil er die Fähigkeiten des leidenden Subjekts zerstört, diejenigen nämlich, die seine oder ihre Menschlichkeit konstituieren, sondern vor allem, weil er die Möglichkeit des Leidenden zerstört, Beziehungen mit anderen einzugehen. Das Entzweibrechen der referentiellen Struktur von Schmerz begründet Scarrys Argument, dass es eine grundlegende Inkongruenz zwischen dem eigenen Schmerz und dem des Anderen gibt: Die nicht-referentielle Struktur des Schmerzes macht ihn nicht mitteilbar und öffnet damit die Kluft zwischen dem eigenen Schmerz und dem Schmerz des Anderen. Mit geographischen Metaphern vergleicht Scarry den Schmerz von anderen Menschen mit einem „Ereignis irgendwo tief in der Erde, wie die Beben in einer unsichtbaren Geographie,

31 Hannah Arent: *Vita activa oder Vom tätigen Leben*. Stuttgart: Kohlhammer 1960, S. 51. Vgl. auch Arendts Bemerkung über den Schmerz und die Erfahrung seiner Abwesenheit ebd., S. 102–104.

32 Scarry: *Der Körper im Schmerz*, S. 13.

die so ungeheuerlich sie auch sein mögen, noch keine erkennbaren Spuren auf der Erdoberfläche gezogen haben".[33] Sie beschreibt die schmerzhaften Vorgänge, die in einem anderen Körper stattfinden, als auf

> unbestimmte Weise alarmierend [...] und dennoch unwirklich; sie sind durchaus folgenreich, aber vor dem Zugriff der Vernunft verflüchtigen sie sich wie Dunst, weil sie der Bestätigung durch sinnliche Wahrnehmung nicht zugänglich sind. Einen Augenblick lang affizieren sie unseren Geist, und dann verschwinden sie wieder.[34]

Für den Leidenden ist der Schmerz unmittelbar und ‚mühelos' wahrzunehmen, ohne die Spur eines Zweifels. Für denjenigen, der zum Zeugen des Leidens eines Anderen wird, bedeutet es, so Scarry, genau das Gegenteil: die Unwirklichkeit, ja sogar die Verleugnung des Schmerzes des Anderen. Diese Kluft kennzeichnet das paradoxe Wesen des Schmerzes, eine Erfahrung, die wir zur gleichen Zeit weder bestreiten noch bestätigen können.[35]

Der problematische Charakter der Konvergenz von Zerstörung und Isolierung, den beiden Paradigmen des Schmerzes, tritt besonders deutlich hervor, wenn wir Scarrys Betonung der grundlegenden Diskrepanz zwischen unserem eigenen Schmerz und den Schmerzen von Anderen berücksichtigen. Sie begründet ihr Argument mit einer strikten erkenntnistheoretischen Perspektive, die den bedrohlichen Abgrund, der durch das paradoxe Wesen des Schmerzes erzwungen wurde, mittels des Ungleichgewichts zwischen der Gewissheit, die wir von unseren eigenen Schmerzen haben, und dem unabweisbaren Zweifel, den wir gegenüber den Schmerzen anderer Leute empfinden, herstellt. Diese enge Bestimmung ist der Kernpunkt von dem, was das Feld der Philosophie des Geistes als ‚das Problem des Fremdpsychischen' (*problem of other minds*) bezeichnet. Dieses Problem hat seine Voraussetzung in der Diskrepanz zwischen dem Wissen, das wir von unserem eigenen Schmerz haben, einem Wissen, das unmittelbar und über allen Zweifel erhaben ist, und jeglichem Wissen, das wir von dem Schmerz anderer Leute haben und welches zwangsläufig indirekt und von Natur aus offen für Zweifel ist.[36] Um Thomas Nagels bekannter Formulierung des Problems zu folgen (die wiederum Wittgenstein folgt): Die Krux des Problems hat mit der Differenz zwischen dem *Fühlen* des eigenen Schmerzes und dem *Kennen* (oder dem Nicht-Kennen) des Schmerzes einer anderen Person zu

33 Ebd., S. 11.
34 Ebd., S. 11–12.
35 Vgl. ebd., S. 12.
36 Vgl. Alec Hyslop: *Other Minds*. Dordrecht: Kluwer 1995, S. 7.

tun. Nagel stellt daher das Problem des Fremdpsychischen als streng epistemologisches Problem dar. Da Schmerz nur durch Introspektion (und nie durch Wissen, denn ich kann meinen Schmerz nicht wissen, nur fühlen) erkannt werden kann und wesentlich auf der Kenntnis einer Ich-Behauptung fußt, können wir niemals genügend substantielle Gründe haben, um anderer Leute Schmerzen zu verstehen, geschweige denn zu erfahren. Das Verhältnis zwischen unserem eigenen Schmerz und dem Schmerz der Anderen einzig in Bezug auf Wissen zu betrachten, erzeugt eine unvollständige und eingeschränkte Darstellung des Problems.[37]

Da wir nicht in die Köpfe anderer Menschen schauen können, sind wir auf die einzige Sache angewiesen, die öffentlich zugänglich ist: die äußeren Verhaltensausdrücke, die von den Leidenden ausgehen. Dies führt bei der Erörterung des ‚Problems des Fremdpsychischen' zu dem, was standardmäßig das ‚Analogie-Argument' genannt wird. Diesem Argument zufolge benutzen wir, weil wir nur zu unserem eigenen Schmerz Zugang haben, unsere eigene Situation als Bezugspunkt und betrachten den Schmerz anderer Menschen in analoger Weise. Insofern wir alle menschlich sind, wird die Ähnlichkeit unseres Schmerzes angenommen. Hier zeigt sich die Schwäche des Arguments: Es gibt keine sichere Basis, um für eine solche Korrelation zu argumentieren; wir können nichts weiter als eine Vermutung äußern, und daraus folgt, dass wir nie festen Grund haben werden, um zu behaupten, dass jemand anderes wirklich Schmerzen hat. Wir sind uns immer und notwendigerweise über unsere eigenen Schmerzen im Klaren und grundsätzlich im Zweifel in Bezug auf den Schmerz von Anderen. Die Struktur des Arguments verstärkt obendrein das Problem: Eine auf Analogie basierende Beziehung setzt notwendigerweise Trennung voraus. Bereits durch diese kurze und einfache Darlegung des Kernpunkts des Problems des Fremdpsychischen wird deutlich, wie dessen epistemologischer Blickwinkel den Weg für das ebnet, was eine überzeugende Verbindung zwischen der Schmerzerfahrung, unserem Verhältnis zu Anderen und dem radikalen Skeptizismus zu sein scheint.[38]

37 Vgl. Thomas Nagel: *Der Blick von nirgendwo*, aus d. Engl. v. Michael Gebauer. Frankfurt am Main: Suhrkamp 1992.

38 Vgl. Peter Smith / O. R. Jones: *The Philosophy of Mind. An Introduction*. Cambridge: Cambridge UP 1986, S. 198–199.

### Schmerz und Sprache

Die Diskrepanz zwischen der unübertroffenen Intensität und Dringlichkeit des Schmerzes und der Unmöglichkeit, ihn in Sprache zu fassen, ist in der Tat eines seiner bezeichnendsten Merkmale. Es ist unbestreitbar, dass die Sprache im Zustand extremer Schmerzen zu zerfallen oder zu kollabieren scheint, dass ihr Vokabular dahinschwindet und möglicherweise bei der Begegnung mit dieser Heftigkeit ganz abbricht. Es ist auch korrekt, dass extremer Schmerz unsere Menschlichkeit zu gefährden scheint: Wenn wir schreien und brüllen, geben wir nicht darauf Acht, wie wir die Menschen in unserer Umgebung behandeln oder mit ihnen sprechen. Darüber hinaus ist es plausibel zu argumentieren, dass Schmerz die vielleicht direkteste und heftigste Erfahrung ist, die unseren völligen Rückzug von anderen mit sich bringt. Auf der einen Seite fühlen wir den Schmerz, wenn er uns überwältigt, mit all seiner Kraft und vollständig, so dass wir sehr bald schon selbst zum Schmerz werden; auf der anderen Seite sind wir absolut hilflos, wenn wir versuchen, ihn in Worte zu fassen, ihn zu beschreiben oder ihn Anderen mitzuteilen. Diese Diskordanzen dienen im mehrfachen Sinn als Basis für den festen Griff, den der Schmerz als einzigartiges Paradigma unter dem Spektrum anderer innerer Zustände und Gefühle hat, die alle zweifelsohne privat und unzugänglich sind, uns aber nicht mit einem solchen Grad an Widersprüchlichkeit konfrontieren.

Wenn wir darüber reflektieren, wie die zwei zuvor erwähnten Paradigmen den Schmerz in seine destruktiven und isolierenden Komponenten unterteilen, ist es wichtig zu berücksichtigen, dass diese beiden Paradigmen ein Verständnis von Schmerz hervorbringen, das nicht bloß das gemeinsame Produkt jedes einzelnen Merkmals ist, sondern auch auf etwas hinweist, das die Untrennbarkeit der beiden andeutet. Durch seine extrem zerstörerische Wirkung auf unsere Körper und unsere Sprache isoliert uns der Schmerz in seinem eingeschlossenen, nicht-sprachlichen und solipsistischen Bereich. Die zwei Paradigmen entstammen nicht nur der Schmerzerfahrung, sondern sie verstärken sich gegenseitig: Es gibt keine Isolierung ohne Zerstörung und umgekehrt. Darüber hinaus ist diese Interdependenz zwischen den Paradigmen des Schmerzes durch die Beziehung des Schmerzes zur Sprache begründet. Anders ausgedrückt: Jegliche Darstellung von Schmerz als destruktivem oder isolierendem Phänomen impliziert notwendig, auch wenn sie nicht explizit Sprache behandelt, eine starke und unbestreitbare sprachliche Präsenz. Diese paradigmatische Beschreibung des Schmerzes führt in der Folge zu einer entschiedenen Trennung von Sprache und Schmerzerfahrung.

Wir tendieren dazu, die binären Darstellungen von Schmerz – und besonders deren negative Merkmale – zu übernehmen, da sie unseren ganz natürlichen Intuitionen zu entsprechen scheinen, vor allem hinsichtlich der Schmerzerfahrung, mit der wir alle so vertraut sind (ungeachtet der Unterschiede bezüglich des Kontextes und in der Intensität). Dies ist der Grund dafür, dass die zwei Paradigmen, obschon sie abstrakt und theoretisch sind, eine so starke Macht über uns haben. Aber ist die Geschichte wirklich so einfach? Offenbart unser Vermeiden von und unsere Angst vor Schmerz schon die Fülle seines Wesens? Die Herausforderung, der sich dieses Buch gegenübergestellt sieht, ist es, eine ernsthafte Darstellung unserer ganz grundlegenden, natürlichen Anschauungen über den Schmerz vorzunehmen, aber gleichzeitig es diesen Anschauungen zu versagen, unsere Perspektive auf kontraproduktive Weise zu beschränken. Die Herausforderung ist es, diese Spannung aufrechtzuerhalten, da sie eines der entscheidenden Merkmale von Schmerz berührt.

Ich werde aufzeigen, dass die Zweiteilung und der Antagonismus von Schmerz und Sprache in der Tatsache wurzelt, dass die zwei theoretischen Paradigmen daran scheitern, das vielfältige und komplexe Wesen der Schmerzerfahrung zu erfassen. In den Theorien, die auf diese paradigmatischen Charakterisierungen aufbauen, kann Schmerz entweder das Wesen der Menschlichkeit oder ihren Abgrund bezeichnen, uns also entweder von den Anderen separieren oder mit ihnen in Verbindung bringen; und schließlich kann der Schmerz in diesen Theorien mit oder gegen die Sprache arbeiten. Aus diesem Grund ‚muss' Schmerz als der heftigste Gegensatz zur Menschlichkeit geschildert werden und als ein Zustand, der auf grundlegende Weise alles bedroht, wofür Menschlichkeit einsteht. Es sollte allerdings klar sein, dass man das unverwechselbare Wesen des Schmerzes schwerlich durch den Bezug auf die Unmöglichkeiten, die es in sich trägt, erschöpfen oder ihm gerecht werden kann.

Ich werde nun einige Schwierigkeiten herausstellen, die mit diesen paradigmatischen Sichtweisen einhergehen. Erstens kann der Schmerz uns sprachlos machen, erzeugt aber zugleich auch ein drängendes Bedürfnis, ihn auszudrücken. Im Unterschied zu anderen inneren oder emotionalen Zuständen vermag der Schmerz unsere sprachlichen Fähigkeiten auszulöschen, verlangt aber gleichzeitig nach Sprache. Schmerz drängt uns dazu, ihn auszudrücken, und erhebt den Anspruch, gehört und von Anderen wahrgenommen zu werden (dieser Anspruch ist offensichtlich unabhängig von der Frage, ob er tatsächlich wahrgenommen werden kann oder nicht). Gerade im Schmerz – mehr noch als z. B. beim Glück oder bei der Wut – empfinden wir daher die tiefgehenden Folgen der Diskrepanz zwischen der Intensität des Gefühls und dem Auseinanderbrechen unserer Sprache. Im Zustand intensiven Schmerzes erweist sich daher dieser selbst als untrennbar mit dem drängenden Bedürfnis verbunden, ihn auszudrücken. Stiller, stummer Schmerz ist kaum vorstellbar.[39]

Zweitens entzieht uns der Schmerz nicht nur unsere Menschlichkeit, es ist auch die uns zuallererst menschlich machende Anfälligkeit für Schmerzen, die unsere Menschlichkeit gewissermaßen festschreibt. Wir können die Welt und unsere Existenz in ihr nicht vollständig erleben, ohne bis zu einem gewissen Grad sensibel für den Schmerz zu sein. Und schließlich ist die Erfahrung des Schmerzes, obgleich sie eine Grenze zwischen unserem Selbstempfinden und dem Empfinden für Andere markieren mag, doch gleichzeitig die direkteste und unmittelbarste Form, durch die wir Bindungen mit anderen Menschen aufbauen (die alle diese Anfälligkeit für Schmerzen teilen, unabhängig von sprachlichen oder kulturellen Differenzen). Schmerz ist der Abgrund, aus dessen Tiefen wir einzig direkt mit anderen Menschen Kontakt aufnehmen können, indem wir mitfühlen oder uns identifizieren. Schmerz schließt uns in eine hermetische, solipsistische Sphäre ein, und mit der gleichen Kraft eröffnet er uns doch die Möglichkeit, unsere Schmerzen mit Anderen zu teilen, daran teilzuhaben und sie zu erwidern.[40]

Außerdem bleiben wird, wenn wir die Schmerzerfahrung einzig aus der Perspektive der Leidenden betrachten, auf die zerbrochenen Worte und den Zusammenbruch unserer kommunikativen Fähigkeiten beschränkt. Aber die dem Zusammentreffen von Schmerz und Sprache inhärenten Problematiken betreffen nicht nur den Körper und die Sprache des Leidenden, sondern darüber hinaus gleichermaßen diejenigen, die das Leiden Anderer miterleben. Nicht nur die Menschen mit Schmerzen, sondern wir alle tragen Verantwortung für die Unaussprechlichkeit von Schmerz. Jeder gebrochene Schrei ruft uns an, fordert etwas von uns und hat das Potential, uns zu berühren. Das ist eine weitere besondere

39 Es gibt zweifellos noch andere Fälle, die in diesem Zusammenhang der Erwägung wert wären. Einer dieser Fälle wäre das traumatische Schweigen aus Unvermögen, seinen eigenen Schmerz auszudrücken, wenn dessen sprachlicher Ausdruck eine tiefe Bedrohung für die Psyche darstellt. Das Schweigen manifestiert dann so etwas wie einen Schutzinstinkt. Ich erachte das Schweigen über den Schmerz jedoch als eine weitere Form seines Ausdrucks und werde dies noch in Kapitel 2 erörtern. Giorgio Agambens Darstellung des Muselmanns ist in diesem Kontext ebenfalls konstruktiv. Für Agamben markiert die Figur des Muselmanns eine Grenze zwischen dem Menschlichen und dem Unmenschlichen; sie stellt diese Grenze aber auch in Frage, da seine Existenz selbst davon zeugt, dass es grundsätzlich unmöglich ist, die beiden zu trennen. Vgl. Giorgio Agamben: *Was von Auschwitz bleibt. Das Archiv und der Zeuge*, aus d. Ital. v. Stefan Monhardt. Frankfurt am Main: Suhrkamp 2003.

40 Für eine Darstellung des Zusammenhangs zwischen dem Leiden und der Konstitution von Gemeinschaft vgl. auch Maurice Blanchot: *Die uneingestehbare Gemeinschaft*, aus d. Franz. v. Gerd Bergfleth. Berlin: Matthes & Seitz 2007; Jean-Luc Nancy: *Die undarstellbare Gemeinschaft*, aus d. Franz. v. Gisela Febel / Jutta Legueil. Stuttgart: Schwarz 1988.

Eigenschaft des Schmerzes: Selbst wenn er nicht klar ausgesprochen oder korrekt bestimmt, ja sogar wenn er mit schwächstem Atem geweint oder gestöhnt wird, durchdringt uns der Schmerz, erhebt er einen Anspruch an uns – nicht nur an die Leidenden, sondern vor allem an die Nicht-Leidenden.
Die Schwäche der Theorien und Paradigmen, die ich hier kritisiert habe, ist darin begründet, dass ihre Auffassung von Schmerz einseitig ist, dass sie sich auf seine ‚gewaltsame', beraubende und beschädigende Seite festlegen und damit dem vielfältigen Antlitz der Schmerzerfahrung ausweichen. Schmerz ist menschlich, aber auch entmenschlichend; er ist ausdrucksstark und untergräbt gleichzeitig unsere Fähigkeiten, Sprache zu nutzen; obwohl er trennt, vereinigt er auch mit aller Macht. Die gewaltsame Konfrontation von Schmerz und Sprache stelle ich weder in Frage noch umgehe ich sie. Wer wollte sie leugnen? Auch möchte ich dem Schmerz kein besseres Ansehen geben oder ihn in einem ausschließlich positiven Licht erscheinen lassen. Meine Analyse versucht vielmehr, das einzigartige, komplexe Wesen des Schmerzes ebenso wie die Besonderheit seiner Begegnung mit der Sprache zu bewahren und ihm gerecht zu werden.

**Herder**

Zu verschiedenen Zeitpunkten in der Geschichte der Philosophie sind die oben erwähnten paradigmatischen Binaritäten als selbstverständliche Prämisse behandelt worden. Die Auseinandersetzung zwischen Schmerz und Sprache findet man vorzugsweise in philosophischen Darstellungen über den Ursprung der Sprache, die nicht nur die Geburt der Sprache markieren, sondern auch – und wichtiger noch – ihre Selbstdefinition umreißen. Das philosophische Verständnis des Begriffs ‚Ursprung' ist mannigfaltig und hat eine lange, reiche Geschichte. Es beinhaltet die zeitliche Konzeption des Ursprungspunkts als ein Moment der Genese (ganz besonders im Denken des 18. Jahrhunderts) und dessen Verständnis als Wesen (besonders im 20. Jahrhundert nach der so genannten linguistischen Wende). Weit über das Befördern zweier unterschiedlicher Bedeutungen von Ursprung hinaus implizieren diese zwei theoretischen Ausrichtungen auch ein divergierendes Verständnis von der Struktur und dem Wesen der Sprache selbst. Trotz dieser Differenzen bleibt ein gemeinsames Merkmal des Problems bestehen: Der Augenblick, in dem sich menschliche Sprache selbst definiert (‚geboren' wird, sei es zeitlich oder wesensmäßig), ist auch der Augenblick, in dem ihre Verstrickung mit ihrem Spiegelbild – dem Schmerz – problematisiert wird. Dies passiert auf zweifache Weise: als unüberwindbare Konfrontation und gleichzeitig als innige Verwandtschaft. Die Frage nach dem Ursprung der Sprache ist daher auf der Schwelle zwischen dem sprachlichen Ausdruck und dem Ausdruck des Schmerzes angesiedelt.

Da der Ursprungsmoment als entscheidender Scheidepunkt zwischen der Unmittelbarkeit des emotionalen und körperlichen Bereichs in der Schmerzerfahrung und der Mittelbarkeit der sprachlichen Artikulation begriffen wird, verhält es sich so, dass Sprache, um geboren zu werden, von seinem vollkommen ‚anderen' – nämlich dem animalischen Leben, den körperlichen Empfindungen und den eher unartikulierten akustischen Ausrufen – getrennt werden muss (oder sich selbst davon trennen muss). Sprache kann daher nur geboren werden, wenn sie die Macht der rohen körperlichen Empfindungen überwindet, sie zum Schweigen bringt – und zwar indem sie diese durch ein Wort ersetzt. Ursprung ist folglich abhängig von Trennung: Er ist entweder in der Sprache oder im Körper, entweder im Menschen oder im Tier. Sprache wird, wenn sie Schmerz unterdrückt, aus dem Schmerz heraus geboren oder vielmehr, indem sie tiefgehend mit dem Schmerz verstrickt ist – in jedem Fall konfrontiert uns die Frage nach dem Ursprung, weit ab vom Unterstellen einer einfachen Genese oder eines Anfangs, mit den Geburtswehen der Sprache.

Berücksichtigt man diesen konzeptionellen Rahmen, ragt eine Persönlichkeit aus der langen Liste von Denkern, die den Ursprung der Sprache diskutiert haben, heraus: Johann Gottfried Herder (1744–1803). Herder war, was seine Beschäftigung mit dem Ursprung der Sprache angeht, ein Mann seiner Zeit. Wie viele seiner Zeitgenossen interessierte er sich für die philosophische Möglichkeit von Ursprungserzählungen (der Gesellschaft, der Sprache etc.) und für deren wichtige Auswirkungen auf unser Verständnis der Sprache, aber auch des Wesens und der Selbstdefinition des Menschen (eine für das Denken des 18. Jahrhunderts typische Verbindung). Gleichwohl sticht Herder heraus. Er folgt nicht den vorherrschenden Konzepten seiner Zeit, insbesondere nicht jenen, die körperliche Empfindungen und sprachlichen Ausdruck voneinander trennen, oder der Idee, dass der Körper und seine Empfindungen zu überwinden oder gar preiszugeben sind, damit Sprache entstehen kann. Er stimmt auch nicht mit dem Postulat einer unüberwindbaren Kluft zwischen innerem (Emotion, Empfindung, Gefühl) und äußerem sprachlichen Ausdruck überein. Stattdessen denkt Herder Sprache *vor* allen Dingen, also ursprünglich, als mit dem leidenden, schmerzenden, schreienden Körper verflochten und nicht von ihm getrennt.

Diese Ideen finden sich am prominentesten in Herders *Abhandlung über den Ursprung der Sprache* (1772) ausformuliert.[41] Da dieser Text im Zentrum des

41 Johann Gottfried Herder: Abhandlung über den Ursprung der Sprache. In: Ders.: *Werke*, Bd. 1: Frühe Schriften 1764–1772, hrsg. v. Ulrich Gaier. Frankfurt am Main: Deutscher Klassiker Verlag 1985, S. 697–810 (im Folgenden werden die Bände der Frankfurter Herder Ausgabe mit der Sigle FHA nachgewiesen). Herder schrieb die *Abhandlung* als Antwort auf die folgende, von der Berliner Akademie der Wissenschaften 1769 ausgeschriebene Preisfrage: „En

vorliegenden Buchs steht (und ausführlich in den ersten beiden Kapiteln diskutiert wird), mache ich hier nur ein paar vorläufige Bemerkung in Bezug auf seine Haupttendenz und seine Bedeutung für meine Argumentation. Der Anfang der *Abhandlung* bringt den Kern von Herders radikaler Sprachkonzeption auf den Punkt: „*Schon als Tier hat der Mensch Sprache*", schreibt er in der ersten Zeile und fährt fort: „Alle heftigen und die heftigsten unter den heftigen, die schmerzhaften Empfindungen seines Körpers, alle starke Leidenschaften seiner Seele äußern sich unmittelbar in Geschrei, in Töne, in wilde, unartikulierte Laute." (FHA 1, S. 697, Herv. i. Orig.) Ich werde diese Sätze ausführlich im 2. Kapitel kommentieren, aber möchte hier kurz auf einige entscheidende Elemente hinweisen, die sofort ins Auge springen: Erstens situiert Herder den Ursprung der Sprache nicht allein im menschlichen Kontext, sondern vielmehr in einem für Mensch und Tier gültigen Bereich. Zudem ist die Sprache, die hier auf dem Spiel steht, nicht ausschließlich eine menschliche. Mit anderen Worten: Das Wesen oder der Ursprung der Sprache ist nicht auf den menschlichen Bereich begrenzt. Sprache definiert nicht den Menschen, indem sie einen sprachlichen Herrscher der Natur vor dem dunklen Hintergrund des Tiers krönt, sondern begründet den Ursprung von beiden, Mensch und Tier. Zweitens ist für Herder der ursprüngliche sprachliche Ausdruck in keiner Weise artikuliert oder propositional und hat nichts mit Kommunikation zu tun. Drittens ist der erste sprachliche Ausdruck unmittelbar und nicht vermittelnd; er ist nicht konzeptuell, sondern somatisch; und bemerkenswerterweise ist der ursprüngliche sprachliche Ausdruck nicht vom Ausdruck des Schmerzes zu unterscheiden.

Bedeutenderweise setzt Herder diese Szene eines uranfänglichen kreatürlichen Daseins der geteilten Schmerzen und Schreie nicht als eine vorsprachliche Stufe einer primitiven Existenz voraus, die sich ereignet, bevor der sprechende Mensch in Erscheinung tritt. Ganz im Gegenteil: Für Herder gibt es kein *vor* der Sprache, keine Welt oder kein Sein vor oder ohne Sprache. Sein Moment des ‚Ursprungs' gehört daher nicht nur zu seinem einzigartigen Verständnis von Sprache, sondern auch zu einer sehr spezifischen Konzeption, die dem Wesenskern viel näher steht als einem spezifischen mythischen Moment in der Zeit (wie wir es in Condillacs Geschichte von den beiden Kindern auf der einsamen Insel vorfinden, die

Supposant les hommes abandonnés à leurs facultés naturelles, sont-ils en état d'inventer le langage? Et par quel moyens parviendront-ils à cette invention?" (Herder: Abhandlung über den Ursprung der Sprache, S. 1274.) / „Angenommen, die Menschen sind ihren natürlichen Fähigkeiten überlassen, sind sie imstande, die Sprache zu erfinden? Und mit welchen Mitteln werden sie zu dieser Erfindung gelangen?" (Alle Übersetzungen, sofern nicht anders angegeben, P. B.) Herder behandelt die beiden Teile der Frage getrennt und widmet ihnen jeweils einen Teil seines Essays.

sich ihre eigene paradiesische Sprache ausdenken). In diesem Sinn ist Herders Denken der Philosophie des 20. Jahrhunderts (Wittgenstein, um das auffälligste Beispiel zu nennen) viel näher als der seiner eigenen Zeit.[42]

Diese Charakterisierung des Ursprungs der Sprache hat wichtige Implikationen in Bezug auf das ‚Problem des Fremdpsychischen'. Anstatt gewaltsam einen unüberbrückbaren Riss zu erzeugen zwischen den Menschen mit Schmerzen und denjenigen, die sie umgeben, ist für Herder der unmittelbare Ausdruck von Schmerz im Schrei alles andere als privat. Anstatt die Außenstehenden zu distanzieren, berührt er sie direkt. Der Schrei der ‚Sprache der Empfindung' in Herders *Abhandlung* spricht zur ganzen Natur und – wichtiger als alles andere – erhält eine unmittelbare Antwort in einer klaren Form des Mitleids. Schmerz separiert nicht: Der Leidende ist weder von der Fähigkeit sich auszudrücken noch vom Mitleid der Anderen ausgeschlossen. In der Sprache der zwei Paradigmen: keine Zerstörung, keine Isolierung.

Die Einzigartigkeit von Herders Theorie liegt in seiner nahezu beispiellosen somatischen Konzeption von Sprache. Die *Abhandlung* stellt einen wichtigen Moment dar, von dem aus wir die Binaritäten überdenken können, die durch die beiden oben ausgeführten paradigmatischen Sichtweisen vorangetrieben wurden. Statt eines gewaltsamen Gegensatzes erscheint eine Dialektik von Mensch und Tier, von Körper und Sprache, Isolation und Kommunikation. Herders komplexes Denken berücksichtigt auf ernsthafte Weise den Körper, wenn er die Sprache betrachtet, und die Sprache beim Versuch, den Körper (den menschlichen wie den tierischen) und die extremen Empfindungen zu erfassen, besonders den Schmerz. Die Untrennbarkeit von Sprache und Empfindung, die das Kernstück von Herders Sprachtheorie darstellt, ist unter den sprachphilosophischen Ausführungen seiner Zeit auf keinen Fall trivial.

Die Vorherrschaft des Schmerzes erweist sich nicht nur als das zentrale Thema oder Argument in Herders Theorie über den Ursprung der Sprache. Sie tritt bereits zu Beginn der *Abhandlung* mit dem Auftritt der Figur des griechischen Helden Philoktet in Erscheinung. Herder erwähnt Philoktet im Rahmen seiner Diskussion über den ursprünglichen Sprachraum, der vom nichtkommunikativen und direkten Ausdruck gewaltsamer Empfindungen besetzt

42 Michael N. Forster hat die wichtige Beziehung zwischen Herder und Wittgenstein ausführlich diskutiert in: Gods, Animals, and Artists. Some Problem Cases in Herder's Philosophy of Language. In: *Inquiry* 46 (2003), S. 65–96; Herder's Philosophy of Language, Interpretation, and Translation. Three Fundamental Principles. In: *Review of Metaphysics* 56,2 (2002), S. 323–356. Vgl. auch Charles Taylor: The Importance of Herder. In: Edna Ullmann-Margalit / Avishai Margalit (Hrsg.): *Isaiah Berlin. A Celebration*. Chicago / London: U of Chicago P 1991, S. 40–63.

ist. Er bezieht sich hier auf Philoktets Wunde und den schrecklichen Schmerz, den diese verursacht: „Ein leidendes Tier sowohl als der Held Philoktet“, schreibt Herder, „wenn es der Schmerz anfället, wird wimmern, wird ächzen, und wäre es gleich verlassen, auf einer wüsten Insel, ohne Anblick, Spur und Hoffnung eines hülfreichen Nebengeschöpfes.“ (FHA 1, S. 697) In diesem einen Satz präsentiert Herder in einem Bild fast alle Fäden, die seine Sprachtheorie miteinander verknüpft: die Beziehung zwischen Mensch, Tier, Schmerz und Sprache, die Kommunikation oder ihre Abwesenheit und den stimmlichen Ausdruck.
In der *Abhandlung* bezieht sich Herder nur kurz auf Philoktet, aber sein Auftritt ist nicht zufällig. Herder war in all seinen Schriften von dieser Figur gefesselt, nicht nur im Kontext der Sprachtheorie, sondern auch in seinen Schriften zur Ästhetik, wo er Sophokles' Drama und das Problem der Verbindungen zwischen Schmerz, Ausdruck und Mitleid ausführlich darstellt (Sophokles, so Herder, hat uns mit mehr Psychologie und Wissen über den Menschen versorgt als jeder Philosoph).[43] Im vorliegenden Buch dient Herders Begeisterung für Philoktet als eine wichtige Richtlinie, von der aus das Verhältnis von Schmerz und Sprache, jenseits der beiden Paradigmen (Zerstörung und Isolierung), nochmals überprüft werden kann.

## Philoktet

Philoktets Geschichte ist in vielen Versionen nacherzählt worden, beginnend mit der Antike, und wird heute immer noch inszeniert und diskutiert. Philoktet findet sich in Homers *Ilias*, Ovids *Metamorphosen*, Apollodors *Epitome* und Aristoteles *Über wunderbare Dinge, die wir gehört haben*, um nur einige zu nennen. Die Geschichte wurde auch in zahlreichen Theateradaptionen wiedergegeben, eingeschlossen den Dramen von Aischylos (457 v. Chr.) und Euripides (431 v. Chr.) – zwei Versionen, die nicht überliefert sind –, in der berühmten Fassung des Sophokles (409 v. Chr.) und in anderen modernen Übertragungen von Jean-Baptiste Vivien des Chateaubrun (1755), André Gide (1898), Oscar Mandel (1961), Seamus Heaney (1961), Heiner Müller (1965) und sogar in Form eines kurzen Auftritts in Disneys *Hercules* von 1997 (Philoktet wird hier *Phil* genannt).[44]

43 Vgl. Herder: Vom Erkennen und Empfinden der menschlichen Seele (FHA 4, S. 327–393). Sophokles erscheint hier in einer Reihe mit Homer, Dante, Shakespeare und Klopstock.

44 Die Liste ist natürlich viel länger und umfasst Theaterstücke, Gedichte und Erzählungen (ganz zu schweigen von Werken der bildenden Kunst). Das Buch von Oscar Mandel, *Philoctetes and the Fall of Troy. Documents, Iconography, Interpretations* (Lincoln: U of Nebraska P 1981), ist eine erschöpfende Quelle, die vollständige Versionen der Geschichte von

Aber am bekanntesten ist die Geschichte, die durch Sophokles überliefert ist.[45] Ich werde kurz die Handlung nacherzählen.[46] Philoktet war ein griechischer Held, der für seinen Mut und seinen magischen Bogen bekannt war, einen Bogen, der nie sein Ziel verfehlte und den er von Herakles vor dessen Tod erhalten hatte. Die Geschichte beginnt zu dem Zeitpunkt, als Philoktet zusammen mit Odysseus, Agamemnon, Menelaos und deren Heer nach Troja segelt. Auf ihrem Weg legen sie an der Insel Chryse an, um den Göttern ein Opfer darzubieten. Als sie die heilige Stätte erreichen, sehen sie eine Schlange, die am Fuße des Schreins liegt. Philoktet meldet sich als erster freiwillig und wird, als er sich dem Heiligtum nähert, von der Schlange gebissen. Der Schlangenbiss, der zuerst unbedeutend erscheint, wird zu einer infektiösen Wunde. Philoktet leidet schreckliche Schmerzen und beginnt zu fluchen und laut zu brüllen; seine Schreie sind entsetzlich. Seine eiternde Wunde erzeugt einen schrecklichen Gestank. Philoktets Kameraden können den Anblick der Wunde und ihren Gestank nicht ertragen. Und vor allem können sie Philoktets Schreie nicht aushalten, die sie auch daran hindern, das Opferritual abzuhalten. Sie segeln weiter zur benachbarten Insel Lemnos und lassen den verwundeten und leidenden Philoktet dort zurück. Philoktet bleibt für die nächsten zehn Jahre allein auf der Insel, in Gemeinschaft mit den dortigen Tieren und mit gelegentlichen kurzen Besuchen von vorbeikommenden Reisenden.

Sophokles (S. 54–94), Gide (S. 162–178), Müller (S. 222–250) und Mandel selbst (S. 185–213) enthält. Für andere Versionen der Geschichte vgl. auch (um nur einige zu nennen) die Bearbeitungen von Aischylos und Euripides (nur teilweise erhaltene Fragmente), Chateaubruns *Philoctète, tragédie* (1755), Johann Gottfried Herders *Philoktetes. Scenen mit Gesang* (vermutlich 1774), William Wordsworth' *When Philoctetes in the Lemnian Isle* (1827), Seamus Heaneys *The Cure at Troy. A Version of Sophocles' Philoctetes* (New York: Farrar, Straus & Giroux 1991). Weitere neuere Versionen sind Tom Stoppards Fernsehdrama *Neutral Ground* (1968), Mark Merlis' Roman *An Arrow's Flight* (1999) und James Baxters Theaterstück *The Sore-Footed Man* (1967). Für eine umfassende Liste moderner Adaptionen der Geschichte vgl. Felix Budelmann: The Reception of Sophocles' Representation of Physical Pain. In: *American Journal of Philology* 128,4 (2007), S. 443–467; Eric Dugdale: Philoctetes. In: Rosanna Lauriola / Kyriakos N. Demetriou (Hrsg.): *Brill's Companion to the Reception of Sophocles*. Leiden / Boston: Brill 2017, S. 77–145.

45 Für den Text von Sophokles wird im Folgenden die Übersetzung von Wolfgang Schadewaldt verwendet: Sophokles: *Philoktet*, aus d. Griech. v. Wolfgang Schadewaldt, hrsg. v. Hellmut Flashar. Frankfurt am Main / Leipzig: Insel 1999 (im Folgenden mit Versangabe als SPh abgekürzt). Nur an wenigen, ausgewiesenen Stellen wird auf die Übertragung von Bernd Manuwald zurückgegriffen: Sophokles: *Philoktet*, hrsg. u. aus d. Griech. v. Bernd Manuwald. Berlin / Boston: de Gruyter 2018. Für die englische Übersetzung des *Philoktet* wird die folgende Übertragung verwendet: Sophocles: Philoctetes. In: Ders.: *Four Tragedies, Ajax, Women of Trachis, Electra, Philoctetes*, aus d. Griech. v. Peter Meineck / Paul Woodruff. Indianapolis: Hacket 2007.

46 Meine Beschreibung folgt Edmund Wilsons Darstellung in: *The Wound and the Bow. Seven Studies in Literature*. London: Allen 1952, S. 244–264.

Während dieser Zeit leidet Philoktet ständig unter schrecklichen Schmerzen, denn weder heilt die Wunde, noch wird sie besser. Der nachhomerischen *Kleinen Ilias* zufolge erhielt Odysseus von Helenos eine Prophezeiung, wonach Griechenland den Krieg gegen Troja nur mit Hilfe des magischen Bogens des Herakles, der sich im Besitz von Philoktet befand, gewinnen könne. Odysseus beschließt, nach Lemnos zu segeln und den Bogen in seine Gewalt zu bringen. Da er jedoch befürchtet, dass Philoktet ihn als einen der Männer erkennt, die ihn auf der einsamen Insel zurückgelassen haben, und es ablehnen wird, ihm zu verzeihen, nimmt er einen jungen Mann, Neoptolemos, den Sohn von Achilles, mit, um ihm zu helfen. Sophokles' Stück beginnt zu dem Zeitpunkt, als die beiden Männer auf der Insel ankommen, auf der Philoktet zehn Jahre zuvor ausgesetzt worden war. Odysseus informiert Neoptolemos kurz und beinahe gleichgültig über die Ereignisse, die zu Philoktets Aussetzung auf der Insel geführt hatten, und berichtet fast gar nichts über dessen Leiden. Er schickt dann den jungen Mann auf die Suche nach Philoktet und befiehlt ihm, zu betrügen, zu lügen und alles zu tun, was notwendig ist, um den Bogen zu erlangen. Als Neoptolemos und Philoktet sich das erste Mal treffen, erzählt Philoktet seine Version der Geschichte, die natürlich vollkommen verschieden ist von der, die Odysseus erzählt hatte. Er berichtet von den Umständen seiner Verletzung und seinen furchtbaren Schmerzen, aber statt auf seine körperlichen Leiden geht er auf den unerträglichen Schmerz seines Ausgesetztseins näher ein. Es ist genau dieser Punkt, an dem wir beginnen das Ausmaß der Unmenschlichkeit zu begreifen, die darin besteht, Philoktet für zehn lange Jahre allein auf der Insel zurückzulassen. Das physische Verhängnis tritt in den Hintergrund, verglichen mit dem Mangel an Mitgefühl von Philoktets Kriegskameraden, als sie sich entschlossen, weg zu segeln. Philoktet war einer von ihnen, ein Held, der die Strafe nicht verdient hat, die er erleiden musste. Philoktet blieb allein in den solipsistischen Grenzen dieses schrecklichen Schmerzes, und die einzige Antwort auf seine Schreie der Agonie war ihr Echo, das auf der leeren Insel widerhallte.

Die zentrale Frage an dieser Stelle der Geschichte ist, ob Neoptolemos sich an den Befehl seines Kommandanten hält und alle möglichen Mittel einsetzt, um Philoktet um seinen Bogen zu betrügen, oder ob er, nachdem er dessen Darstellung der Ereignisse gehört hat, seine Meinung ändert und Philoktet die Wahrheit über den eigentlichen Zweck seiner und Odysseus' Reise zur Insel erzählt. Der dritte Akt bringt genau diese Ambivalenz ins Spiel. Er beginnt, nachdem Neoptolemos Philoktet versprochen hat, ihn von der Insel zu retten, aber da der junge Mann zu diesem Zeitpunkt noch völlig loyal gegenüber Odysseus ist, erscheint es für uns klar, dass er Philoktet belügt. Doch dann geschieht etwas: Philoktet wird plötzlich von heftigen Schmerzen ergriffen und erstarrt.

Während dieses Schmerzanfalls entwickelt sich ein Dialog zwischen den beiden Männern: Neoptolemos, der von der plötzlichen Veränderung Philoktets überrascht wird, fragt ihn immer wieder, was passiert sei, während Philoktet, der so starke Schmerzen hat, dass er kaum sprechen kann, mit einer Reihe von Ausrufen – „Ah ah ah ah!" und „Papá-ih! Papá-ih!" – antwortet, die seinen Schmerz ausdrücken. Als Philoktet vor Schmerzen ohnmächtig wird, macht Neoptolemos eine Wandlung durch: Er entscheidet sich, nicht mehr Odysseus Anweisungen zu folgen; er begreift, dass er Philoktet und schließlich dem, was er für eine wahre moralische Haltung angesichts von Fehlverhalten und Leiden hält, ergeben ist. Er gesteht dann Philoktet die Wahrheit und bietet ihm an, ihn zu retten – diesmal aufrichtig. Hierauf folgt eine Konfrontation zwischen den beiden und Odysseus (der sie entdeckt, weil er Neoptolemos gesucht hat). Schließlich ist Odysseus damit einverstanden, Philoktet zu retten, doch letzterer weigert sich nun verbittert, seine einsame Insel zu verlassen. Das Stück endet mit dem Aufruf des Herakles aus dem Himmel, der Philoktet (der über Odysseus erzürnt ist) davon überzeugt, in die Rettung von der Insel einzuwilligen.

Alle Versionen der Geschichte beginnen mehr oder weniger auf die gleiche Weise mit der Ankunft des Odysseus (oder des Ulysses, sein lateinischer Name, in Gides Version) und seiner Gefährten auf der einsamen Insel, gefolgt von verschiedenen Berichten über die Ereignisse, die zu Philoktets Krankheit und Aussetzung zehn Jahre zuvor geführt haben. Es gibt aber beträchtliche Unterschiede bei der Handlung, den Protagonisten und den Enden. Sophokles betont die moralischen Fragen nach Gerechtigkeit, Rache und Mitleid, wohingegen Chateaubruns Fassung eine weibliche Figur enthält, Philoktets Tochter Sophie, in die sich Odysseus verliebt. Müller gibt der Geschichte einen politischen Rahmen, indem er den Konflikt zwischen Individuum und Staat in den Blick nimmt und das Stück mit Philoktets Ermordung durch Neoptolemos enden lässt, während in Mandels Darstellung Philoktet nicht alleine auf der Insel ist, sondern einen Diener mit dem Namen Medon hat, der im Laufe des Stücks von Odysseus getötet wird (in der ursprünglichen Geschichte war Medon der Kapitän, der Philoktets Nachfolge antritt, nachdem dieser auf Lemnos zurückgelassen wurde). Es gibt noch eine andere Fassung der Geschichte, die im Kontext meiner Überlegungen besonders relevant ist: das ist Herders eigene Version, die posthum unter dem Titel *Philoktetes. Scenen mit Gesang* veröffentlicht wurde.[47] Ein Brief des Verlegers Hartknoch aus Riga an Herder legt nahe, dass für das Drama Musik

47 Johann Gottfried Herder: Philoktetes. Scenen mit Gesang. In: *Johann Gottfried von Herder's sämmtliche Werke*, Abt. 2: Zur schönen Literatur und Kunst, sechster Theil: Dramatische Stücke und Dichtungen, hrsg. v. D. Wilhelm Gottfried v. Herder. Tübingen: Cotta 1806, S. 113–126.

von Johann Christoph Friedrich Bach um 1775 vorgesehen war, aber weder Bachs Musik noch irgendwelche Hinweise darauf, dass das Drama aufgeführt wurde, sind überliefert.[48] In Herders Neufassung der Geschichte ist Odysseus abwesend, und der Fokus liegt, wie Liliane Weissberg herausstellt, vollkommen auf der Beziehung und dem Dialog zwischen Philoktet und Neoptolemos. Im Unterschied zu Sophokles richtet Herder die Aufmerksamkeit weder auf Neoptolemos quälenden Konflikt zwischen dem Staatsinteresse und seiner Verpflichtung gegenüber Odysseus noch auf sein eigenes Mitleid für Philoktet. Stattdessen ist es Philoktet, der im Mittelpunkt steht, wobei die Betonung auf seinem Leiden und seiner Unfähigkeit zu vergeben liegt, die ihm seine Rettung und seine mögliche Heilung verwehren.[49]

Trotz dieser Divergenzen teilen alle Darstellungen die Voraussetzung, dass Philoktet nicht ein Mann *mit* Schmerzen ist oder einer, der Schmerz *fühlt*. Der Schmerz ist seine eigentliche Identität geworden: *Er ist sein Schmerz*.[50] Obwohl Philoktet offensichtlich leidet, und zwar so stark, dass er Neoptolemos bittet, ihn zu töten (oder in anderen Fassungen, z. B. bei Müller, seinen Fuß abzuschneiden),[51] ist der Schmerz nie als etwas ihm nicht Zugehöriges, ihm Fremdes oder Fremdartiges dargestellt worden. Während seiner Jahre in Einsamkeit ist er von ihm untrennbar geworden.[52] Philoktets Wunde hat in der Tat eine überragende

48 Vgl. Thomas Baumann: *North German Opera in the Age of Goethe*. Cambridge: Cambridge UP 1985, S. 152.

49 Vgl. Liliane Weissberg: Language's Wound. Herder, Philoctetes, and the Origin of Speech. In: *Modern Language Notes* 104,3 (1989), S. 548–578, hier S. 576–577.

50 Vgl. z. B. Quintus von Smyrnas plastische Beschreibung von Philoktets Schmerz: „Das böse Leiden überwältigte Philoktet in seiner weiten Höhle. Sein ganzer Körper war dahingeschwunden; er war nur noch Haut und Knochen. Seine Wangen waren furchtbar schmutzig, und er war abscheulich verdreckt. Unheilbare Schmerzen überwältigten ihn, und die Augen des furchtbar leidenden Helden waren tief unter seine Brauen gesunken. Er hörte nicht auf zu stöhnen, denn heftige Schmerzen nagten immer wieder am Grund seiner schwarzen Wunde. Sie war an der Oberfläche verfault und bis auf die Knochen vorgedrungen" (zit. n. Mandel: *Philoctetes and the Fall of Troy*, S. 29). Vgl. auch Morris' Bemerkungen über die einzigartige Rolle des Schmerzes in Sophokles' Philoktet in David B. Morris: *Geschichte des Schmerzes*, aus d. Amerik. v. Ursula Gräfe. Frankfurt am Main: Insel 1994, S. 344–350.

51 Vgl. Heiner Müller: Philoktet. In: Ders.: *Stücke*, hrsg. v. Joachim Fiebach. Berlin: Henschelverlag 1988, S. 117–146, hier S. 130 (im Folgenden zitiert als MPh).

52 Sophokles verweist auf diese Verstrickung: „Und er schleppt sich bald hier-, bald dorthin, / Kriechend wie ein kleines Kind, / Das entfernt ist von seiner Amme, / Dort, wo Bequemlichkeit sich bietet / Des Pfads, wenn einmal nachläßt / Das in den Lebensmut / Beißende Übel." (SPh V. 701–707). Edith Hall widerspricht diesem Argument und behauptet, dass Philoktet nach der griechischen Konzeption von Leid in keiner Weise durch sein Leid geadelt wurde und auch nichts daraus gelernt hat. Die Darstellung des Leidens in dem Stück wirft vielmehr ethische Fragen auf, die sich auf die unterschiedlichen Reaktionen des Menschen auf das Leid anderer beziehen (bei Sophokles haben wir drei solcher Modelle: Odysseus, der Chor und Neoptolemos);

Präsenz sowohl in der Handlung als auch auf der Bühne, fast so, als ob sie eine weitere Figur des Stücks wäre. Es gibt noch einen anderen Aspekt bei der Charakterisierung des Philoktet, der für Herder wichtig ist und der seine Entscheidung erklärt, in seinem Text über den Ursprung der Sprache gerade auf Philoktet anzuspielen. Philoktet ist nicht nur aufgrund der schrecklichen Schmerzen, die er erleidet, einzigartig; er ist auch dadurch bestimmt, wie er seinen Schmerz ausdrückt. Die Intensität seines Schmerzes verunmöglicht Philoktet das Sprechen; sie raubt ihm seine kommunikativen Fähigkeiten. Aber vor allem wird dieser Schmerz durch Heulen, Stöhnen und Schreien kommuniziert, als ob er darauf bestehen würde, für das Ohr präsent zu sein: Er wird stimmlich ausgedrückt. Das ist die Krux von Herders Begeisterung für Philoktet: Er ist zwar ein sprechender, kultivierter Mensch (also in keiner Weise vorsprachlich), gleichzeitig aber ein bloß leidender Körper, der unmittelbar und instinkthaft seinen Schmerz herausschreit. Mit anderen Worten: Diese beiden Zustände, die beiden Formen des Ausdrucks – der eine überaus menschlich, der andere mit Tieren geteilt – schließen einander nicht aus, sondern existieren gleichzeitig zu ein und derselben Zeit.

## Sprachwehen

Herder und Philoktet haben zwei Auftritte in diesem Buch: Zuerst behandle ich sie in ihren jeweiligen historischen Referenzrahmen; danach berücksichtige ich, wie sie in späteren philosophischen Texten als genealogische Echos wiederauftauchen. Ich werde Herder zunächst im Kontext der Philosophie des 18. Jahrhunderts diskutieren, und zwar vor dem Hintergrund der zeitgenössischen Beschäftigung mit dem Ursprung der Sprache und in Bezug zu Persönlichkeiten wie Rousseau, die sich zur gleichen Zeit mit ähnlichen Gegenständen wie Herder beschäftigt haben. Allerdings taucht Herder fast zweihundert Jahre nach dem Erscheinen der *Abhandlung* als zentrale Figur in einem Seminar wieder auf, das Martin Heidegger 1939 gegeben hat. Dieses Wiedererscheinen deutet etwas von der Wichtigkeit seiner Ideen über den Schmerz, die Sprache und den Ausdruck an. Herder entwickelt aber nicht nur einen für seine Zeit einzigartigen philosophischen Ansatz, sondern er formuliert Ideen, die in dem Denken eines der bedeutendsten Philosophen des 20. Jahrhunderts nachhallen. Obwohl

vgl. Edith Hall: Ancient Greek Responses to Suffering. Thinking with Philoctetes. In: Jeff Malpas / Norelle Lickiss (Hrsg.): *Perspectives on Human Suffering*. Dordrecht: Springer 2012, S. 155–169, hier S. 157. Vgl. Wilsons bekannte Darstellung der Geschichte und seine Betonung der inhärenten Verbindung zwischen Philoktets Behinderung und seiner „überlegenen Stärke" (Wilson: *The Wound and the Bow*, S. 257).

Heidegger in seinem Seminar Herder überwiegend kritisch behandelt, wird deutlich, dass Herders Gedanken über Sprache, Schmerz und vor allem über die Bedeutung des Hörens das Fundament für einige von Heideggers späteren Anschauungen liefern.

Was Philoktet betrifft, so zeigt diese Figur eindrücklich, wie unser Denken über den Schmerz nicht auf das Ereignis, das ihn verursacht hat, oder die Umstände seiner möglichen Heilung begrenzt bleibt. Der Schmerz, wie er in der Geschichte Philoktets offenbar wird, ist nicht irgendein äußeres Ereignis, sondern macht die Gesamtheit seiner Existenz und seines inneren Wesens aus. Wenn Philoktet viele Jahrhunderte später in Herders Werk auftaucht, so geschieht das nicht nur, um das Wesen des Schmerzes und seine schlimmen Folgen zu veranschaulichen, sondern als eine Verkörperung der Korrespondenz zwischen Schmerz und Sprache und deren Verstrickung. Darüber hinaus führen mich – in einer noch schwierigeren Konfiguration – die Implikationen des Zusammentreffens von Herder und Philoktet zu einem weiteren philosophischen Denker des 20. Jahrhunderts, nämlich Stanley Cavell. Cavell behandelt weder Herder noch Philoktet explizit. Dennoch bieten seine Gedanken über den Schmerz und die Herausforderung, die er für das Problem des Fremdpsychischen darstellt, sowie seine Ein- und Ausführungen zum Begriff der ‚Anerkennung' einen Denkanstoß für meine Überlegungen, insbesondere weil er dieselben binären Verhältnisse anspricht und überwindet, die für meine Argumentation so zentral sind.

Es seien noch einige Worte zu der Struktur des Buchs und den folgenden Kapiteln gesagt. Im zweiten Kapitel stelle ich detailliert die zwei Haupttexte vor, in denen Herder Philoktet diskutiert. Der erste ist die *Abhandlung* (1772), in der Herder seine Theorie über den Ursprung der Sprache darlegt, eine Theorie, die entschieden somatisch fundiert ist: Sprache entsteigt aus den Tiefen des Schmerzes und kommt in der schreienden Stimme zum Ausdruck. Dabei gehe ich näher auf die Figur des Philoktet ein, die größtenteils Herders Verständnis von Sprache verkörpert – einschließlich der Erörterungen des Schmerzes, der Mensch-Tier-Relation, des Mitgefühls und des Ausdrucks. Der zweite Schwerpunkt des Kapitels liegt auf Herders *Kritische Wälder oder Betrachtungen die Wissenschaft und die Kunst des Schönen betreffend* (1769), wo Philoktet nicht lediglich – wie in der *Abhandlung* – kurz erwähnt wird, sondern in den Vordergrund rückt. Im Kontext seiner Kritik an Lessing betrachtet Herder hier das Problem des Mitleids und des Schmerzausdrucks in Sophokles' *Philoktet*. Ich konzentriere mich bei beiden Texten auf drei Hauptbegriffe: Schmerzensschrei, Schweigen und Mitleid.

Kapitel 3 setzt die Diskussion über den Ursprung der Sprache fort, indem von der Sprache der Empfindungen, die Menschen und Tiere miteinander teilen, zu dem gewechselt wird, was Herder als eindeutig menschliche Sprache aufzeigt. Obwohl Herder die menschliche Sprache explizit als das präsentiert, was sich selbst von der Unmittelbarkeit des Sinnesausdrucks abtrennt, werde ich aufzeigen, dass seine Aussage mit Vorsicht zu genießen ist. Obwohl die menschliche Sprache artikuliert und mittelbar ist, entfernt sich Herder kaum von den grundlegenden Prinzipien der Sprache der Empfindungen – insbesondere dort, wo es um die eindringliche akustische Dimension der beiden Sprachen geht. Während die Sprache der Empfindungen auf der Herstellung von Tönen in der Form von Schreien oder Stöhnen gründet, dreht sich bei der menschlichen Sprache alles um das Hören. Mit einer radikalen Ablösung von der üblichen Konzeption von Sprache, die im Sprechen und in der Kommunikation wurzelt, argumentiert Herder, dass sich die Sprache aus einer anderen Fähigkeit des Menschen entwickelt: der Fähigkeit zuzuhören – allerdings nicht anderen Menschen, sondern vielmehr der Natur, die ihn umgibt. Herder nutzt den Gehörsinn, um eine einzigartige menschliche sprachliche Orientierung in der Welt zu beweisen, ein Gedanke, den ich im Vergleich zu einem verwandten Problem in Rousseaus Theorie über den Ursprung der Sprache entwickeln werde.

Im vierten Kapitel folge ich Überlegungen zum Geräusch und zum Hören in Form eines close reading von Heideggers *Vom Wesen der Sprache. Die Metaphysik der Sprache und die Wesung des Wortes* (1939), das bereits erwähnte Seminar über Herders *Abhandlung*. Ausgehend von Heideggers undeutlichen Notizen zu dem Seminar (sowie den Notizen seiner Studierenden) rekonstruiere ich seine Interpretation von Herder und lege dabei den Fokus auf den Gehörsinn und dessen Bedeutung für die Sprache. In diesem Kapitel arbeite ich heraus, was ich als Herders tiefgreifenden Einfluss auf Heideggers spätes Denken auffasse – etwas, das in der Forschungsliteratur bisher kaum bemerkt wurde. Ein anderer wichtiger Gegenstand dieses Kapitels ist – losgelöst vom Gehörsinn – das Verhältnis zwischen dem Inneren und dem Äußeren, eine Frage, die häufig im Kontext von Schmerz und seinem Ausdruck auftritt (repräsentieren meine ‚äußeren' Ausdrucksformen durch Schreie oder Worte meine ‚inneren' Gefühle etc.). Herders Einsichten folgend zeigt uns Heidegger, dass dies nicht die Frage ist, die richtigerweise zu stellen wäre; er konzentriert sich stattdessen auf das, was er *Übergang* nennt, einen einzigartigen Raum zwischen Innen und Außen, Lärm und Stille. Dies ist der Raum, in dem Heidegger zufolge Sprache und Hören wohnen.

Kapitel 5 wendet sich wieder der Präsenz Philoktets in Herders Denken zu und bietet eine eingehende Diskussion der m. E. wichtigsten und anregendsten Szene von Sophokles' Stück: Philoktets Schmerzanfall. Anhand der genauen Lektüre dieser Szene werde ich einige von Herders zentralen Gedanken über Schmerz, Körper und Sprache zusammentragen. Meine Deutung der Szene legt den Fokus auf Philoktets Schmerzensschreie und die Frage, wie diese die Möglichkeit des Mitleids für den Schmerz des Anderen, worin ja der Kern des ‚Problems des Fremdpsychischen' besteht, eher begründen als zerschlagen. Das Problem der Möglichkeit oder Unmöglichkeit von Mitleid (das schon im 2. Kapitel diskutiert wird) ruft noch eine andere wichtige Persönlichkeit in meiner Diskussion auf: Stanley Cavell. Ich beziehe mich auf Cavell, da er das Problem des Schmerzes mit dem der Sprache und des Mitleids zusammenbringt, indem er die Implikationen des Skeptizismus nutzt, um seinen eigenen Zugang zur Möglichkeit oder Unmöglichkeit des Wissens um den Schmerz des Anderen voranzutreiben. In seinem Essay *Erkennen und Anerkennen* (*Knowing and Acknowledging*) stellt Cavell die eigensinnige erkenntnistheoretische Neigung der philosophischen Diskussion über den Schmerz infrage und schlägt stattdessen vor, über unser Verhältnis zum Schmerz der Anderen nicht im Sinne von Erkenntnis, sondern eher im Sinne von Anerkennung nachzudenken.

Ich werde dann mit einer weiteren, ganz anderen Fassung der Geschichte fortfahren, der Bearbeitung von André Gide: *Philoktet oder Der Traktat von den drei Arten der Tugend* (1898). Gide stellt Philoktet als eine ganz andere Figur dar: Die zehn einsamen Jahre auf der Insel haben ihn nicht zu einem zornigen, nachtragenden Mann gemacht, ganz im Gegenteil. In dieser Fassung hat Philoktet, der auf der Insel ausgesetzt ist und niemanden hat, dem er seinen Schmerz mitteilen kann, allmählich die Weite seiner Sprache wiederentdeckt. Der Schmerz hat seine Sprache nicht zu einer Reihe von groben, tierischen Schreien gemacht, vielmehr hat er ihn etwas über die Schönheit der Sprache gelehrt, eine Qualität, die nur entsteht, wenn Sprache nicht zur Kommunikation genutzt oder auf äußere Objekte bezogen wird. Die Sprache von Gides Philoktet ist eine poetische, freie und unabhängige Sprache, in der Schmerz nicht länger das Bezugsobjekt von Sprache ist.

Im abschließenden Kapitel verknüpfe ich die Argumentationsstränge, indem ich zum Schmerz zurückkehre, diesmal ist er jedoch nicht destruktiv und isolierend, sondern durch die Gewalt gekennzeichnet, die er auf Sprache und die Möglichkeit, sich selbst und gleichzeitig die Beziehung zu Anderen zu denken, ausübt. Schmerz erscheint hier als Bedingung der Möglichkeit vom Anfang der Sprache und nicht von deren Niedergang.

# 2
# Eine Sprache des Schmerzes
## Herder und der Ursprung der Sprache

### Die Frage nach dem Ursprung der Sprache

Eines der ersten Dinge, die bei der Lektüre von Herders *Abhandlung über den Ursprung der Sprache* (1772) auffallen, ist die ausgiebige Verwendung von Oppositionen. Das zeigt sich zuerst in der Aufteilung der *Abhandlung* in zwei Teile, die jeweils eine Hälfte der Preisfrage der Berliner Akademie der Wissenschaften behandeln. Der erste Teil befasst sich mit der Frage: „Haben die Menschen, ihren Naturfähigkeiten überlassen, sich selbst Sprache erfinden können?" (FHA 1, S. 697); der zweite Teil geht der Frage nach, „[a]uf welchem Wege der Mensch sich am füglichsten hat Sprache erfinden können und müssen?" (FHA 1, S. 769) Diese Aufteilung kann nicht nur als formale, sondern vielmehr als das leitende Prinzip von Herders Sprachauffassung angesehen werden. Er beginnt die *Abhandlung* mit der genauen Beschreibung einer „*Sprache der Empfindung*", die er als ein „*unmittelbares Naturgesetz*" (FHA 1, S. 698, Herv. i. Orig.) bezeichnet, als eine ursprüngliche Sprache (und nicht vorsprachlich), die der Mensch mit den Tieren teilt. Aber dann, nur einige Seiten später, drückt er sein Erstaunen darüber aus, dass

> Philosophen, das ist, Leute, die deutliche Begriffe suchen, je haben auf den Gedanken kommen können, aus diesem Geschrei der Empfindungen den Ursprung menschlicher Sprache zu erklären: denn ist diese nicht offenbar etwas ganz anders? (FHA 1, S. 708)

Herder fügt hinzu, da wir die einzigen uns bekannten sprachlichen Wesen seien, sei es nicht sinnvoll, unsere Erforschung der Sprache irgendwo anders anzufangen „als bei Erfahrungen über den Unterschied der Tiere und Menschen" (FHA 1, S. 711). Er stellt ähnliche Behauptungen auf, wenn er einige der zeitgenössischen Zugänge zum Problem des Ursprungs der Sprache kritisiert, so z. B. mit kritischem Bezug auf Rousseau, dessen „Scharfsinn [...] sie [die Sprache] einen Augenblick daraus [dem Geschrei der Natur] habe können werden lassen" (FHA 1, S. 710), oder an anderer Stelle, wenn er auf Maupertuis Versäumnis anspielt, „den Ursprung der Sprache nicht gnug von diesen tierischen Lauten abgesondert" zu haben (FHA 1, S. 710–711).[1]

Herder begründet den Bruch zwischen den zwei Sprachen durch eine klare Trennung zwischen Mensch und Tier: Die tierische Sprache wird zu einem instinktiven, unmittelbaren Ausdruck gewaltsamer Leidenschaften und Empfindungen, während die menschliche Sprache eine reflektierte, vermittelte Form des Wahrnehmens ist; Tiere drücken sich selbst in Schreien und Stöhnen aus, wohingegen Menschen Zeichen und Wörter produzieren.

Herder stellt damit die Möglichkeit infrage, dass die menschliche Sprache, das wichtigste analytische Instrument des menschlichen Geistes, als eine Fortsetzung von oder überhaupt in Verbindung mit der ersten Sprache der unbewussten ursprünglichen Empfindungen gedacht werden kann. Er nimmt damit eine Position ein, die zunächst der der Aufklärung sehr nah zu sein scheint. Es wäre dementsprechend unmöglich, einen fortlaufenden Weg von der expressiven Sprache, die Mensch und Tier gemein haben, zu einem referentiellen, repräsentativen Sprachapparat, der nur mit dem Menschen verbunden ist, aufzuspüren, und unwahrscheinlich, von unmittelbarer Erfahrung zu reflexiver Aufmerksamkeit fortzuschreiten.[2] Herder arbeitet konsequent heraus, was er als die überlegene Stellung der menschlichen gegenüber der tierischen Sprache versteht, wobei die erstere als eine reflektierende Apparatur zur Kommunikation und für das abstrakte Denken genutzt wird und die letztere einzig zum unmittelbaren Ausdruck von Instinkten. Statt von einem quantitativen Fortschritt geht Herder eher von einem qualitativen Sprung zwischen den beiden Sprachen aus. Da die menschliche Fähigkeit zu verstehen dem Tier nicht als ein äußerer Zusatz

1 Einige der anderen Autoren, die Herder kritisiert, sind Condillac, Rousseau, Diodorus Sicilus und Vitruvius (vgl. FHA 1, S. 710–711).

2 Herder wurde bekanntlich von Isaiah Berlin als ein Denker der Gegenaufklärung identifiziert. Allerdings ist dieser Begriff in letzter Zeit scharf kritisiert worden, und zwar insb. im Kontext von Berlins Diskussion von Herder. Vgl. z. B. Frederick C. Beiser: Berlin and the German Counter-Enlightenment. In: *Transactions of the American Philosophical Society* 93,5 (2003): Isaiah Berlin's Counter-Enlightenment, hrsg. v. Joseph Mali / Rober Wokler, S. 105–116; Robert E. Norton: The Myth of the Counter-Enlightenment. In: *Journal of the History of Ideas* 68,4 (2007), S. 635–658. Vgl. auch Steven Lestitions interessante Kritik an Robert Norton in: Countering, Transposing, or Negating the Enlightenment? A Response to Robert Norton. In: *Journal of the History of Ideas* 6,4 (2007), S. 659–681 und Nortons Antwort: Isaiah Berlin's 'Expressionism,' or 'Ha! Du Bist das Blökende!'. In: *Journal of the History of Ideas* 69,2 (2008), S. 339–347. Vgl. die weitere Diskussion am Ende dieses Kapitels.

hinzugefügt werden kann, kann sich aus seiner Sicht ein Schrei nie in eine Sprache eingliedern, er kann sich nicht einfach zu Sprache entwickeln.[3]

Diese anfängliche Dissonanz ist vermutlich der Grund dafür, dass viele Interpreten von Herders Sprachtheorie ihre Analyse nicht mit dem Anfang der *Abhandlung* beginnen, sondern mit dem zweiten Teil, in dem explizit die menschliche, reflektierende Sprache untersucht wird.[4] Obwohl die *Abhandlung* sich zweifellos hauptsächlich der menschlichen Sprache und ihrer Differenz zu tierischen Formen des Ausdrucks widmet (nur neun der ca. 100 Seiten befassen sich mit der Sprache der Empfindungen), entscheidet sich Herder dennoch dafür, den Text mit einer Beschreibung dieser anderen Sprache zu beginnen, der ursprünglichen Sprache der Natur und ihrer Lebewesen, von denen der Mensch lediglich eine Spezies ist. Diese Entscheidung ist nicht zufällig.

Bevor ich mit einer genauen Lektüre der *Abhandlung* beginne, lohnt es sich, einen Blick auf Herders *Fragmente über die neuere deutsche Literatur* zu werfen, einen Text, der nur drei Jahre vor der *Abhandlung* geschrieben wurde und in dem er einige instruktive Einsichten über das Problem des Ursprungs formuliert.[5] In den *Fragmenten* beschreibt Herder die Suche nach dem Ursprung als den süßen Traum, ein allumfassendes Wissen zu erlangen, als einen Traum, der grundsätzlich unerfüllt bleibt, da er fortwährend weitere Fragen generiert:

> [W]ar es immer so? wie ward es? Zuletzt hat sie [die menschliche Neugierde; I. F.] sich also bis auf den kühnen Gipfel verstiegen, auf dem sie wie ein Wolkengeschöpf erscheint: den Ursprung selbst wissen zu wollen: ihn entweder historisch zu erfahren, oder philosophisch zu erklären, oder dichterisch zu mutmaßen. (FHA 1, S. 601)

3 Vgl. auch den interessanten Absatz, mit dem die *Abhandlung* endet. In Bezug auf den Autor der *Abhandlung*, nämlich ihn selbst, schreibt Herder: „Wie würde er sich freuen, wenn er mit dieser Abhandlung eine Hypothese verdränge, die von allen Seiten betrachtet dem menschlichen Geist nur zum Nebel und zur Unehre ist, und es zu lange dazu gewesen! Er hat eben deswegen das Gebot der Akademie übertreten und *keine Hypothese geliefert*: denn was wär's, wenn eine Hypothese die andre auf- oder gleich wäge? Und wie pflegt man, was die Form einer Hypothese hat, zu betrachten, als wie philosophischen Roman, *Rousseaus*, *Condillacs* und andrer?" Er habe es vorgezogen, „‚*feste Data aus der menschlichen Seele, der menschlichen Organisation, dem Bau aller alten und wilden Sprachen und der ganzen Haushaltung des menschlichen Geschlechts zu sammlen*' und seinen Satz so zu *beweisen*, wie die festeste *philosophische Wahrheit* bewiesen werden kann. Er glaubt also mit seinem Ungehorsam den Willen der Akademie eher erreicht zu haben, als er sich sonst erreichen ließ" (FHA 1, S. 810, Herv. i. Orig.).

4 Die Beiträge von Charles Taylor, Michael N. Forster und Sonia Sikka sind nur einige Beispiele. Liliane Weissbergs Arbeit sticht hier heraus. In ihrem hervorragenden Aufsatz „Language's Wound. Herder, Philoctetes, and the Origin of Speech" unternimmt sie eine sorgfältige Lektüre des Anfangs von Herders Text und geht dabei näher auf seine Verwendung der Figur des Philoktet im sprachlichen wie im ästhetischen Kontext ein. Im Folgenden werde ich mich auf ihren Artikel beziehen.

5 Vgl. Herder: Über die neuere deutsche Literatur. Fragmente (FHA 1, S. 161–649).

Diese Sehnsucht nach Wissen ist, mit Herder gesprochen, zu einem „Wolkengeschöpf" geworden bzw. in die Irre gegangen, da der Traum von der Möglichkeit, den wahren Ursprungspunkt zu identifizieren, gleichzeitig das problematische Begehren generiert, ihn *wirklich* zu erfahren oder zu erklären, d. h., ihn qua Ursprung als das, was er ist, zu rekonstruieren.
Indem wir uns einzig in die Suche nach dem Ursprung vertiefen, so Herder, neigen wir dazu, einen Riss zwischen dem Moment des Ursprungs und dem tatsächlichen Stand der Dinge zu kreieren, und laufen damit Gefahr, dass uns ein wichtiger Teil der Geschichte der Sprachentstehung entgeht. Sprache wächst und entwickelt sich, um sein bekanntes Beispiel anzuführen, aus ihrem Ursprung

> [w]ie der Baum aus der Wurzel [...]. In dem Samenkorn liegt die Pflanze mit ihren Teilen; im Samentier das Geschöpf mit allen Gliedern: und in dem Ursprung eines Phänomenon aller Schatz von Erläuterung, durch welche die Erklärung desselben *genetisch* wird. (FHA 1, S. 602, Herv. i. Orig.)

Herders genetische Erklärung (die er hier zu entwerfen beginnt, aber später zu einer genaueren und begründeten Methode in seiner Geschichtsphilosophie weiterentwickelt) rückt einen wichtigen Teil seines Anspruchs in den Vordergrund: Ein Ursprung ist nie völlig (zeitlich oder auf andere Weise) von dem Phänomen zu trennen, das sich aus ihm heraus entwickelt hat, und daher sollten wir, wenn wir unserem „süßen Traum" des Ursprungs folgen, ihn nie zu weit entfernt suchen. Jedes Phänomen, und nicht zuletzt das der Sprache, ist von seinen ursprünglichen Elementen durchtränkt, die, selbst wenn sie unsichtbar oder verborgen sind, jedem seiner Bestandteile innewohnen.
Herder zufolge haben Gelehrte den Ursprung der Sprache als eine göttliche Gabe an den Menschen erklärt (das ist Süßmilchs Position, die Herder an verschiedenen Stellen kritisiert). Sie haben ihn in den Sprachorganen verortet (als würden diese, die schon beim Affen zu finden sind, hinreichen), ihn in den tierischen Lauten der Leidenschaft gesucht, nach ihm in der Nachahmung der Naturlaute geforscht und schließlich nach ihm in der bloßen Konvention und Übereinkunft gesucht, d. h. in der Gesellschaft: „Diese so vielfache unerträgliche Falschheiten, die über den menschlichen Ursprung der Sprache gesagt worden: haben endlich die gegenseitige Meinung beinahe allgemein gemacht – ich hoffe nicht, daß sie es bleiben werde." (FHA 1, S. 724–725) Für Herder kann der Ursprung der menschlichen Sprache nur nachgewiesen werden, wenn man den Menschen als Kern des Arguments betrachtet, und er kann niemals in einer äußeren Ursache gesucht werden (Tier, Gesellschaft oder Gott). Herder scheint explizit, ja sogar leidenschaftlich die Binaritäten zu verteidigen, die die *Abhandlung* bestimmen,

und geht so weit zu behaupten, dass ohne diese der Ursprung der Sprache nicht exakt erklärt werden kann.

Kehrt man zum Problem der Verbindung zwischen der ursprünglichen Sprache der Empfindungen und der menschlichen Sprache zurück, indem man die beiden Texte – *Abhandlung* und *Fragmente* – nebeneinanderlegt, so wird klar, dass Herder mit zwei Stimmen spricht. Auf der einen Seite befürwortet er die genetische Sichtweise, mit dem Ergebnis, dass wir die beiden Sprachen zusammendenken müssen. Auf der anderen Seite unterscheidet er klar zwischen der Sprache der Empfindung und der menschlichen Sprache und tritt ausdrücklich für die philosophische Bedeutung dieser Unterscheidung ein. Die *Abhandlung* ist jedoch weit mehr als ein Text über das Wesen der menschlichen Sprache, sie ringt mit dem Problem des Ursprungs, und daher ist es wichtig, dass wir unsere Untersuchung mit ihrem Anfang beginnen. Ich schlage vor, dass wir Herders unbestreitbare und klare Behauptung des Gegensatzes zwischen den beiden Sprachen zunächst beiseitelassen, um sorgfältig die deutliche dialektische Korrespondenz zwischen den beiden Sprachen herauszuarbeiten, eine Korrespondenz, die, wie ich ausführlich zeigen werde, Herders Text tatsächlich begründet. Das ist bei einem Philosophen wie Herder nicht leicht, da seine Texte mit inneren Widersprüchen und einer Vielfalt von nicht immer konsistenten Versionen ähnlicher Gedanken gespickt sind. Die Stärke von Herders Philosophie zeigt sich jedoch gerade dann, wenn es uns gelingt, diese Inkonsistenzen als produktiv und nicht als Zeichen argumentativer Schwäche zu lesen. Ich beginne folglich mit einer Lektüre, die sich zunächst gegen Herders eigene Argumentation zu richten scheint, aber sie wird sich bald als gegenüber seiner Sprachkonzeption verpflichtet erweisen. Nehmen wir also den Anfang des Textes ernst und achten wir auf unsere eigenen Bedenken bezüglich Herders Selbstbeschränkungen.

Der Schmerz und die Schmerzensschreie eröffnen die *Abhandlung* nicht, um dann einfach zu verschwinden. Man könnte auch sagen: Ihr Verschwinden, kaum dass sie erschienen sind, ist für Herder und für unser Verständnis seines Arguments an sich entscheidend. Schmerzen zu haben und sie lebhaft auszudrücken, gehört zum Menschsein und dessen sprachlichem Vermögen, selbst wenn diese Schreie abgeschwächt oder erstickt werden, indem die menschliche Sprache sich von der ursprünglichen Sprache der Empfindungen wegentwickelt. Herders bekannte Theorie der reflektierenden menschlichen Sprache[6] ist daher weder als ein fortgeschrittenes Stadium der ursprünglichen Sprache noch eindeutig als deren Negation zu verstehen. Der Anfang der *Abhandlung* ist genau deshalb so entscheidend, weil er eine sorgfältige Darstellung des *Anderen* der menschlichen

6 Herder verwendet den Begriff *Besonnenheit*, der eine Kombination aus Reflexion und Bewusstsein anzeigt. Ich diskutiere dies ausführlich in Kapitel 3.

Sprache liefert, desjenigen nämlich, das nie vollständig aufgehoben wird und stets seinen Weg in die überaus artikulierten, begrifflichen und abstrakten sprachlichen Ausdrücke findet. Dies rückt die interessante Frage ins Blickfeld, warum Herder nicht die These von einem göttlichen Ursprung der menschlichen Sprache unterstützt (wie sein Kontrahent Süßmilch), sondern stattdessen eine innere Verbindung zwischen menschlicher und tierischer Sprache herstellt.[7] Es ist besonders dieses verwandtschaftliche Verhältnis (eher als das zwischen dem Menschen und dem Göttlichen), das es ihm erlaubt, die starke Verbindung zwischen Sprache und Schmerz und den Leidenschaften zu begründen. Ein göttlicher Ursprung kann die menschliche Herrschaft über die Natur oder die Überlegenheit der Vernunft unterstreichen, aber er ist nicht in der Lage, auf Schmerz und Leidenschaft als Kern der Sprache zu verweisen. Die menschliche Sprache ist *schon*, um eine Wendung Herders aufzugreifen, von Anfang an da.

**Herders zwei Figuren des Philoktet**

Die *Abhandlung* beginnt mit einer fesselnden Beschreibung der ursprünglichen Sprache, die aus kraftvollen und unmittelbaren Ausdrücken mächtiger Empfindungen besteht. Obwohl Herder diese Sprache als eine von der Natur aus tierische bezeichnet, entscheidet er sich, die Figur des Philoktet gleich zu Beginn des Textes einzuführen. Philoktet wird auf der ersten Seite der *Abhandlung* fast beiläufig erwähnt, wenn Herder den Schmerzensschrei des leidenden Tiers beschreibt und ihn mit dem des auf der einsamen Insel zurückgelassenen Philoktet vergleicht (vgl. FHA 1, S. 697).[8] Philoktet wird als jemand dargestellt, der ein ursprüngliches, natürliches Schmerzensgeheul erzeugt, das für Herder etwas von der ursprünglichen Sprache veranschaulicht, die von Menschen und Tieren geteilt wird, einer Sprache, die er als „Sprache der Empfindung“ (FHA 1, S. 698) bezeichnet. Dass Schmerzensschreie als Hintergrund für eine systematische, allumfassende Theorie der menschlichen Sprache auftauchen, hat einen grundsätzlich ausweichenden Effekt, dessen Auswirkungen klarer sind, als es auf den ersten Blick scheint. Philoktets Präsenz am Anfang der *Abhandlung* ist

7 Herder diskutiert Süßmilch in der *Abhandlung* hauptsächlich in Bezug auf dessen 1766 erschienenen *Versuch eines Beweises, dass die erste Sprache ihren Ursprung nicht vom Menschen, sondern allein vom Schöpfer erhalten habe* (1766). Süßmilch wird außerdem in den Fragmenten diskutiert (FHA 1, S. 605–609).

8 Philoktet taucht in der *Abhandlung* nur noch ein einziges Mal auf, erneut in der Form eines Vergleichs: „Siehe! Dieser arme Erdbewohner kommt elend auf die Welt, ohne zu wissen, daß er elend sei: er ist der Erbarmung bedürftig, ohne daß er sich ihrer im mindsten wert machen könnte: er weinet – aber selbst dies Weinen mußte so beschwerlich werden, als das Geheul des Philoktet, der doch so viel Verdienste hatte, den Griechen, die ihn der wüsten Insel übergaben.“ (FHA 1, S. 784)

auf ähnliche Weise schwer greifbar. Ein auf den ersten Blick unbedeutendes, ja zufälliges Beispiel, hat die indirekte Präsenz des Philoktet erhebliche Auswirkungen, nicht nur für die umfassende Würdigung von Herders komplexer Beziehung zur Figur des Philoktet, sondern vor allem für die gründliche Bewertung seiner Sprachtheorie. Die Bedeutung des Philoktet liegt, so meine These, in der offensichtlichen Herausforderung, die er für Herders scheinbar strikte Trennung zwischen Tier und Mensch, dem unmittelbar physischen und dem reflektierenden menschlichen Ausdruck und schließlich zwischen der ursprünglichen Sprache der Empfindung und der menschlichen, reflektierenden darstellt.

Philoktets Auftritt in der *Abhandlung* ist allerdings nicht die erste Anspielung auf diese Figur in Herders Werk. 1769, im gleichen Jahr, in dem die Berliner Akademie die Preisfrage über den Ursprung der Sprache ausgeschrieben hat, hat Herder – in anonymer Form – die *Kritischen Wälder* publiziert, einen Text, dessen erster Teil eine eingehende Diskussion von Sophokles' dramatischer Bearbeitung des Philoktet enthält.[9] Herders Begeisterung für diese Figur entstammt der Auseinandersetzung mit einer Geschichte über einen anderen leidenden Helden, nämlich Laokoon, dem trojanischen Priester, der zusammen mit seinen beiden Söhnen von zwei riesigen Schlangen getötet wurde, die von den Göttern (in einer Version von Athene, in einer anderen von Poseidon) geschickt wurden, um ihn zu bestrafen. Die Geschichte Laokoons und die ästhetischen Repräsentationen seines schrecklichen Leidens wurden von Johann Joachim Winckelmann diskutiert (1755), dessen Interpretation später von Gotthold Ephraim Lessing kritisiert wurde (1766).[10] Den Kontext von Winckelmanns und Lessings Diskussion bildet die Frage nach dem Verhältnis von bildender Kunst (insbesondere der Skulptur) und Dichtung – ein verbreitetes Interesse der Ästhetik des 18. Jahrhunderts. Beide diskutieren eine griechische Statue (oder ‚Gruppe'), die Laokoon und seine Söhne beim Kampf gegen die Schlangen darstellt, und vergleichen sie mit einer Passage aus Vergils *Aeneis*, in der die gleiche Szene beschrieben wird.

Lessings *Laokoon* zog unmittelbar nach dessen Veröffentlichung Herders Aufmerksamkeit auf sich, er behauptete, die Schrift dreimal hintereinander gelesen zu haben. (Vgl. FHA 2, S. 855) Herder stellt die Ergebnisse seiner sorgfältigen Untersuchung von Winckelmann und Lessing im ersten Teil der *Kritischen Wälder* (oder *Erstes Wäldchen*, wie er ihn bezeichnet) unter dem Titel „Herrn

9 Herder: Kritische Wälder oder Betrachtungen die Wissenschaft und die Kunst des Schönen betreffend (FHA 2, S. 57–245).

10 Johann Joachim Winckelmann: *Gedancken über die Nachahmung der Griechischen Wercke in der Mahlerey und Bildhauer-Kunst*, hrsg. v. Max Kunze. Stuttgart: Reclam 2013; Gotthold Ephraim Lessing: Laokoon oder über die Grenzen der Malerei und Poesie. In: Ders.: *Werke und Briefe in zwölf Bänden*, Bd. 5/2, hrsg. v. Wilfried Barner. Frankfurt am Main: DKV 1990, S. 11–464.

Leßings Laokoon gewidmet" vor.[11] Ich werde später in diesem Kapitel auf die Bezeichnung *Erstes Wäldchen* zurückkommen; jetzt möchte ich aber auf drei wichtige Problempunkte hinweisen, die dieser Text aufwirft. Erstens ist der entscheidende Punkt von Herders Auseinandersetzung mit Lessing der Schmerzensschrei und das Problem seiner ästhetischen Repräsentation; zweitens betrachtet Herder dieses Problem im Kontext der Frage nach dem Mitleid; drittens entfaltet er seine Argumentation nicht als alternative Interpretation des Laokoon, sondern durch die ausführliche Darstellung einer anderen Figur, nämlich Philoktet. Lessing diskutiert Philoktet vor dem Hintergrund seiner zentralen Figur, der des Laokoon; Herder stellt dagegen Philoktet in den Mittelpunkt und verwendet Sophokles' Bearbeitung der Geschichte als Grundlage seiner Thesen. Herders Bezug auf Philoktet in der *Abhandlung* könnte auf seine intensive Beschäftigung mit dieser Figur in den *Kritische Wäldern* zurückzuführen sein. Man könnte also vermuten, dass ihn Philoktets Geschichte noch beschäftigte, als er an der *Abhandlung* zu arbeiten begann und sie dadurch in den Text Eingang gefunden habe. Ich bin allerdings anderer Auffassung. Erstens bleibt die Figur des Philoktet für Herder zentral und tritt zwei Jahre nach der *Abhandlung* in seiner eigenen Bearbeitung der Geschichte *Philoktetes. Scenen mit Gesang* (1774) erneut in Erscheinung.[12] Zweitens verwende ich die kurze Bezugnahme auf Philoktet in der *Abhandlung* als Verbindungsstück, das in Herders kritische Auseinandersetzung mit Lessing eingefügt wird und damit die Verbindung zwischen Herders ästhetischer Diskussion der Figur und seiner Darstellung von Sprache und ihrem Ursprung herstellt. Diese Verbindung herzustellen, erweist sich allerdings als komplizierter als lediglich Herders Ästhetik und Sprachtheorien zusammenzubringen. Obwohl Philoktets Schmerz tatsächlich in beiden Texten

11 Herders folgende Erläuterung des Titels ist amüsant und zugleich aufschlussreich hinsichtlich des philosophischen Ansatzes dieses Textes: „was sind denn meine kritischen Wälder? Sie sind zufälliger Weise entstanden, und mehr durch die Folge meiner Lektüre, als durch die methodische Entwicklung allgemeiner Grundsätze angewachsen. Sie zeigen indessen, daß sich auch unsystematisch irren lasse, daß nicht bloß, wenn man aus ein paar angenommenen Worterklärungen, in der schönsten Ordnung, sondern auch, wenn man aus einigen ausgerißnen Stellen in der schönsten Unordnung alles, was man will folgert, man dem Fehltritte gleich ausgesetzt bleibe. [...] Vor der Hand verbitte ich mir nur Eins, den Titel meines Buchs nicht zu einem Gegenstande artiger Wortspiele zu machen, an denen manche Witzige unsrer Kunstrichter nicht arm zu sein pflegen. In mehr als einer Sprache hat das Wort *Wälder* den Begriff von gesammelten Materien ohne Plan und Ordnung; ich wünschte nur, daß meine Leser die etwas trocknen und verschlossenen Pfade dieses ersten Teils überstehen möchten, um hinter denselben zu freiern Aussichten zu gelangen." (FHA 2, S. 244–245)

12 Vgl. Herder: Philoktetes. Scenen mit Gesang. In: *Johann Gottfried von Herder's sämmtliche Werke*, Abt. 2: Zur schönen Literatur und Kunst, sechster Theil: Dramatische Stücke und Dichtungen, hrsg. v. D. Wilhelm Gottfried v. Herder. Tübingen: Cotta 1806, S. 113–126.

auf ähnliche Weise hervorgehoben wird, präsentiert er ihn auf zwei vollkommen unterschiedliche, ja sogar gegensätzliche Weisen.

In der *Abhandlung* ist Philoktet ein instinktives, leidendes, heulendes Tier, während er in *Kritische Wälder* als bewundernswerter Held fungiert, der seinen Schmerz erträgt, ohne irgendwelche instinktiven, unwillkürlichen Hilfeschreie zuzulassen. Hat Herder seine Auffassung von dieser Figur geändert? Oder verweist er vielleicht auf einen wesentlichen, inneren Widerspruch in Philoktets eigenem Charakter? In meiner Lektüre schließen sich der schreiende und der schweigende Philoktet nicht gegenseitig aus, wie es man meinen könnte; sie sind tatsächlich untrennbar und voneinander abhängig. Das Verhältnis zwischen den beiden zu entziffern, stellt sich als wesentlich für das Verständnis von Herders Sprachkonzeption und der Rolle heraus, die der Schmerz in dieser spielt. Ich beginne mit einem *close reading* der *Abhandlung* und von *Kritische Wälder*, wobei ich mich auf Herders zwei Darstellungen von Philoktet und seinen Schmerzensäußerungen konzentriere. Anschließend werde ich einen Vorschlag formulieren, wie diese beiden Darstellungen in einer Figur vereint werden könne, die, wie ich argumentieren werde, als eine Verkörperung von Herders Sprachtheorie dient.[13]

## Der schreiende Philoktet: Herders Theorie über den Ursprung der Sprache

Herder beginnt seine Betrachtung über den Ursprung der Sprache mit der Beschreibung einer ursprünglichen, originären Sprache, die in heftigen, leidenschaftlichen Schmerzensschreien gründet. Diese *Sprache der Empfindung*, wie Herder sie nennt, ist nicht eindeutig menschlich, aber bezeichnet einen Ausdrucksapparat, der von Menschen und Tieren gleichermaßen geteilt wird. Ein solcher Anfang ist für einen Text über den Ursprung der menschlichen Sprache bemerkenswert, ja sogar verblüffend. Wenn im 18. Jahrhundert die Frage nach dem Ursprung der Sprache gestellt wird, so bezieht sie sich üblicherweise auf die Frage nach dem Ursprung des *Menschen* – oder impliziert sie zumindest. Jegliche Erforschung der Spracherfindung durch Menschen, die, wie es die Berliner Akademie der Wissenschaft ausgedrückt hat, „ihren natürlichen Fähigkeiten überlassen" (FHA 1, S. 1274) sind, würde bedeuten, das zu berühren, was den Menschen zum Menschen macht, was ihn vom Rest der Natur und insbesondere

13 Ich werde Herders Texte nicht in der Reihenfolge ihres Erscheinens besprechen und daher mit dem späteren, der *Abhandlung*, beginnen und anschließend mit dem früheren, dem *Ersten Wäldchen*, fortfahren.

von dem nicht-sprechenden Tier unterscheidet. Herder scheint das Problem von einem überraschenden Blickwinkel aus anzugehen: Statt von einer Diskussion über die Bedingungen für die Begründung einer unverkennbar *menschlichen* Sprache auszugehen, beginnt er, indem er Menschen mit Tieren zusammenbringt, die der gleichen natürlichen Umgebung angehören und ein und dieselbe ‚Sprache' teilen.

Die *Abhandlung* beginnt wie folgt: „Schon als Tier, hat der Mensch Sprache. Alle heftigen und die heftigsten unter den heftigen, die schmerzhaften Empfindungen seines Körpers, alle starke Leidenschaften seiner Seel äußern sich unmittelbar in Geschrei, in Töne, in wilde, unartikulierte Laute." (FHA 1, S. 697)[14]

Dieser Eröffnungssatz enthält verschiedene Thesen. Erstens verfügte der Mensch immer schon über Sprache. Für Herder hier also kein zeitlicher Ursprungsmoment am Werk, sondern vielmehr eine Struktur, in der die Menschen durch ihr bloßes Mensch-Sein immer schon sprachliche Wesen waren. Peter Hanly zufolge bedeutet Herders Formulierung *Schon als Tier*, dass der Mensch, insoweit er ein Tier ist, über Sprache verfügt.[15] Diese Behauptung enthält allerdings zwei widersprüchliche Bedeutungen. Auf der einen Seite wird der Mensch nicht als sprechendes Tier aufgefasst; d. h., der Mensch ist kein Tier, dem eine Sprache gegeben wurde, so als wäre sie eine fremde Komponente. Auf der anderen Seite ist der Mensch, der eine anfängliche Sprache der Empfindung mit dem Tier gemein hat, nicht dadurch definiert, dass er über eine Sprache verfügt. Die *Abhandlung* beginnt zwar mit einer konzeptionellen Unterscheidung zwischen Mensch und Tier, doch ist der Grund dieser Unterscheidung nicht unmittelbar klar. Dieser Anfang impliziert außerdem, dass der Mensch *einmal* ein Tier war. Hierbei *sind* Menschen tatsächlich durch die Zeit begründet: *schon* als er ein Tier war, besaß der Mensch Sprache.

Um diesen einzigartigen Anfangspunkt von Herders Text in den Griff zu bekommen, müssen wir die Beschaffenheit der Mensch-Tier-Sprache sorgfältig untersuchen, die nicht in einem zeitlichen, sondern vielmehr in einem wesentlichen Sinn ursprünglich ist (ich werde hierauf später zurückkommen). Herder

14 Den Boden für den ungewöhnlichen Eröffnungssatz bereitet Herder in *Fragmente zu einer Archäologie des Morgenlandes* (1769), wo er die cartesianische kategoriale Trennung von Mensch und Tier unterläuft: „Der Mensch unter den Thieren der Erde! ein edler Zug der alten Morgenländischen Einfalt! Er, aus Erde gebaut, sich von Erde ernährend, in Erde zerfallend – was ist er anderes als ein Thier der Erde! [...] Thier unter Thieren! Aber der Mensch ist ein göttlich geadeltes Thier!" (Johann Gottfried Herder: *Fragmente zu einer Archäologie des Morgenlandes. Herders Sämmtliche Werke,* Bd. 6, hrsg. v. Bernhard Suphan. Berlin: Weidmannsche Buchhandlung 1883, S. 25–26.)

15 Vgl. Peter Hanly: Marking Silence. Heidegger and Herder on Word and Origin. In: *Studies in Christian Philosophy* (*Studia Philosophiae Christianae*) 4 (2013), S. 69–86, hier S. 74.

beschreibt die ursprüngliche Sprache in erster Linie als ausdrucksstark. Sie entspringt gewaltsamen körperlichen Empfindungen und den Leidenschaften der Seele und äußert sich unmittelbar in Schreien und unartikulierten, nonverbalen Ausrufen. Die Dringlichkeit, auf die sich Herder hier bezieht, ist natürlich nicht zeitlicher Natur, so als folge der Schrei zeitlich auf eine Empfindung, sondern verweist vielmehr auf die *Unmittelbarkeit*: den Gegensatz zum vermittelten, konzeptuellen oder abstrakten Ausdruck.
Herder betont, dass diese Töne, die von dem ‚leidenden Tier' (Tier hier sowohl in Bezug auf das wilde Tier als auch in Bezug auf den Menschen) erzeugt werden, nicht dazu da sind, irgendeinen bezeichnenden oder propositionalen sprachlichen Gehalt zu übermitteln. Diese Schmerzensausdrücke erscheinen als physische Ausdrücke der physischen Agonie. Herder behauptet allerdings, diese ursprünglichen Naturlaute seien Sprache: „*Diese Seufzer, diese Töne sind Sprache. Es giebt also eine Sprache der Empfindung, die unmittelbares Naturgesetz ist.*" (FHA 1, S. 698, Herv. i. Orig.) Herder hätte dies als ‚vorsprachliches' Stadium oder als ‚Vorläufer' der Sprache charakterisieren können, aber stattdessen behandelt er diese gewaltsamen, nonverbalen Ausdrücke als Sprache per se. Der Grund hierfür liegt unter anderem in Herders Verständnis von Sprache als eines sich entfaltenden Gebildes mit einer inneren Bewegung, die sie vorantreibt, und nicht so sehr als eine statische und eigenständige göttliche ‚Gabe', die dem Menschen verliehen wird.
Es ist insbesondere und ausdrücklich der Schmerz, den Herder hier in den Vordergrund rückt. Was den Schmerz von den anderen Leidenschaften oder Empfindungen unterscheidet, ist nicht nur seine Heftigkeit oder Intensität, sondern auch die Art der Verbindung zwischen dieser starken Empfindung und ihrem unmittelbaren Ausdruck. Wie ich im 1. Kapitel dargelegt habe, scheint der Schmerzensschrei kaum von der Empfindung des Schmerzes unterscheidbar zu sein, so dass, wenn jemand aus Schmerz aufschreit, dieser Schrei nicht die Beschreibung oder gar die Bezeichnung einer Empfindung ist, sondern vielmehr deren unmittelbarer, direkter Ausdruck. Die Wahl des körperlichen Schmerzes als paradigmatischer Ursprung der Sprache scheint also auf zwei Eigenschaften des Schmerzes zu beruhen: Schmerz ist zum einen der greifbare körperliche Affekt par excellence, zum anderen ist er das Gefühl, das der Körper am deutlichsten in Lauten und Schreien ausdrückt. Herders Behauptung hinsichtlich einer Sprache, die auf dem Schmerz gründet, bietet ein Modell der sprachlichen Externalisierung, das grundlegend körperlich ist, ein instinktives Ausströmen, das der Erfahrung des Schmerzes entspringt. Es existiert daher eine Parallele zwischen dem Gefühl des physischen Leidens und dessen physischen Ausdrucks in der Sprache, so dass der Körper zum Ort wird, an dem das Gefühl

und sein Ausdruck sich überkreuzen. Ich betone dies, um zu verdeutlichen, dass Herders Wahl des Schmerzes als exemplarische ‚gewaltsame Empfindung' nicht nur mit seiner Vehemenz oder seiner Fähigkeit zusammenhängt, die Grenzen zwischen Körper und Seele zu überschreiten. Es geht um die Art und Weise, wie der Schmerz und seine deutliche Ausdrucksform mit Herders Verständnis der menschlichen Sprache als in erster Linie expressiv (und nicht als bezeichnend oder propositional) übereinstimmt.

Herder legt den Fokus nicht so sehr auf die Beschreibung der intensiven, qualvollen Erfahrung des tierischen Schmerzes; stattdessen konzentriert er sich auf die einzigartige Form des Schmerzausdrucks:

> Ein leidendes Tier [...], wenn es der Schmerz anfället, wird wimmern! wird ächzen! [...] Es ist, als obs freier atmete, indem es dem brennenden, geängstigten Hauche Luft giebt: es ist, als obs einen Teil seines Schmerzes verseufzte, und aus dem leeren Luftraum wenigstens neue Kräfte zum Verschmerzen in sich zöge, indem es die tauben Winde mit Ächzen füllet. [...] *„Hier ist ein empfindsames Wesen, das keine seiner lebhaften Empfindungen in sich einschließen kann; das im ersten überraschenden Augenblick, selbst ohne Willkür und Absicht jede in Laut äußern muß.*" (FHA 1, S. 697–698, Herv. i. Orig.)

Sprache beginnt mit Schmerz, aber die ursprüngliche Verbindung zwischen Schmerz und Sprache ist weder Repräsentation noch Bezeichnung. Die ursprünglichen Töne der Sprache beschreiben daher nicht den Schmerz oder beziehen sich auf ihn: Für Herder ist die Schmerzempfindung nicht das Objekt von Sprache. Unsere ersten und fundamentalen Ausdrücke sind Schreie, Geheul und tierisches Stöhnen, und der Ursprung der Sprache ist schlicht physisch (das Geschöpf *äußert* seine Schmerzenslaute, stößt sie buchstäblich aus); sie entspringt aus der gewaltsamen Konfrontation zwischen der überwältigenden Qualität des Schmerzes und der entsprechend unbändigen Tatkraft der Sprache. Betrachten wir dies vor dem Hintergrund meiner Ausführungen im 1. Kapitel, so bemerken wir, dass Herders Beschreibung den dort vorgestellten zwei Paradigmen entgegengesetzt ist: Sprache kollabiert nicht angesichts des Schmerzes; sie wird nicht als schwach und inkompetent offenbart. Im Gegenteil: Je energischer der Schmerz, desto mächtiger ist der sprachliche Ausdruck.[16]

16 Friedrich Kittler schlägt eine interessante Lesart der Beziehung zwischen dem „Seufzer" (*ach!*) und dem Zeichen vor, d. h. zwischen der unmittelbaren Form des körperlichen Ausdrucks und dem ersten bezeichnenden Wort. Dieses Argument erscheint zusammen mit seinem berühmten Diktum in Bezug auf Goethes *Faust*, dass die „Deutsche Dichtung [...] mit einem Seufzer [anhebt]". Er fährt fort: „Der Seufzer *ach!* ist das Zeichen jener einmaligen Wesenheit, die, wenn sie irgendeinen anderen Signifikanten oder, da es Signifikanten nur im Plural gibt,

Der ursprüngliche Schrei der Sprache dringt hervor, wenn der Körper, physisch gesehen, den Schmerz nicht mehr kontrollieren kann, wenn der Schmerz zu stark wird und nach Ausdruck verlangend ausströmt, sich *aus*-drückt. Die wörtliche Bedeutung von *Aus-druck* ist hier zentral: Das Wort meint ein nach außen Drücken, ein nach außen gerichtetes Pressen und bezeichnet buchstäblich, wie der Schmerz vom leidenden Körper in die ihn umgebende Atmosphäre ausgestoßen wird. Über Schmerz wird nicht gesprochen, er wird nicht beschrieben, es wird nicht auf ihn hingewiesen; er wird nicht in irgendeinen Inhalt oder irgendeine Aussage übersetzt. Er wird schlicht und ergreifend herausgelassen, körperlich ausgedrückt, weg von dem leidenden Körper und aus ihm heraus. Herder benutzt das ‚Atmen' der Kreatur, um die körperlichen, unwillkürlichen Kennzeichen dieses ursprünglichen Schreis zu betonen: Der Atemzug externalisiert physisch das, was wiederum physisch einen Teil des Schmerzes herauspresst, um den Körper von seinem unerträglichen Leiden zu befreien. Der Zusammenhang zwischen Atem und Schmerz erscheint auch in dem Text *Vom Erkennen und Empfinden der menschlichen Seele* (1778), der nur wenige Jahre später geschrieben wurde und in dem Herder die Auswirkungen des Atems auf den lebenden Körper betrachtet: „Bei einem Kranken, bei einem Ächzenden, wie gibt das Othemholen Mut, dahingegen jeder Seufzer gleichsam Kräfte verhauchet." (FHA 4, S. 334) Er fährt dann fort, indem er den persischen Dichter Sadi zitiert, der schreibt, dass ein „Atem, den man in sich zeucht, stärket, ein Atem, den man von sich läßt, erfreuet das Leben" (ebd.). Der unmittelbare Ausdruck von Schmerz ist so natürlich wie der Atemrhythmus für den lebendigen Körper. Schmerz ist daher nahezu undenkbar ohne seinen lautlichen Ausdruck.

Obwohl Herder seine Erörterung auf der Beschaffenheit des Schmerzes aufbaut, behauptet er, es sei irrelevant, ob das ausgedrückte Gefühl Angst, Schmerz oder Lust sei. Ausdrucksstarke Sprache richtet sich nicht auf eine spezifische Bestimmung, sie lenkt die Aufmerksamkeit auf ein allgemeines Gefühlsbild, auf welches sie hinweist, es aber nicht darstellt (vgl. FHA 1, S. 699–700). Wir haben daher eine *Sprache der Empfindung*. Den Schmerz als Beispiel zu wählen, erlaubt es Herder, etwas Wichtiges aufzuzeigen, und zwar nicht nur für den Ursprung des sprachlichen Ausdrucks, sondern auch bezüglich der einzigartigen Verbindung zwischen der Schmerzempfindung und dem Schmerzensschrei. Der Fall des durch Schmerz bewirkten Ausdrucks zeigt sehr deutlich, dass es

Signifikanten überhaupt in den Mund nähme, gleich wieder zu ihrem einen Seufzer zurückkehren müßte; denn schon wäre sie nicht mehr Seele, sondern (der Titel ist unzweideutig) *Sprache*." (Friedrich Kittler: *Aufschreibesysteme 1800. 1900.* 4. überarb. Aufl. München: Fink 2003, S. 11.) Kittler weist auch auf eine andere interessante und bemerkenswerte Tatsache hin: Das „ach!" bildet den Mittelteil des Wortes Sprache (vgl. ebd., S. 60).

auf der grundlegendsten Ebene des sprachlichen Ausdrucks keine Vermittlung gibt: Er drückt unmittelbar eine direkte Empfindung aus. Die Implikationen von Herders Behauptung berühren den entscheidenden Unterschied zwischen dem unmittelbaren Ausdruck einerseits und der bezeichnenden, kommunikativen Darstellungsweise andererseits. Hier beginnt auch die Funktion der Figur des Philoktet deutlich zu werden. Nachdem ich die Geschichte ausführlich im 1. Kapitel dargestellt habe, ist es jetzt wichtig festzuhalten, dass sie sich um zwei zentrale Fragen dreht: die Erfahrung von Schmerz (Philoktets Schlangenbiss) und das Problem des Mitleids (in der Beziehung zwischen Philoktet und Neoptolemos). Philoktet verkörpert einen Mann, dessen entsetzlicher Schmerz ihn in ein Tier verwandelt hat (das ist die Auffassung der meisten Interpreten), und Neoptolemos steht für die Transformation von Distanziertheit zu allumfassendem Mitleid. Von diesen beiden Polen ausgehend beruft sich Herder in der *Abhandlung* auf die Figur des Philoktet.

Philoktet tritt in dem oben zitierten Abschnitt aus Herders *Abhandlung* als Bestandteil eines Vergleichs auf: „Ein leidendes Tier *sowohl, als* der Held Philoktet, wenn es der Schmerz anfället, wird wimmern! wird ächzen! Und wäre es gleich verlassen, auf einer wüsten Insel, ohne Anblick, Spur und Hoffnung eines hülfreichen Nebengeschöpfes“ (FHA 1, S. 697, Herv. I. F.). Herder behandelt Philoktet mit seinem einzigartigen Schmerzausdruck als exemplarisch: den schrecklichen tierartigen Schreien, dem Geheule und dem verzweifelten Brüllen, das für eine so lange Zeit auf der Insel widerhallt.

Die akustische Ausrichtung des Stücks ist von Anfang an offensichtlich. Odysseus ist der erste, der die Geschichte von Philoktets Verlassenheit erzählt, wobei er dessen unerträglichen Schreie betont, die das ganze Lager erfüllten und die ihn und sein Heer verscheuchten und dazu zwangen, Philoktet auszusetzen.[17] In Müllers Bearbeitung beschreibt Philoktet seine Schreie als Markierungen für die unsichtbaren Grenzen der unentrinnbaren Ausdehnung seines Schmerzes. Er wendet sich an Odysseus und versucht ihm mitzuteilen, wie es sich anfühlt, in seinem eigenen Schmerz gefangen zu sein. Wenn er auf „Steinen ausgesetzt mit faulem Fuß“ sei, so Philoktet, dann werde er anfangen vor dem stinkenden Fuß zu fliehen: „Den nicht fliehbaren, fliehend dein Gebrüll / Das nicht fliehbare, lauter durch die Flucht / Und lauter, stopfst du dir die Ohren, in dir [...]. Hast du schrein gelernt?“ (MPh, S. 323) Was an Müllers Version so beeindruckt, ist, dass es nicht der Schmerz selbst ist, der Philoktet in seinen leidenden Körper einschließt; es ist vielmehr der Ausdruck des Schmerzes in seinen Schreien und

17 Für weitere Hinweise auf die Töne von Philoktets Schreien vor dem Verlassenwerden vgl. auch SPh, V. 9–11; MPh, S. 291.

Rufen, der zu seiner schicksalshaften Falle wird (was Levinas als die „Unmöglichkeit des Nichts“[18] beschreibt). Im Gegensatz zu Herders Beschreibung des Schmerzensschreis als befreiende Externalisierung eines Übermaßes an Leiden bleibt für Müller der Schrei innerlich, so dass jeder Versuch, ihm zu entfliehen, bedeuten würde, vor sich selbst wegzulaufen. Philoktet vermittelt Odysseus das mit dem Schmerz einhergehende Leiden nicht, indem er ihm ein Bild der körperlichen Empfindung der Krankheit oder der Wunde vor Augen führt, sondern indem er ihn auf der verlassenen Insel ihres lautlichen Ausdrucks aussetzt. Eingeschlossen in seiner eigenen isolierten, sprachlosen Welt erweist sich Philoktets langes, einsames Leben auf der wüsten Insel als eine grausame Metapher: Seine isolierte Existenz ist nicht nur das Werk seiner Kriegskameraden, die ihn im Stich lassen, sondern hat vielmehr mit der gewaltsamen Isolierung zu tun, die der Schmerz verfügt. Philoktet wird nicht nur allein auf der Insel zurückgelassen: er selbst wird zur Insel.[19] Dies ist die Verlassenheit desjenigen, der von seinen Kameraden alleingelassen wird, und die Einsamkeit, die sein Schmerz ihm auferlegt, ist eine Einsamkeit, mit der er konfrontiert wird, wenn die einzig mögliche Antwort auf sein Schreien ein Echo ist. Wenn der Chor Philokets Leiden beschreibt, singt er: „Und die geschwätzige nur, die Nymphe / Echo, von fernher hallend, / Gibt Bescheid seinem bitteren Wehgeschrei“ (SPh, V. 188–190). Als Philoktet dabei ist, die Insel zu verlassen und nach Troja aufzubrechen, verabschiedet er sich von dem Echo, indem er der Klippe zuruft, die „so oft meiner Stimme Stöhnen / Des Hermes Gebirge im Widerhall / Mir zurückwarf“ (SPh, V. 1458–1460).[20] Echo, verstanden als Schallwelle und als Nymphe, stellt eine Verkörperung der Verbindung aus einem rein akustischen Wesen und der äußersten Passivität dar: Sein Schall kann nur wider-hallen. Wenn das Echo Philoktets einziger Gefährte in seinen einsamen Jahren auf der Insel war, dann waren die einzigen Töne, die er gehört hat, seine eigenen, in denen die Tatsache seiner Einsamkeit widerhallte. Schmerz ist daher weder eine fremde Handlungsmacht, die uns von außen angreift noch irgendein Inhalt, der in unserem Inneren gelagert wird und darauf wartet, externalisiert und zum Ausdruck gebracht zu werden.

18 Levinas: *Die Zeit und der Andere*, S. 42 (eine längere Fassung dieses Zitats findet sich im 1. Kapitel).

19 In Müllers Version sagt Philoktet zu Neoptolemos, dass man ihn und die Insel „[m]it einem Atem nennt“ und dass er „mit der unzerreißbarn Kette“ an das Meer gebunden ist, das die Insel umgibt: „Mich, Philoktet, und Lemnos, meine Insel“ (MPh, S. 301).

20 Vgl. auch Müller: Philoktet (MPh, S. 301), und die Verse bei Accius: „In dwelling dank, / Where from the dumb walls re-echo piteous sounds of lamentation, plaints and groans and cries“ (zit. n. Mandel: *Philoctetes and the Fall of Troy*, S. 38). / „In feuchter Behausung, / Wo von den stummen Wänden erbärmliche Klänge der Klage widerhallen, Klagen und Stöhnen und Schreie“.

Der Schmerz ebenso wie der Ausdruck erweisen sich als nichts anderes als unser eigentliches Selbst: Empfindung und Ausdruck zugleich.

Der erste Auftritt von Philoktet in Sophokles' Stück ist ein weiterer Beweis für die Bedeutung des akustischen Elements. Erst nach zweihundert Versen lässt Sophokles Philoktet die Bühne betreten (bis dahin wurde seine Geschichte von Dritten in der Form des Botenberichts erzählt), und auch dann erfolgt sein anfänglicher Auftritt durch die Laute, die er produziert, Laute des Schmerzes. Sophokles unterbricht das Gespräch zwischen Neoptolemos und dem Chor durch eine Regieanweisung: „Man hört einen fernen Schmerzensschrei." (SPh, nach V. 200).[21] „Es erklang ein Laut", singt der Chor, „[w]ie er eigen ist einem gepeinigten Mann" (SPh, V. 201–202). Der Chor identifiziert Philoktet anhand seines Stöhnens. Er sieht ihn nicht, aber er hört, wie er sich nähert: „Ein Irrtum ist ausgeschlossen." Über Philoktets Schmerzensbekundungen hinaus sind diese Laute Ausdruck des Leidens an sich, der Laut des Leidens: „I know the sound of suffering"[22], wie es in der englischen Übersetzung von Meineck und Woodruff heißt. Erst nachdem er sich selbst hörbar gemacht hat, betritt Philoktet die Bühne, in Fleisch und Blut, verwundet, seinen Bogen und seine Pfeile tragend.[23]

21 Vgl. auch die Version von Gide, in der die Verwandtschaft zwischen dem Schrei und dem Lied deutlich wird: „[Odysseus:] Still! Horch … Hörst du nichts? [Neoptolemos:] doch, das Rauschen des Meeres. [Odysseus:] Nein! Er ist es. Seine schrecklichen Schreie dringen jetzt schon bis zu uns. [Neptolemos:] Schrecklich meinst du? Im Gegenteil, Odysseus: Ich höre klangvolles Singen. [Odysseus (aufmerksamer hinhörend):] Ja, er singt, es ist wahr. Das ist eine tolle Sache: Wo er allein ist, jetzt, singt er, während er schrie in unserer Nähe! [Neoptolemos:] Was singt er? [Odysseus:] Ich verstehe die Worte noch nicht. Horch! Er kommt wohl doch näher. [Neoptolemos:] Er hört zu singen auf und bleibt stehen. Im Schnee hat er unsere Spuren entdeckt. [Odysseus (lachend):] Und jetzt fängt er gleich wieder mit dem Schreien an! Ach, Philoktet! [Neoptolemos:] Ja, seine Schreie sind furchtbar." (André Gide: Philoktet oder Der Traktat von den drei Arten der Tugend. In: Ders.: *Gesammelte Werke in zwölf Bänden*, Bd. XI, hrsg. v. Raimund Theis / Peter Schnyder. Stuttgart: Deutsche Verlags-Anstalt, S. 235–257, hier S. 242–243, im Folgenden im Fließtext mit der Sigle GPh nachgewiesen.) Auf diesen Dialog werde ich noch weiter unten eingehen.

22 Sophocles: Philoctetes, V. 206.

23 Aber nicht nur wenn Philoktet auf der Bühne erscheint, sind das akustische Vokabular sowie die Darstellung von Geräuschen, Schreien und Hören zentral; sie dominieren Sophokles' Drama durchgehend. Als Odysseus gegen Mitte des Stücks vor Philoktet erscheint, erkennt Philoktet ihn an seiner Stimme: „War das nicht Odysseus, / Den ich vernahm?" (SPh, V.1295–1296.) Im Fall von Neoptolemos gibt es zwei wichtige Momente: Als er Philoktet zum ersten Mal begegnet, bezieht sich dieser zunächst auf den Klang seiner Sprache: „O liebster Laut! Ach" (V. 234). Gegen Ende des Stücks kehrt Neoptolemos nach seinem Sinneswandel zu Philoktets Höhle zurück, um Wiedergutmachung zu leisten. Er steht vor der Höhle und ruft nach Philoktet. „Was für ein Lärm von Stimmen wieder vor der Höhle? Was ruft ihr mich heraus?" (V. 1263–1264), fragt Philoktet. „Sei unbesorgt und hör' die Worte, die ich bringe!" (V. 1266), antwortet Neoptolemos.

Die Dominanz des Lautlichen wird allerdings nicht nur durch die Darstellung von Philoktets qualvollen Äußerungen vermittelt, sondern auch im Kontext des Hörens. Das Leiden an der Verlassenheit hat eine überwältigende Wirkung: Selbst dort wo sie ausdrucksstark und artikuliert sind, können Philoktets Schreie von keinem wahrgenommen werden. Dies wird in der Darstellung seiner ersten Begegnung mit Neoptolemos deutlich. Der Chor merkt aufgrund des Klangs seiner Schreie, dass er sich nähert (vgl. insb. SPh, V. 201–209); und sobald Philoktet wiederum Neoptolemos sieht, bezieht er sich auf dessen Stimme. „Laut, der mir lieb war. Sprache, lang entbehrt", wendet sich Philoktet an Neoptolemos:

> Lang hört ich die aus meinem Mund allein
> Wenn Schmerz mir aus den Zähnen grub den Schrei.
> Fühllos die Felsen gaben ihn zurück
> Mit meiner Stimme vielfach an mein Ohr.
> Mein Ohr hat Lust auf eine andre Stimme.
> So lebe, weil du eine Stimme hast.
> Red, Grieche. (MPh, S. 300)[24]

Nach so vielen Jahren in Einsamkeit ist es der Laut der menschlichen Stimme, der Philoktet am meisten bewegt. Was Neoptolemos tatsächlich sagt, spielt keine Rolle; er mag lügen und betrügen oder durch Worte verletzen: aber er spricht, er verwendet Sprache. Das Tier wird in einen Menschen verwandelt, aber nicht, weil er selbst spricht, sondern durch das Hören und das Wiedererkennen der Stimme des anderen Mannes.

Wie Liliane Weissberg aufzeigt, stellt Herders Bezugnahme auf Philoktet tatsächlich die gekürzte Version einer früheren Fassung der *Abhandlung* dar.[25] In

24 Vgl. auch SPh, V. 220–231.

25 Vgl. Herder: Abhandlung über den Ursprung der Sprache. In: *Herders Sämmtliche Werke* Bd. 5, hrsg. v. Bernhard Suphan. Berlin: Weidmannsche Buchhandlung 1891, S. 1–154, hier, S. 148: „Ein leidendes Thier, wenn es gleich einsam, verlaßen, auf einer wüsten Insel, ohne Anblick, Spur, und Hoffnung eines Hülfreichen Nebengeschöpfs wäre: es wird wimmern! es wird ächzen! es wird mit holen, schmerzhaften Klagetönen die ganze Hülflose Gegend erfüllen. [...] So wenig hat uns die Natur als Inseln, als abgesonderte, einzelne Steinfelsen geschaffen! [...] So füllete der Held Philoktet, von seinem brennenden unheilbaren Schmerz angefallen, mit Wehklagen das Griechische Lager, wenn er gleich wußte, daß ihn Alle deswegen haßeten und Niemand ihm helfen konnte: Und so füllete er nach seiner Aussetzung das wüste Eiland, ob gleich keine Spur eines helfenden Wesens um ihn war. Die Empfindung, der Schmerz hat in der ganzen thierischen fühlbaren Natur seine unmittelbare Stimme und Sprache, und es ist Eine der falschen Überfeinheiten eines bekannten Philosophen, daß leidende Thiere still und stumm leiden: sie wimmern so gut, als der Mensch, und der Mensch nicht beßer als ein Thier." Vgl. Weissberg: Language's Wound, S. 555.

dem früheren Manuskript betont Herder die akustischen Komponenten von Philoktets Schreien, die die Natur als Ganze mit einem unmittelbaren Ausdruck in Stimme und Sprache ausfüllen. Herder verwendet Wörter wie *Klagetöne* und *Wehklagen* und rückt damit die einzigartige Musikalität von Philoktets tierartigen, grellen Schreien in den Vordergrund; in den Worten von Sophokles' Chor: „Und die geschwätzige nur, die Nymphe / Echo, von fernher hallend, / Gibt Bescheid seinem bitteren Wehgeschrei." (SPh, V. 188–190)[26] Dieser akustische Akzent ist in Herders eigener musikalischer Fassung der Geschichte, *Philoktetes. Scenen mit Gesang* (1774), sinnfällig. Beide Texte offenbaren die Unterbrechung der Sprache im Angesicht des Schmerzes. Herders Philoktet ist durch seine Betonung der Schmerzenslaute gekennzeichnet. In den Regiebemerkungen heißt es: „Die Töne hemmen, ändern sich, der Schmerz beginnt"[27]. Weissberg zufolge führt die Musik hier den Schmerz durch das Unterbrechen der Sprache ein, durch eine Hemmung, die als etwas der Sprache Innerliches ausgedrückt wird und einen Raum für das Erscheinen des Schmerzes lässt. In dem Drama sind diese Unterbrechungen akustisch; in der *Abhandlung* werden sie visuell angezeigt, zwischen den geschriebenen Zeichen auf der Seite. „Während Herder versucht, über den Schrei zu schreiben", so Weissberg,

> strebt seine Darstellung – eine unzureichende, aber die einzig mögliche – danach, den geschriebenen Buchstaben zu überwinden und versucht, die Performanz des Ausbruchs und des Verstummens von Tönen zu dokumentieren. Der Text versucht, die Frage nach dem Ursprung in seiner Artikulation zu inszenieren, aufzuführen.[28]

Scarry bezieht sich auf Philoktet, wenn sie die destruktiven, isolierenden Facetten von Schmerz beschreibt, die durch die Einsamkeit des auf der Insel ausgesetzten Helden veranschaulicht werden, eine Einsamkeit der „absolute[n] Privatsphäre ohne deren Sicherheit, von vollkommener Selbstentblößung gegenüber der absoluten Öffentlichkeit, ohne die Möglichkeit der Kameradschaft oder der geteilten Erfahrung."[29] Diese zerstörerische Einsamkeit nimmt nicht nur die Form eines abgeschlossenen Raums an, in dem sich Philoktet selbst nach dem Erwachen allein wiederfindet, sondern Scarry zufolge reduziert Schmerz uns

26 Vgl. auch Herder: Philoktetes. Scenen mit Gesang. In: *Johann Gottfried von Herder's sämmtliche Werke*, Abt. 2: Zur schönen Literatur und Kunst, sechster Theil: Dramatische Stücke und Dichtungen, hrsg. v. D. Wilhelm Gottfried v. Herder. Tübingen: Cotta 1806, S. 113–126.

27 Ebd., S. 120.

28 Weissberg: Language's Wound, S. 578.

29 Scarry: *Der Körper im Schmerz*, S. 81 (A. d. Ü.: modifizierte Übersetzung, da in der deutschen Fassung einige Satzteile weggelassen wurden).

auch auf ein „vorsprachliche[s] Stöhnen und Schreien“ und wirft uns damit auf eine primitive, nichtmenschliche Daseinsstufe zurück.[30] Die zerstörerische Kraft seines Schmerzes hat nicht nur Philoktets Körper und Umwelt beeinflusst, sondern ihn auch der Fähigkeit beraubt, Sprache in einem sozialen, kommunikativen Umfeld zu nutzen, wodurch er in Sophokles' Fassung in ein vorsprachliches und daher vormenschliches Geschöpf verwandelt wird. Wenn Odysseus beschreibt, wie Philoktet geschrien und geheult hat, als er verwundet wurde, verwendet er ein Vokabular, das explizit mit wilden, animalischen Lauten assoziiert ist (SPh, V. 9–11). Philoktet verwendet beim Beschreiben seiner Qual ähnliche Ausdrücke, wenn er Neoptolemos darum bittet, „nicht in Scheu voll Furcht“ vor ihm zurückzuschrecken, weil er „verwildert“ sei (ἀπηγριωμένον).[31] Philoktets Höhle enthält entsprechend kaum mehr als ein Bett aus Blättern und ein als Tasse genutztes Holzstück – eine tierische oder zumindest nichtmenschliche Existenz. Wenn Neoptolemos zu Beginn des Stückes nach ihm sucht, hält er nach Fußspuren Ausschau, so als wolle er ein Tier aufspüren. Dieses tierische Wesen kommt am eindrücklichsten während Philoktets Schmerzanfall zum Ausdruck, wenn seine Sprache buchstäblich in bloße Silben und Schreie zerbröckelt.

Ich möchte eine andere Lektüre von Herders Bezugnahme auf Philoktet vorschlagen. Philoktet dient der *Abhandlung* nicht als Figur, die unter starken Schmerzen in eine tierähnliche, primitive Daseinsform zurückfällt. Herder legt den Akzent auf einen vollkommen anderen Aspekt der Geschichte: Philoktet ist sich wohl bewusst, dass er allein auf der Insel ist, dass niemand sein Schreien hören, mit ihm fühlen oder in irgendeiner Weise helfen kann. Er erwartet nicht, dass er verstanden, ihm geholfen oder dass er überhaupt gehört wird; d. h., seine Sprache ist wesentlich nicht kommunikativ oder propositional. Es ist gleichwohl wichtig zu berücksichtigen, dass Philoktets Stöhnen und Heulen ihn nicht zum Tier macht, obschon es in seiner instinktiven Unmittelbarkeit tierähnlich ist. Philoktet ist kein wildes Tier, sondern ein Mensch, der extremste und stärkste (physischen und psychischen) Leiden ertragen muss – eine Situation, in der seine Menschlichkeit nicht mit seiner animalischen Natur im Konflikt steht, sondern

30 Ebd., S. 15.

31 In der Übersetzung von Meineck und Woodruff heißt es: „I know I must look like a wild man“ (V. 227–228) / „Ich weiß, dass ich wie ein wilder Mann aussehen muss“. Es gibt noch viele weitere Anspielungen dieser Art. Philoktet wird z. B. als „[u]nter buntgeschecktem und zottigem / Getier“ lebend und einen „weithallenden Wehruf“ ausstoßend beschrieben (SPh, V. 184–185 u. 215; in Meineck und Woodruffs Übersetzung: „He's groaning in anguish“ / „Er stöhnt vor Schmerzen“). Vgl. auch Müllers Version, wo Neoptolemos, der Philoktet zum ersten Mal sieht, sagt: „Mehr einem Tier als einem Menschen gleicht er / Schwarz eine Wolke über ihm von Geiern.“ (MPh, S. 298.)

eher von ihr zusammengehalten wird. In Herders Sprachtheorie stellt Philoktet eine Figur dar, die menschliche ebenso wie tierische Aspekte des Seins gleichzeitig verkörpert, so dass die beiden aufhören, einander ausschließende Eigenschaften zu sein. Diese beiden Aspekte platzen gleichsam mit Philoktets entsetzlichem Schrei heraus; es ist der Schrei, der seine Kameraden vertrieb, derselbe quälende Schrei, der den Kern von Lessings Text bildet.

### Der schweigende Philoktet: Herders ästhetische Theorie

In seiner Untersuchung von Philoktets Leiden im *Ersten Wäldchen* bietet Herder eine gänzlich andere Analyse seiner Schmerzensäußerung. Hier ist Philoktet kein instinktgeleitetes Tier, das körperlichem Ungemach einen direkten Ausdruck verleiht, sondern ein ehrenhafter Held, der sein unerträgliches Leiden mit beeindruckender Beherrschung erträgt. Herders Argumentation ist vor dem Hintergrund von Winckelmanns und Lessings Darstellungen des Laokoon zu sehen. Die drei Autoren – Winckelmann, Lessing und Herder – treffen an einem einzigen Punkt zusammen: an dem des Schreis. Die drei Texte haben sich alle mit dem Schmerzensschrei und seinem Ausdruck in den unterschiedlichen ästhetischen Medien befasst. Jeder Autor interpretiert Laokoons Schmerzausdruck und erklärt die Unterschiede zwischen Skulptur und Dichtung, die in diesem Kontext, beim Schweigen und beim Schrei, offensichtlich sind. Obwohl Herder das *Erste Wäldchen* mit tiefer Bewunderung für Lessing schreibt – was in seiner achtsamen und genauen Lektüre von Lessings Argumentation ganz offensichtlich wird –, vertieft sich der Text schon bald in eine vehemente Kritik an Lessing, der sich Herder zufolge auf einem „Abwege“ (FHA 2, S. 78) befindet.[32] Um Herders Darstellung des Philoktet in diesem Text besser zu verstehen, müssen wir kurz auf die Debatte zwischen Lessing und Winckelmann eingehen, die im Mittelpunkt der Laokoon-Schrift des ersteren steht. Da diese schon erschöpfend diskutiert worden ist, werde ich die Debatte nicht im Detail darlegen, sondern mich ihr von meinem eigenen Blickwinkel aus annähern, nämlich hinsichtlich Herders Interesse für Philoktet.[33]

32 Herder schreibt über Winckelmann und Lessing: „Jener ein erhabner Lehrer der Kunst; dieser selbst in der Philosophie seiner Schriften ein muntrer Gesellschafter; sein Buch ein unterhaltender Dialog für unsern Geist. So dörften beide sein: und wie unterschieden! Wie vor trefflich bei dem Unterschiede! Weg also mit der Brille, durch die man von einem zum andern schielen will, um durch Kontrast zu loben! Wer L. und W. nicht lesen kann, wie jeder derselben ist, der soll keinen von beiden, der soll sich selbst lesen!“ (FHA 2, S. 68.)

33 Für ausführlichere Studien zu Lessings Laokoon vgl. Simon Richter: *Laocoon's Body and the Aesthetics of Pain. Winckelmann, Lessing, Herder, Moritz, Goethe*. Detroit: Wayne State UP 1992; Katherine Harloe: Sympathy, Tragedy, and the Morality of Sentiment in Lessing's Lacooon. In: Avi Lifschitz / Michael Squire (Hrsg.): *Rethinking Lessing's Laocoon*. Oxford:

Lessing beginnt seine Laokoon-Schrift mit einem ausführlichen Zitat aus Winckelmanns 1755 erschienenem *Gedancken über die Nachahmung*, wo der letztere Laokoons Schmerzausdruck mit dem des Philoktet vergleicht: „Laocoon leidet, aber er leidet wie des Sophocles Philoctetes: sein Elend gehet uns bis an die Seele; aber wir wünschten, wie dieser grosse Mann, das Elend ertragen zu können.“[34] Im Gegensatz zu Winckelmann sieht Lessing keine Ähnlichkeit zwischen dem Leiden Laokoons und dem des Philoktet, denn während Laokoon seinen Schmerz edel und still ertrage, jammere und schreie Philoktet, dabei heftig fluchend und Ausdrücke verwendend, die alles andere als verhalten oder heroisch seien.[35] Lessing betont, dass Philoktets körperlicher Schmerz nicht nur für ihn selbst unerträglich ist, sondern seine erregten, schrecklichen Schreie sind auch für seine Kameraden nicht zu ertragen, was diese dazu veranlasst, ihn auf der einsamen Insel zurückzulassen. In Sophokles' Stück wird Philoktet daher nicht durch seinen Schmerz charakterisiert, sondern auch und vor allen Dingen durch seine Unfähigkeit, Mitgefühl oder Mitleid in den Herzen seiner Kameraden zu entfachen. Lessing benutzt hier seine Kritik an Winckelmanns Position, um das Hauptargument seiner Laokoon-Schrift voranzutreiben, nämlich dass eine deutliche Grenze die bildende Kunst (vor allem die Malerei und die Skulptur), deren Leitprinzip räumlich ist, und die Dichtkunst, die durch zeitliche Prinzipien bestimmt ist, voneinander trennt. Sein Problem mit Winckelmanns Argument,

Oxford UP 2017, S. 157–176; W. J. T. Mitchell: The Politics of Genre. Space and Time in Lessing's Laocoon. In: *Representations* 6 (1984), S. 98–115; David Wellbery: *Lessing's Laocoon. Semiotics and Aesthetics in the Age of Reason*. Cambridge: Cambridge UP 1984; Victor Anthony Rudowski: Lessing Contra Winckelmann. In: *Journal of Aesthetics and Art Criticism* 44,3 (1986), S. 235–243; Susan E. Gustafson / McCormick Gustafson: Sadomasochism, Mutilation, and Men. Lessings 'Laokoon', Herders 'Kritische Wälder', Gerstenbergs 'Ugolino' and the Storm and Stress of Drama. In: *Poetics Today* 20,2 (1999): Lessing's Laokoon. Context and Reception, S. 197–218.

34 Winckelmann: Gedancken, S. 28; Lessing zitiert diese Stelle: vgl. Lessing: Laokoon, S. 17.

35 Aus offensichtlichen Gründen kann ich nicht auf die Einzelheiten der Debatte zwischen Lessing und Winckelmann eingehen. Ich möchte nur die Grundzüge wiedergeben: Lessing stimmt zwar mit Winckelmann darin überein, dass ein gewisses Missverhältnis zwischen Laokoons Leiden und der Intensität seines Schreis besteht, aber er sucht den Grund an anderer Stelle. Nach Winckelmann schreit Philoktet, wie auch andere griechische Helden, die in Sophokles' Stücken dargestellt werden, vor Schmerz, „hält es aber nicht für unmännlich, dies zu tun“ (Gregory Martin Moore: Introduction. In: Johann Gottfried Herder: *Selected Writings on Aesthetics*, hrsg. u. aus d. Deut. v. Gregory Martin Moore. Princeton: Princeton U P 2006, S. 1–30, hier S. 7). Lessing behauptet, dass Laokoons vergleichsweise gedämpften Schreie ästhetisch zu erklären sind. Das heißt, nach den Gesetzen der Schönheit in der bildenden Kunst der Antike darf die Hässlichkeit des schreienden offenen Mundes nicht dargestellt werden; stattdessen muss die bildende Kunst das darstellen, was Lessing den *fruchtbaren Augenblick* nennt (vgl. Lessing: Laokoon, S. 32), einen Moment, der nicht den Höhepunkt des Schreis, sondern nur sein Potenzial darstellt.

dass Laokoon und Philoktet auf die gleiche Weise leiden, bezieht sich nicht auf die Abweichung in den Geschichten der beiden Männer, sondern darauf, dass jeder der beiden leidenden Helden in einem anderen ästhetischen Medium dargestellt wird: Winckelmanns Laokoon ist eine Statue, wohingegen Philoktet eine dramatische Figur ist.

Da für Lessing die Schönheit das höchste Prinzip der bildenden Kunst ist, kann ein Bildhauer per definitionem nicht eine originalgetreue, realistische Darstellung des Schmerzes anstreben, denn dies würde das Bekenntnis des Kunstwerks zum Gesetz der Schönheit beeinträchtigen:

> Der Meister arbeitete auf die höchste Schönheit, unter den angenommenen Umständen des körperlichen Schmerzes. Dieser, in aller seiner entstellenden Heftigkeit, war mit jener nicht zu verbinden. Er mußte ihn also herab setzen; er mußte Schreien in Seufzen mildern; nicht weil das Schreien eine unedle Seele verrät, sondern weil es das Gesicht auf eine ekelhafte Weise verstellet.[36]

Lessing entwickelt und begründet sein Argument allerdings nicht nur durch die Schilderung der unterschiedlichen Medien und ihrer künstlerischen Kennzeichen; er betont vielmehr die Art und Weise, durch die die kunstvolle Darstellung das Publikum beeinflusst:

> Denn man reiße dem Laokoon in Gedanken nur den Mund auf, und urteile. Man lasse ihn schreien, und sehe. Es war eine Bildung, die Mitleid einflößte, weil sie Schönheit und Schmerz zugleich zeigte; nun ist es eine häßliche, eine abscheuliche Bildung geworden, von der man gern sein Gesicht verwendet, weil der Anblick des Schmerzes Unlust erregt, ohne daß die Schönheit des leidenden Gegenstandes diese Unlust in das süße Gefühl des Mitleids verwandeln kann[37].

Das ist der Grund, warum Lessing von der Laokoon-Statue angezogen ist, einer stillen, beständigen Figur, dessen Schmerzensausdruck die Betrachtenden nicht angreift und diese gleichsam zum Wegschauen nötigt, sondern diesen vielmehr zu verharren erlaubt und einen Sinn für Mitgefühl und Mitleid gegenüber dem Leiden des Laokoon zu entwickeln.

Herder eröffnet sein *Erstes Wäldchen* mit einer Nachbildung von Lessings Eröffnung der Laokoon-Schrift. Lessing zitiert Winckelmanns „Laokoon leidet, wie des Sophokles Philoktet" und fragt dann: „Wie leidet dieser?"[38] Herder beginnt,

36 Lessing: Laokoon, S. 29.

37 Ebd.

38 Ebd., S. 18

wie es scheint, mit einer Fortsetzung dieses Dialogs: „Lasset uns Sophokles aufschlagen, lasset uns lesen, als ob wir sähen“ (FHA 2, S. 69), schreibt er. „Der Philoktet Sophokles mag entscheiden – wie leidet dieser?“ (Ebd.)[39] Hiermit beginnt Herder eine genaue Lektüre und Diskussion von Lessings Argumentation, sie Schritt für Schritt in ihre Einzelteile zerlegend. Anstatt sich auf den Laokoon zu konzentrieren, legt er den Fokus auf Sophokles' Philoktet. In seiner subtilen, wenngleich etwas losen Darstellung von Sophokles' Fassung der Geschichte präsentiert Herder eine Figur, die nicht nur von Lessings Wiedergabe abweicht, sondern überraschenderweise auch seiner eigenen früheren Darstellung des Philoktet in der *Abhandlung* widerspricht. Hieraus leitet sich meine These von Herders ‚zwei Figuren‘ oder den zwei Versionen des Philoktet ab.

Anstatt Philoktets gewaltsame, tiergleiche Schmerzensschreie zu betonen, hebt Herder das genaue Gegenteil hervor: seine auf bewunderungswürdige Weise verhaltene, heroische Erduldung des Schmerzes und die damit verbundenen beherrschten Ausdrucksformen. Philoktet schreit nicht auf, sondern betritt die Bühne „mit einem plötzlichen Stillschweigen, mit einer stummen Bestürzung [...] mit einem Gesicht voll Liebe, voll Zurückhalten des Heldenmutes“ (ebd., S. 69–70); er „brüllet und tobet [nicht] [...] er winselt. – Nichts mehr? Nein, nichts mehr!“ (Ebd. S. 70–71.) Herders Darstellung von Philoktets stillem Erdulden ist eine direkte Anspielung auf Winckelmanns Beschreibung der Ähnlichkeit zwischen Laokoons und Philoktets Leiden:

> Indem sein Leiden die Muskeln aufschwellet, und die Nerven anziehet, tritt der mit Stärke bewaffnete Geist in der aufgetriebenen Stirne hervor, und die Brust erhebet sich durch den beklemmten Othem, und durch Zurückhaltung des Ausbruchs der Empfindung, um den Schmerz in sich zu fassen und zu verschließen. [...] Sein Gesicht ist klagend, aber nicht schreyend [...]. Unter der Stirn ist der Streit zwischen Schmerz und Widerstand, wie in einem Punkte vereiniget, mit großer Weisheit gebildet: denn indem der Schmerz die Augenbraune in die Höhe treibet, so drücket das Sträuben wider denselben das obere Augenfleisch niederwärts, und gegen das obere Augenlied zu, so daß dasselbe durch das übergetretene Fleisch beynahe ganz bedecket wird.[40]

39 Weissberg liefert eine aufschlussreiche Analyse der Unterschiede zwischen den Berichten von Winckelmann, Lessing und Herder, einschließlich vieler Details, auf die ich hier nicht eingehen werde. Sie bietet auch eine minutiöse Darstellung von Herders verschiedenen Bezügen zu Philoktet. Vgl. Weissberg: Language's Wound, S. 563 u. passim; Moore: Introduction, S. 5–11.

40 Johann Joachim Winckelmann: *Schriften und Nachlaß*, Bd. 4: Geschichte der Kunst des Alterthums. Text: Erste Auflage Dresden 1764. Zweite Auflage Wien 1776, hrsg. v. Adolf H. Borbein / Thomas W. Gaethgens / Johannes Irmscher / Max Kunze. Mainz: Philipp von Zabern 2002, S. 677 (Text der 2. Aufl.).

Winckelmann präsentiert Laokoon als eine Figur, die beispielgebend für die „Natur im höchsten Schmerze"[41] zusammen mit der unerreichten Schönheit geistiger Stärke auf bewunderungswürdige Weise das Leid erträgt. Diese Darstellung wird zur Grundlage für die Übertragung, die Herder hier von der Laokoon-Diskussion zu der des Philoktet unternimmt.
Herder ordnet diese (wie er meint) erstaunliche Beschreibung von Philoktets Erdulden Sophokles zu, der

> ihn [alles] tun lassen kann, um ihn nicht schreien zu lassen: schwärmen, ächzen, bitten, zürnen, atemlos zu sich kommen und -- einschlafen. Peinlicher Auftritt! der höchste am Ausdrucke, den vielleicht je ein tragisches Stück gefodert, und nur ein griechischer Schauspieler erreichen konnte.
> Aber in diesem peinlichen Auftritte, was ist da das Höchste am Ausdruck, was ist der Hauptton desselben? Etwa Geschrei? So wenig, daß Sophokles ja auf nichts sorgfältiger scheint, als zu vermeiden, daß dies nicht Hauptton würde. (FHA 2, S. 71)

Für Herder besteht Sophokles' Größe in seiner Fähigkeit, ein Stück zu schaffen, das eine Szene schrecklichen Leidens und Schmerzes darstellt, ohne dass ein einziger Schrei geäußert wird. Sophokles beschwört ein gewaltiges Spektrum an unterschiedlichen Graden der Qual und ihrer Ausdrucksformen (Herder nennt dies ein *Gemälde des Schmerzes*),[42] die zusammengenommen dem Betrachter „das Gemälde des zurückgehaltenen und nicht des ausgelassenen Schmerzes" (FHA 2, S. 72) präsentieren. „Aber das Zurückhalten, das peinliche Verschmerzen, die langen Kämpfe mit dem Weh im Stillen [...]; diese dehnen, diese schleichen, und sie sind der Hauptton des ganzen Auftritts." (Ebd.)
Dies ist der Kern von Herders Disput mit Lessing. Lessing diskutiert die Erscheinungsweise von Philoktets Schmerz und Wunde so ausführlich, um deren inhärente Verbindung zur natürlichen Ausdrucksform des Schreis zu erhellen. Herder andererseits sucht sich auf die theatrale Erscheinungsweise des Schmerzes zu konzentrieren und kritisiert deswegen Lessing dafür, dass er seinen Schwerpunkt an der falschen Stelle setzt: „wenn so etwas auf mich wirken müsse, um meine Idee vom Schmerze zu verstärken", schreibt Herder: „Lebe wohl, Theater! so bin ich in der Lazarettstube." (FHA 2, S. 101) Außerdem fügt er hinzu, ist die Figur des Philoktet in Bezug auf das Auslösen von Mitleid beim Zuschauer

41 Winckelmann: *Schriften und Nachlaß*, S. 677.

42 Zur Erörterung dieses Begriffs und seiner Beziehung zu Herders Abkehr von der dramatischen Bildhauerei vgl. auch Weissberg: Language's Wound, S. 564–565.

so wirkungsvoll, nicht weil er aus Schmerz wie ein Tier aufschreit, sondern weil er in der Lage ist, ihn zu kontrollieren und zu ertragen, so dass nur ein Seufzer, ein ‚Ah!', ein bloßer Hauch, seinem Mund entflieht. Herder würde mit Lessing darin übereinstimmen, dass Philoktet eine eindringliche Darstellung eines Menschen mit Schmerzen ist; allerdings erlebt das Publikum diesen Schmerz intensiver, wenn dessen Ausdruck zurückgehalten und nicht instinktiv herausgerufen wird.[43]

Wir haben also bei Herder zwei unterschiedliche Darstellungen des Philoktet. In der *Abhandlung* ist er ein ‚leidendes Tier', dessen Schmerz unmittelbar in energischem, primitivem Geheul ausgedrückt wird; er ist ein Mensch, der auf eine tierische Daseinsstufe regrediert, in der Sprache nichts anderes als die physische Externalisierung der Schmerzempfindung ist. Im *Ersten Wäldchen* finden wir im Gegensatz dazu einen gänzlich anderen Philoktet: einen edlen, starken Helden, der höllisches Leiden (zugleich körperlich und seelisch) erträgt, ohne seine natürlichen Gefühle herauszulassen. Es ist schwierig, aus diesen Inkonsistenzen einen Sinn herauszuschälen. Diese einander widersprechenden Figuren des Philoktet sind sogar noch bemerkenswerter, wenn wir berücksichtigen, dass der Kern von Herders Argumentation in beiden Texten genau in der Frage nach Philoktets Schmerzausdruck liegt. In der *Abhandlung* konzentriert sich Herder auf Philoktets durchdringenden Schrei und im *Ersten Wäldchen* auf das inspirierende Schweigen. Der Schrei und sein Verstummen sind offensichtlich zentral für Herder, um seine sprachtheoretischen und ästhetischen Behauptungen zu untermauern. Dies ist die Stärke von Herders Anspruch: Das Herausschreien des Schmerzes und das zum Schweigen bringen des Schmerzes bedeuten eigentlich dasselbe. Beides ist Ausdruck des Schmerzes.

Diese besondere Abweichung in der Beschreibung des Philoktet als einen bloße (und untypische) Schwäche in der Sorgfalt von Herders philosophischer Argumentation aufzufassen, würde einige Aspekte in Herders Text unberücksichtigt lassen; sie sollte aber auch nicht als etwas angesehen werden, das auf irgendeinen unlösbaren Gegensatz in der Figur des Philoktet hinweist. Ich werde Herders Ambivalenz hier verwenden, um den eigentlichen Kern seines Arguments zu reflektieren. Der stumme Philoktet ist nicht die Negation des schreienden, sondern dessen dialektisches Double. Dies zeigt sich, wenn Herder Lessings Hervorhebung des Schreis als „Hauptton" von Sophokles' Stück kritisiert und dabei ein entgegengesetztes Argument vorbringt: Philoktet leidet wortlos, nur

43 Vgl. Weissbergs Diskussion von Lessings Darstellung des Philoktet im Kontext des aufgeführten Dramas in Language's Wound, S. 562.

> mit einem beklemmten Ach! [...] sein gekrümmter Fuß, sein verzognes Gesicht, seine vom Seufzer erhobene Brust, die vom Ächzen hohle Seite, sein halbes Ach! – Weiter geht der Dichter nicht: und um zuvor zu kommen dem Übertreiben des Ausdrucks, läßt er Philoktet vor Schmerz in Unsinn fallen! So sehr hat er gelitten, so sehr seine Kräfte zusammen gefasset, daß er raset. (FHA 2, S. 70–71)

Aber Herders Zurückweisung des Schreis läuft nicht auf eine Ablehnung von Philoktets Ausdrucksform als solcher hinaus. Im Gegenteil, das Bemerkenswerte an Herders Behauptung ist, dass das Schweigen und die heroische Selbstbeherrschung ebenso viel preisgeben wie der schreckliche Schrei. Philoktets Versuche, seinen Schmerzensschrei zu ersticken, erscheinen in Herders Interpretation als eine weitere Form, den Schmerz auszudrücken. Herders Schwerpunkt liegt im *Ersten Wäldchen* genau auf Philoktets gebändigtem Schweigen. Der gekrümmte Körper und die still zusammengepressten Lippen sind vielleicht eine Negation des Schreis, aber niemals eine Ablehnung des Ausdrucks:

> Aber das Zurückhalten, das peinliche Verschmerzen, die langen Kämpfe mit dem Weh im Stillen, die endlich mit einem verstohlnen ὦ μοι! μοι! Geschlossen werden, diese dehnen, diese schleichen, und sie sind der Hauptton des ganzen Auftritts. [...] und es ist ein langer, ganzer, vollendeter Akt, der meine Seele füllet: aber nicht durchs Ausstoßen, sondern eben durch das Rückhalten des Ach! (FHA 2, S. 72–73)

## Mitgefühl

Trotz der offensichtlichen Differenzen zwischen den zwei Figuren des Philoktet – dem schreienden und dem schweigenden – sind sie eng miteinander verknüpft: Beide verweisen auf das Problem des Mitgefühls bzw. des Mitleids.[44] Das Mitleid ist auch ein vorherrschendes Thema in Sophokles' Darstellung des Mythos. Die im Kern von Sophokles' Stück verhandelte Frage ist die des Mitleids bzw. die Frage nach dessen Abwesenheit. Zunächst einmal ist die Frage des Mitleids für Philoktet nicht nur in Bezug auf dessen Verlassenheit relevant. Die Erfahrung des Gleichmuts gegenüber den Schmerzen erinnert an die Umstände, unter denen er seinen magischen Bogen und die Pfeile erhalten hat, die später der Grund für Odysseus' Reise zu der Insel sind. Sobald Herakles durch Deianeiras Hemd vergiftet ist, seine Haut zerfetzt und seine Knochen entblößt sind, sucht er nach Hilfe, um sein qualvolles Leben zu beenden. Allerdings ist niemand bereit ihm zu helfen. Niemand außer Philoktet. Er errichtet einen Scheiterhaufen, entfacht das Feuer und befreit Herakles von seinen Schmerzen.[45] Im Gegenzug gibt Herakles ihm seinen magischen Bogen und die Pfeile. Diese Geschichte zeigt Philoktet als einen Mann, der seine unbezwingbare Waffe durch einen Akt der Barmherzigkeit erlangt hat. Und gerade er wird mit seinem Leiden allein zurückgelassen.[46] Vor diesem Hintergrund repräsentiert Odysseus die Abwesenheit von Mitleid, wohingegen Neoptolemos im Verlauf des Stückes eine Wandlung durchläuft, sich schließlich von Odysseus und seinem Plan abwendet, um mitfühlend und loyal gegenüber Philoktet und seinem Schmerz zu sein. Neoptolemos' Wandlung findet in der Mitte des Stückes statt, als er Zeuge von Philoktets schrecklichem Schmerzanfall wird: Genau hier beginnt Neoptolemos,

44 A. d. Ü.: Das englische Wort *sympathy* wird hier und im Folgenden mit den deutschen Begriffen Mitgefühl und Mitleid übersetzt. Die beiden Begriffe sind im deutschen Sprachgebrauch des 18. Jahrhunderts nahezu bedeutungsäquivalent. Der im ästhetischen Diskurs des 18. Jahrhunderts dominante Begriff ist freilich der des Mitleids. Besondere Prominenz hat er nicht zuletzt durch Lessings Reformulierung der aristotelischen Tragödientheorie (*Hamburgische Dramaturgie*) erlangt. Aus diesem Grund wird *sympathy* hier auch mit Mitleid übersetzt. Herder selbst verwendet den Begriff Mitleid nur selten, spricht aber häufig vom *Mitfühlen*. Daher wird im Kontext von Herders Auseinandersetzung mit der Figur des Philoktet und dem Konzept des Mitleids zumeist der Begriff Mitgefühl verwendet, um das Wort *sympathy* zu übersetzen.

45 Dies kommt im Stück ausdrücklich zur Sprache, wenn Philoktet Neomptolemos diese Geschichte erzählt und seine eigene Tat als einen ‚Freundschaftsdienst' gegenüber Herakles beschreibt (vgl. SPh, V. 670).

46 Edmund Wilson weist darauf hin, dass Philoktets (moralische und andere) Überlegenheit untrennbar mit seinem Leiden verbunden ist. Es gibt auch in der bekannten Debatte zwischen Lessing und Winckelmann eine ausführliche Diskussion über diese Überlegenheit im Zusammenhang mit Philoktets Fähigkeit, seinen Schmerz zu ertragen, vgl. Wilson: *The Wound and the Bow*, S. 257–258.

Mitleid für ihn zu empfinden: „Auf mich hereingestürzt ist ein gewalt'ger Jammer / Um diesen Mann, und nicht erst jetzt – schon lange!" (SPh, V. 966–967) Aber auch eine durchdringende Schuld: „Doch gerade jetzt bin ich in auswegloser Lage! [...] Meinen Fehler, / Den schmählichen, den ich begangen habe" (ebd., V. 899, 1247–1248). Neoptolemos moralische Wandlung schreitet voran, während sein Gefühl des Mitleids sich vertieft und sein wahres Wesen offenbar wird: „Alles ist widerwärtig", erklärt er Philoktet, „wenn die eigne Art / Einer verläßt und Dinge tut, die ihm nicht anstehn!" (Ebd., V. 902–903) Er gesteht dann seinen und Odysseus' betrügerischen Plan, überzeugt schließlich Odysseus, Philoktet von der Insel zu retten und bringt letzteren dazu, der Rettung zuzustimmen (mit Herakles' als treuem Helfer). Die Geschichte endet damit, dass Philoktet geheilt wird und den Griechen dabei hilft, den Krieg zu gewinnen.[47]

Herder beschwört die Figur des Philoktet in seinen beiden oben erwähnten Texten nicht nur als repräsentativ für einen Mann mit schrecklichen Schmerzen, sondern auch als eine Figur, deren extremes Leiden auf entschiedene Weise die Frage des Mitleids aufwirft. In der *Abhandlung* bringen Philoktets Schreie eine einzigartige Struktur von Echos des Mitleids in der gesamten Natur hervor. Im *Ersten Wäldchen* wird seine Qual im Kontext des Theaters analysiert, wo das Problem des Mitleids aus dem Zusammenspiel zwischen Philoktets Leiden und den Gefühlen des Publikums für denselben entsteht. Obwohl es nicht sofort offensichtlich ist, bleiben Herders zwei Darstellungen und dementsprechend die zwei Figuren des Philoktet tatsächlich sehr eng miteinander verbunden: In beiden Fällen ist er eine exemplarische Figur, deren Schmerz so extrem ist, dass er unerträglich wird, und beide Darstellungen hinterfragen den Ausdruck dieses Schmerzes im Kontext des Mitleids der Anderen für ihn. Dies bleibt Herders zentraler Blickpunkt, wenn Philoktet in der *Abhandlung* in der Einsamkeit schreit, aber auch wenn er im *Ersten Wäldchen* beim stummen Unterdrücken seiner schrecklichen Schmerzen standhaft bleibt. Die Frage des Mitleids erscheint als wesentlich mit den unterschiedlichen Formen des Schmerzes verbunden, so dass sowohl das stille Ertragen als auch das tierhafte Herausschreien sich als zwei Seiten derselben Medaille erweisen. In keinem von diesen Texten allerdings diskutiert Herder Mitleid als ein Gefühl gegenüber dem Schmerz und dem Leiden von Anderen. Mitleid ist für Herder nicht etwas, das wir *für* jemanden oder ihm *gegenüber* empfinden. Er beschreibt Mitleid eher als völlig körperlich: Wir empfinden buchstäblich mit dem Schmerz eines Anderen, indem wir ihn am eigenen Leib erfahren.

47 Vgl. die ausführliche Erörterung zu Neoptolemos moralischem Wandel in Kapitel 5.

In seiner Beschreibung der expressiven Struktur der ursprünglichen, natürlichen Sprache der Empfindung in der *Abhandlung* verbindet Herder die Unmittelbarkeit der Schmerzensäußerung mit einer damit korrespondierenden Unmittelbarkeit des natürlichen Mitleids, das sie hervorruft. Die erste Sprache der Empfindung ermöglicht eine Form des Mitleids und der Einfühlung, die in der Natur überwiegt und durch die Beziehung zwischen Schmerz und seinem Ausdruck begründet ist. Es ist diese natürliche Struktur oder möglicherweise die Struktur des Schmerzes selbst, die die schmerzhaften Empfindungen des Individuums aus ihrem Zustand der Beherrschung befreien. Hierbei vergleicht Herder den ersten Schmerzensschrei mit dem Anschlagen der Saite eines Musikinstruments, auf das der Klang so naturgemäß folgt, wie der Schmerzensschrei einen mitfühlenden Nachhall verursacht:

> So wenig hat uns die Natur, als abgesonderte Steinfelsen, als egoistische Monaden geschaffen! Selbst die feinsten Saiten des tierischen Gefühls (ich muß mich dieses Gleichnisses bedienen, weil ich für die Mechanik fühlender Körper kein bessere weiß!) – selbst die Saiten, deren Klang und Anstrengung gar nicht von Willkür und langsamen Bedacht herrühret [...] selbst die sind in ihrem ganzen Spiele, auch ohne das Bewußtsein fremder Sympathie zu einer Äußerung auf andre Geschöpfe gerichtet. Die geschlagne Saite tut ihre Naturpflicht: – sie klingt! Sie ruft einer gleichfühlenden Echo: selbst, wenn keine da ist, selbst wenn sie nicht hoffet und wartet, daß ihr eine antworte. (FHA 1, S. 697–698)

Herder beschreibt hier den ursprünglichen Zustand, in dem Mensch und Tier auf natürliche Weise sprachlich im Einklang sind, so wie ein Satz musikalischer Saiten. In Herders Metaphorik ist das Zupfen der Saite nicht das Ergebnis eines willkürlichen sprachlichen Akts, durch den eine dem Gefühl entsprechende Äußerung getätigt wird, die Schmerz in einen sprachlichen ‚Gehalt' verwandelt. Für Herder entsteht dieses ursprüngliche Mitleid durch eine viel grundlegendere und weitreichendere Übertragung der eigentlichen Schmerzempfindung: durch eine unmittelbare, physische Entäußerung des Schmerzes aus dem Körper mittels Klang, d. h. durch den Schrei oder den Atem. Das Zupfen der Saite ist rein mechanisch, ebenso wie der Nachklang der anderen Saiten, die durch die Schallwellen des ursprünglichen Schreis in Bewegung gesetzt werden und diese nun selbst wiedergeben. Darum behauptet Herder, der Schrei hänge nicht von der Existenz des Empfängers ab. Stattdessen haben wir es mit einer materialen, mechanischen Übertragung zu tun, deren innerer Antrieb aus dem Akt der Übertragung selbst besteht und nichts weiter (das meint Herder, wenn er den Schmerzensschrei als eine bloße ‚Entäußerung' der Schmerzempfindung erklärt).

Die nun im gemeinsamen Naturreich verstreuten Schmerzenstöne sind zugleich eine Verbreitung des Schmerzes, die Empfindung gehört nicht länger einem Individuum, einem leidenden Wesen an, sondern wird von allen geteilt und zu einer allgemeinen Empfindung. Anders gesagt: Mit dem Schrei wird der Schmerz von einer singulären, subjektiven Empfindung in ein potentiell gemeinschaftliches Gefühl transformiert und daraus folgt notwendig, dass Schmerz ein ähnlich gemeinschaftliches Gefühl des Mitleids verursacht. Obwohl Herders Beschreibung des Mitleids nur wenige Zeilen nach seiner Bezugnahme auf Philoktet erscheint, wird deutlich, dass er einen starken Kontrast entwirft: natürliches, unmittelbares, gemeinschaftliches Mitleid auf der einen Seite und das distanzierte Sich-Abwenden von Philoktets Gefährten auf der anderen Seite, die ihn allein auf der Insel zurücklassen, wo nur die Natur seine einsamen Schreie wiedergeben kann.[48]

Hiermit ist Herder auf einer Linie mit dem im 18. Jahrhundert verbreiteten Verständnis von Mitleid, wie es insbesondere von Adam Smith, David Hume und Jean-Jacques Rousseau vertreten wurde.[49] Ein interessanter und bedenkenswerter Fall in diesem Zusammenhang ist Humes Theorie des Mitgefühls. In seinem *Traktat über die menschliche Natur* (1738–1740) beschreibt Hume das, was er die moralische „Kraft des *Mitgefühls*“[50] nennt, mit ähnlichen Begriffen, wie Herder sie verwendet. Hume argumentiert für eine allen Menschen inhärente Ähnlichkeit in den Strukturen des Verstandes, der Gefühle und der Tätigkeit – eine Ähnlichkeit, die so stark ist, dass kein menschlicher Geist „durch eine

48 Vgl. auch Herders faszinierende Verwendung der Saitenmetapher in seiner Beschreibung von Homer im *Ersten Wäldchen*: „Jedes Bild Homers ist eine musikalische Malerei: der gegebene Ton zittert noch eine Weile in unserm Ohre: will er ersterben; so tönt dieselbe Saite, der vorige Ton kommt verstärkt wieder; alle vereinigen sich zum Vollstimmigen des Bildes. So überwindet Homer das Hindernis seiner Kunst, daß ihre Wirkung gleichsam jedem Augenblick verschwindet; so macht er jeden Zug seines Bildes daurend.“ (FHA 2, S. 190.)

49 Vgl. Adam Smith: *Theorie der ethischen Gefühle*, aus d. Engl. v. Walther Eckstein. Hamburg: Meiner 2010, vgl. insbesondere Teil 1: S. 5–37; David Hume: *Ein Traktat über die menschliche Natur*, Bd. 2, hrsg. v. Horst D. Brandt, auf der Grundlage der Übers. aus d. Engl. v. Theodor Lipps. Hamburg: Meiner 2013, insb. Buch 3, Teil 2, Abschnitte 7–9, S. 437–459 u. Buch 3, Teil 3, Abschnitt 1, S. 662–681; Jean-Jacques Rousseau: Essay über den Ursprung der Sprachen. In: Ders.: *Musik und Sprache. Ausgewählte Schriften*, aus d. Franz. v. Dorothea Gülke / Peter Gülke. Wilhelmshaven: Heinrichshofen 1984, S. 99–168, hier insb. S. 120–136, Kapitel 9–10 (im Folgenden mit der Sigle EUS nachgewiesen) und *Diskurs über die Ungleichheit. Discours sur l'inégalité*. Kritische Ausgabe des integralen Textes, 2. durchges. u. erg. Aufl., hrsg. u. aus d. Franz. v. Heinrich Meier. Paderborn: Schöningh 1990, vgl. insbesondere Rousseaus Diskussion des Mitleids auf S. 147–151. Für eine vortreffliche Erörterung des Mitleids im Theater-Kontext bei Smith und Rousseau vgl. David Marshall: *The Surprising Effects of Sympathy. Marivaux, Diderot, Rousseau, and Mary Shelley*. Chicago: Chicago UP 1988; ders.: *The Figure of Theater. Shaftesbury, Defoe, Adam Smith, and George Eliot*. New York: Columbia UP 1986.

50 Hume: *Ein Traktat über die menschliche Natur*, Bd. 2, S. 708 (Herv. i. Orig.).

Gemütsbewegung getrieben werden [kann], ohne daß zugleich alle anderen bis zu einem gewissen Grade dafür empfänglich wären."[51] Genau wie Herder verwendet Hume eine musikalische Metapher:

> Sind zwei Saiten gleichgespannt, so teilt sich die Bewegung der einen der anderen mit; in gleicher Weise gehen die Gemütsbewegungen leicht von einer Person auf die andere über und erzeugen korrespondierende Bewegungen in allen menschlichen Wesen.[52]

Herders Beschreibung dieses Mitgefühls ist bemerkenswert:

> So allein und einzeln und jedem feindlichen Sturme des Weltalls es ausgesetzt scheinet; so ists nicht allein: es steht mit der ganzen Natur im Bunde! Zartbesaitet; aber die Natur hat in diese Saiten Töne verborgen, die, gereizt und ermuntert, wieder andre gleich zart gebaute Geschöpfe wecken, und wie durch eine unsichtbare Kette, einem entfernten Herzen Funken mitteilen können, für dies ungesehene Geschöpf zu fühlen (FHA 1, S. 698).[53]

Die Stärke dieser Passage liegt darin, dass sie sich eher auf die Natur als auf die menschliche Gesellschaft bezieht. Hier geht es Herder – im Unterschied zu späteren Teilen des Textes – um Menschen, sofern sie noch ein integraler Bestandteil des Naturreichs sind. Er legt zudem nahe, dass der tierische Gefühlsmechanismus für die Empfindung des Mitleids notwendig ist. Das Zupfen der Saite erzeugt einen natürlichen Nachhall des Mitgefühls, der alle Kreaturen zusammenbringt, eine Empfindung, die die Grenzen zwischen den Arten, zwischen Mensch und Tier überschreitet.[54] Die Verbindung, die Herder zwischen der

51 Ebd., S. 664.

52 Hume verknüpft dieses Mitgefühl mit einem Argument über die zentrale Rolle der Kausalstruktur bei der Erzeugung von Sympathie: „Ebenso ist es, wenn ich die Ursachen einer Gefühlserregung bemerke; mein Geist denkt dann an die Wirkungen und wird von der gleichen Gefühlserregung erfaßt. [...] Kein Affekt eines anderen zeigt sich dem Geist unmittelbar. Wir bemerken nur seine Ursachen oder Wirkungen. Aus diesen schließen wir auf den Affekt, folglich sind es diese, die unsere Sympathie erwecken." (Hume: *Ein Traktat über die menschliche Natur.* Buch 3, Teil 3, Abschnitt 1, S. 664.)

53 Wolfgang Proß merkt an, dass Herders Theorie der Konsonanz den Werken von Gassendi, Rameau, d'Alembert und Euler (die von Leibniz und Newton beeinflusst waren) sowie dem „magnetischen Weltbild[]" von Athanasius Kircher (1601–1680) verpflichtet ist (Wolfgang Proß: Kommentar. Einzelhinweise. In: Johann Gottfried Herder: *Abhandlung über den Ursprung der Sprache. Text, Materialien, Kommentar,* hrsg. v. Wolfgang Proß. München / Wien: Hanser [1978], S. 112–134, hier S. 113).

54 Vgl. auch Herders Bemerkungen über die empathische Beziehung zwischen den Saiten und ihre Verbindung zur emotionalen Wirkung im *Vierten Wäldchen*: FHA 2, S. 336–346.

Kommunikation und dem Wort *Funken* herstellt, ist bedeutsam: Die mitfühlende, natürliche Kommunikation entsteht aus einer mechanischen Übertragung, in der ein physischer Funke andere Funken in einem „entfernten Herzen" hervorruft. Der Nachhall, der mit der Saiten-Metapher veranschaulicht wird, suggeriert eine komplexe Form des Echos: Der widerhallende Klang ist nicht nur eine schwächere Variante des ursprünglichen Schreis, er gibt Anlass für ein viel aktiveres Gemisch an Tönen, so dass eine Schmerzattacke oder ein Schmerzensschrei die Macht hat, eine weite Konstellation von korrespondierenden Echos hervorzurufen.

In den *Ideen zur Philosophie der Geschichte der Menschheit* (1784–1791) bietet Herder sogar noch eine andere Version dieser Struktur des Mitgefühls an, wobei er diesmal den Fokus auf die einzigartige menschliche Fähigkeit legt, am Leiden anderer Geschöpfe Anteil zu nehmen (vgl. FHA 6, S. 345–355). Die erhöhte Sensibilität des Menschen (die Herder mit Bezug auf die menschlichen Nerven darlegt) erlaubt es „alle[n] Teile[n] seines virierenden Wesens", an den Gefühlen eines anderen Geschöpfs teilzuhaben und „in dem Maß mit ihm [zu] empfinden [...], als das Geschöpf es bedarf" (FHA 6, S. 156). Es fällt auf, dass Herder seine Aufmerksamkeit von einem natürlichen auf einen menschlichen Referenzrahmen verschiebt: Der Mensch – und hierin unterscheidet er sich von anderen Lebewesen – kann das *Maß* seines Mitgefühls auf das Bedürfnis des leidenden Geschöpfs ausrichten. Diese Formulierung kann auf sehr unterschiedliche Weise aufgefasst werden. Ich greife hier nur eine auf: Während das menschliche Mitgefühl natürlich, sogar mechanisch (als Produkt der Struktur der Nerven) ist, kann es sich selbst an ein konkretes Leiden, auf das es trifft, anpassen. Obwohl Herder es nicht direkt ausspricht, scheint diese Passage darauf hinzudeuten, dass sich das menschliche Mitgefühl nicht nur der eigenen Spezies zuwendet, sondern dazu fähig ist, die Natur als Ganze zu hören und auf sie zu reagieren.

Die „feinsten Saiten des tierischen Gefühls" (FHA 1, S. 697) entstammen nicht einer Willensentscheidung, einer Erwägung oder einem Bewusstseinsakt, sind aber dennoch auf die Induzierung eines starken natürlichen Mitleids gerichtet. Dieses auf Schmerz basierende Mitleid ist nicht das Resultat einer bezeichnenden, propositionalen und kommunikativen Sprache; es entstammt vielmehr den bloßen Tönen und dem Widerhall des Schmerzes. Diese Klänge formen zusammen mit den innigen Verbindungen, die sie unter ihren Trägern hervorrufen, das Fundament für die auf Mitleid gegründete Gemeinschaft. Der „ermattende Hauch, der halbe Seufzer, der auf der vom Schmerz verzognen Lippe so rührend stirbt", ist an diesem Punkt der Argumentation noch nicht „von allen seinen lebendigen Gehülfen" getrennt. (FHA 1, S. 700) Sprache, die mit der natürlichen Gemeinschaft verflochten ist, hat noch nicht die Distanz erreicht, die für

die Produktion von Zeichen oder „Ziffern" (ebd.), wie Herder sie nennt, erforderlich sind. In Herders Erzählung ist die Sprache zu diesem Zeitpunkt noch nicht menschlich; sie kann allerdings in Form von Einfühlung und Mitleid, die sie erzeugt, als ein Entwurf der Menschlichkeit gesehen werden.[55]
Herder schlägt vor, dass wir diese einzigartige sprachliche Konfiguration von Ausdruck und dessen mitfühlendem Nachhall als ein unmittelbares „helles Naturgesetz" betrachten (FHA 1, S. 698, Herv. i. Orig.): „*Hier ist ein empfindsames Wesen, das keine seiner lebhaften Empfindungen in sich einschließen kann; das im ersten überraschenden Augenblick, selbst ohne Willkür und Absicht jede in Laut äußern muß*" (erste Formel des Naturgesetzes); „*empfinde nicht für dich allein: sondern dein Gefühl töne!*" (zweite Formel); „*deine Empfindung töne deinem Geschlecht Einartig, und werde also von allen, wie von Einem mitfühlend vernommen!*" (dritte Formel). Die erste Formel des Gesetzes beschreibt die leidende Kreatur, die nicht fähig ist, die schmerzhaften Empfindungen innerhalb ihres Körpers eingeschlossen zu halten, wenn der Schmerz die Führung übernimmt und sie dazu zwingt, sich in Schreien und Geheul gewaltsam auszudrücken. Die zweite Formel ist eine Variante der ersten, wobei der beschreibende Ton durch einen imperativen ersetzt wird: die leidende Kreatur *muss* ihre Empfindungen in Tönen ausdrücken. Der Imperativ des Ausdrucks in der zweiten Formel wird in der dritten ein „Segen", wenn Herder den Schmerzensschrei mit dessen sympathetischen Echo in Verbindung bringt. Nimmt man Herders Naturgesetz als Grundlage für das, was man als vorläufige moralische Hypothese lesen kann, tritt eine interessante Struktur zutage. Die ersten beiden Formeln stellen den Imperativ des Ausdrucks von Schmerz in den Vordergrund, um diesen durch ein unmittelbares Tönen zu übermitteln – und nicht, wie man es von einer Formel des moralischen Gesetzes erwarten würde, die Pflicht, auf den Schrei des Anderen zu reagieren. Die dritte Formel ist tatsächlich ein „Segen", der dann auftritt, wenn die ersten beiden Formeln zusammengenommen werden. Der Imperativ entwickelt sich zu einem Segen, wenn die Schmerzensäußerung der Kreatur auf ihr Echo trifft und dadurch erfährt, dass sie ‚nicht allein' ist. Anders ausgedrückt: Das Natürliche wird zum Moralischen, wenn eine unmittelbare, instinktive und

55 Herder entwickelt ein ähnliches Argument in seinen Schriften über Geschichte und Nationalismus, wenn er die Unterschiede zwischen den ‚Saiten' der verschiedenen Nationen und Kulturen diskutiert. Vgl. z. B. seine Diskussion im *Vierten Wäldchen*: „Nicht unter allen Himmelsstrichen ist die menschliche Natur, als fühlbar, völlig dieselbe. Ein andres Gewebe von Saiten der Empfindung, eine andre Welt von Gegenständen und Tönen, um durch die ersten Schwingungen diese und jene schlafende Saite zuerst zu wecken: andre Kräfte, die diese und jene Saite anders stimmen, und gleichsam den Ton, den sie ihr geben, in ihr verewigen – kurz! Eine ganz andre Methode der Anlage zu empfinden, noch in den Händen der Natur" (FHA 2, S. 284).

individuelle Schmerzensäußerung zur Grundlage für die Gemeinschaft wird. Die Einzigartigkeit dieses Übergangs vom Natürlichen zum Moralischen liegt in Herders Hervorhebung des Bewusstseins der leidenden Kreatur um ihre Zugehörigkeit, so dass der Schmerzensschrei zu einer Form wird (vielleicht die einzige Form), durch die die Kreatur entdeckt, dass sie verbündet ist, dazugehört und Reaktionen hervorruft.

Herder bringt eine interessante Formulierung ins Spiel, in der das Natürliche und das Moralische nicht miteinander im Widerspruch stehen; vielmehr hängen die Gründe für eines der schwierigsten Paradoxe der menschlichen Natur miteinander zusammen, so dass das Natürliche das Moralische wird und umgekehrt. Herders Gesetze des Mitgefühls sind Naturgesetze, d.h., sie gehorchen den notwendigen Prinzipien der herrschenden Natur und in diesem Sinn werden sie unwillkürlich befolgt (wie z.B. das Gesetz der Schwerkraft). Da sie allerdings Mitleid und ein Gefühl für Andere beinhalten, sind sie auch als moralische Gesetze formuliert („*deine Empfindung töne* […] *und werde also von allen, wie von Einem mitfühlend vernommen!*", FHA 1, S. 698, Herv. i. Orig.). Auch *Natur* hat eine zweifache Bedeutung: Auf der einen Seite bezeichnet sie die Welt der Natur im Gegensatz zur menschlichen Gesellschaft und schließt in der *Abhandlung* Menschen und Tier mit ein (bzw. Menschen, als sie ‚schon' Tiere waren, wie Herder es ausdrückt). Auf der anderen Seite bezeichnet Natur das, was Herder als *menschliche Natur* versteht, d.h., die wesentliche Bedingung unseres Menschseins, ohne die wir nicht menschlich sind. In diesem Sinn ist unsere Zugehörigkeit zur Natur (in der *Abhandlung*) zwingend für unsere eigene menschliche Natur (im *Ersten Wäldchen*). In beiden Fällen hat diese Natur etwas mit unserem tierischen Wesen zu tun und dem, was es uns mitgibt, nämlich unsere unmittelbare Reaktion des Mitleids für das Leiden Anderer. So gibt es, wenn ein klagendes, leidendes Tier oder ein „röchelnde[r] Tote[r]" ihrer Qual Ausdruck verleihen, „nichts, als den Anblick eines zückenden, mit dem ich beinahe mit zücke, eines Wimmenden, dessen Ach! mir das Herz durchschneidet." (FHA 2, S. 101 u. 103) Herder hebt das Herz noch mal hervor, wenn er in der *Abhandlung* unmittelbar nach seiner Darstellung der moralischen / natürlichen Gesetze schreibt, dass der Schmerzensschrei die Gefühle anderer Geschöpfe aufwühlen und „wie durch eine unsichtbare Kette, einem entfernten Herzen Funken mitteilen" kann, „für dies ungesehene Geschöpf zu fühlen" (FHA 1, S. 698).[56] Aus diesem Grund besteht Herder darauf, diese Naturgesetze als ‚unmittelbar' zu

56 Interessanterweise taucht dies nicht nur in Herders Beschreibung des natürlichen, tierischen Mitgefühls auf, sondern auch, wenn er von den „tauben Winde[n]" spricht, die von den Schmerzensschreien erfüllt sind und sie durch die Natur tragen und verbreiten. Die Winde verrichten dabei ihre „Naturpflicht" ohne ein Fünkchen von Bewusstsein oder Absicht (FHA 1, S. 697–698).

bezeichnen, d.h. als unvermittelt oder direkt. Herders Verwendung des Begriffs *Geschlecht* (im Sinne von Spezies) ist in diesem Zusammenhang bemerkenswert. Er ist sich sehr wohl bewusst (und das wird im Verlauf der *Abhandlung* weiter ausgeführt), dass die Schreie eines leidenden Tieres von der eigenen Spezies empfangen und erwidert werden. Hier, wenn er noch die erste Sprache der Empfindung beschreibt, wird allerdings der artspezifische Schrei von allen empfangen und gefühlt („*deine Empfindung töne deinem Geschlecht Einartig, und werde also von allen, wie von Einem mitfühlend vernommen!*", FHA 1, S.698, Herv. i. Orig.). Konfrontiert mit den Schreien des Schmerzes und des Leidens, wird das menschliche Herz von Mitgefühl und Mitleid für den leidenden Menschen oder das leidende Tier ergriffen. Diejenigen, die ungerührt bleiben, beschreibt Herder als „fühllose Barbar[en]":

> Da unsre Töne der Natur zum Ausdrucke der Leidenschaft bestimmt sind, so ists natürlich, *daß sie auch die Elemente aller Rührung werden*! Wer ists, dem bei einem zuckenden, wimmernden Gequälten, bei einem ächzenden Sterbenden, auch selbst bei einem stöhnenden Vieh, wenn seine ganze Maschine leidet, dies Ach, nicht zu Herzen dringe? – Wer ist der fühllose Barbar? Je harmonischer das empfindsame Saitenspiel selbst bei Tieren mit andern Tieren gewebt ist: desto mehr fühlen selbst diese mit einander; ihre Nerven kommen in eine gleichmäßige Spannung, ihre Seele in einen gleichmäßigen Ton, sie leiden würklich mechanisch mit. (FHA 1, S.705–706, Herv. i. Orig.)

In dieser Beschreibung gibt die Natur eine mechanische Erwiderung auf den Schmerz, aber dies hat keine Implikationen für den moralischen Wert der Erwiderung. Die zitternde Saite und ihr physisches Echo binden die ganze Natur durch das Substrat des intensiven Schmerzes zusammen. Wenn die menschliche Sprache noch in ihren Geburtswehen liegt, wenn sie noch nicht entwickelt ist, fühlen wir mit dem Leiden des Anderen auf noch stärkere und direktere Weise.[57] Bezüglich Diderots Beschreibung eines Blinden schreibt Herder: „Grausen und Schmerz führt durch seine Glieder: sein innrer Nervenbau fühlt Bruch und Zerstörung mit: der Todeston tönet. Das ist *das Band dieser Natursprache.*"[58] (FHA 1, S.706, Herv. i. Orig.) Herders Bezugnahme auf den Blinden

57 Diese „mechanischen" Darstellungen des Mitgefühls ergeben sich aus Herders wiederholten Beschreibungen von Tieren als „empfindenden Maschinen" oder „leidenden Maschinen" in der *Abhandlung* (vgl. u.a. FHA 1, S.705, 706, 713, 715).

58 Interessant sind in diesem Zusammenhang Agambens Ausführungen über die Beziehung zwischen Stimme, Tod und Sprache. Agamben behauptet, dass Hegel Herders *Abhandlung* im Sinn hatte, als er über die Tierstimme und den Tod schrieb. Er zitiert Hegels Ausführungen zur Tierstimme und fügt dann hinzu: „Wenn dies zutrifft, wird verständlich, warum die Artikulation der animalischen Stimme die menschliche Sprache ins Leben rufen und Stimme des

ist insofern suggestiv, als er damit nicht nur das dem Schrei innewohnende moralische Diktum betont, sondern auch dessen akustische Dimension (im Unterschied zur visuellen Präsenz des leidenden Geschöpfs). Der Blinde hört den Schrei nicht nur, er fühlt ihn auch in jedem Glied seines Körpers. Der innere Bruch wird daher *mit*-gefühlt.[59]

Das Band des Mitgefühls wird allerdings zerrissen, wenn die menschliche Sprache entsteht. Mitgefühl wird durch Kommunikation ersetzt, eine Art der Kommunikation, die sich sehr von dem unterscheidet, was in der natürlichen Sprache betrieben wird. Im rein sprachwissenschaftlichen Sinn (der den Rest der *Abhandlung* bestimmt) ist die menschliche Sprache eine stärkere und deutlich verbesserte Form der Kommunikation, die auf Begriffen, Abstraktionen

Bewußtseins werden kann. Als Ausdruck und Gedächtnis des Todes des Tieres ist die Stimme nicht mehr bloßes natürliches Zeichen, das sein Anderes außer sich hat. Obgleich sie noch keine signifikante Rede ist, verfügt sie schon über die Macht des Negativen und des Gedächtnisses. [...] Wenn es stirbt, hat das Tier eine Stimme, haucht es die Seele in einer Stimme aus. Es spricht sich aus und bewahrt sich *als totes*. Die animalische Stimme ist also *Stimme des Todes*" (Giorgio Agamben: *Sprache und Tod. Ein Seminar über den Ort der Negativität*, aus d. Ital. v. Andreas Hiepko. Frankfurt am Main: Suhrkamp 2007, S. 78–79).

59 In *Vom Erkennen und Empfinden der menschlichen Seele* kehrt Herder zur Metapher der Schnur zurück und benutzt sie nicht nur, um seine Behauptung über das Mitgefühl zu untermauern, sondern auch, um den Vorrang des Schmerzes zu begründen. In seiner Erörterung des Reizes bemerkt er: „Schon in der tierischen Natur" hat die „Natur [...] tausend kleine lebendige Stricke in tausendfachen Kampf, in ein so vielfaches Berühren und Widerstreben verflochten; sie kürzen und längen sich mit innerer Kraft, nehmen am Spiele des Muskels, jeder auf seine Weise, Teil" (FHA 4, S. 331–332). Interessanterweise wird Herders harmonische Charakterisierung des natürlichen Mitgefühls von einer Darstellung der genau entgegengesetzten Empfindung begleitet: dem Schmerz. Die natürliche Fähigkeit des Mit-fühlens, die Herder im Gefühl der Liebe und im Mitleid findet, stammt von dem „*Eine*[n] Gesetz [...], das die kleine Fiber mit ihrem glimmenden Fünklein von Reize regte, nehmlich: *Schmerz*" (FHA 4, S. 333, Herv. i. Orig.). Der Schmerz lässt uns zusammenzucken, widerstehen und zurückschrecken, unsere Nerven „fleuch[en] [...] und graus[en]" und unsere „Gefühlsknospe [schlösse sich], wie die Blume dem kalten Abendhauche." (FHA 4, S. 346). Herder greift auf die verschiedenen Sinne (Hören, Schmecken, Riechen) zurück und nennt Beispiele wie ein disharmonisches Geräusch, einen schlechten Geschmack oder einen unangenehmen Geruch – alles Phänomene des „*Zurücktritts*, des *Widerstandes*, der *Stemmung*, als ein sanftes *Hinwallen* und *Zerschmelzen* bei angenehmen Gegenständen" (FHA 4, S. 346, Herv. i. Orig.); es handelt sich jedoch nicht um bloße Gegensätze. Indem er eine Verbindung zwischen dem Schönen und dem Erhabenen herstellt, suggeriert Herder eine wesentliche Verwandtschaft zwischen unserer Neigung, uns im Falle des Erhabenen in uns selbst zurückzuziehen, und unserer Tendenz, „jede Empfindung des Schönen mit *Hinwallen* aus sich, mit *Mitgefühl* und *Mitteilung*" zu verbinden (FHA 4, S. 346, Herv. i. Orig.): Die Fähigkeit unserer ‚Fasern', sich nach außen auszudehnen, ist daher wesentlich mit ihrer Fähigkeit verbunden, in unsere geschlossene, eigenständige Physis zurückzufallen. Herder verwendet in diesem Zusammenhang das Verb *entsetzen*: „Das Ohr, sagt der Lateiner, entsetzt sich zu hören" (FHA 4, S. 346). Herder spielt hier auf das lateinische Verb *horrere* an (vgl. Stellenkommentar: FHA 4, S. 1135), das die ursprüngliche physische Bedeutung, *starren*, *schaudern*, mit einer psychologischen Bedeutung, *sich fürchten*, verbindet.

und der Fähigkeit systematisch zu denken beruht. In allen anderen Aspekten scheint sie jedoch schwächer zu sein. Im Deutschen bezeichnet das Präfix *mit-* von *Mit-teilung* etwas sehr anderes als das *mit-* in *Mit-leid* und *Mit-gefühl*. Herders Darstellung hält daher an einer grundlegenden Prämisse der Aufklärung fest – nämlich, dass die Vorteile der Rationalität und des Logos einen Preis haben. In Herders philosophischem System ist dieser Preis unter anderem die Unfähigkeit mitzufühlen – insbesondere im politischen Kontext. Die *Briefe zur Beförderung der Humanität* (1793–1797) führen diesen Gedanken weiter aus:

> Allerdings eine gefährliche Gabe, *Macht ohne Güte, Erfindungsreiche Schlauigkeit ohne Verstand*. [...] In Romanen beweinen wir den Schmetterling, dem der Regen die Flügel netzt, in Gesprächen kochen wir von großen Gesinnungen über; und für jene moralische Verfallenheit unsres Geschlechts, aus der alles Übel entspringt, haben wir kein Auge.[60]

Wenn Menschen sich aufgrund ihrer sprachlichen Errungenschaften über die Natur erheben, gewinnen sie ihre Freiheit, aber verlieren gleichzeitig einen Teil ihrer natürlichen, intuitiven Fähigkeiten, Mitleid, Fürsorge und Mitgefühl zu empfinden. Die Verkümmerung des Einfühlungsvermögens markiert den Punkt, an dem sich Herder von der ursprünglichen Sprache der Empfindung löst, um sich ihrer entscheidenden Entwicklung in eine eindeutig menschliche Sprache zuzuwenden.

Die Geschichte von Philoktet und seiner verstörenden Aussetzung kommt einem hierbei in den Sinn. Philoktets Schrei erzeugt in der Darstellung der *Abhandlung* eine ausgesprochen andere Reaktion als die, die er in Sophokles' Fassung der Geschichte von seinen Kameraden erhält. Statt unmittelbares, natürliches Mitgefühl oder Solidarität zu äußern, sind Philoktets Gefährten abgestoßen und entsetzt von der Wunde und insbesondere von Philoktets grässlichen Schmerzensäußerungen. Statt ein gemeinsames Echo des Gefühls hervorzurufen, findet sich Philoktet allein auf einer einsamen Insel wieder, nur in Begleitung seines eigenen Kummers und seiner Schreie (vgl. SPh, V. 279–283).

Neoptolemos' moralische Besserung im dritten Akt des Stücks stellt uns ein anderes Modell des Mitleids vor:[61] Philoktets Schreie vertreiben den jungen Mann nicht; es ist vielmehr genau deren unartikulierte, unmittelbare Art, die

60 FHA 7, S. 686 (Herv. i. Orig.). Herder erkennt, dass die innere Teilung der Natur durch die sich entwickelnden Unterschiede zwischen Sprachen, zwischen Nationen und Religionen und auch zwischen Menschen und der übrigen Natur zu Stande gekommen ist, was er als die ursprüngliche Teilung ansieht.

61 Ich werde diese Wandlung ausführlich im 5. Kapitel diskutieren.

Neoptolemos' Gefühle gegenüber Philoktet verwandeln und das hervorbringen, was er später die ,natürlichen' Knospen des Mitgefühls in ihm nennt. Im Mitgefühl entdeckt er, mit anderen Worten, seine wahre Natur, seine „eigene Art" (SPh, V. 902). Die Figur des Neoptolemos passt sich hier Herders Darstellung des Mitgefühls in der *Abhandlung* an und bietet damit eine Alternative zu den üblichen Darstellungen über den Solipsismus des von Schmerzen gequälten, leidenden Individuums, dessen Isolierung durch die essentielle Unfähigkeit begründet und manifest wird, den eigenen Schmerz mit anderen in einer Sprache zu teilen (Scarry zufolge: das ,un(mit)teilbare' Wesen des Schmerzes). In Herders alternativer und durch Neoptolemos repräsentierter Struktur ist es genau diese Unmittelbarkeit von Philoktets Schrei, die wahres Gefühl und Mitgefühl ermöglicht und nicht die vermittelte, genaue Aussage oder Erklärung. An diesem Punkt in der *Abhandlung* kommen Philoktets „Ah ah" und Neoptolemos' Gefühl des Mitleids zusammen, wenn Herder sich fragt: „Wer ists, dem bei einem zuckenden, wimmernden Gequälten [...] dies Ach, nicht zu Herzen dringe?" (FHA 1, S. 705) In dem, was als Herders ideales oder naives Portrait einer ursprünglichen Moralität erscheinen könnte, wird Philoktets Ach! sofort mit einem Gefühl erwidert – durch das Naturgesetz. Wenn ein Tier oder ein Mensch vor Schmerzen schreit, können wir nach dieser Auffassung nicht vor deren Leiden zurückweichen, im Zweifel reflektieren oder daran scheitern, den Schmerz vollständig zu erfassen (also im Sinne des Fremdpsychischen denken), oder schlimmer noch: ihn zwar begreifen, aber unfähig sein, ihn zu ertragen.[62] Vielmehr empfinden wird den Schmerz mit ihnen, in jedem kleinsten Nerv unseres Wesens ( Körper und Seele), weil die angeschlagenen Saiten des Leidenden unmittelbar die unsrigen betroffen und bewegt haben.[63]

Herders Diskussion von Philoktet im *Ersten Wäldchen* scheint eine ähnliche Hervorhebung des Mitgefühls vorzuschlagen, aber mit einer wichtigen Differenz: Wenn in der *Abhandlung* Mitgefühl aus dem unmittelbaren Schmerzensschrei des Tieres hervorgeht, entspringt es im *Ersten Wäldchen* nicht aus Philoktets

62 Für eine ausführliche Diskussion des Problems des Fremdpsychischen vgl. Kapitel 1.

63 Vgl. Hegels erstaunlich ähnliche Beschreibung von dem, was er ,unmittelbares Mitempfinden' nennt: „Erreicht endlich dieser Rapport den höchsten Grad von Innigkeit und Stärke, so kommt fünftens die Erscheinung vor, daß das schauende Subject nicht bloß von, sondern in einem anderen Subjecte weiß, schaut und fühlt, ohne directe Aufmerksamkeit auf das andere Individuum alle Begegnisse desselben unmittelbar mitempfindet, die Empfindungen der fremden Individualität als seine eigenen in sich hat. Von dieser Erscheinung finden sich die auffallendsten Beispiele. So behandelte ein französischer Arzt zwei sich gegenseitig liebende Freuen, die in bedeutender Entfernung die beiderseitigen Krankheitszustände ineinander empfanden." (Georg Wilhelm Friedrich Hegel: *Enzyklopädie der philosophischen Wissenschaften im Grundrisse. Dritter Theil. Die Philosophie des Geistes*, hrsg. v. Ludwig Bouman. Berlin: Duncker & Humblot 1845, S. 184–185.)

Schrei, sondern vielmehr aus seinem standhaften, gebändigten Stillschweigen. Wenn Herder die Geschichte im 5. Kapitel des *Ersten Wäldchens* nacherzählt, legt er den Fokus auf die Art und Weise, wie Philoktets Wörter, aber auch sein Schweigen, seine Gesten und sprachlosen Blicke auf gewaltsame Weise das Publikum von Sophokles' Stück tangieren. Er beschreibt ausführlich, wie das Mitgefühl vom Chor zuerst in die Herzen der Zuschauer ‚gepflanzt' wird und später zu einem tiefen, übergreifenden Gefühl für den Helden entwickelt wird. Herder behauptet, dass das Mitleid des Publikums für Philoktet nicht vom Schreien und Heulen des Helden oder irgendeiner anderen exzessiven Schmerzensäußerung hervorgerufen wird, sondern eher vom Gegenteil abstammt: „Wie fühle ich für Philoktet! aber für ihn den Schreienden? Noch nichts! für ihn, den Helden, den Griechen, den Edlen" (FHA 2, S. 99). Um Mitgefühl zu erzeugen und zu fördern, sind keine lauten Schreie notwendig. Das tiefe, anteilnehmende Gefühl für Philoktets Leiden wird im Gegenteil durch sein schwaches „Ach" ausgelöst, durch sein bewunderungswürdiges Bemühen, den qualvollen Schrei zu ersticken, nach dem sich seine körperlichen Instinkte sehen.
In der darauf folgenden Beschreibung des einzigartigen Wesens des Mitleids, das vom dramatischen Medium erzeugt wird, trifft sich das *Erste Wäldchen* mit der *Abhandlung* in der Form einer gemeinsamen Metapher:

> Mit körperlichem Schmerze kann ich nicht anders, als körperlich, sympathisieren: d. i. meine Fibern kommen durch die Teilnehmung in eine ähnliche Spannung des Schmerzes, ich leide körperlich mit. [...] [D]as Zetergeschrei, die Zuckung fährt mir durch alle Glieder, ich fühle sie selbst; die nämlichen konvulsivischen Bewegungen melden sich bei mir, wie bei einer gleichgespanneten Saite. (FHA 2, S. 101)

Hier finden wir die gleiche Wortwahl, die Herder einige Jahre später in der *Abhandlung* verwendet, wo die Gefühle des Tiers als „feinste[] Saiten" beschrieben werden und das gequälte ‚Ach!' die Nerven der Tiere „in eine gleichmäßige Spannung, ihre Seele in einen gleichmäßigen Ton" bringt (FHA 1, S. 697, 705–706). Das Bemerkenswerte an diesen beiden Texten ist Herders Hervorhebung des physischen, körperlichen Bereichs, in dem Mitgefühl entsteht. Philoktets schweigsamer und doch gepeinigter Körper erregt keine Emotion gegenüber seinem Leiden, noch gibt er uns, dem Publikum, einen Grund, Mitgefühl zu empfinden. Auf den Schmerzensschrei reagiert das Theaterpublikum – ähnlich wie das Tier in der *Abhandlung* –ebenso wie auf das schwache „Ach!" mit der ganzen Physis, Philoktets Schmerzen fühlend, als ob es seine eigenen wären.
Es ist nicht das Zittern *für* jemand anderen oder ein Gefühl in Bezug *auf* dessen Leiden; dieses Leiden wird zu meinem eigenen Zittern, zu meinem eigenen

Schmerz: „wehe mir! Es fährt mir durch die Nerven!“ (FHA 2, S. 102) Herders musikalische Trope bekräftigt dies: Mein Mitfühlen für den Schmerz des Anderen ist so heftig „wie bei einer gleichgespannten Saite“ (FHA 2, S. 101). Der Moment des intensiven Schmerzes offenbart etwas Entscheidendes: Anstatt durch den Schmerz voneinander getrennt zu werden, werden das Publikum und der Leidende durch ihn zusammengebracht. Sie entdecken (durch Erfahrung, nicht durch Wissen), dass ihre Saiten zum gleichen Ton gestimmt sind, dass sie einander sozusagen in ihrem Dasein mitfühlend verbunden sind. Die Schmerzerfahrung hat daher die einzigartige Kraft, uns eher etwas über unser Zusammenleben als über unsere Abgrenzung oder den unüberbrückbaren Graben zwischen uns zu offenbaren. Angesichts der weit verbreiteten Ansicht über die isolierende und zerstörerische Natur des Schmerzes und angesichts des grundlegenden Zweifels, den er in uns säht und damit eine unüberbrückbare Distanz erzeugt, sticht Herders alternative Sichtweise klar und deutlich heraus.
In Herders Annäherung an das Konzept des Mitgefühls zeichnet sich ein wichtiger Unterschied zwischen dem schreienden und dem schweigenden Philoktet ab. Mitgefühl wird in der *Abhandlung* rein mechanisch aufgefasst. Obwohl seine Stärke darin liegt, dass es die Ähnlichkeit, ja die Verwandtschaft zwischen allen Geschöpfen bezeugt, ist es in keiner Weise willkürlich oder intentional. Die ‚empfindende Maschine‘ reagiert mechanisch; ihre Saiten und Fasern geraten automatisch in Schwingung. Der stille, edle Philoktet des *Ersten Wäldchens* gibt ein vollkommen anderes Bild des Mitgefühls. Es wird nicht durch den Schmerzensschrei oder durch irgendeine Gemeinsamkeit von Leidendem und Publikum erzeugt; sondern durch das wirkungsvolle Kräftespiel zwischen der Heftigkeit des Schmerzes und Philoktets Fähigkeit, ihm standzuhalten. Dementsprechend wird das Zurückhalten des Schmerzes und das Eindämmen des Schreis zur Quelle für ein wachsendes, kraftvolles Gefühl des Mitleids. Zudem wird der mechanische Reaktionsapparat der *Abhandlung* hier durch eine entscheidende Unterbrechung ersetzt, in der der Schmerz zurückgehalten wird und der Held still ist. Dieser Moment eröffnet einen Bruch (der in der mechanischen Schilderung fehlt), von dem aus eine Entscheidung getroffen werden kann: Mitgefühl ist nun nicht mehr zwingend, sondern willentlich, es ist durch die Stille bedingt, die einen Raum ermöglicht, der notwendig ist, um zu reflektieren, einen moralischen Standpunkt einzunehmen und sich dafür zu entscheiden, mit dem leidenden Helden zu fühlen, anstatt lediglich passiv von seinem Schrei bewegt zu sein. Diese Entscheidung bildet den Punkt, an dem der mitfühlende (tierische) Instinkt in ein moralisches (menschliches) Gefühl übergeht.

**Das Prinzip des Ausdrucks**

Auch wenn ich mich bislang primär mit der natürlichen Sprache der Empfindung beschäftigt habe, mit der Herders Text beginnt, offenbart die Struktur der *Abhandlung* augenscheinlich ein anderes Bild. In der *Abhandlung* geht Herder nach nur wenigen Seiten dazu über, die vorherrschende sprachliche Struktur zu diskutieren, nämlich die menschliche, reflektierende Sprache, der der 3. Abschnitt gewidmet ist. Aber zunächst ist es wichtig, die Beziehung zwischen den zwei Sprachen – zwischen Empfindung und Reflexion – zu bedenken, die ein Problem in den Blick rückt, dessen Diskussion von Isaiah Berlins berühmter Unterscheidung zwischen der Aufklärung und dem, was er die ‚Gegen-Aufklärung' nennt, profitieren kann. In seiner Studie *Vico and Herder* (1976) führt Berlin Herder als einen Kritiker der Aufklärung ein, indem er seinem Denken drei zentrale Prinzipien zuschreibt: Populismus (das Prinzip der Zugehörigkeit), Pluralismus (der Glaube an die Unvergleichbarkeit von Werten und Idealen in den unterschiedlichen Kulturen und Gesellschaften) und Expressionismus. Der letztgenannte Begriff bezieht sich allgemein auf den Ausdruck (*expressio*), während er zugleich die Bedeutung des Selbst-Ausdrucks hervorhebt, wodurch die entscheidende Rolle des Ausdrucks in der Selbstverwirklichung des verwickelten und manchmal widersprüchlichen Wesens des Menschen betont wird. Diese Selbstverwirklichung ist, so Berlin unter Bezugnahme auf Herder, die „reichste und harmonischste Form des Selbstausdrucks, für die alle Geschöpfe, ob sie sich dessen bewusst sind oder nicht, leben."[64]

Charles Taylor stützt sich auf Berlins Argument und entwickelt es in verschiedenen Texten weiter, in denen er Berlins Begriff des Expressionismus in ‚Expressivismus' umtauft, einen Begriff, der ihm von Berlin selbst in einer privaten Unterhaltung vorgeschlagen wurde, um Verwechslungen mit der historischen Bewegung im frühen 20. Jahrhundert zu vermeiden.[65] Taylor interpretiert Herders Sprachtheorie vor dem Hintergrund von dessen Kritik an den bezeichnenden Sprachstrukturen wie die von Condillac und Locke beschriebenen. Selbst in ihren sachlichsten und alltäglichsten Funktionen, so Taylor, ist unsere Sprache niemals auf ihre bloß bezeichnende Dimension eingeschränkt, wenn sie sich auf bestehende Zustände bezieht:

64 Isaiah Berlin: *Vico and Herder. Two Studies in the History of Ideas*. London: Hogarth 1976, S. 153.

65 Vgl. Charles Taylor: *Hegel*, aus d. Engl. v. Gerhard Fehn. Frankfurt am Main: Suhrkamp 1978, S. 28.

> Wir erfahren unsere wesentlich menschlichen Emotionen nicht zuerst, indem wir sie beschreiben, sondern indem wir sie ausdrücken. Sprache dient also dazu, Gefühlsarten auszudrücken / zu realisieren, ohne sie durch eine Beschreibung zu identifizieren. Wir verleihen oft unseren Gefühlen Ausdruck, indem wir über etwas anderes sprechen.[66]

Taylor zufolge stellt Herders Ausdrucksprinzip eine Zurückweisung der Dichotomie von Bedeutung und Sein dar und, wichtiger noch, verkörpert die Idee einer „sich selbst bestimmenden Subjektivität", in der die Verwirklichung des menschlichen Wesens durch Selbstrealisation erreicht wird, eine Verwirklichung von etwas, das sich aus sich „selbst heraus entfaltet und sich erst durch diese Selbst-Realisation bestimmt."[67] Auf ähnliche Weise betont Forster die Herausforderung, die Herder für das dualistische Model der Aufklärung darstellt, in dem Bedeutungen als „trennbar und autonom von den materiellen, wahrnehmbaren Ausdrücken, die sie zufällig in der Sprache erhalten, und von der Sprache als bloßem Mittel zu ihrer Kommunikation, das für ihre eigentliche Existenz ganz unwesentlich ist"[68], dargestellt werden. Dieses Ausdrucksprinzip (das ganz explizit in Herders Sprachtheorie, aber auch in seinen Ideen zur Geschichte, zum Nationalismus und zur Dichtung dargestellt wird) ist zum Kern (oder zumindest zum bekanntesten Aspekt) von Berlins Argument geworden, dass Herder zuerst und vor allen Dingen ein Kritiker der zentralen Werte der Aufklärung sei.

Berlins und Taylors interessante Diskussionen lenken die Aufmerksamkeit auf Herders Denken und wecken das Interesse an ihm. Herder unter dem Stichwort *Gegenaufklärung* zu verbuchen, verstärkt allerdings auf problematische Weise die dichotomische Verwendung der Begriffe Aufklärung und Gegenaufklärung bei der Untersuchung von Herders Vorstellungen. In Berlins und Taylors Interpretationen führte dies dazu, dass einige von Herders manchmal sogar sehr deutlichen Bekenntnissen zu fundamentalen Prinzipien der Aufklärungen ignoriert wurden.[69] Allerdings offenbart eine genaue Lektüre Herders, dass eine Bestimmung

66 Taylor: The Importance of Herder, S. 61. Eine ausführliche Version von Taylors Überlegungen findet man in seinem Band *The Language Animal. The Full Shape of the Human Linguistic Capacity*. Cambridge, MA / London: Harvard UP 2016. Obwohl Herder dort nicht die zentrale Figur ist, erscheint er ganz am Anfang und übernimmt auch weiterhin eine grundsätzliche Rolle in Taylors Diskussion, vgl. bes. S. 9–14, 27–34 sowie Taylors Diskussion der Debatte zwischen dem, was er HHH (Hamann, Herder, Humboldt) nennt, und dem, was er HLC (Hobbes, Locke, Condillac) nennt, vgl. bes. S. 48–50.

67 Taylor: *Hegel*, S. 33.

68 Forster: Herder's Philosophy of Language, S. 324.

69 In einer rigorosen, scharfen Kritik an Berlins Begriff der Gegenaufklärung schreibt Norton: „In Wirklichkeit gab es so etwas wie die Gegenaufklärung – wie Berlin sie beschreibt – nicht, zumindest nicht im achtzehnten Jahrhundert, und selbst wenn es so etwas gegeben hätte,

seiner gegenaufklärerischen Position sich nicht nur auf seine Behandlung der menschlichen Sprache der Reflexion und des Bewusstseins beziehen sollte, sondern auch (vielleicht sogar noch mehr) auf seine Analyse der ursprünglichen Sprache der Empfindung.

Es ist bemerkenswert, dass beide Interpreten bei ihrem Versuch, Herder vor dem Zugriff der Aufklärung zu ‚retten', beim Anfang der *Abhandlung* und deren ausführlicher Darstellung der ursprünglichen Sprache der Empfindung verweilen, wobei sie ihre Argumentation zu Ausdruck und Gegenaufklärung fast ausschließlich auf der menschlichen, reflexiven Sprache begründen. Damit fallen Berlin und Taylor in ihre eigene Grube: Auf der einen Seite missachten sie Herders deutliches Bekenntnis zu den Ideen der Aufklärung; auf der anderen Seite gründen sie ihr Prinzip des Ausdrucks einzig auf Herders Darstellung der menschlichen Sprache, die er explizit der natürlichen Sprache der Empfindung gegenüberstellt.

Ich schlage daher vor, dass wir Berlins und Taylors Hervorhebung des Ausdrucks als essentielles und beherrschendes Prinzip für Herders Auffassung von der eindeutig *menschlichen* Sprache aufgreifen und dessen Bedeutung überdenken, indem wir auch die ursprüngliche Sprache der Empfindung berücksichtigen. Hier könnte es so aussehen, als würde ich den Bogen von Berlins und Taylors Behauptungen ein bisschen überspannen, aber ich bleibe dem Kern ihrer Argumentation treu, dass „Sprache nicht auf die Tätigkeit des Über-Dinge-Sprechens begrenzt werden kann"[70]; vielmehr äußert und realisiert sie ein weites Spektrum an Gefühlen, das Wörter nicht vermitteln können. Dieses Argument bezieht sich natürlich auf Herders Konzept der menschlichen Sprache, aber seine Hauptmerkmale sind in seiner Vorstellung der ursprünglichen Sprache der Empfindung ebenfalls klar und deutlich präsent. Dieses Argument wird sogar noch bedeutender und suggestiver, wenn wir erkennen, dass die meisten Herder-Interpreten dazu neigen, ihre Diskussion der *Abhandlung* mit dem zweiten Teil zu beginnen, und dabei fast vollständig den Anfang des Textes mit seinem Fokus auf der Sprache der Empfindung ausblenden. Sobald wir diesen Teil als für Herders *Abhandlung* wesentlich einbeziehen, erkennen wir, dass der Begriff ‚Expressionismus'

wäre Herder höchstens ein neugieriger Beobachter gewesen und hätte sie wahrscheinlich energisch bekämpft. Stattdessen ist Berlins Vorstellung von der ‚Gegenaufklärung' ein Mythos, eine durchaus starke Fiktion, aber dennoch eine Fiktion [...]. In der Tat [...] war Herder ein ziemlich typischer Verteidiger des aufklärerischen Ziels, die menschliche Emanzipation durch den Gebrauch der Vernunft zu erreichen" (Norton: The Myth of the Counter-Enlightenment, S. 656).

70 Taylor: The Importance of Herder, S. 61.

(oder Expressivismus) nicht nur den Beitrag und die Originalität von Herders *Abhandlung* vor dem Hintergrund der Aufklärung verdeutlicht, sondern auch auf den ersten Seiten der *Abhandlung* ausdrücklich und stark präsent ist. Obwohl Herder eindeutig nicht der Inbegriff der Aufklärung ist, wäre es unzutreffend, sein Werk als eine pauschale Zurückweisung der zentralen Werte der Aufklärung zu lesen. Ernst Cassirer hat dies deutlich formuliert: Ihm zufolge war Herder, obwohl er ein resoluter Gegner der Aufklärung zu sein schien, frei genug zuzugeben, wie wichtig sie ihm war, „sofern sie sich nur dazu versteht, nicht mehr alles sein zu wollen."[71] Wenn wir ‚mit' Herder lesen wollen statt eine Außenperspektive einzunehmen, dann müssen wir sorgfältig seiner komplizierten Dialektik folgen, in der die ‚Gegen'-Elemente aus dem Inneren der aufklärerischen Ideen erwachsen und nicht aus deren Gegenpositionen. Herders Position ist tatsächlich einzigartig und radikal, wie Berlin und Taylor zu Recht festgestellt haben, aber diese Einzigartigkeit liegt in Herders Fähigkeit, die Ideen der Aufklärung von innen heraus zu hinterfragen, sie zu untergraben und dennoch ihren zentralen Grundsätzen treu zu bleiben. Die Aufgabe besteht nun darin, sich Herders Sprachtheorie weder von einer aufklärerischen noch von einer gegenaufklärerischen Position anzunähern, sondern sich von diesen Kategorien zu lösen und Herders Spuren zwischen diesen beiden Positionen zu folgen, um seinen Zugang zur Sprache und zu deren Ursprung von einer dritten Perspektive, nämlich der menschlichen, herauszuarbeiten.
Philoktets Schrei offenbart nicht nur sein tierisches Wesen, sondern die wesentliche Animalität, die die Grundlage für sein Menschsein bildet. In Herders Argumentation betrifft diese Animalität nicht nur die leidende Kreatur, sondern auch und vielleicht vor allem das gequälte Publikum. „Ob der in Zuckung Liegende, winselnde Mann Philoktet sei, geht mich nicht an", schreibt Herder:

> er ist ein Tier, wie ich: er ist ein Mensch: der menschliche Schmerz erschüttert mein Nervengebäude, wie wenn ich ein sterbendes Tier, einen röchelnden Toten, ein gemartertes Wesen sehe, das wie ich fühlet. [...] [D]ie Natur, das Tier leidet in mir, denn ich sehe, ich höre, ein Tier meiner Art leiden. (FHA 2, S. 101–102)

Philoktets deutliche Kennzeichen (seine Wunde, sein Schmerz, seine Verlassenheit usw.) erscheinen auf der Bühne nur, um abgestreift zu werden und das darunterliegende, essentielle Wesen zu offenbaren. Indem er der inneren Stimme

71 Ernst Cassirer: *Gesammelte Werke. Hamburger Ausgabe*, Bd. 5: Das Erkenntnisproblem in der Philosophie und Wissenschaft der neueren Zeit, Vierter Band: Von Hegels Tod bis zur Gegenwart (1832–1932), hrsg. v. Birgit Recki. Text u. Anm. v. Tobias Berben / Dagmar Vogel. Hamburg: Meiner 2000, S. 259.

des Publikums Ausdruck verleiht, so Herder, macht die mythische Figur des Philoktet Platz für die tierische Figur des Philoktet, die wiederum in der Animalität des Publikums widerhallt und diese als solche offenbart; aber dies ist wesentlich eine *moralische* Animalität, da der Schmerzensschrei offenbar werden lässt, dass „er [...] ein Tier [ist], wie ich". Unsere Saiten schwingen in der gleichen Tonlage und der gemarterte Körper bewegt buchstäblich meinen eigenen.

Dies zeigt, wie wichtig die Verbindung zwischen dem *Ersten Wäldchen* und der *Abhandlung* ist, von denen es sich nun erwiesen hat, dass sie eher einen Resonanzraum als einen Gegensatz bilden. In beiden Texten nimmt Herder eine eindrucksvolle Perspektive auf den Schmerz und seinen Aufschrei ein, die beide eine einzigartige Kraft aufweisen, um ein geteiltes, gemeinschaftliches Wesen zwischen Leidendem und Betrachter aufzudecken. Dieser Aspekt geht aus einem anderen Abschnitt des *Ersten Wäldchens* hervor, insbesondere wenn wir ihn vor dem Hintergrund der *Abhandlung* lesen. Auf Lessings Behauptung bezugnehmend, dass unsere Gefühle nicht allgemeinen Regeln folgen, merkt Herder an: „Hier liegt das Gesetz in meinem unmittelbaren Gefühle selbst, und zwar in dem Gefühle, das am weitesten von allgemeinen Gründen abgehet, das mir, als einem sympathisierenden Tiere, beiwohnt." (FHA 2, S. 102) Mitgefühl funktioniert zwar nach Gesetzen, aber es sind innere Gesetze, die von der Unmittelbarkeit des Gefühls bestimmt werden und zu Gehorsam verpflichtet sind. Herders Gesetz des unmittelbaren Gefühls im *Ersten Wäldchen* steht in Einklang mit dem Naturgesetz, das er in der *Abhandlung* beschreibt. Dies wird offensichtlich in der doppelten Bedeutung von Herders Verwendung des Natur-Begriffs: Wenn sich ‚Natur' in der *Abhandlung* auf das Naturreich im engen Sinn zu beziehen scheint, das sich in der Folge von dem eindeutig menschlichen Bereich ablöst, so wird im *Ersten Wäldchen* vorgeschlagen, dass ‚Natur' auch ‚Wesen' bedeutet, und das Wesen des Menschen ist tatsächlich sein tierisches Wesen.

# 3
# Sprache und Aufmerksamkeit
## Herder über Besonnenheit

### Herders zwei Sprachen: Empfindung und Reflexion

In meiner Lektüre von Herders *Abhandlung* sind die Sprache der Empfindung und die ‚künstliche' Sprache des Menschen einander auf ähnliche Weise entgegengesetzt wie die zwei Figuren des Philoktet, nämlich: überhaupt nicht oder zumindest nur dem Anschein nach. So wie der schreiende Philoktet und der schweigende Philoktet nicht bloß Oppositionen darstellen, sondern eine Mischform erkennen lassen, so sind auch die zwei Sprachen nicht einfach unterschiedlich oder voneinander getrennt und schließen sich definitiv nicht gegenseitig aus. So wie es zum Verständnis von Philoktet notwendig ist, dass man die zwei Versionen seiner Figur im Gedächtnis behält, seinen Schrei ebenso wie sein Schweigen, so reicht es zum Verständnis von Herders Sprachphilosophie niemals aus, nur den zweiten Teil der *Abhandlung* zu untersuchen, der explizit die menschliche Sprache diskutiert. Es gibt kein Verstummen des Schreis, wenn es keinen Schrei gibt; es gibt keine abstrakte, reflektierende menschliche Ausdrucksform, wenn da nicht das unmittelbare, tierische Geheul des Schmerzes wäre, das von unmittelbarem Mitgefühl begleitet wird. Sprache ist ‚schon' von Anfang an da.

Bevor wir uns in den zweiten Teil der *Abhandlung* vertiefen, in der Herder die menschliche Sprache behandelt, möchte ich kurz auf die Beziehung zwischen den zwei Sprachen eingehen. Wenn Herder die Entwicklung der menschlichen Sprache beschreibt, wird in seiner Argumentation ein deutlich anthropologischer Ton erkennbar: „künstliche Sprache", wie er sie nennt, oder durch arbiträre Zeichen begründete Sprache, trocknet den Fluss der Leidenschaft aus, um die ursprüngliche Sprache der expressiven Unmittelbarkeit zu ersetzen. Herder führt diese Künstlichkeit auf das zurück, was er die „bürgerliche Lebensart" nennt, die, indem sie die Sprache der Natur verdrängt hat, eine kritische Wende hervorruft, welche „die Flut und das Meer der Leidenschaften so gedämmet, ausgetrocknet und abgeleitet haben“ (FHA 1, S. 698–699). Was Herder als Überwindung des Gefühls, insbesondere des Schmerzes, durch das Aufkommen der menschlichen Sprache betrachtet, geschieht eher durch *Unterdrückung* als *Abschwächung* des Gefühls. Diese Unterdrückung ist allerdings nicht vollständig. Herder verwendet wiederholt drastische Ausdrücke, um die vielfältigen Formen zu beschreiben, in denen die ursprüngliche, affektive Sprache der Empfindung fortlaufend in unterschiedlicher Gestalt erscheint, um uns an den verborgenen Ursprung der reflektierenden menschlichen Sprache zu erinnern. Er wählt insbesondere Ausdrücke, die sich auf die Fähigkeit der menschlichen Sprache beziehen, das „Meer der Leidenschaften“, die heftigen Stürme des Gefühls und die plötzliche Überflutung durch die Emotionen zu neutralisieren – die alle aus den Tiefen der ursprünglichen menschlichen Sprache wieder zu ihrem Recht kommen und in ihrer „mütterlichen Sprache unmittelbar durch Akzente“ ertönen:

> der plötzliche Überfall von Freude oder Frohheit; Schmerz und Jammer, wenn sie tiefe Furchen in die Seele graben; ein übermannendes Gefühl von Rache, Verzweiflung, Wut, Schrecken, Grausen u. s. w. alle kündigen sich an, und jede nach ihrer Art verschieden an. (FHA 1, S. 699)

Herder behauptet also, dass die ursprüngliche Sprache eine ständige Herausforderung für die menschliche Sprache darstellt, sie aber nicht vollständig überwältigen kann.

Eine weitere Folge des Widerstreits zwischen der natürlichen Sprache der Empfindungen und der menschlichen Sprache ist (mit Herder gesprochen): Je genauer die Sprache wird, desto geringer ist ihr emotionaler Reichtum (vgl. FHA 1, S. 183). Herders grundsätzliches Interesse gilt hier nicht bloß dem Verfall der Ausdrucksqualität von Sprache, sondern der radikalen Abschwächung der grundlegenden menschlichen Fähigkeit, die Schmerzen Anderer mitzuempfinden: Wenn sie nämlich der Unmittelbarkeit des Ausdrucks beraubt ist, verliert die menschliche Sprache auch ihre moralische Infrastruktur (die so zentral für die ersten Seiten der *Abhandlung* ist). Indem aber Herder diesen Anspruch erhebt, stellt er eine viel tiefgreifendere Behauptung auf: Sprache repräsentiert nicht bloß eine innere Welt der Empfindungen, die auf mysteriöse Weise vor ihrem sprachlichen Ausdruck existiert, sondern sie begründet vielmehr das Wesen dieses inneren Universums. Konsequenterweise kann es keine kategorische Trennung zwischen den sprachlichen Fähigkeiten und den emotionalen und moralischen Veranlagungen geben.

Herders Darstellung der menschlichen Sprache im zweiten Teil der *Abhandlung* bedient sich in diesem Sinn eines Arguments, das die Natur der Menschen als solche betrifft. Die beiden Gegenstände Sprache und Menschlichkeit sind nicht nur grundsätzlich miteinander verbunden, für Herder sind sie ein und dasselbe. Deshalb geht es Herder beim Beschreiben des Übergangs von der ursprünglichen Sprache der Empfindung in die menschliche, reflektierende Sprache nicht nur um die Unterscheidung der zwei Sprachen oder darum, dass die tierische, sinnliche Sprache der Unmittelbarkeit für die Menschen als soziale Tiere unangemessen ist (ein solche Herangehensweise wäre ähnlich wie bei Rousseau oder Condillac). Herder geht das Problem der Sprache von einer gänzlich anderen Perspektive an, indem er eine Darstellung des Wesens des Menschen vorlegt. Während der erste Teil des Textes mit den Worten „Schon als Tier" beginnt, wird der zweite Teil von unterschiedlichen Versionen der Formulierung „als der Mensch ein Mensch war" bestimmt: „Erfindung der Sprache ist ihm also so natürlich, als er ein Mensch ist!" (FHA 1, S. 722)[1] Ungeachtet seiner emphatischen Verurteilung von Positionen, die in der Sprache der Empfindungen den Ursprung der menschlichen Sprache sehen, und trotz der aufklärerischen Position, die wir erwarten würden, impliziert Herders Argumentation auf kühne Weise, dass die menschliche Sprache nicht durch die Vernunft oder die Kraft des abstrakten Denkens begründet ist; sie entsteht nicht, um ein kommunikatives oder soziales Bedürfnis zu befriedigen oder als Mittel der Repräsentation und Übermittlung irgendeines Aussagegehalts. Menschliche Sprache ist also kein äußeres Kennzeichen oder Element, das dem ursprünglich menschlichen Tier hinzugefügt wird; es geht nicht um die Physis des menschlichen Mundes oder die Fähigkeit, artikulierte Töne zu produzieren. Sie ist nicht nur ein tierischer Schrei der Empfindungen und kommt auch nicht der Nachahmung von Naturlauten gleich. Am wenigsten, so Herder, ist Sprache ein *„Einverständnis"* (FHA 1, S. 725, Herv. i. Orig.) oder eine arbiträre Konvention.

Stattdessen ist Sprache Herder zufolge die Art und Weise, durch die der Mensch sich in der Welt orientiert, sich selbst durch einen Akt von simultaner Unterscheidung und Verbindung positioniert. Die Sprache zeigt an, wie die Menschheit in Einklang mit der Welt kommt und sich in ihr wiederfindet. Das erste Wort des Menschen ist daher weder kommunikativ noch referentiell, sondern drückt eine Beziehung mit der Welt aus (und nicht notwendig mit anderen Menschen), so dass durch die Sprache die Welt dahin gelangt, dem Menschen

1 Vgl. auch: „die Sprache ist erfunden! eben so natürlich und dem Menschen notwendig erfunden, als der Mensch ein Mensch war." (FHA 1, S. 724.)

zuzugehören und für ihn von Bedeutung zu sein.[2] Der Mensch findet sich selbst allerdings nicht nur in Bezug auf die Welt oder seine Umgebung, sondern auch, und wichtiger noch, in Bezug auf sich selbst. Die Erscheinung von beiden, der Welt und dem Selbst, ist sprachlich geformt.

## Besonnenheit: Gewahrsein[3] und Reflexion

Herder nennt die singuläre menschliche Eigenschaft, die unmittelbar auch zum Wesen der Sprache wird, *Besonnenheit*. Dieser Begriff stellt eine Kombination aus Intentionalität, Bewusstsein und Reflexion dar.[4] Für Herder bezeichnet Besonnenheit eine charakteristische Gesinnung des Menschen im Vergleich zum Tier, die es dem ersteren erlaubt, die primitive, instinktive, animalische Existenz zu überschreiten. Menschen sind im Gegensatz zu Tieren Geschöpfe mit Bewusstsein gemäß der „freierwürkenden positiven Kraft" (FHA 1, S. 719) ihrer Seele, mit Besonnenheit als Orientierungspunkt und Wohnstätte aller in eine zentrale Richtung wirkenden Kräfte. Nirgendwo gibt Herder eine Erklärung dafür, wie diese spezielle Fähigkeit zustande kommt, trotzdem betrachtet er sie als den Faktor, der die Natur und das Wesen des Menschen bestimmt.[5] Herder kann hier auf gleiche Weise kritisiert werden, wie er selbst Condillac kritisiert hat: Er setzt etwas voraus, was er erst noch beweisen muss. Herder führt die Besonnenheit ein, nachdem er ausführlich den Unterschied zwischen dem, was er die ‚Sphäre' (oder den *Kreis*) der Menschen und der Tiere nennt, diskutiert. Diese Art der Erklärung bestätigt Herders Eifer, sich selbst von einer Position zu distanzieren, in der Sprache lediglich eine Ergänzung des Tieres darstellt, das dann zu einem ‚sprechenden Tier' wird. Stattdessen bringt Besonnenheit die

2 Herders Sprachphilosophie wurde von zwei seiner prominentesten Interpreten als ‚ausdrucksstark' bezeichnet: Taylor: The Importance of Herder; ders.: *Quellen des Selbst. Die Entstehung der neuzeitlichen Identität*, aus d. Engl. v. Joachim Schulte. Frankfurt am Main: Suhrkamp 1996, S. 639–679; Forster: Gods, Animals, and Artists; ders.: Herder's Philosophy of Language.

3 A. d. Ü.: i. Orig.: *awareness*; der englischsprachige Begriff wird hier und im Folgenden zumeist mit *Gewahrsein* übersetzt, um eine Verwechslung mit *consciousness* (Bewusstsein) zu vermeiden.

4 A. d. Ü.: vgl. hierzu auch das Lemma *Besonnenheit* bei Adelung: „Das Vermögen, sich seiner und anderer Dinge deutlich bewußt zu sey; die Reflexion" (Johann Christoph Adelung: *Grammatisch-kritisches Wörterbuch der hochdeutschen Mundart*, Bd. 1. Leipzig: Breitkopf 1793, Sp. 921).

5 Für eine umfassende Darstellung der Besonnenheit vgl. Sonia Sikka: Herder's Critique of Pure Reason. In: *Review of Metaphysics* 61,1 (2007), S. 47–48. Sikka erörtert auch Herders Positionen zum Verhältnis von Sprache und Welt in einem kulturellen, politischen Kontext, vgl. Sikka: Herder on the Relation between Language and World. In: *History of Philosophy Quarterly* 21,2 (2004), S. 183–200.

schwierige Verschiebung in der Konfiguration des Verhältnisses des Menschen zur Welt im Vergleich zum Tier auf den Punkt. Diese Differenz wird zu einer Manifestation der menschlichen Sprachfähigkeiten.
Das Leben eines Tieres ist in der begrenzten ‚Sphäre' konzentriert, in der es geboren wurde und in der es sterben wird. Die einzige sprachliche Fähigkeit, die es benötigt, ist die unmittelbare Äußerung (z. B. des Schmerzes oder der Lust). Diese wird unmittelbar mit den anderen Mitgliedern der eigenen Spezies geteilt, die den gleichen Lebensraum haben: „Die Spinne webet mit der Kunst der Minerve; aber alle ihre Kunst ist auch in diesem engen Spinnraum verwebet; das ist ihre Welt! Wie wundersam ist das Insekt, und wie enge der Kreis seiner Würkung!" (FHA 1, S. 712) Die Begrenztheit der Tierwelt wird nicht als Einschränkung bzw. Schwäche des Tieres dargestellt. Herder stellt das ‚Wunderbare' der instinktiven Fähigkeiten des Tieres heraus:

> Wenn unendlich feine Sinne in einen kleinen Kreis, auf ein Einerlei eingeschlossen werden, und die ganze andre Welt für sie nichts ist: wie müssen sie durchdringen! Wenn Vorstellungskräfte in einen kleinen Kreis eingeschlossen, und mit würken! Und wenn endlich Sinne und Vorstellungen auf Einen Punkt gerichtet sind, was kann anders, als Instinkt daraus werden? Aus ihnen also erkläret sich die Empfindsamkeit, die Fähigkeiten und Triebe der Tiere nach ihren Arten und Stufen. (FHA 1, S. 713)

Je begrenzter der Kreis des Tieres (bis zu dem Ergebnis, dass „die ganze andre Welt für sie nichts ist"), desto mehr manifestiert sich seine Herrschaft über diesen Kreis. Es kontrolliert alles in ihm; seine Sinne sind scharf und seine Aktionen treffsicher. Herder beschreibt dieses Wunder, indem er Begriffe wie ‚Aufmerksamkeit' oder ‚Gesichtspunkt' benutzt. Die Kraft des Tieres und seine Herrschaft über seine Umwelt machen es zu einem Geschöpf, für das die Sprache geradezu unnötig ist. Je kleiner seine Lebenssphäre ist, desto weniger bedarf es der Sprache. Herder beschreibt die Tiersprache als einen „herrschende[n] Instinkt", und er bemerkt: „Wie wenig darf er sprechen, daß er vernommen werde!" (FHA 1, S. 714) Tiere haben daher „wenig oder keine Sprache" (ebd.).[6]

6 Herders Idee der Lebenssphären hat Heideggers Diskussion über den Unterschied zwischen dem Menschen, dem Tier und dem Stein, die demgemäß weltbildend, weltarm und weltlos sind, beeinflusst (obwohl er das niemals eingestanden hat). Diese drei Formen des Verhältnisses zur Welt lassen sich mit Herders Idee der Lebenssphären parallelisieren. Dieser wichtige Bezug und seine Implikationen verdienen eine eigene, ausführliche Analyse, die ich hier nicht vornehmen kann. Vgl. Teil II von Martin Heidegger: *Die Grundbegriffe der Metaphysik. Welt, Endlichkeit, Einsamkeit*, GA 29/30, S. 251–532; Giorgio Agambens Diskussion von Heideggers Idee der Umwelt in seinem Buch *Das Offene. Der Mensch und das Tier*, aus d. Ital. v. Davide Giuriato. Frankfurt am Main: Suhrkamp 2014, insb. S. 49–64. Agamben erörtert auch ausführlich Jakob

Dies steckt den Rahmen ab für Herders Vorstellung des Menschen. Allerdings tritt der Mensch nicht als machtvoller Beherrscher der Natur oder Gesetzgeber der natürlichen Hierarchie auf (wie es in Texten des 18. Jahrhunderts über Sprache und Gesellschaft üblich ist). Der Mensch erscheint als ein schwaches, begrenztes Geschöpf, ganz anders als das Tier, das seine Sphäre mit äußerster Schärfe und Konzentration beherrscht:

> Der Mensch hat keine so einförmige und enge Sphäre, wo nur Eine Arbeit auf ihn warte: – eine Welt von Geschäften und Bestimmungen liegt um ihn –
> Seine Sinne und Organistion [*sic!* Satzfehler dieser Edition; Anm. d. Übers.] sind nicht auf Eins geschärft: Er hat Sinne für alles und natürlich also für jedes Einzelne schwächere und stumpfere Sinne. (FHA 1, S. 713)

Aus diesem Grund sind Menschen die schwächsten Geschöpfe: Während sie nicht vollkommen irgendeinem bestimmten Lebensraum zugehören, beherrschen sie eine unendliche Zahl solcher Sphären. Menschen fehlt daher der Scharfsinn und die Bestimmtheit des Lebensinstinkts, der für den begrenzten und spezialisierten Lebensraum der Tiere typisch ist. Der Einklang zwischen Mensch und Natur, der auf den ersten Seiten der *Abhandlung* beibehalten wird, fällt genau an diesem Punkt auseinander: Die tierischen Instinkte, die sich insbesondere im Zusammenhang ihres engen Lebensraums gebildet haben, haben keine Entsprechung beim Menschen.

Herder betrachtet die Tiersprache als untrennbar mit anderen tierischen Fähigkeiten und Trieben verbunden; sie sind alle angeboren und dem Tier sofort selbstverständlich: „Die Biene sumset, wie sie sauget; der Vogel singt wie er nistet" (FHA 1, S. 714). Das Menschenkind besitzt dagegen nichts, was einer solchen natürlichen Sprache gleichkäme, da es jeglicher instinktiver Triebe beraubt ist; es ist stumm, „bloß unter Tiere gestellet, ists also das verwaiseste Kind der Natur. Nackt und bloß, schwach und dürftig, schüchtern und unbewaffnet" (FHA 1, S. 715).[7] Herder begnügt sich allerdings nicht damit, das menschliche

von Uexküll, einen weiteren Denker, der Heidegger beeinflusst hat. Vgl. auch Jakob Johann von Uexküll: *Streifzüge durch die Umwelten von Tieren und Menschen. Ein Bilderbuch unsichtbarer Welten*. Hamburg: Rowohlt 1956.

7 Man beachte Herders Bemerkung über den Unterschied zwischen dem Verhältnis des Tieres und dem des Menschen zur Welt. Gegen Ende der *Abhandlung*, im Rahmen seiner Auseinandersetzung mit Rousseau, schreibt Herder: „Warum gehört diese Blume der Biene, die auf ihr sauget? Die Biene wird antworten: weil mich die Natur zu diesem Saugen gemacht hat! mein *Instinkt*, der auf diese und keine andre Blume hinfällt, ist mir Diktator gnug, der mir sie und ihren Garten zum Eigentum anweise! Und wenn wir nun den ersten Menschen fragen: ‚Wer hat dir das Recht, auf diese Kräuter gegeben?' Was kann er antworten, als: die Natur, die mir

Wesen als bloße Negation der beachtlichen Fähigkeiten des Tieres zu verstehen. Der Mensch kann nicht nur ein schwaches, zerstreutes Geschöpf sein. Herder bestimmt das Wesen des Menschen nicht als eine Art Kompensation für seine Schwäche, seine zerstreuten Kräfte und seinen Mangel an natürlichen Instinkten; der Mensch ist für Herder niemals einfach nur ein schwaches Tier, das gegen seine Defizite ankämpft. Die Natur des Menschen muss woanders gefunden werden (vgl. FHA 1, S. 715).

Für Herder gehen die sprachlichen Fähigkeiten des Menschen nicht aus seinem tierischen Wesen hervor, sondern sie sind etwas, das ihn als Menschen vom Tier abhebt. Dieses Unterscheidungsmerkmal stellt jedoch kein zusätzliches Element dar, das dem instinktiven, tierischen Wesen des Menschen innewohnt, sondern es liegt vielmehr in der inhärenten Verschiedenheit der Beziehungen von Mensch und Tier zu ihrer jeweiligen Umgebung. Als Kern dieser Unterscheidung wird sich die Sprache erweisen. Herder beginnt den zweiten Abschnitt der *Abhandlung* mit einer Aussage, die anscheinend mit der aufklärerischen Herangehensweise an dieses Problem übereinstimmt: „Wenn der Mensch *Sinne* der Tiere, er keine *Vernunft* hätte; denn eben die starke Reizbarkeit seiner Sinne, eben die durch sie mächtig andringenden Vorstellungen müßten alle kalte Besonnenheit ersticken." (FHA 1, S. 718) Herder behauptet hier, dass die Charakterisierung des Menschen als rational und seine Bestimmung als fühlendes Tier einander ausschließen, da die extreme Reizempfindlichkeit des Tieres nicht nur im Widerspruch zur Vernunft steht, sondern auch die rationalen Fähigkeiten des Menschen gewaltsam unterwirft, indem sie jedes mögliche Bewusstsein ‚erstickt'. Herders Argument hört allerdings nicht hier auf. Er fährt fort:

> Aber umgekehrt mußte es […] sein, daß –
> Wenn tierische Sinnlichkeit und Eingeschlossenheit auf einen Punkt *wegfiele*: so wurde ein ander Geschöpf, *dessen positive Kraft sich in größerm Raume, nach feinerer Organisation, heller*, äußerte: das abgetrennt und frei nicht bloß erkennet, will und würkt, sondern auch weiß, daß es erkenne, wolle und würke. Dieses Geschöpf ist der Mensch. (FHA 1, S. 718–719)

Hier haben wir eine etwas andere Formulierung: Der Mensch ist nicht kategorisch vom Tier unterschieden (wie der Anfang der *Abhandlung* deutlich macht); seine Natur ist vielmehr so beschaffen, dass sie sich von der sinnlichen,

*Besinnung* gab! diese Kräuter habe ich mit Mühe kennen gelernt! mit Mühe habe ich sie mein Weib und meinen Sohn kennen gelehrt! Wir alle leben von ihnen! ich habe mehr recht daran, als die Biene, die darauf summet, und das Vieh, das darauf weidet; denn die haben alle die Mühe des Kennenlernens und Kennenlehrens nicht gehabt!" (FHA 1, S. 788, Herv. i. Orig.)

instinktiven, engen Ausrichtung des Tieres unterscheidet und eine alternative Form der Wahrnehmung und des In-der-Welt-Seins verkörpert, eine Form, die Herder als sprachlich bezeichnet.

Dies markiert eine entscheidende Wende in Herders Argumentation. Gerade aus der Schwäche und Entbehrung des Menschen (im Vergleich zu den instinktgeleiteten Tieren) entspringt seine größte Kraft: Der Mensch ist das einzige Wesen, das gezwungen ist, Sprache zu schaffen:[8] „Erfindung der Sprache ist ihm also so natürlich, als er ein Mensch ist!" (FHA 1, S. 722)[9] Mit diesen Behauptungen distanziert sich Herder von dem einfachen, expressiven Model der Unmittelbarkeit, das im ersten Teil der *Abhandlung* eine Rolle spielt, und ersetzt es durch eine anspruchsvollere, reflexive Struktur, in der die Menschen vermöge ihres Menschseins die sprachlichen Fähigkeiten zur Geltung bringen, durch die sie ihre einzigartige Beziehung zur Welt erschaffen und ihr Ausdruck verleihen. Mit dem Begriff der Besonnenheit erklärt Herder auf seine Art, wie der Mensch seinen Mangel an tierischer Konzentration, Spezifität und Instinktschärfe kompensiert. Die den Begriff der Besonnenheit auszeichnende Kombination aus Bewusstsein, Aufmerksamkeit und Reflexion ermöglicht es dem Menschen, die unvorstellbare Weite seiner Lebenssphäre, seine ausgedehnte, vielfältige Welt zu meistern.

Herder betont wiederholt, dass „die Vernunft keine abgeteilte, einzelwürkende Kraft" sei, und die Besonnenheit ist dementsprechend keine einzelne Kraft, die dem Tier hinzugefügt wird und es zum Menschen macht. Vielmehr impliziert die Besonnenheit eine Organisation, Orientierung und Entfaltung all seiner anderen Kräfte, Fähigkeiten, Wahrnehmungen und der Vernunft, und *„so muß der Mensch sie im ersten Zustande haben, da er ein Mensch ist."* (FHA 1, S. 719, Herv. i. Orig.) Im weiteren Verlauf der *Abhandlung* kehrt Herder zu seinem Vergleich von Mensch und Tier zurück und fügt ihm einen neuen Aspekt hinzu: Während die Biene immer dieselbe Biene war und ihre einzelnen Fertigkeiten immer und im Wesentlichen dieselben bleiben, hört der Mensch im Gegensatz

8 Beiser behauptet, dass Herders Darstellung der Lebenssphäre eine proto-darwinistische Erklärung dafür ist, warum die Vernunft und insb. die Sprache für das Überleben der Menschen notwendig ist. Die Ausdehnung ihrer Lebenssphäre verlangt, dass die Menschen ein Instrument beherrschen, mit dem sie die Bedingungen ihres Überlebens vermitteln und an die nächsten Generationen weitergeben können. Die Sprache ist also ein Instrument zur Speicherung von Informationen, die sich auf die Lebenssphäre des Menschen beziehen, und dient als Medium des Überlebens durch Kommunikation, vgl. Frederick C. Beiser: *The Fate of Reason. German Philosophy from Kant to Fichte.* Cambridge, MA: Harvard UP 1987, S. 135.

9 Herder stellt eine interessante konditionale Behauptung auf, die in der Form von *Was wäre, wenn der Mensch ein Tier wäre?* strukturiert ist. Er beweist damit, innerhalb seiner Begrifflichkeiten, die Notwendigkeit der Vernunft (oder Besonnenheit) für das Menschsein, vgl. FHA 1, S. 719.

dazu nie damit auf, ein Mensch zu *werden*. Besonnenheit verwandelt die menschliche Seele in eine „*Kraft unverruckt zu sammeln*" (FHA 1, S. 773, Herv. i. Orig.), fortlaufend sich bildend und entwickelnd. Das Tier ist daher immer ein vollkommenes, vollendetes Geschöpf gewesen und wird es auch immer sein, während der Mensch „nie der *ganze Mensch* [ist]: immer in Entwicklung, im Fortgange, in Vervollkommung" (FHA 1, S. 773, Herv. i. Orig.).

Trotz seiner Neigung, den Menschen dadurch zu definieren, dass er sich von seiner Beschreibung des animalischen Wesens abwendet, lehnt Herder die Präsenz der ausdrucksstarken Elemente der ursprünglichen Sprache in der Sprache des Menschen nicht vollständig ab. Stattdessen weist er darauf hin, wie sie sich im Rahmen der menschlichen Sprache durch Besonnenheit herausbilden. Was Herder hier präsentiert, ist in der Tat ein organisches Model, in dem die reflexiven Dimensionen von Sprache aus ihren expressiven Ursprüngen hervorschnellen. Vor dem Hintergrund des ‚klassischen' Bildes der scharfen Trennung von Gefühl und Vernunft bietet uns die Besonnenheit eine Alterative zu dieser Binarität. Die menschliche Sprache enthält emotive Seiten und muss diesen nicht abschwören, um sich zu entwickeln.[10] Noch wichtiger ist, dass Herder bei der Anwendung dieses organischen Modells tatsächlich behauptet, dass es keine inhärente Kluft zwischen den beiden Sprachen gibt, auch wenn der ‚Ursprung' der Sprache (der eindeutig affektiver Natur ist) offensichtlich von dem Stadium abweicht, in dem sie eindeutig menschlich wird. Stattdessen konstruiert Herder eine Kontinuität zwischen den beiden Sprachformen durch seine Verwendung der Besonnenheit, die sich als eine Kraft erweist, die den affektiven Dimensionen der Sprache eher eine Orientierung gibt, anstatt sie zu ersetzen. Anders ausgedrückt: Der Ursprung der menschlichen Sprache wird nicht aufgehoben, sondern bleibt sehr präsent. Die ursprüngliche Mensch-Tier-Sprache wird nicht durch ein weiter entwickeltes Ausdrucksinstrument ersetzt, sondern umgestaltet und neu ausgerichtet, um ihren menschlichen Charakter zu begründen und herauszustellen.

Bevor ich mit einer ausführlicheren Interpretation von Herders Begriff der Besonnenheit fortfahre, möchte ich der Ähnlichkeit zwischen Herders Theorie und Wittgensteins später Sprachphilosophie einige Worte widmen. Herders

10 Ähnliche Überlegungen zur Überlagerung und nicht zur Ersetzung der gefühlsbetonten Sprache durch die Kunstsprache finden sich in unterschiedlicher Ausprägung auch bei anderen zeitgenössischen Denkern (z. B. Condillac, Diderot und Rousseau). Im Vergleich zu diesen liegt die Originalität Herders in der gelungenen Verschmelzung von gefühlsbetonten und künstlichen Elementen der Sprache, wie z. B. in seinem Gebrauch des Begriffs der Besonnenheit. Anders ausgedrückt: Herders Darstellung ist nicht deshalb wichtig, weil er ein Problem identifiziert, das andere übersehen haben, sondern weil er eine komplexe Lösung für dieses Problem anbietet. Mit der Besonnenheit findet er einen Weg, wie die beiden Facetten nicht nur koexistieren, sondern produktiv zusammenarbeiten können.

Argument, dass menschliche Sprache nicht als ein bloß instrumenteller, referentieller Apparat verstanden werden kann, durch den Zeichen auf Objekte oder Zustände verweisen, kommt Wittgensteins berühmter Widerlegung von Augustinus' Sprachkonzeption sehr nahe. Augustinus' Darstellung seiner Erfahrung des Spracherwerbs zitierend, merkt Wittgenstein an:

> In diesen Worten erhalten wir, so scheint es mir, ein bestimmtes Bild von dem Wesen der menschlichen Sprache. Nämlich dieses: Die Wörter der Sprache benennen Gegenstände – Sätze sind Verbindungen von solchen Benennungen. – In diesem Bild von der Sprache finden wir die Wurzeln der Idee: Jedes Wort hat eine Bedeutung. Diese Bedeutung ist dem Wort zugeordnet. Sie ist der Gegenstand, für welchen das Wort steht.[11]

Gegenüber dem traditionellen, ostensiven Verständnis von Sprache vertritt Wittgenstein die Auffassung, dass eine solche Vorstellung tatsächlich ein ganzes Spektrum von Annahmen voraussetzt, die der strukturellen Komplexität der Sprache zugrunde liegen (die er später mit den Begriffen ‚Sprachspiele' und ‚Lebensformen' bestimmt). Wenn wir sagen, dass wir ein Wort verstehen, meinen wir nach Wittgenstein „nicht notwendigerweise das, was vorgeht, während wir das Wort sagen oder hören, sondern die ganze Umgebung des Ereignisses, in dem das Wort gesagt wird."[12] Wittgensteins Gemeinsamkeit mit Herder besteht zudem in der Idee, dass es keine präexistente Welt gibt, deren Objekte nur darauf warten, dass Sprache auf sie zugreift und sie übermittelt; es ist vielmehr die Tätigkeit und die Verwendung von Sprache, die für uns unsere Erfahrung ausmachen. Um dies im Sinne Herders auszudrücken: Sprache kann für uns eine Welt konstituieren, indem sie uns erlaubt, uns ihr sprachlich zuzuwenden.[13]

Herder behandelt ähnliche Ideen in seinen *Fragmenten* (1767–1778), in denen er die Sprache als mit dem Denken verflochten bestimmt. Er schreibt:

> Ists wahr, daß wir ohne Gedanken nicht denken können, und durch Worte denken lernen: so giebt die Sprache der ganzen menschlichen Erkenntnis Schranken und Umriß. [...] Wir denken in der Sprache; wir mögen erklären, was da ist, oder was noch nicht da ist, suchen. [...] [I]m gemeinen Leben ists ja offenbar, daß Denken fast nichts anders sei, als Sprechen. (FHA 1, S. 557–558)

11 Ludwig Wittgenstein: Philosophische Untersuchungen. In: Ders.: *Werkausgabe*, Bd. 1, neu durchgesehen v. Joachim Schulte. Frankfurt am Main: Suhrkamp 2006, S. 225–580, hier § 1, S. 237.

12 Ludwig Wittgenstein: *Das Blaue Buch. Eine Philosophische Betrachtung (Das braune Buch).* Werkausgabe Bd. 5. Frankfurt am Main: Suhrkamp 1984, S. 244.

13 Zur Verwandtschaft zwischen Herder und Wittgenstein vgl. insb. Taylor: The Importance of Herder; Forster: Herder's Philosophy of Language; ders.: Gods, Animals, and Artists.

Herder argumentiert weiter, dass jeder individuelle Sprecher einer Sprache nicht anders kann, als seine eigenen Gedanken und Gefühle den Worten einzuprägen, die er nutzt. Das heißt, unsere Worte drücken nicht bloß äußere, unabhängige Tatsachen aus, sondern vermitteln die individuelle Art, in der wir der Welt begegnen und sie in unserem Bewusstsein formen – jeder von uns auf einmalige Weise. In *Vom Erkennen und Empfinden* geht Herder das gleiche Problem von der anderen Seite an: Das „Medium unsres Selbstgefühls und geistigen Bewußtseins", schreibt Herder, „ist – *Sprache*" (FHA 4, S. 357, Herv. i. Orig.). In gleicher Weise wird Sprache zur Voraussetzung für das, was Herder unser innerstes Sehen und Gehör nennt (vgl. FHA 4, S. 358). Die Ähnlichkeit zu Wittgenstein ist unübersehbar.

## Sprache und Aufmerksamkeit

Herder bestimmt Besonnenheit im Sinne von Aufmerksamkeit:

> Der Mensch beweiset Reflexion, wenn die Kraft seiner Seele so frei würket, daß sie in dem ganzen Ozean von Empfindungen, der sie durch alle Sinnen durchrauschet, Eine Welle, wenn ich so sagen darf, absondern, sie anhalten, die Aufmerksamkeit auf sie richten (FHA 1, S. 722).

Der Mensch wird von einer mächtigen Flut heftiger Empfindungen verschlungen, die ihn überwältigen, wenn sie durch seine Seele rauschen und ihn von ihrer Gewalt überschwemmt zurücklassen (einige Zeilen weiter charakterisiert Herder die Flut als deutlich weniger gewaltsam, wenn er sie als einen „schwebenden Traum der Bilder" (FHA 1, S. 722) beschreibt, der den Menschen leicht berührt, ja streichelt).[14] Besonnenheit geht aus dieser Szene in doppelter Hinsicht als Stärke hervor: Sie ist eine Stärke, die den Menschen von anderen Geschöpfen unterscheidet, aber sie ist auch eine Stärke, die dem Menschen eine einzigartige Kraft oder Potenz in der Begegnung mit der Welt verleiht. Herder liefert eine ausführliche Darstellung dieses Prozesses: Obwohl er von der Flut der Empfindungen überschwemmt wird, kann der Mensch „sich in ein Moment des Wachens sammeln, auf Einem Bilde freiwillig verweilen, es in helle ruhigere Obacht nehmen" (FHA 1, S. 722). Besonnenheit verleiht dem Menschen die Fähigkeit, die Welt durch Bewusstsein und Aufmerksamkeit zu kontrollieren

14 Herder verwendet den Begriff „Flut" auch auf den ersten Seiten der *Abhandlung*, wo er davon spricht, dass „unsre bürgerliche Lebensart und gesellschaftliche Artigkeit [...] die Flut und das Meer der Leidenschaften so gedämmet, ausgetrocknet und abgeleitet haben" (FHA 1, S. 698–699).

und einzurichten; sie schafft die Voraussetzung, Distanz zwischen ihm und seiner überwältigenden, unmittelbaren Welterfahrung herzustellen. Dies läuft auf eine einzigartige menschliche Form der Welterfahrung hinaus. Die Bedeutung dieses Arguments liegt darin, dass Besonnenheit nicht einen spezifischen Wahrnehmungsgehalt konstituiert, der dann auf irgendeine Art und Weise in einen sprachlichen Ausdruck übersetzt werden könnte. Hier schlägt Herder eine Sichtweise vor, die den im 20. Jahrhundert im Anschluss an den *linguistic turn* verfolgten Konzepten nahekommt: Besonnenheit liefert keinen vorsprachlichen Inhalt; sie *ist* Sprache, denn für Herder sind die Wahrnehmung und die Welterfahrung des Menschen gleichbedeutend mit dessen sprachlichen Fähigkeiten.[15]

Herders reflektierende Arbeitsweise ist nicht nur für das Verständnis der Besonnenheit entscheidend, sondern auch für den Kern seiner Sprachkonzeption. Der Spracherwerb (bei Herder nahezu zeitgleich mit dem Erwerb der Reflexionsfähigkeit) wohnt nicht einfach dem Sprechen oder der Kommunikation inne. Er umfasst grundsätzlich des Menschen einzigartige Weise, sich der Welt zu nähern und sie aufzunehmen. Besonnenheit ist nicht bloß eine Fähigkeit, eine einzelne „Welle“ oder ein Bild zu beachten oder wahrzunehmen, sie geht deutlich tiefer, wie der weitere Satzverlauf zeigt, und sie kann sich durch ihre Kraft „bewußt sein [...], daß sie aufmerke.“ (FHA 1, S. 722) Besonnenheit hat eine zweifache Funktion: Erstens bezeichnet sie die menschliche Fähigkeit, sich zurückzuziehen und zurückzutreten, um die Aufmerksamkeit auf die einzelne „Welle“ in der Gesamtheit der Flut zu lenken. Zweitens repräsentiert sie die Fähigkeit des Menschen, sowohl sich selbst als auch den eigentlichen Akt des Achtgebens, unabhängig von der Welle oder dem Bild, zu betrachten. Besonnenheit ist daher nicht nur auf die menschliche Fähigkeit der Aufmerksamkeit und der Bewusstheit bezogen, sondern auch auf das menschliche Gewahrsein seiner eigenen „Aufmerksamkeit“, d. h. Reflexion. Herder beschreibt eine vom Bewusstsein ausgehende Bewegung zur Flut hin, eine Bewegung die innehält, um die Aufmerksamkeit auf ihre unterscheidbaren Teile zu lenken: Flut, Objekte und das Bewusstsein selbst. Er hebt besonders die Unterscheidung zwischen dem Erkennen der verschiedenen Eigenschaften des Objekts und dem Erkennen und dem Gewahrsein der eigenen Verstandestätigkeit hervor (vgl. FHA 1, S. 722). Der Mensch wird sich seiner selbst als eines von der Flut unabhängigen Geschöpfes bewusst, und zwar durch seine Fähigkeit des Gewahrseins und der Reflexion: durch die Art und Weise, ein sprachliches Geschöpf zu sein.[16]

15 Zur wichtigen Rolle von Herders Besonnenheit bei der Entwicklung von Sprachtheorien im 18. Jahrhundert und darüber hinaus vgl. Taylor: *The Language Animal*, S. 9–14, 27–34.

16 In dem viel späteren Text *Metakritik der Kritik der reinen Vernunft* beschreibt Herder diese Fähigkeit wie folgt: „In mir ist ein doppeltes Ich; mir selbst bewußt, kann und muß ich mir Objekt werden.“ (FHA 8, S. 592.)

Über Sprache zu verfügen, bedeutet daher, dass der Mensch dazu in der Lage ist, sich auf sich selbst zu besinnen und über jeden Akt des sich in der Welt Gewahrwerdens zu reflektieren. Dies macht deutlich, warum die ursprüngliche Sprache der Empfindungen Herder nicht genügen kann. Um einen angemessenen Übergang von der tierischen zur menschlichen Sprache zu schaffen, muss Herder ein reflektierendes Element einführen, das er mit der der menschlichen Selbst-Bewusstheit und Intention zugehörigen Freiheit verbindet. In Herders Sprachtheorie sind Tiere und Menschen auf je eigene Weise durch ihre einzigartigen (sprachlichen oder anderen) Fähigkeiten in der Welt positioniert; sie können die Welt erfahren und sich zu ihr in Beziehung setzen. Sie unterscheidet die Freiheit, die in der Fähigkeit des Menschen liegt, zu reflektieren und ihn daher in die Lage versetzt, sich mit sich selbst in Beziehung zu setzen, zu sich selbst in der Reflexion und nicht durch Instinkt zu finden: Der Mensch wird „freistehend, kann sich eine Sphäre der Bespiegelung suchen, kann sich in sich bespiegeln." (FHA 1, S. 717) Von Mücke regt an, diese Formulierung (und andere ähnlich lautende in der *Abhandlung*) im Kontext des Narzissmus zu verstehen: Während Herder das Tier in Bezug auf seine äußere (wenngleich enge) Welt bestimmt, sind „die Fähigkeiten des Menschen nur in Bezug auf sie selbst hin geordnet und strukturiert. Auf selbstreflektierende Weise erzeugt er die Totalität seiner andernfalls diffusen und unorganisierten Fähigkeiten."[17] Das Gravitationszentrum der Menschen liegt daher in einer komplexen Verbindung zwischen dem Inneren und dem Äußeren, wie sie in der Spiegelbeziehung erscheinen, die so fest mit Herders Verständnis der menschlichen Reflexion verbunden ist.

Obwohl Besonnenheit im Wesentlichen die Aspekte der Reflexion und der Vernunft beinhaltet, gehört auch das Gefühl zu ihren Bestandteilen. Ihr einzigartiges Gewahrsein läuft nicht auf eine bloße Absonderung einer „Welle" oder eines Objekts aus der Flut hinaus: Herder beschreibt es als eine gewisse stille Klarheit, ein ruhiges, festes Bewusstsein. Ein Gefühl der Stille und Gelassenheit begleitet den Akt der Besonnenheit, der sich daher nicht lediglich als kognitiver oder rationaler Moment erweist (vgl. FHA 1, S. 722). Da Besonnenheit nicht bloß dem Bereich der Gefühle hinzugefügt wird, sondern als ein konstitutiver Faktor fungiert, formt sie den sensorischen Reiz in einen bestimmten Inhalt um. Demzufolge steht das Zeichensystem nicht im Widerspruch zur Sinneswahrnehmung; vielmehr erkennt die Wahrnehmung sich selbst nur in diesen Zeichen,

17 Dorothea E. von Mücke: *Virtue and the Veil of Illusion. Generic Innovation and the Pedagogical Project in Eighteenth-Century Literature*. Stanford: Stanford UP 1991, S. 166.

in der Sprache.[18] Um das Rätsel des Übergangs von der natürlichen zur abstrakten Sprache zu lösen, kombiniert Herder Wahrnehmung und Benennung und behandelt sie als zwei zusammenhängende Abschnitte des gleichen Akts: Es gibt keine Trennung oder keinen Übergang zwischen den beiden Phasen, so dass das Bezeichnete und das Zeichen *zu ein und demselben Ding werden.*

Herder ist sehr kritisch gegenüber denjenigen, die den Ursprung der Sprache in der Fortentwicklung der uranfänglichen Artikulationsinstrumente gesucht haben, in tierischen Klängen der Leidenschaft oder in der Nachahmung des natürlichen Klangs, „als wenn sich bei einer solchen blinden Neigung, was gedenken ließe? Und als wenn der Affe mit eben dieser Neigung, die Amsel, die die Schälle so gut nachäffen kann, eine Sprache erfunden hätten?“ (FHA 1, S. 724) Besonders heftig bekämpft er aber diejenigen, die annehmen, dass der Ursprung der Sprache auf einer bloßen Konvention oder einer sozialen Übereinkunft beruhe:

> Hier ists kein *Geschrei der Empfindung*: denn nicht eine atmende Maschine, sondern ein besinnendes Geschöpf erfand Sprache! *Kein Principium der Nachahmung* in der Seele […]. Am wenigsten ists *Einverständnis*; willkürliche Konvention der Gesellschaft (FHA 1, S. 725, Herv. i. Orig.).

Herder lehnt die Konzepte ab, die von einem imitativen oder sozialen Sprachursprung ausgehen; in der *Abhandlung* liegt der Ursprung der Sprache eher in den menschlichen Fähigkeiten der Reflexion und der Aufmerksamkeit (die in der Besonnenheit gründen) als in der Fähigkeit zu sprechen oder Töne zu artikulieren – oder in der Möglichkeit von jemand anderem verstanden zu werden:

> Hier ist es keine *Organisation* des Mundes, die die Sprache machet: denn auch der zeitlebens Stumme war er Mensch: besann er sich; so lag Sprache in seiner Seele! […] [D]er Wilde, der Einsame im Walde hätte Sprache für sich selbst erfinden müssen; hätte er sie auch nie geredet. (FHA 1, S. 725, Herv. i. Orig.)

Indem er Sprache als interne Konfiguration der menschlichen Wahrnehmung und des menschlichen Geistes versteht, betont Herder deren innere Trennung vom Sprechen und von der Kommunikation.[19] Herder lehnt nicht die

18 Vgl. auch Ernst Cassirer: *Zur Metaphysik der symbolischen Form*, hrsg. v. John Michael Krois. Hamburg: Meiner 1995, S. 150.

19 Ein anderes Argument präsentiert Herder in seinen *Ideen*, in denen die Sprache als Bedingung des Menschseins auftaucht: „Nur durch die Rede wird die schlummernde Vernunft erweckt oder vielmehr die nackte Fähigkeit, die durch sich selbst ewig tot geblieben wäre, wird durch die Sprache lebendige Kraft und Wirkung.“ (FHA 6, S. 138) Und weiter: „Die Taub- und

akustischen Elemente der Sprache insgesamt ab, dennoch stellt er die Trennung zwischen diesen Elementen und dem Ursprung der Sprache in den Vordergrund. Selbst wenn die Menschen schließlich beginnen, ihre Sprache zu sprechen und sie als Mittel der Kommunikation zu nutzen, liegt der Ursprung oder das Wesen der Sprache nicht dort. Herder begründet dieses radikale Argument, indem er die menschliche Seele ins Spiel bringt. Dies bildet die Grundlage für seine alternative Erklärung.

Seit ihrem ersten Erscheinen im Text ist Besonnenheit mit der menschlichen Seele verbunden und als „Kraft seiner Seele" (FHA 1, S. 719) bestimmt. Das Vermögen, zurückzustehen und achtzugeben, die Befähigung, eine Welle inmitten einer überwältigenden Flut zu unterscheiden, und schließlich die menschliche Fähigkeit der Reflexion – dies alles sind Vorgänge der Seele: „wo sich die *Begriffe durchkreuzen* und *verwicklen*! Wo die *verschiedenste Gefühle* einander *erzeugen*; wo eine *dringende Gelegenheit alle Kräfte der Seel aufbietet* und *die ganze Erfindungskunst, der sie fähig ist, zeiget.*" (FHA 1, S. 754, Herv. i. Orig.; vgl. auch S. 717, 722 u. passim.)

Obwohl Herder sich intensiv mit den Sinnen und der Sinneswahrnehmung beschäftigt (wie ich noch ausführlich erörtern werde), kommt der menschlichen Seele immer noch die Hauptbedeutung zu, selbst wenn er die drei zentralen Sinne (Sehen, Fühlen[20] und Hören) diskutiert. Besonnenheit ermöglicht es dem Menschen, offen für die Welt zu sein, und der Welt, sich selbst in die Seele einzuschreiben: „bliebe auch ewig sein Mund und sein Auge verschlossen, seine Seele bleibt nicht ganz ohne Sprache [...] ohne Augen und Zunge in seiner Seele sie zu *nennen.*" (FHA 1, S. 735, Herv. i. Orig.) Die menschliche Seele bedingt allerdings nicht nur die Offenheit des Menschen gegenüber seiner Umwelt, sondern mehr noch: sie beherbergt dessen Reflexionsvermögen. Herder schreibt dementsprechend, dass Sprache „Einverständnis seiner Seele mit sich [war], und ein so notwendiges Einverständnis, als der Mensch Mensch war." (FHA 1, S. 725) Die der Besonnenheit inhärente reflexive Komponente der Sprache offenbart sich, wenn die Seele in Beziehung zu sich selbst steht, über sich selbst, wie Herder es ausdrücken würde, im *Einverständnis* reflektierend. Dieser Begriff bezeichnet

Stummgebornen, ob sie gleich Jahre lang in einer Welt von Gebehrden und andern Ideenzeichen lebten, betrugen sich dennoch nur wie Kinder oder wie menschliche Tiere. Nach der Analogie dessen was sie sahen und nicht verstanden, handelten sie; [...]. Nur die Sprache hat den Menschen menschlich gemacht, indem sie die ungeheure Flut seiner Affekten in Dämme einschloß und ihr durch Worte vernünftige Denkmale setzte." (Ebd., S. 347–348) Sprache und Hören erscheinen hier untrennbar, ähnlich wie in der *Abhandlung*, in der Herder immer wieder betont, dass die menschliche Sprache nicht vom Mund, sondern vom Ohr abhängig ist.

20 A. d. Ü.: Hier und im Folgenden wird das Verb *to touch* mit *fühlen* übersetzt, da Herder zur Bezeichnung des Tastsinns und des Tastens zumeist die Worte *Gefühl* und *fühlen* verwendet.

mehr als bloß das gemeinsame Verständnis und bezieht sich darüber hinaus auf eine innere Übereinstimmung oder einen Einklang zwischen dem Menschen und seiner Seele sowie zwischen der Seele und sich selbst. Diese innere, reflektierende Übereinstimmung ist für das Menschsein des Menschen essentiell.[21]

## „Ha! Du bist das Blöckende“: Sprache und Ton

Herder verdeutlicht die Funktionsweise der Besonnenheit und mit ihr die Bildung der menschlichen Sprache durch ein kunstvolles (und berühmtes) Beispiel: das eines blökenden Schafes (er spricht zuerst von einem *Lamm* und verwendet dann stets das Wort *Schaf*). Herder ist nicht der erste, der dieses Beispiel verwendet. Moses Mendelssohn nutzte es zwanzig Jahre früher (1756) in einem Brief an Lessing, den er kurz nach dem Abschluss seiner Übersetzung von Rousseaus *Zweitem Diskurs* geschrieben hat.[22] Wie von Mücke herausstellt, versucht Mendelssohn in diesem Brief, Rousseau angesichts einiger problematischer Aspekte in seinem Essay in Schutz zu nehmen, indem er zeigt, dass Rousseau tatsächlich eine positive Einstellung gegenüber der menschlichen Gesellschaft hat, obwohl er scheinbar den Wilden über den gesellschaftlichen Menschen erhebt. Das Schaf erscheint als ein Teil von Mendelssohns Erklärung der Entwicklung vom Naturzustand zum gesellschaftlichen Zustand und demonstriert dabei, wie der Mensch lernt, Bilder und Töne in einen Zusammenhang zu bringen.[23] Obwohl das Schaf sich als ein hervorragender Ausgangspunkt für seine Argumentation erweist, wirft Herders Wahl eine Frage auf: Warum wählt er ein domestiziertes Tier, ein Tier, das, zumindest potentiell, vermenschlicht ist? Man könnte sagen, dass eine mögliche ‚Unreinheit‘ in dieser Wahl liegt, vor allem weil der Ton[24] des Blökens in eine menschliche Äußerung übersetzbar ist: Mäh, bäh usw.

21 Obwohl es nicht in den Rahmen meiner Erörterung fällt, auf diesen Punkt einzugehen, sind Herders etwas andere Vorstellungen über die wesentliche Beziehung zwischen Sprache und Volk erwähnenswert. Vgl. Sikka: *Herder on Humanity*; Frederick M. Barnard: *Herder's Social and Political Thought from Enlightenment to Nationalism*. Oxford: Clarendon 1967.

22 Vgl. Moses Mendelssohn: Sendschreiben an den Herrn Magister Lessing in Leipzig. In: Ders.: *Gesammelte Schriften*. Jubiläumsausgabe. Bd. 2: Schriften zur Philosophie und Ästhetik, hrsg. v. Fritz Bamberger / Alexander Altmann / Ismar Elbogen. Stuttgart: Fromman 1972, S. 81–110, hier S. 107–108.

23 Vgl. von Mücke: Virtue and the Veil of Illusion, S. 298–299, Anm. 12. Zu den verschiedenen kritischen Reaktionen auf Rousseaus Sprachtheorie, einschließlich einer Darstellung von Mendelssohns Verwendung des Schaf-Beispiels vgl. auch Avi Lifschitz: *Language and the Enlightenment. The Berlin Debates of the Eighteenth Century*. Oxford: Oxford UP 2012, S. 82–87.

24 A. d. Ü.: Das Wort *sound* wird im Folgenden zumeist mit *Ton* übersetzt, da es für Herder in der *Abhandlung* der zentrale Begriff ist. Vereinzelt wird *sound* auch mit den ebenfalls von Herder verwendeten Begriffen *Laut* und *Schall* übersetzt, die im Kontext der *Abhandlung* nicht ganz präzise von Ton unterschieden werden.

Johann Georg Hamann greift dies in seinen interessanten Erörterungen von Herders *Abhandlung* auf, insbesondere in *Des Ritters von Rosencreuz letzte Willensmeynung, Philologische Einfälle und Zweifel* und *Au Salomon de Prusse*.[25] Ich werde Herders Schaf-Beispiel ausführlich darlegen, da es nicht nur mit meinen vorherigen Argumenten im Zusammenhang steht, sondern auch die zentrale Funktion des Tons und des Gehörs in seiner Sprachtheorie herausstellt. Um den spezifisch menschlichen Charakter der Besonnenheit zu untermauern, stellt Herder seine Beschreibung des Schafes aus einer doppelten Perspektive vor: der des Tieres und der des Menschen. Er inszeniert den Auftritt wie folgt: Ein Schaf tritt auf – aber es erscheint auf ganz unterschiedliche Weise vor den Augen des Tieres und vor denen des Menschen.

Während insbesondere der Mensch, und nicht das Tier, von der Flut der Empfindungen überwältigt ist, wird auch das Tier überwältigt, aber nicht von der Empfindung als solcher, sondern von seinen eigenen Instinkten. Der „hungrig[], witternde[] Wolf[]" oder der „blutleckende[] Löwe[]" sind von ihren Instinkten überwältigt (Herder schreibt, dass „Sinnlichkeit [...] sie überwältigt [hat]"; FHA 1, S. 723), die bewirken, dass sie nichts anderes sehen oder riechen als das Fleisch des Schafs und sie dazu angetrieben werden, es anzugreifen. Der „brünstige[] Schafmanne" ist ebenfalls von seiner Sinnlichkeit und seinem Instinkt angetrieben und nimmt das weibliche Schaf nur als mögliches Objekt der sexuellen Lust wahr. Andere Tiere, deren Instinkte sie zu einem anderen Objekt leiten, sind vollkommen *gleichgültig* gegenüber dem Schaf, wenn es fast unbemerkt an ihnen vorbeizieht. Herder verwendet hier die Begriffe *klar* und *dunkel* und betont damit den starken Kontrast zwischen dem indifferenten Tier, das das Schaf „klar dunkel vorbeistreichen läßt" (FHA 1, S. 723), und der intensiven Gerichtetheit der Instinkte, die gleichsam einen engen, fokussierten Lichtstrahl auf sein Objekt wirft und es dem instinktiv getriebenen Tier nicht erlaubt, etwas Anderes außerhalb dieses begrenzten Bereichs wahrzunehmen: In diesem Sinne sieht z. B. der Löwe das Schaf nicht als Ganzes, sondern nur sein essbares Fleisch, während die Ameise in völliger Gleichgültigkeit gegenüber der Existenz des Löwen oder des Schafes diese passiert.[26] Dies erinnert natürlich an die

25 Vgl. Johann Georg Hamann: *Sämtliche Werke*, Bd. III: Schriften über Sprache / Mysterien / Vernunft (1772–1788), hrsg. v. Josef Nadler. Wien: Herder 1951, S. 25–60. Zur Beziehung zwischen Hamann und Herder vgl. Daniel O. Dahlstrom: The Aesthetic Holism of Hamann, Herder and Schiller. In: Karl Ameriks (Hrsg.): *The Cambridge Companion to German Idealism*. Cambridge: Cambridge UP 2017, S. 76–94; Katie Terezakis: *The Immanent Word. The Turn to Language in German Philosophy 1759–1801*. New York: Routledge 2007, insb. Kapitel 1 u. 3.

26 Auch Kant spricht von der Beziehung des Menschen zum Schaf. Allerdings stellt er es völlig anders dar, indem er das instrumentelle und nicht das reflexive Verhältnis des Menschen zu den Schafen beschreibt: „Der vierte und letzte Schritt, den die den Menschen über die Gesellschaft mit den Tieren gänzlich erhebende Vernunft tat, war: daß er (wiewohl nur dunkel) begriff,

vorherige Diskussion über die ‚Sphäre' des Tieres und die scharfe und bestimmte, gleichzeitig aber auch enge und begrenzte Perspektive, von der aus es die Welt erlebt und sich selbst in ihr findet (vgl. FHA 1, S. 712–715).

Ein Mensch wird weder durch tierische Instinkte angetrieben, noch ist er gegenüber dem Lamm gleichgültig: „Lasset jenes Lamm", schreibt Herder, „als Bild sein Auge vorbeigehn: ihm wie keinem andern Tiere." (FHA 1, S. 723) Herders Gebrauch des Wortes „Bild" betont die mittlere Stellung, die der Mensch – nicht zu nah, aber auch nicht zu entfernt – zwischen der unerschütterlichen Macht des Instinkts und der kalten, unbeteiligten Gleichgültigkeit einnimmt. Der Mensch wird nicht von seinen Instinkten regiert, erklärt Herder, und genau das ermöglicht ihm, das Schaf als Ganzes und schließlich als ein Objekt zu erfassen (dies wäre kategorisch zu unterscheiden von der energischen und doch eingeschränkten Wahrnehmung im Fall des Löwen oder des Schafbocks). Indem der Mensch das Lamm als Bild wahrnimmt, gewinnt er eine perfekte Distanz: Weder braucht er das Tier, noch ist er ihm gegenüber gleichgültig (Herders Verwendungsweise des Bild-Begriffs ist hier bemerkenswert, da er im weiteren Verlauf der Argumentation das Sehen ausklammert und stattdessen den Gehörsinn hervorhebt). Die mittlere Stellung des Menschen – nicht zu nah und nicht zu fern – impliziert ein spezifisch menschliches Begehren, nämlich das Objekt zu kennen: „so bald er in die Bedürfnis kommt, das Schaf kennen zu lernen: so störet ihn kein Instinkt: so reißt ihn kein Sinn auf dasselbe zu nahe hin, oder davon ab" (FHA 1, S. 723).[27]

er sei eigentlich der *Zweck der Natur*, und nichts, was auf Erden lebt, könne hierin einen Mitwerber gegen ihn abgeben. Das erstemal, daß er zum Schafe sagte: *den Pelz, den du trägst, hat dir die Natur nicht für dich, sondern für mich gegeben*, ihm ihn abzog und sich selbst anlegte ([1. Mose III,] v. 21), ward er eines Vorrechtes inne, welches er vermöge seiner Natur über alle Tiere hatte, die er nun nicht mehr als Mitgenossen an der Schöpfung, sondern als seinem Willen überlassene Mittel und Werkzeuge zur Erreichung seiner beliebigen Absichten ansah. Diese Vorstellung schließt (wiewohl dunkel) den Gedanken des Gegensatzes ein: daß er *so* etwas zu keinem *Menschen* sagen dürfe, sondern diesen als gleichen Teilnehmer an den Geschenken der Natur anzusehen habe; eine Vorbereitung von weitem zu den Einschränkungen, die die Vernunft künftig dem Willen in Ansehung seines Mitmenschen auferlegen sollte, und welche, weit mehr als Zuneigung und Liebe, zur Errichtung der Gesellschaft notwendig ist." (Immanuel Kant: Mutmaßlicher Anfang der Menschengeschichte. In: Ders.: *Was ist Aufklärung? Ausgewählte kleine Schriften*, hrsg. v. Horst D. Brandt. Hamburg: Meiner 1999, S. 28–44, hier S. 33–34, Herv. i. Orig.)

27 Kittlers Lektüre dieser Passage rückt einen anderen interessanten Aspekt dieser Szene in den Vordergrund: „Denn um den Menschen, dieses nach Herders Entdeckung instinktunsichere Mängelwesen, in die Lage und Freiheit das Namengebens zu versetzen, heißt es notwendig, daß nicht nur kein blutleckender Löweninstinkt, sondern auch kein ‚brünstiger Schaafmann'-Instinkt ihn übers Lamm ‚herwirft' […]. Wenn ‚das Lamm' anstelle Der Frau steht, ist die Ausgesetztheit des Mängelwesens Mensch jenseits instinktgezogener Grenzen einfach die

An dieser Stelle lohnt es sich, zu Mendelssohns interessanter Verwendung des gleichen Beispiels zurückzukehren. In seiner Darstellung von Rousseaus Naturzustand beschreibt Mendelssohn die Begegnung eines ‚Wilden' mit einem Schaf, das auf einer Blumenwiese steht. Beim Hören des Blökens kann der Wilde es als zum Schaf gehörig erkennen, aber er kann es auch mit dem Gesamtbild in Zusammenhang bringen (der Wiese, den Blumen und dem Schaf). Dies zeigt, so Mendelssohn, wie der natürliche Laut in arbiträre Zeichen verwandelt werden kann.[28] In der *Abhandlung* entwickelt Herder, wie wir gesehen haben, eine andere Argumentationslinie.

Da es nunmehr nicht bloß ein leckeres Stück Fleisch ist (für den Löwen) oder ein Mittel für die sexuelle Befriedigung (für den Schafbock), kann das Schaf vor dem Menschen dastehen, „ganz wie es sich seinen Sinnen äußert" (FHA 1, S. 723). Es steht da, wie es ist, in seiner Ganzheit, und wichtiger noch, wie es sich selbst ausdrückt, und nicht als Spiegel für den instinktiven ‚Lichtstrahl' des Menschen.[29] Der Mensch ist für die Welt empfänglich und ihr gegenüber offen. Das Schaf ist ihm nun lebhaft vor Augen: Es drückt sich selbst aus, anstatt als die bloße Erfüllung des Bedürfnisses eines anderen Geschöpfs zu fungieren. Das Schaf zieht nicht an den Augen (oder Ohren) des Menschen als ein Objekt vorüber, das ein Bedürfnis befriedigt. Dennoch ist die Beschreibung seines Auftritts sehr greifbar und sinnlich. Es wirkt fast so, als würde Herder die Art und Weise, wie der Mensch das Schaf wahrnimmt, in allen Einzelheiten wiedergeben, aber indem er das tut, entwirft er sich als jemanden, der dem Schaf gegenübertritt.

Dies ist ein entscheidender Punkt in der Argumentation, da Herder die charakteristische Weise thematisiert, in der die Besonnenheit sich dem Schaf annähert. Es reicht nicht aus, den Menschen als nicht zu nah und nicht zu fern zu lokalisieren. Herder muss eine Darstellung der menschlichen Sprache liefern, die durch Bewusstsein und Reflexion bestimmt ist, anstatt durch die Unmittelbarkeit des Instinkts. Wie genau wird der Mensch des Schafs gewahr und in welchem Sinn ist dieses Gewahrsein sprachlich? Der Mensch muss das erkennen, was Herder ein *Merkmal* nennt, welches das Schaf als Schaf kennzeichnet, es wie eine Welle

Aussetzung des Begehrens beim Mann. Ein Begehren setzt aus und die Möglichkeit des Sprechens ein." (Kittler: *Aufschreibesysteme*, S. 51.) Kittler zufolge ‚reinigt' der Mangel an Instinkt den Menschen nicht nur von Zerstreuungen, sondern macht ihn auch für diese unempfänglich, indem die Sprache zu einem Ersatz für das Begehren wird.

28 Vgl. Avi Lifschitz: Language as a Means and an Obstacle to Freedom. The Case of Moses Mendelssohn. In: Quentin Skinner / Martin van Gelderen (Hrsg.): *Freedom and the Construction of Europe*, Bd. 2. Cambridge: Cambridge UP 2013, S. 84–102, hier S. 89–90.

29 Gleichwohl bleibt die folgende Frage offen: Ist das Begehren des Menschen, mit dem Schaf ‚vertraut' zu sein, instinktiv? Herder thematisiert dies nicht explizit.

von der allumfassenden Flut der Wahrnehmungen und Empfindungen trennt. Herder wird schließlich zeigen, dass dieses Merkmal der Ursprung des ersten Wortes ist; aber dieses Wort ist ohne Bezug zu jeglicher menschlichen Äußerung, zur Nachahmung von Tönen oder Ausdrücken: Es ist ein innerlich eingeprägtes Zeichen, ein inneres Wort in der Seele des Menschen. Dank der Fähigkeit der Besonnenheit erkennt die Seele das Schaf auf eine menschliche Art und Weise (vgl. FHA 1, S. 720) und der Mensch ist fähig, das Merkmal in einen inneren Namen für das Schaf zu verwandeln, es in seine Seele einzuprägen. Was wäre dieses Merkmal, wenn der Mensch keinen Instinkt hätte, der ihm dort hinleiten könnte? Es ist weder die weiße Farbe des Schafs noch seine weiche Wolle oder seine charakteristische Größe. Die menschliche Seele findet das Merkmal im Blöken des Schafs, in dem dadurch erzeugten Schall, und mit dem Blöken „[würket] der innere Sinn" (FHA 1, S. 723).

Es ist evident, dass Blöken ein für das Schaf charakteristischer Laut ist, ein Laut, den kein anderes Geschöpf auf die gleiche Weise erzeugt. Aber Herder argumentiert, dass das Blöken nicht nur irgendein Beispiel, sondern ein Musterbeispiel dafür ist, dass der Schall bzw. Ton hier primär ist: der Ton im Allgemeinen und nicht nur der des Schafs. Der Ton spielt eine grundlegende Rolle in der menschlichen Wahrnehmung des Schafs und schließlich in der Hervorbringung des Merkmals. Der Ton, so Herder, macht den stärksten Eindruck auf die menschliche Seele. Die Klangqualität des Blökens ermöglicht es diesem, dass es sich „losriß" von dem Schaf als einem eingeschlossenen (weißen, weichen, wolligen) Objekt, um hervorzuspringen und seinen Weg direkt in den umgrenzten Raum der menschlichen Seele zu finden. Herder verwendet hier das Wort *eindrängen*, um die gewaltsame, unwiderstehliche Kraft zu vermitteln, mit der der Ton des Blökens in den Raum der Seele eintritt. Weder der Anblick noch das Berühren des Schafs haben eine vergleichbare Wirkung, da nur der Ton sich aktiv vom Objekt auf die menschliche Seele zubewegen und sie betreten kann.[30]

Die einzigartige Fähigkeit des Tons, in die Seele einzudringen, erwächst aus der ersten Begegnung des Menschen mit dem Schaf. Doch bei der zweiten Begegnung erscheint sie erneut und nachdrücklicher: Die Seele erkennt das Blöken und macht es zu einem charakteristischen Element des Schafs. Das Blöken brennt sich diesmal nicht nur in die Seele ein, sondern es wird mit einem Merkmal benannt (vgl. FHA 1, S. 723). Herder situiert die Sprache im Inneren der Seele, anstatt sie als ein Gegenüber zur äußeren Welt der wahrgenommenen Sinnesdaten zu denken, und betont damit die komplexen Beziehungen zwischen

30 Der Geruch ist ein interessanter, gegenläufiger Fall, aber Herder geht nicht darauf ein.

Innen und Außen, Wahrnehmung und Ausdruck, Mensch und Welt. Obwohl er mit Begriffen der Reflexion argumentiert (die Seele ‚spricht zu sich selbst'; vgl. FHA 1, S. 723), liefert Herder uns einen komplexen Fall, der die scharfe Abgrenzung zwischen Innen und Außen in Frage stellt.

Es ist wichtig, bei diesem Moment des Erkennens zu verweilen, denn er ist ein Schlüssel zum Verständnis der Entwicklung der Besonnenheit als Wahrnehmungsform sowie zu ihrer Funktion als Sprache. Besonnenheit macht den Menschen offen für die Welt, denn sie ermöglicht es ihm, sich von ihr beeindrucken und von der Kraft überraschen zu lassen, die sich der Seele einprägt. Dies geschieht nach Herders Darstellung durch die unverwechselbare Art und Weise, durch die der Mensch achtgibt. Diese Achtsamkeit ermöglicht es dem Menschen, das Schaf in der Flut der Wahrnehmungen als getrennt und unterscheidbar zu identifizieren, aber sie erlaubt ihm einen weiteren und entscheidenden Schritt. Der Mensch ist dazu fähig, dem Schaf erneut zu begegnen und es als einheitliches Wesen zu erfahren: „du bist das Blöckende!" Das Blöken dringt nicht nur in die Seele ein und offenbart ein Merkmal des Schafs, sondern alles, was mit dem Schaf zu tun hat, ist jetzt um es herum vereint, und das Schaf als das „Blöckende" kristallisiert sich um seinen akustischen Kern. Hier treten die Aspekte des Gewahrseins und der Reflexion in Erscheinung und ermöglichen schließlich die Entwicklung von dem undeutlichen Bereich der Besonnenheit zur echten menschlichen Ausprägung der Besinnung, von der Flut der Empfindungen zum Namen.[31]

Darum entscheidet Herder sich, den Fokus auf die menschliche Seele zu legen, anstatt auf die Wahrnehmung oder das abstrakte Denken. Die Seele ist der Raum, in den die ‚rohen' Wahrnehmungsdaten von außen einfließen, zusammengefügt, vereinheitlicht und den Schafen zugeordnet werden. Das Merkmal des Schafs, sein Blöken, wird für die Seele zu seinem Namen. Dies ist ein eminent sprachlicher Moment, in dem die menschliche Besonnenheit schließlich als das erscheint, wonach Herder sucht, nämlich als Ursprung der Sprache: „Dies *Erste Merkmal der Besinnung war Wort der Seele! Mit ihm ist die menschliche Sprache erfunden.*" (FHA 1, S. 723, Herv. i. Orig.) Herders „Wort der Seele" tritt mehrmals in der *Abhandlung* als die erste und wesentliche Bedingung der Sprache auf. Da der Mensch als sprachliches Wesen bestimmt ist, folgt daraus, dass jede Wahrnehmung, jedes Gefühl oder jeder Gedanke an sich eine sprachliche Struktur hat: Es gibt „*kein*[en] *Zustand in der menschlichen Seele* [...], *der nicht*

31 Für unsere Gespräche in Bezug auf diesen Punkt bin ich Werner Hamacher zu Dank verpflichtet.

*wortfähig oder würklich durch Worte der Seele bestimmt werde.*" (FHA 1, S. 774, Herv. i. Orig.)[32]
Herder merkt an, dass dieses innere Wort nicht gesprochen oder akustisch ausgedrückt wird, noch muss es kommuniziert oder von Anderen verstanden werden; es hat sich eingeprägt und hallt innerlich nach: Auch „wenn ihn nie seine Zunge zu stammeln versucht hätte" und auch wenn er „nie in den Fall [käme], einem andern Geschöpf diese Idee zu geben [...]; seine Seele hat gleichsam ich ihrem Inwendigen geblöckt" (FHA 1, S. 724). In einem Fragment mit dem Titel *Über die Fähigkeit zu sprechen und zu hören* (1795) diskutiert Herder die sprachliche Kommunikation, ohne sich dabei auf die verbale oder auditive Kommunikation zu beziehen. Es geht vielmehr um die Kommunikation zwischen Seelen: „Sprache ist das Band der Seele"[33]. Einige Seiten später kommt er auf eine ähnliche Szene wie die des blökenden Schafs zu sprechen, wenn er den Menschen als „lernende[n] Unmündige[n]" (FHA 1, S. 734) beschreibt. Das Wort *unmündig* führt abgesehen von seiner buchstäblichen Bedeutung (mundlos) rechtliche Konnotationen mit sich, die sich auf Personen (z. B. Minderjährige) beziehen, denen es untersagt ist, vor Gericht auszusagen. Tatsächlich spricht in Herders Sprachverständnis der Unmündige, allerdings ist es die menschliche Seele, die hier spricht, und zwar zu niemand anderem als zu sich selbst. In diesem Moment geht das äußere Blöken des Schafs eine Verbindung mit dem inneren Blöken der Seele ein (Gewahrsein der Welt und Selbstreflexion der Seele): Das Blöken „klang! die Seele haschte – da hat sie ein *tönendes Wort*!" (FHA 1, S. 734, Herv. i. Orig.)
Herders Verwendung des Worts *tönend* verdient hier besondere Beachtung. Der Hall spielt eine zentrale Rolle auf den ersten Seiten der *Abhandlung*. Wie ich in dem vorherigen Kapitel erörtert habe, legt Herder besonderen Wert auf die Beschreibung der ursprünglichen Sprache der Empfindungen als Sprache, die nicht nur unmittelbarer Ausdruck ist. Sie ruft auch eine unmittelbare mitfühlende Reaktion hervor, die er wiederholt als Echo beschreibt: Die „geschlagne Saite" des tierischen Gefühls findet sofort ihren Ausdruck und „tut ihre Naturpflicht: – sie klingt! sie ruft einer gleichfühlenden Echo: selbst wenn keine da ist, selbst wenn sie nicht hoffet und wartet, daß ihr eine antworte." (FHA 1, S. 698)
Herder fährt mit der dritten Formel des Naturgesetzes fort, das zum Segen wird,

32 In der englischsprachigen Ausgabe von Herders *Abhandlung* erklärt der Übersetzer Michael N. Forster, dass das Wort ‚werden' sowohl in einem erkenntnistheoretischen als auch in einem entwicklungspsychologischen Sinn verstanden werden kann, vgl. Herder: *Treatise*, S. 132, Fn. 145.

33 Johann Gottfried Herder: Über die Fähigkeit zu sprechen und zu hören. In: Ders.: *Herders Sämmtliche Werke*, Bd. 18, hrsg. v. Bernhard Suphan. Berlin: Weidmannsche Buchhandlung 1883, S. 384–390, hier S. 384.

wenn der Schrei eines einzigen, leidenden Geschöpfs eine unmittelbare Reaktion von der Natur in der Form eines Echos hervorruft.[34] Auf diese Weise gelingt Herder eine Umwandlung des bloß Mechanischen und Natürlichen in eine moralische Struktur, in der das schreiende Tier sich als Teil der Natur empfindet, wenn sein Schrei die Antwort der gesamten Natur als Echo oder Widerhall zu ihm zurückwirft. Obwohl der zweite Abschnitt der *Abhandlung* und damit die entschieden menschliche Sprache insbesondere auf dem Ton und dem Hören basiert, scheint das Echo dort keine Rolle zu spielen. Allerdings ist das Echo trotz Herders Argument, dass das Sprechen für die menschliche Sprache nicht essentiell ist, auch bei der Entstehung der menschlichen Sprache der Besonnenheit ausgesprochen präsent.

Das Echo ist im zweiten Abschnitt der *Abhandlung* vom Sprechen oder der Erzeugung von Tönen unabhängig, muss aber eher im Sinne von Wiederholung, Übereinkunft und etwas, das zurückgeworfen wird, verstanden werden. Beim Echo geht es daher vielmehr um eine reflektierende Bewegung in einem geschlossenen Raum als um eine bloße Wiederholung von Tönen. Der Ursprung von Herders menschlicher Sprache bleibt mit dem Echo auf dreifache Weise verbunden. Es tritt in Erscheinung, wenn der Mensch dem Schaf begegnet und zum ersten Mal dessen Blöken hört. Es entsteht ein akustischer Raum zwischen dem Schaf und dem menschlichen Ohr, ein Raum, in dem der Ton des Blökens hallt und nachklingt. Ein weiterer Verweis auf das Echo taucht auf, wenn Herder den geschlossenen, reflexiven Bereich der menschlichen Seele beschreibt, in dem die Seele sich selbst begegnet und sich spiegelt. Herder behandelt das reflexive Element wie ein widerhallendes Echo. Ein drittes Echo entsteht bei dem zweifachen Blöken: das äußere Blöken des Schafs und das innere Blöken der Seele. Das veranschaulicht die Komplexität von Herders Verwendung der Echo-Struktur: Das innere Blöken der Seele ist weder eine Nachahmung eines äußeren Tons noch eine einfache, mechanische Wiederholung. Die Fähigkeit der Seele, ein inneres Echo zu erzeugen, begründet Herders Auffassung, dass Sprache in der Seele stattfindet und nicht im Mund oder auf der Zunge. Reflexive menschliche Sprache erhält das für die Sprache der Empfindungen so bestimmende Echo, entkoppelt es aber vom physischen Schrei oder dem Schmerzensgeschrei, indem es in einem menschlichen Sinn zu etwas Sprachlichem gemacht wird. Sprache hallt in dem Akt der Reflexion nach, und die menschliche Seele wird zu ihrer Echokammer.

Es ist deutlich geworden, dass Herder sich von einem Sprachverständnis distanziert, für das das Sprechen, insbesondere das propositionale und kommunikative,

34 Vgl. meine Diskussion von Herders Idee des Naturgesetzes in Kapitel 2.

wesentlich ist. Aber bevor wir uns eingehender mit der zentralen Funktion des Ohrs und des Gehörs für die Sprache beschäftigen, lohnt es sich, die Aufmerksamkeit auf zwei andere – möglicherweise marginale, aber gleichwohl interessante – Formen des Ausdrucks zu richten, die eher einen Bezug zum Mund als zum Ohr haben. Das ist zum einen das Lied und zum anderen der Atem. In der *Abhandlung* spricht sich Herder für eine essentielle Verbindung zwischen der menschlichen Sprache und der tierischen Äußerungsform aus und macht das Beispiel des Lieds zum Kern seines Arguments:

> War also die erste Menschensprache Gesang: so wars Gesang, der ihm so natürlich, seinen Organen, und Naturtrieben so angemessen war, als der Nachtigallen Gesang ihr selbst [...]. *Condillac, Rousseau* und andre sind hier halb auf den Weg gekommen, indem sie die Prosodie und den Gesang der ältesten Sprachen vom Geschrei der Empfindung herleiten, und ohne Zweifel belebte Empfindung freilich die ersten Töne und erhob sie; so wie aber aus den bloßen Tönen der Empfindung nie menschliche Sprache entstehen konnte, die dieser Gesang doch war; so fehlt noch etwas, ihn hervorzubringen: und das war eben die Namennennung eines jeden Geschöpfs nach seiner Sprache. Da sang und tönte also die ganze Natur vor: und der Gesang des Menschen war ein Konzert aller dieser Stimmen, so fern sie sein Verstand brauchte, seine Empfindung faßte, seine Organe sie ausdrücken konnten – Es ward Gesang, aber weder Nachtigallenlied, noch *Leibnitzens* musikalische Sprache, noch ein bloßes Empfindungsgeschrei der Tiere: Ausdruck der Sprache aller Geschöpfe, innerhalb der natürlichen Tonleiter der menschlichen Stimme! (FHA 1, S. 741–742, Herv. i. Orig.)

Obwohl Herder zufolge der Mensch den Gesang nicht durch bloßes Nachahmen von Tierstimmen erlernen kann, ist gleichwohl die menschliche Sprache eng mit den Tierstimmen verbunden, allerdings auf eine ganz andere Weise: „So wenig also die Nachtigall singt, um den Menschen, wie man sich einbildet, vorzusingen: so wenig wird der Mensch sich dadurch je Sprache erfinden wollen, daß er der Nachtigall nachtrillert" (FHA 1, S. 741). Herder ruft hierbei die biblische Szene von Adams ursprünglichem Akt der Benennung auf, in der er jedes Tier nach seiner Stimme benennt. Aber Herders Interesse richtet sich nicht auf die Herrschaft und die Souveränität, die in der biblischen Geschichte zum Ausdruck kommt, wenn der Mensch durch das Benennen zum Herrscher über die Natur wird. Er befasst sich vielmehr mit dem musikalischen Charakter dieser Szene. Ich nehme hier Bezug auf David Wellberys Lektüre dieser Passage. Er lenkt die Aufmerksamkeit auf zwei wichtige Aspekte in Herders Argumentation: Erstens ist die menschliche Stimme nicht einfach eine andere Version der tierischen Stimme, sondern eine einzigartige menschliche Fähigkeit, die nicht nur untrennbar mit Rationalität oder Empfindungsvermögen verbunden ist, sondern das Medium bildet, in dem sie realisiert werden. Die menschliche Stimme „ist eine autonome Instanz“, schreibt Wellbery: „sie bringt ein ausdrucksstarkes *Novum* in die Welt, das seiner eigenen inneren Dynamik gehorcht und seine eigene einzigartige Produktivität aufweist“.[35] Obwohl die menschliche Stimme nur eine Stimme im Chor der Natur darstellt, betont Herder deren einzigartige Fähigkeit, alle Naturklänge zu übersetzen und dadurch in die einmalige Tonalität des Menschen zu übertragen. Das ist es, was Herder hier als „Konzert aller dieser Stimmen“ bezeichnet. In Herders Beschreibung überwiegt die Art und Weise, in der die akustische Dimension alles Menschliche einschließt: „Alles, was der Mensch sieht, fühlt, riecht und schmeckt, hat ein innerlich hörbares klangliches Korrelat, das wiederum in einen stimmlichen Ausdruck verwandelt werden kann.“[36] Dieser „stimmliche[] Ausdruck“ kommt keiner Form des propositionalen Sprechens gleich, noch steht er in einer Relation zur Kommunikation. Das „Konzert“ ist ein Klangereignis, bei dem die Gesamtheit der Natur durch ihren Ausdruck in der menschlichen Stimme teilnimmt. Mit anderen Worten: Der Mensch spricht (oder eigentlich: singt) nicht *über* die Natur; er bringt sie unmittelbar in seinem Lied zum Ausdruck. Diese Beschreibung ist in dem spezifischen Kontext der Beziehung zwischen Mensch und Natur bemerkenswert; aber ihre Implikationen in Bezug auf die menschliche Sprache im Allgemeinen sind es nicht weniger.

Die zweite Form des mündlichen Ausdrucks, die nicht dem Sprechen gleichkommt, ist der Atem. Eine noch komplexere Darstellung in Bezug auf den Atem findet sich in den *Ideen zur Philosophie der Geschichte der Menschheit* (1784–1791).[37] Dort konstruiert Herder eine essentielle Verbindung zwischen Gehör und dem, was er ein „bewegte[s] Lüftchen“ nennt, wobei der Atem das Verbindungsglied zwischen menschlicher Rede, Lied und Stöhnen darstellt. „Von einem bewegten Lüftchen hängt alles ab“, schreibt er,

> was Menschen je auf der Erde menschliches dachten, wollten, taten und tun werden: denn alle liefen wir noch in Wäldern umher, wenn nicht dieser göttliche Otem uns angehaucht hätte und wie ein Zauberton auf unsern Lippen schwebte. (FHA 6, S. 346)

Das *bewegte Lüftchen* verbindet Sprechen und Gehör, die Herder als voneinander untrennbar erachtet, und dieses Zusammentreffen vollzieht sich auf ähnliche

35 David Wellbery: *The Specular Moment. Goethe's Early Lyric and the Beginning of Romanticism*. Stanford: Stanford UP 1996, S. 189 (Herv. i. Orig.).

36 Ebd.

37 Vgl. hierzu Fußnote 19 in diesem Kapitel.

Weise wie das von Körper und Seele. In beiden Fällen können wir die Verbindung nur *fühlen*, aber niemals die Details des Vorgangs erfassen. Alles, was der Mensch fühlt (Herder erwähnt insbesondere Trauer und Lust), sagt und wahrnimmt, wird zu Tönen, so dass

> was unser Ohr hört, auch die Zunge reget, daß Bilder und Empfindungen geistige Merkmale, daß diese Merkmale bedeutende, ja bewegende Sprache sein können – das Alles ist ein Concent so vieler Anlagen, ein freiwilliger Bund gleichsam, den der Schöpfer zwischen den verschiedensten Sinnen und Trieben, Kräften und Gliedern seines Geschöpfs eben so wunderbar hat errichten wollen, als er Leib und Seele zusammenfügte. (FHA 6, S. 347)

Diese Darstellung des *Concent* (des Einklangs) kommt der zuvor zitierten Beschreibung des menschlichen Gesangs als „Konzert" aller natürlichen Töne und Stimmen sehr nahe. Der Atem ist hier aber nicht nur ein Lied oder ein Konzert, sondern ein Bild: „Ein Hauch unsres Mundes wird das Gemälde der Welt" (FHA 6, S. 346). Der Atem ist die menschliche Weise, eine Beziehung zur Welt auszudrücken, und zwar durch das Malen eines Gemäldes, nicht aber durch einen Akt der Repräsentation oder eine Form der Referentialisierung. Der Mensch setzt sich zur Welt in Beziehung durch seinen und ihren bloßen Atem.[38]

Interessanterweise entscheidet sich Heidegger, gerade diesen Satz aus den *Ideen* in seinem Vortrag *Wozu Dichter?*[39] im Kontext seiner Diskussion von Sprache, Lied und Dichtung zu zitieren. Obgleich ich Heideggers Beziehung zu Herders Denken im vierten Kapitel noch ausführlich diskutieren werde, sind schon hier ein paar Worte dazu zu sagen. Ohne an dieser Stelle auf Heideggers wichtige Darstellung der Dichtersprache in diesem Vortrag einzugehen, ist es nützlich, seine einmalige Bezugnahme in diesem Zusammenhang zu untersuchen und einen flüchtigen Blick auf die Art und Weise zu werfen, in der Herders Denken Heideggers spätere Philosophie beeinflusst hat. Gegen Ende des Vortrags zitiert Heidegger Herder im Zusammenhang seiner Interpretation von Rilkes *Sonette an Orpheus*, kurz zuvor erörtert er den Unterschied zwischen der Auffassung von Sprache als Erzeugung propositionaler Äußerungen und dem, was er Sprache als ‚Sagen' nennt. Indem er Rilkes *Sonette* und Herders *Ideen* zusammenbringt,

38 Vgl. auch Herders interessante Anmerkungen zum Verhältnis von Lied und Sprache in den Fragmenten: FHA 1, S. 611–613.

39 Vgl. Martin Heidegger: Wozu Dichter? In: Ders.: *Gesamtausgabe*, Bd. 5: Holzwege. Frankfurt am Main: Klostermann 1977, S. 269–320, hier S. 317 (im Folgenden werden Texte aus dieser Ausgabe durch die Sigle GA mit Bandangabe nachgewiesen).

behauptet Heidegger, der Atem sei nichts anderes als das eigentliche Wesen der Sprache. Am Ende des dritten Sonetts schreibt Rilke: „In Wahrheit singen, ist ein andrer Hauch. / Ein Hauch um nichts. [...] Ein Wind."[40] Diejenigen, die etwas wagen, oder wie Heidegger sagen würde: die „Wagenderen", sind wagemutig aufgrund ihres Hauchs, der nicht um „dieses oder jenes Gegenständige [wirbt]" (GA 5, S. 318). Der Hauch der Wagemutigen ist daher „ein Hauch um nichts"[41]. Heidegger weist hier auf eine überraschende Verbindung zwischen den zuvor erwähnten Darstellungen des Lieds und des Hauchs hin. „Das Sagen des Sängers sagt das heile Ganze des weltischen Daseins, das unsichtbar im Weltinnenraum des Herzens sich einräumt. Der Gesang geht dem zu Sagenden nicht einmal erst nach. [...] Der Gesang ist selbst: ‚Ein Wind.'" (GA 5, S. 318) Das Singen wendet sich von der propositionalen Sprache der Behauptungen ab und fordert nicht zur Erschaffung von etwas auf. „Im Gesang", so Heidegger, „räumt sich der Weltinnenraum selbst ein." (ebd.) Gesang und Hauch verbinden sich in Heideggers Lektüre von Rilkes Sonett und erscheinen als zwei extreme Formen der sprachlosen und doch ausdruckstarken Sprache Herders.

## Ein Ohr für die Sprache

Herder widmet dem Gehörsinn eine ausführliche Diskussion, in der er ihn mit dem *Gesicht* (Sehsinn) und dem *Gefühl* (Tastsinn)vergleicht, um den Vorrang des Gehörsinns vor den anderen Sinnen zu begründen und ihn als einzigen ‚Sinn der Sprache' zu bezeichnen. Nachdem er die zentrale Funktion des Gehörs für die Entwicklung der menschlichen Sprache begründet hat, versucht Herder durch einen detaillierten Vergleich zwischen dem Gehörsinn auf der einen Seite und dem Sehen und Fühlen auf der anderen Seite nachzuweisen, dass das Gehör der einzige ‚Sinn der Sprache' ist.[42] Herder zieht diesen Vergleich anhand von sechs Merkmalen: Distanz, Deutlichkeit und Klarheit, Beziehung zwischen Mensch und Welt, zeitliche Struktur, Ausdrucksbedürfnis und die physische / biologische Entwicklung des Menschen. Für jedes Merkmal legt er einen ausführlichen Vergleich zwischen den drei Sinnen vor – und in jedem Fall kommt er zu dem

40 Rainer Maria Rilke: Die Sonette an Orpheus. In: Ders.: *Werke. Kommentierte Ausgabe in vier Bänden*, Bd. 2: Gedichte 1910–1926, hrsg. v. Manfred Engel / Ulrich Fülleborn. Frankfurt am Main / Leipzig: Insel 1996, S. 237–272, hier S. 242.

41 Ebd.

42 Herder erörtert den Gehörsinn im *Vierten Wäldchen* und in der *Abhandlung*. In dem erstgenannten Text betont er, dass es keine klare Hierarchie zwischen den drei zur Diskussion stehenden Sinnen (Sehen, Gehör und Fühlen) gibt, während er in der *Abhandlung* stark für den Vorrang des Gehörs als ‚mittlerem Sinn' und vor allem als ‚Sprachsinn' argumentiert.

Schluss, dass das Gehör der ‚mittlere Sinn' ist, der nicht zu kalt und zu weit entfernt (wie das Sehen) und nicht zu nah (wie das Gefühl) ist. Der Gehörsinn liegt genau in der Mitte, verbindet dadurch die unterschiedlichen Sinne und formt die Wahrnehmung in Sprache um.

Herder beginnt mit einer Darstellung der „*Sphäre der Empfindbarkeit von außen*" (FHA 1, S. 746, Herv. i. Orig.), die uns der Tastsinn zu nahe bringt (alles nur in sich selbst wahrnehmend), während der Sehsinn eine zu große Distanz schafft (uns zu weit aus uns herausführend). Exakt in der Mitte stehend positioniert der Gehörsinn den Menschen in der genau richtigen Entfernung von der Welt, um dazu in der Lage zu sein, sie aufzunehmen, sie in einer einzelnen, deutlichen Erfahrung zu vereinen, die dann im Gegenzug zur Sprache wird: „wir werden gleichsam Gehör durch alle Sinne! [...] So wird, was man sieht, so wird, was man fühlt, auch tönbar. Der Sinn zur Sprache ist unser Mittel- und Vereinigungssinn geworden; wir sind Sprachgeschöpfe." (FHA 1, S. 747) Die zweite Erläuterung in seinem Vergleich der Sinne bezieht sich auf die „*Deutlichkeit* und *Klarheit*" (ebd., Herv. i. Orig.) der Wahrnehmung. Das Gefühl ist zu dunkel, während das Sehen zu klar bzw. „*helle*" (ebd., Herv. i. Orig.) ist – beide Sinne sind nicht dazu geeignet, den Menschen mit den notwendigen Fähigkeiten zu versorgen, um die Welle von der Flut oder das Blöken als Merkmal des Schafs zu unterscheiden. Auch in diesem Fall ist es das Gehör, das all die Sinne zusammenbringt, das Dunkle aufhellt und das Zerstreute vereinigt: „und da diese Anerkennung des Mannichfaltigen durch Eins, durch ein Merkmal, Sprache wird, ists Sprache [in der früheren Fassung: *Organ der Sprache*; I. F.]." (FHA 1, S. 748)

Ich lasse Herders dritte Erläuterung beiseite, die ich im weiteren Verlauf des Kapitels ausführlich diskutieren werde. Herders vierte Charakterisierung des Gehörs bezieht sich auf seine zeitliche Gestalt. Mit dem Tastsinn und dem Sehsinn nehmen wir alles auf einmal auf: das Fühlen „regt unsre Saiten stark, aber kurz, und springend" und das Sehen „schreckt also den Lehrling durch die unermeßliche Tafel des *Nebeneinander* ab." (FHA 1, S. 748, Herv. i. Orig.) Beim Gehör dagegen „zählt uns [die Lehrmeisterin der Sprache] nur einen Ton nach dem andern in die Seele, gibt und ermüdet nie, gibt und hat immer mehr zu geben [...]; sie *lehret progressiv*! Wer könnte da nicht Sprache fassen, sich Sprache erfinden?" (FHA 1, S. 748–749, Herv. i. Orig.) Das Gehör ist der einzige Sinn, durch den, wie Herder behauptet, die Seele die Abfolge von Eindrücken erfahren kann, den kontinuierlichen Verlauf, der nur in der Zeit erlebt werden kann.[43]

43 Vgl. auch Herders etwas anders geartete Gegenüberstellung von Sehen und Hören im Zusammenhang seiner Auseinandersetzung mit Lessing: „Was das Auge mit Einmal übersiehet, zählt er [der fiktive Verfasser eines botanischen Lehrbuchs] uns merklich langsam nach und nach zu, und oft geschieht es, daß wir bei dem letzten Zuge den ersten schon vergessen haben.

Die folgende fünfte Erläuterung erklärt die einzigartige Entsprechung des Gehörs mit dem menschlichen Bedürfnis, sich auszudrücken. Wenn Menschen durch den Tastsinn fühlen, sind sie meistens mit sich selbst befasst; sie sind „eigennützig und in sich gesenkt" (FHA 1, S. 749); das Sehen ist unaussprechlich, da der gesehene Gegenstand vor dem Auge bleibt, selbst wenn er niemals ausgedrückt wird. Die Gegenstände des Gehörs sind dagegen mit der Bewegung verbunden und müssen daher ertönen: „Sie werden aussprechlich, weil sie ausgesprochen werden müssen und [...], durch ihre Bewegung, werden sie aussprechlich" (FHA 1, S. 749).[44] Wir sind erneut mit der herausragenden Stellung des Gehörs als Sinn der Sprache konfrontiert. Schließlich ist das Gehör auch der mittlere Sinn, was die körperliche Entwicklung des Menschen betrifft. Obwohl der Tastsinn der erste funktionsfähige Sinn eines Embryos ist, können sich diese ersten Empfindungen erst durch das Gehör entfalten, „da die Natur die Seele zur ersten deutlichen Empfindung durch Schälle wecket – Also gleichsam aus dem dunkeln Schlaf des *Gefühls* wecket: und zu noch feinerer Sinnlichkeit reifet." (FHA 1, S. 749, Herv. i. Orig.) Gehör ist dort, wo Gefühl und Sehen kooperieren, da der Mensch „den Weg aus dem Gefühl in den Sinn seiner Phantasmen nicht anders [nahm] als über den Sinn der Sprache, und hat also gelernt tönen, sowohl was er siehet, als was er fühlte." (FHA 1, S. 750)[45]

Ich komme jetzt auf Herders dritte Erläuterung zum Gehörsinn zurück. Herder vergleicht hier die Art und Weise, mit der sich die Welt vermittels der drei Sinne, um die es geht, der menschlichen Seele aufdrängt. Der Tastsinn hat eine überwältigende Qualität, durch die die äußere Welt die empfindliche menschliche Seele geradezu angreift und zu mächtig in sie eindringt. Der Sehsinn hingegen hat eine kalte und distanzierte Qualität, die den Menschen etwas

Jedennoch sollen wir uns aus diesen Zügen ein Ganzes bilden: dem Auge bleiben die betrachteten Teile beständig gegenwärtig: es kann sie abermals und abermals überlaufen; für das Ohr hingegen sind die vernommenen Teile verloren, wenn sie nicht in dem Gedächtnisse zurückbleiben. Und bleiben sie schon da zurück: welche Mühe, welche Anstrengung kostet es, ihre Eindrücke alle in eben der Ordnung so lebhaft zu erneuern, sie nur mit einer mäßigen Geschwindigkeit auf einmal zu überdenken, um zu einem etwanigen Begriffe des Ganzen zu gelangen! – Solche Beschreibungen mögen sich, wenn man die Blume selbst in der Hand hat, sehr schön dagegen rezitieren lassen; nur für sich allein sagen sie wenig oder nichts." (FHA 2, S. 198–199) Es handelt sich hierbei um ein Zitat aus Lessings *Laokoon*, vgl. Lessing: Laokoon, S. 124, das Herder leicht modifiziert und in parodistischer Absicht an einen fiktiven Botaniker richtet.

44 Herder verwendet das Wort *weil* hier, um ein Bedürfnis oder eine Absicht zum Ausdruck zu bringen, während *durch* auf die Bedingungen der Ermöglichung des Ausdrucksmittel verweist: vgl. Michael Forsters Anmerkung in: Johann Gottfried Herder: *Philosophical Writings*, hrsg. u. aus d. Deut. v. Michael N. Forster. Cambridge: Cambridge UP 2002, S. 111, Fn. 98.

45 Vgl. auch Rachel Zuckerts Diskussion von Herders Vergleich zwischen den Sinnen im Kontext seiner Überlegungen zur Plastik, Rachel Zuckert: Sculpture and Touch. Herder's Aesthetics of Sculpture. In: *Journal of Aesthetics and Art Criticism* 67,3 (2009), S. 285–299.

gleichgültig gegenüber dem macht, was er erlebt, da es „zu ruhig vor uns [bleibt]" (FHA 1, S. 748). Diese zwei Möglichkeiten setzen den Menschen in Distanz zu seinem sprachlichen Wesen. Das Gehör stellt einmal mehr den ‚mittleren' Weg dar: „Aber hören, gleichsam hörend Worte denken, können wir länger und fast immer – das Gehör ist für die Seele, was die grüne, die Mittelfarbe, fürs Gesicht ist." (ebd.) Wenn der Mensch hört, wird er nicht überwältigt, aber er bleibt auch nicht gleichgültig. Wenn der Mensch sein Blöken hört, wird das Schaf für ihn bedeutend, nicht wegen seines Fleischs oder seiner Wolle, sondern weil der Ton des Blökens in seine Seele gedrungen hat. Dieser Gedanke findet interessanterweise ein Echo in Herders Anmerkungen zum Ton im *Vierten Wäldchen*. Er spricht dort von der „*Innigkeit* des Gehörs" (FHA 2, S. 355, Herv. i. Orig.). Indem er die Sinne vergleicht, verortet er Fühlen, Sehen und Hören in der Mitte zwischen dem Äußeren und dem Inneren. Der Tastsinn markiert die physische Grenze unseres Körpers und ist daher der ‚äußerste' der drei Sinne. Was das Sehen anbelangt, so nehme ich zwar das visuelle Bild eines äußeren Gegenstandes mit dem Auge wahr und so wie es ist in mich auf, aber der Gegenstand dieses Bildes bleibt für mich etwas Äußerliches. Ein Ton ist dagegen nicht untrennbar mit dem Gegenstand verbunden, der ihn erzeugt hat, und kann daher unserem Inneren näherkommen; das Ohr ist der Seele am nächsten. Die Natur selbst, so Herder, bestätigt das, „da sie keinen Weg zur Seele besser wußte, als durch Ohr und Sprache." (FHA 2, S. 357) Der Ton des Blökens reißt sich selbst von dem Tier los, das ihn ursprünglich erzeugt hat, so dass er sich verselbständigt und sich dem Ohr nähert. Hanly bemerkt in diesem Zusammenhang, dass Herder das Blöken des Schafs als ein Paradigma verwendet, das den Ursprung des ersten Wortes im Tönen begründet und dabei das Hören nicht bloß zu einem begrifflichen Anfangspunkt macht, sondern zum eigentlichen „Nexus, um den die gesamte Möglichkeit des menschlichen Willens sich versammelt und zusammentritt. Besinnung *ist* in diesem Sinne eben ein Hören."[46]

Auf den ersten Seiten der *Abhandlung*, wenn Herder vom Mitgefühl und vom Schmerzensschrei spricht, diskutiert er, was im 18. Jahrhundert allgemein als das Problem des ‚Sinnesverlusts', insbesondere im Fall der Blindheit, behandelt wird. Herder wendet sich gegen Diderots Behauptung, dass die Blindgeborenen die visuelle Szene des Leidens und des Schmerzes nicht wahrnehmen können und daher dazu verdammt sind, weniger empfindlich als die Sehenden zu sein. Herder zufolge ist das Gegenteil der Fall: „Da lauschet er also im Finstern, in

46 Peter Hanly: Marking Silence. Heidegger and Herder on Word and Origin. In: *Studies in Christian Philosophy (Studia Philosophiae Christianae)* 4 (2013), S. 69–86, hier S. 79 (Herv. i. Orig.).

der Stille seiner ewigen Nacht, und jeder Klageton geht ihm, um so inniger und schärfer, wie ein Pfeil, zum Herzen!" (FHA 1, S. 706) Die visuelle ebenso wie die akustische Konfrontation mit dem Schmerz eines Anderen ist für die menschliche Seele zu aufdringlich und überwältigend. Der Verlust des Sehvermögens im Fall eines Blinden verweist auf eine Alternative, bei der der von allen visuellen Ablenkungen befreite Gehörsinn noch aufmerksamer, scharfsinniger und eindringender wird. Das Hören des schmerzerfüllten Schreis und nicht das Sehen des Vorfalls erscheint als die Bedingung der Möglichkeit eines genuinen und tiefen menschlichen Mitleids. Herder schließt damit, dass er dem Blinden den Tastsinn zugesteht, der sich bei der Berührung des zitternden, leidenden Körpers diesen ganz zu eigen macht und sowohl den Schmerz des Anderen spürt, wie er „durch seine Glieder [fährt]", als auch seinen „innre[n] Nervenbau", was ein tiefes Mitgefühl erzeugt (FHA 1, S. 706).

Eine andere Version dieses Arguments ist in den *Ideen* das Beispiel der Menschen, die taub und stumm geboren wurden. Herder erklärt, dass sie ohne die Fähigkeit zu hören und zu sprechen, ihr Potenzial an menschlicher Vernunft nicht ausschöpfen können und, was noch wichtiger ist, außerstande sind, zwischen ihrer eigenen menschlichen Spezies und anderen Tierarten zu unterscheiden. „Man hat Beispiele", schreibt er, „daß ein Taub- und Stummgeborner seinen Bruder mordete, da er ein Schwein morden sah und wühlte [...] mit kalter Freude in den Eingeweiden desselben" (FHA 6, S. 139). Herders besondere Akzentsetzung ist bedenklich, wenn nicht sogar problematisch: Der Mangel an Gehör und Rede bei den ‚Taubstummen' generiere nicht nur ein gewaltsames Verhalten, sondern, mehr noch, die Unfähigkeit mit den leidenden Mitgliedern der eigenen Spezies mitzufühlen.

Ein weiterer Grund dafür, dass das Hören für Herder entscheidend ist, liegt darin, dass es als einziger Sinn in der Lage ist, akustische Daten in Wörter umzuwandeln, wodurch es zum ursprünglichen Sinn der und für die Sprache wird. Herder betont das einzigartige, innige Vermögen des Tons, in die menschliche Seele einzudringen, so dass „er Merkmal werden muß; aber noch nicht so übertäubend, daß er nicht klares Merkmal werden könnte" (FHA 1, S. 748). Der Gehörsinn ermöglicht es den Tönen, in die Seele einzudringen und Kontrolle über sie zu gewinnen, ohne sie zu verletzen oder einzuschränken, in Jürgen Trabants Worten: „Hören ist eine gewaltlose sublimierte Form des erotischen Tastens."[47] Diese erotische ‚Intimtität', die Herder hier beschreibt, ist eine besondere

47 Jürgen Trabant: Herder's Discovery of the Ear. In: Kurt Mueller-Vollmer (Hrsg.): *Herder Today. Contributions from the International Herder Conference.* Berlin: de Gruyter 1990, S. 345–366, hier S. 358.

Form der Nähe, die zwar nicht bedrohlich oder aufdringlich ist, dennoch einen gemeinsamen Raum der Verwandtschaft erschafft. Innerhalb dieses Raums wird der Ton zu einem *klaren* Merkmal (und nicht nur einem bloßen Merkmal). Das Blöken des Schafs kann zum inneren Blöken der Seele werden, welches wiederum den eigentlichen Anfang der Sprache markiert: Hören ist daher der „Sinn der Sprache" (FHA 1, S. 748).

## *Ah!* und *Ha!*

Die Frage nach der Verwandtschaft zwischen Herders ursprünglicher erster Sprache der Empfindungen und der reflektierenden menschlichen Sprache stellt sich erneut, wenn man die für beide zentrale Funktion des Gehörs in Erwägung zieht. Jürgen Trabant erörtert, was er als Herders Wiederentdeckung des Ohrs für die Sprachphilosophie im Sinne einer philosophischen Revolution bezeichnet:[48]

> Wenn es die Sprache ist, die den Menschen menschlich macht, und wenn das Ohr das Organ dieses Menschlichen ist, dann ist das Ohr der menschliche Sinn par excellence. [...] [D]as Ohr ist – ganz gleich, was Derrida sagt – das wichtigste Organ für die Menschwerdung des Menschen.[49]

Herders bemerkenswerte Behauptung, dass die menschliche Sprache unabhängig von der Rede oder der Kommunikation existiert, trennt seine Sprachtheorie nicht vom Ton überhaupt. Ganz im Gegenteil beinhalten doch beide, die ursprüngliche Sprache der Empfindungen und die reflektierende Sprache, ein entscheidendes akustisches Element. In der Sprache der Empfindungen ist dieses Element Philoktets Schmerzensschrei oder das, was Herder später im Text als den Ausruf „Ah!" beschreibt. Im Fall der menschlichen Sprache erregt das Blöken des Schafs die Aufmerksamkeit des Menschen und löst den Prozess der sprachlichen Aufmerksamkeit und Reflexion aus, der den Menschen zum „Ha!" des Erkennens leitet. In beiden Fällen sind allerdings der Ursprung, das Wesen und die Entwicklung von Sprache nicht durch das Vermögen bestimmt, Töne zu produzieren, sondern vielmehr durch die Fähigkeit, sie zu hören; oder um es kühn auszudrücken: durch die Unfähigkeit, sie nicht zu hören. Aber bevor ich Herders Argumente über den Gehörsinn und seine Verwandtschaft mit der Sprache vorstelle, möchte ich auf das eingehen, was ich als die essentielle Beziehung zwischen dem Auftauchen des Tons in Herders Sprachtheorie und dem Problem des Schmerzes ansehe.

48 Vgl. Trabant: Herder's Discovery of the Ear, S. 356.
49 Ebd., S. 359.

Im ersten Teil der *Abhandlung* wird der Schmerzensschrei als grundlegend erachtet, weil er ein unmittelbares Mitgefühl in der gesamten Natur hervorruft. Dieses gemeinsame Gefühl, das der Sprache der Empfindungen zugrunde liegt, wird nicht durch einen spezifischen Inhalt bestimmt, den der leidende Mensch oder ein leidendes Tier mitteilt, sondern durch den bloßen Akt, ihn auszudrücken. Das schmerzerfüllte „Ah!" durchdringt und berührt sofort alle anderen Geschöpfe und zieht sie in eine Form der Teilnahme herein. Wenn Herder fragt: „Wer ists, dem bei einem zuckenden, wimmernden Gequälten, bei einem ächzenden Sterbenden, auch selbst bei einem stöhnenden Vieh, wenn seine ganze Maschine leidet, dies Ach, nicht zu Herzen dringe?" (FHA 1, S. 705); dann beschreibt diese rhetorische Frage, anstatt ein moralisches Problem zu formulieren, den natürlichen Zustand der Sprache der Empfindungen. Der Schmerzenston erzeugt und versammelt die sprachliche Gemeinschaft um sich, so dass sie „würklich mechanisch mit[leiden]" (FHA 1, S. 706). Die Intensität des Schmerzausdrucks untergräbt die Singularität eines jeden Individuums (Mensch und Tier) und bringt sie in dem zusammen, was Herder als nichts weniger als Sprache auffassen würde.[50]

Obwohl Herder in den zwei Teilen der *Abhandlung* auf der kategorischen Trennung zwischen der Sprache der Empfindung und der Sprache der Reflexion beharrt, spielen beide überraschenderweise eine ähnliche Rolle, wenn wir den Gehörsinn in Betracht ziehen. Menschliche Sprache wird auf der Grundlage der Fähigkeit der Besonnenheit gebildet, die Aufmerksamkeit des Menschen aus der Flut der Empfindungen zu wecken. Das Abtrennen des Blökens von allen anderen Sinnesdaten wird daher zur Bedingung, unter der allein das erste Wort gebildet wird: „Aber horch! das Schaf blöcket! Da reißt sich ein Merkmal von der Leinwand des Farbenbildes, worin so wenig zu unterscheiden war, von selbst los" (FHA 1, S. 734). Wenn der Mensch dem Schaf ein zweites Mal begegnet, erkennt er es wieder: „‚Ha! Du bist das Blöckende!' fühlt sie [die Seele; I. F.] innerlich" (FHA 1, S. 723).[51] In Ergänzung zum Blöken spielt hier das „Ha!" eine wichtige Rolle, das mit dem Erkennen des Merkmals des Schafs durch die Seele verbunden ist. Im Kontext seiner sprachlichen Anlagen erscheint die Welt dem Menschen weder in Form von visuellen Bildern noch durch den Tastsinn; sie erscheint in Form von Tönen, Schreien, Zischen.

50 Vgl. meine ausführliche Diskussion von Herders erstem Teil der *Abhandlung* im Kontext von Schmerz und Mitgefühl in Kapitel 2.

51 Kittler weist darauf hin, dass das Wiederauftauchen des Schafs im Licht von Derridas *différance*-Gedanken gelesen werden kann, vgl. Kittler: *Aufschreibesysteme*, S. 51.

Herders Hervorhebung des Tons ist nicht nur deshalb bedeutend, weil er der Sinn ist, durch den die Welt erscheint und erfahren wird, sondern auch, weil gerade der Ton die Macht hat, in die menschliche Seele einzudringen: „Die Natur selbst", schreibt er im *Vierten Wäldchen*, „[wußte] keinen Weg zur Seele besser [...], als durch Ohr und Sprache." (FHA 2, S. 357) Der Ton konstituiert einen Raum, in dem der Mensch der Welt begegnet: Das Blöken

> ist tief und deutlich in die Seele gedrungen: ‚Ha! [...] nun werde ich dich wieder erkennen – Du blöckst!' [...] Vernunft und Sprache taten gemeinschaftlich einen furchtsamen Schritt und die Natur kam ihnen auf halbem Wege entgegen *durchs Gehör*. Sie tönte das Merkmal nicht bloß vor, sondern tief in die Seele hinein! (FHA 1, S. 734)

Indem er die Welt wahrnimmt, ist der Mensch eher *in ihr* situiert, als dass er ihr begegnet. Der Mensch ist im Einklang mit der Welt durch ein tiefes Gefühl der Teilhabe an ihr – durch seine Fähigkeit, sie zu hören, ihr zuzuhören. Das Ohr wird sozusagen zum Zentrum des Universums, indem es dieses zusammenhält und in Übereinstimmung bringt.

Die Betonung liegt hier auf dem Fakt, dass der Ton des Blökens nicht nur stimmlich *hervor*gebracht wird, sondern auch „tief" in die Seele hineinreicht – und genau das zeichnet für Herder den Ton aus: seine einmalige Fähigkeit, sich von seinem ursprünglichen Objekt fortzubewegen und in ein anderes einzudringen, um ein integraler Teil von diesem zu werden. Der Gehörsinn spielt für Herder eine doppelte Rolle: Erstens scheint die Welt durch das Hören zum Menschen zu sprechen, ihn in Tönen anzusprechen. Zweitens schafft der Gehörsinn einen inneren sprachlichen Raum, in dem Menschen vor sich selbst als In-der-Welt-Seiende erscheinen. Statt als äußere, fremde Entität zu erscheinen, die mit dem Menschen gegenübersteht, tritt die Welt durch das Hören als ein integraler Teil der menschlichen Seele auf, tritt sie *für* den Menschen auf. Im Schnittpunkt dieser beiden Funktionen trifft das „Ah!" der Sprache der Empfindungen auf das „Ha!" der Besonnenheit und der menschlichen Sprache. In beiden Fällen gibt es ein entschieden akustisches Element: auf der einen Seite den unmittelbaren Schmerzensschrei, der das ursprüngliche und natürliche Mitgefühl hervorruft, welches das Merkmal der Sprache der Empfindungen ist: „Ah!"; und auf der anderen Seite den Ton des Blökens, den die menschliche Seele wiedererkennt und zu einem Merkmal macht, zu einem Wort der Seele: „Ha!"

Die Beziehung zwischen dem *Ah!* aus dem ersten Abschnitt der *Abhandlung* und dem *Ha!* aus dem zweiten öffnet eine interessante Perspektive, wenn wir die Funktion des Schafs in der *Abhandlung* mit seiner gänzlich anderen Erscheinungsweise in Herders *Ideen* vergleichen. Während Herder in der *Abhandlung* darauf Wert legt, die Beziehung des Menschen zum Schaf von der des instinktiven Tieres abzugrenzen, das sich auf das Schaf nur in Bezug auf seine Bedürfnisse bezieht, wird in den *Ideen* die Haltung des Menschen zum Schaf (stellvertretend für Tiere im Allgemeinen) als durch und durch instrumental dargestellt. Herder beschreibt den Menschen als jemanden,

> der den Grund gelegt, die zähmbaren Tiere zu bezähmen, die nutzbaren sich nutzbar zu machen und überhaupt alles in der Natur für sich zu erobern: denn bei jeder dieser Zueignungen tat er eigentlich nichts, als das Merkmal eines zähmbaren, nützlichen sich zuzueignenden Wesens bemerken [...]. Am sanften Schaf z. E. bemerkte er die Milch, die das Lamm sog, die Wolle, die seine Hand wärmte und suchte das Eine wie das Andre sich zuzueignen. (FHA 6, S. 356)

Das ist eine sehr andere Darstellung als die in der *Abhandlung*. Das Schaf erscheint nur insofern vor dem Menschen, als es ihm nützlich ist, und der Mensch eignet sich, in Herders Worten, das Schaf an – oder auch jegliches andere Tier oder Naturobjekt. In den *Ideen* ähnelt der Mensch dem blutleckenden Löwen oder den brünstigen Schafsmann, die von ihrem Instinkt und ihrer Sinnlichkeit überwältigt dazu angetrieben werden, das Schaf anzugreifen (vgl. FHA 1, S. 723). Obwohl das Schaf in beiden Texten etwas von dem Ursprung der menschlichen Beziehung zu seiner Umwelt veranschaulicht, bieten diese Texte ein sehr unterschiedliches Bild von dieser Beziehung. In den *Ideen* erfährt der Mensch das Schaf im Hinblick auf die mögliche Befriedigung seiner Bedürfnisse, ein Ansatz, der zur Bestimmung seiner Situiertheit in der Welt führt. Dagegen wird das Schaf in der *Abhandlung* gerade *nicht* in der Relation zum Bedürfnis begriffen. Hier zählt die Tatsache, dass es sich in der richtigen Entfernung befindet, nicht zu weit und nicht zu nah: eine Entfernung, die ruhige, gesammelte Reflexion zulässt.

Kelly Oliver kritisiert auf der Grundlage des obigen Zitats aus den *Ideen* Herders Entscheidung, sich auf ein abstraktes, verallgemeinertes Tier zu beziehen, das er dementsprechend unter einem funktionalen Gesichtspunkt behandeln kann. Bestimmte Tiere (oder auch Menschen) in Betracht zu ziehen, hätte mehr Variation und Kontinuität in der Darstellung der Mensch-Tier-Beziehung ermöglicht. Oliver fährt fort mit einer heftigen Kritik an dem, was sie als Herders blinden Fleck identifiziert: Trotz seines Beharrens auf der gottgleichen Überlegenheit des Menschen gegenüber dem Tier ist er in Wirklichkeit völlig von ihm abhängig, was die Konstitution seiner eigenen Sprache angeht:

> Die einzigartigen Vermögen des Menschen zum Verstehen, zum Wissen, zur Vernunft, zur Überwindung des Instinkts, zur Nachahmung, zur Sprache, zur Unterscheidung, zur Beobachtung, zum Erkennen, zur Erinnerung und zum Besitz – alles, was den Menschen als Menschen und als menschliches Wesen ausmacht – entsteht durch die Begegnung mit dem Schaf.[52]

Herders Verwendung des Tiers als ein Beispiel hat sich, anders gesagt, mit der Bedrohung auseinanderzusetzen, die das Tier für die angebliche Autonomie des Menschen darstellt. Während Olivers Kritik im Kontext ihres allgemeinen Anliegens, nämlich der Bedeutung von Tieren für das Erlernen des Menschseins, gerechtfertigt sein mag, kann ihre Interpretation im Kontext von Herders Argumentation in der *Abhandlung* etwas irreführend sein. Ich werde versuchen, eine andere Erklärung für die Funktion des Tieres in Herders Sprachkonzept zu geben.

Da ich die ersten beiden Abschnitte der *Abhandlung* nicht als einander ausschließende ansehe, obwohl Herder selbst es so in der *Abhandlung* darstellt, möchte ich hier zeigen, wie die uranfängliche Tier-Mensch-Sprache sehr eng mit der entschieden menschlichen und reflektierenden Sprache verbunden bleibt. Das Auftauchen des Schafs in der Darstellung der menschlichen Sprache ist in diesem Zusammenhang entscheidend. Herder präsentiert das Schaf von Anfang an, um seinen weiteren Anspruch in Bezug auf die menschliche Sprache und, in mancherlei Hinsicht, auf den Menschen als solchen zu erläutern. Und doch ist es nicht bloß ein Beispiel. Herders Entscheidung, den Ursprung der menschlichen Sprache in der Begegnung des Menschen mit einem Tier statt mit einem anderen Menschen zu verorten, ist bedeutend, da sie erstens unterstreicht, dass für Herder die menschliche Sprache nicht dem Bedürfnis zu kommunizieren entstammt oder als Teil irgendeiner anderen Form der Intersubjektivität fungiert. Die Begegnung mit einem Tier in den Vordergrund zu stellen, ist umso bedeutender, da Herder damit ermöglicht wird, die ursprüngliche Sprache des unmittelbaren Ausdrucks als das der menschlichen Sprache Äußerliche nicht völlig aufzugeben. Offensichtlich kann man sagen: Wenn der Mensch das Schaf blöken hört, erscheint Sprache in einem gänzlich menschlichen Bereich und entwickelt sich in der Seele, in die sich das Merkmal akustisch einprägt. Das Blöken des Schafs dient also dazu, ein zentrales Element der Sprache der Empfindungen zu bewahren. Die menschliche Sprache entsteht, wenn der Mensch hört und auf die ursprüngliche Mensch-Tier-Sprache antwortet. Der eindeutige menschliche

52 Kelly Oliver: *Animal Lessons. How They Teach Us to Be Human*. New York: Columbia UP 2009, S. 89.

Akt des Reflektierens entsteht anschließend in dem Moment, in dem der Mensch etwas Eigenes erlebt (nicht über etwas nachdenkt oder nachgrübelt, sondern fühlt) und nicht bloß die tierische, ursprüngliche Sprache der Empfindungen wahrnimmt. Um auf Olivers Behauptung zurückzukommen: Die Relevanz des Schafes (oder jedes anderen Tieres) liegt nicht darin, dass es veranschaulicht, wie der Mensch vom Tier lernt, Mensch zu sein. Seine Bedeutung liegt vielmehr darin, dass es mit seinem Blöken den Menschen mit sich selbst konfrontiert, mit seiner ursprünglichen Sprache, die untrennbar mit der des Tieres verbunden ist. Anders ausgedrückt: Der Mensch findet sich nur insoweit in Sprache und Reflexion wieder, als er sich selbst in einer Beziehung zum unmittelbaren Ausdruck entdeckt, den er mit dem Tier gemein hat. Das Tier kommt hier insbesondere in Bezug auf den Ton ins Spiel, den es erzeugt (und nicht bezüglich der wärmenden Wolle und der nährenden Milch). Für Herder ist der Ton für die Verbindung zwischen den zwei Sprachen verantwortlich und es ist eine notwendige Verbindung, denn er betont ausdrücklich, dass die menschliche Sprache nicht direkt aus der ursprünglichen Sprache der Empfindung entstehen kann; sie kann sich einfach nicht aus ihr heraus entwickeln. Das Blöken des Schafs ist genau das, was Herder benötigt, um die Komplexität der Beziehungen zwischen den zwei Sprachen darzulegen.

## Rousseau über Sprache und Schmerz

In seiner Beschreibung der Begegnung des Menschen mit dem blökenden Schaf (im Gegensatz zum instinktiven, animalischen Umgang mit ihm) behauptet Herder, die reflektierende menschliche Sprache sei weder aus einem gesprochenen Wort noch aus einer Konfrontation mit einem anderen menschlichen Gesprächspartner entstanden, d. h. weder aus einer kommunikativen noch aus einer sozialen Situation hervorgegangen. Das erste Wort des Menschen ist Herder zufolge durch seine Begegnung mit dem Ton des blökenden Schafs hervorgerufen worden, der wiederum einen inneren sprachlichen Raum eröffnet. Die menschliche *Seele,* und nicht der menschliche *Mund,* ist für die Entstehung von Sprache unentbehrlich. Dies lässt sich jedoch nicht in eine völlig solipsistische Vorstellung von Sprache übersetzen. Trotz der grundsätzlichen Abwesenheit eines menschlichen Gesprächspartners legt Herder Wert darauf, den sprechenden Menschen innerhalb einer Lebenssphäre, einer Welt zu verorten. Der Gehörsinn bezeichnet genau das: Der Mensch muss das Blöken des Schafs hören, um eine innere sprachliche Bewegung auszulösen. Außerdem muss er das Schaf erneut erkennen (die *Ah!-Ha!*-Bewegung), damit sich ein Wort in seine Seele einbrennt und ein akustisches Merkmal entsteht.

Ungeachtet der akustischen Gewichtung dieser Szene wird ein weiteres wichtiges Element von Herders Denken deutlich: Obwohl die menschliche Sprache nicht auf Kommunikation oder Referenz beruht, dreht sich bei ihr doch alles um die Welt, deren Teil der Mensch ist. Betrachtet man Herders lange Erörterung zu den Lebenssphären und zur menschlichen Schwäche im Vergleich zum Tier, so zeigt das erste Wort, anstatt ein Objekt (sagen wir: ein Schaf) zu repräsentieren, die Konstituierung einer menschlichen Beziehung zur Welt an, die in der *Abhandlung* vor dem Hintergrund der Beziehung des Tiers zu seiner Umwelt auftaucht. Infolgedessen wird der Mensch neu geschaffen, und zwar als jemand, der eine Welt hat, anstatt ihrer beraubt zu sein. Die Fähigkeit, das Blöken zu hören und zuzulassen, dass sein Ton in die Seele eindringt und sich ihr einprägt, signalisiert eine Neubestimmung der Beziehung des Menschen zur Welt, zu seinen Lebenssphären. Das ursprüngliche Wort handelt daher nicht vom Schaf als Objekt; es beschreibt es auch nicht oder kommuniziert über es. Für Herder markiert die Sprache die unverkennbare Art und Weise, durch die Menschlichkeit zur Welt ins Verhältnis gesetzt wird. In diesem Sinn ist das Blöken des Schafs zwar ein wichtiges Beispiel, birgt aber die Gefahr des Missverständnisses. Das Schaf ist nur insoweit wichtig, als es die menschliche Fähigkeit in Gang setzt, sich in der Welt zu orientieren, um die überwältigende Flut der Empfindungen in den Griff zu bekommen. Bei der Sprache geht es also im Grunde genommen nicht um Bezugnahme oder Kommunikation, sondern sie stellt eine Beziehung her.[53]

Die Auffassung, dass Sprache die Möglichkeit von Relationalität konstituiert, ist nicht allein bei Herder zu finden. Sie taucht auch in einer zeitgenössischen Darstellung über die Frage nach dem Ursprung der Sprache auf, die von Jean-Jacques Rousseau stammt, einem von Herders stärksten Kontrahenten in der *Abhandlung*. Herder greift Rousseau mehrmals an und kritisiert ihn dafür, dass er in seiner Theorie über den Ursprung der Sprache „die Menschen zu Tieren machte." (FHA 1, S. 711) Herder übt nicht nur Kritik an Rousseaus Position, er ist auch sarkastisch, manchmal sogar spöttisch, wenn er auf Rousseaus Anschauungen Bezug nehmend von „Scheinbegriff[en]" spricht und einer „Luftblase [...], die er eine Zeitlang vor sich hervortreibt, die ihm selbst aber unvermutet auf seinem Wege zerspringt." (FHA 1, S. 720–721) An anderer Stelle ist er verzweifelt und fragt rhetorisch, wer Rousseaus langatmige, unnötige „Predigten

53 Mit diesem Argument öffne ich den Weg zu einem Überdenken der Beziehung zwischen Herder und Heidegger, insb. im Hinblick auf Heideggers Idee des In-der-Welt-Seins des Daseins (in seinen frühen Schriften) sowie seine Konzeption von Sprache (in den späteren Schriften). Die Erörterung dieser wichtigen und produktiven Beziehung wird in Kapitel 4 ausgearbeitet.

aushalten" (FHA 1, S. 787) kann.[54] Herder behauptet, dass Rousseaus Bestimmung des „Naturmensch[en]" („[s]ein Phantom", so Herder) an einer entscheidenden Unbestimmtheit leidet: „[D]ieses entartete Geschöpf, das er auf der einen Seite mit der Vernunftfähigkeit abspeiset, wird auf der andern mit der Perfektibilität und zwar mit ihr als Charaktereigenschaft [belehnet]" (FHA 1, S. 730). Anstatt die menschliche Einzigartigkeit durch die außergewöhnliche Zusammensetzung von Denken und Wahrnehmung zu bestimmen (wie bei seiner eigenen Verwendungsweise der Besonnenheit), fügt Rousseau einfach die Vernunft zu einem natürlichen Wesen hinzu, dessen Differenz zum Tier Herder daher nicht begreifen kann. Entweder ist dieses Geschöpf ein Tier und kann daher keine Sprache besitzen oder es ist zuallererst menschlich (und musste „schon Sprache der Seele haben", besaß „schon die Kunst zu denken [...], die die Kunst zu sprechen schuf" (FHA 1, S. 731)) und nicht ein Tier, das auf wunderbare Weise durch das Hinzufügen der Vernunft zu seiner sonst animalischen Natur in einen Menschen verwandelt wurde.[55]

Obwohl seine Kritik bis zu einem gewissen Grad tragfähig ist, so ist doch klar, dass Herder Rousseau größtenteils als einen Strohmann für die Präsentation seines eigenen Arguments nutzt. Dies hat zur Folge, dass er einige entscheidende und faszinierende Ähnlichkeiten zwischen Rousseaus Argumenten und seinen eigenen übersieht. Herders Kritik richtet sich gegen Rousseaus *Diskurs über die Ungleichheit* (1754; allgemein auch als *Zweiter Diskurs* bekannt),[56] ein Text, mit dem er sehr vertraut war und dem er sehr kritisch gegenüberstand. In meiner folgenden Diskussion beziehe ich mich allerdings auf zwei andere Texte von Rousseau, die ich im Kontext von Herders *Abhandlung* sehr erhellend finde. Der erste ist *Emile oder Über die Erziehung* (1762 veröffentlicht, dann verboten und öffentlich verbrannt);[57] der zweite Text ist der *Essay über den Ursprung der Sprachen* (1781), in dem auch über Melodie und musikalische Nachahmung gesprochen wird. Dieser Text ist erst posthum erschienen, fast zehn Jahre nach Herders *Abhandlung*, daher war er Herder zur Zeit der Niederschrift nicht bekannt. In Anbetracht des sehr spezifischen Kontextes meiner Erörterung beabsichtige

54 Für eine längere Darstellung von Rousseaus Argument, das Herder sarkastisch Schritt für Schritt widerlegt, vgl. FHA 1, S. 730–731.

55 Vgl. hierzu eine Passage aus den *Fragmenten* (vgl. FHA 1, S. 610–611), in der Herder eine Darstellung liefert, die Rousseaus Naturzustand sehr nahekommt. Vgl. auch Nigel DeSouza: Language, Reason, and Sociability. Herder's Critique of Rousseau. In: *Intellectual History Review* 22,2 (2012), S. 221–240.

56 Rousseau: *Diskurs über die Ungleichheit.*

57 Jean-Jacques Rousseau: *Emile oder Über die Erziehung*, aus d. Franz. v. Eleonore Sckommodau / Martin Rang, hrsg. v. Tim Zumhof. Stuttgart: Reclam 2019 (im Folgenden mit der Sigle E nachgewiesen).

ich weder eine neue Interpretation von Rousseaus Sprachphilosophie vorzulegen noch mich polemisch mit Herder auseinanderzusetzen und Rousseaus Position angesichts von Herders Kritik zu verteidigen. Dieser Exkurs dient mir vielmehr dazu, einige Punkte in Rousseaus Argumentation zu beleuchten, die mir für meine Interpretation von Herders *Abhandlung* wichtig erscheinen.[58]
In einem seiner kritischen Kommentare erklärt Herder die Problematik, die in Rousseaus Behandlung der menschlichen Beziehung zur Welt und der Beschreibung seiner Fähigkeiten liegt:

> Setzet den Menschen, als das Wesen was er ist, mit dem Grade von Sinnlichkeit, und der Organisation ins Universum: von allen Seiten, durch alle Sinne strömt dies in Empfindungen auf ihn los; durch menschliche Sinne? Auf menschliche Weise? So wird also, mit den Tieren verglichen, dies denkende Wesen weniger überströmt? (FHA 1, S. 721)

Herder sucht nach dem, was er als die „menschliche Weise" der Begegnung mit der Welt ansieht und was er nicht bei Rousseau findet. Dies ist allerdings eine eher einseitige und plumpe Beschäftigung mit Rousseau, die einige seiner komplexen Behauptungen auslässt. Ich möchte daran anknüpfen und vorschlagen, einen Blick auf einen Text zu werfen, den Herder nicht anspricht, nämlich Rousseaus *Emile*.
In *Emile* präsentiert Rousseau eine faszinierende, ergänzende Darstellung einer solchen Flut der Empfindungen und beschreibt die Sprache als etwas, das aus dem ‚Unbehagen' des Menschen entsteht. Diese Beschreibung erscheint im ersten Buch von *Emile*, dort ist Emile noch ein Kleinkind und kann noch nicht sprechen. Rousseau schreibt, das Kind habe anfänglich eine Sprache, „weil es sozusagen nur eine Art von Unbehagen kennt" (E, S. 67). Noch vor dem Spracherwerb verbinden sich für das Kind alle Bedürfnisse, Wünsche, Leiden und Sorgen in einem überwältigenden Gefühl, das Rousseau als „Unbehagen" oder „Empfindung des Schmerzes" bezeichnet. (E, S. 67) Das Kind ist nicht fähig, zwischen *hungrig* oder *kalt sein*, zwischen *müde* oder *gerührt sein* zu unterscheiden. Rousseau beschreibt menschliche Bedürfnisse und Schmerzen als die Spuren, die die Welt in der Erfahrung des Kindes hinterlässt, indem sie sozusagen in diese Erfahrung einschlägt: „So können sie, wenn sie wach sind, kaum in indifferentem Zustand bleiben – entweder schlafen sie, oder sie sind gefühlsbetroffen." (E, S. 66)[59] Das Kleinkind fühlt nur eine Sache: dass etwas in dem, was

58 Zu Herders Kritik an Rousseau vgl. DeSouza: Language, Reason, and Sociability.

59 Vgl. auch Jean-Jacques Rousseau: Examen de deux principes avancés par M. Rameau. In: Ders.: *Oeuvres completes*, Bd. V: Écrits sur la musique, la langue et le théatre, hrsg. v. Bernard Gagnebin / Marcel Raymond. Paris: Gallimard 1995, S. 344–370.

Rousseau ‚seine Lebensweise' nennt, ihm Beschwerden verursacht und verändert werden muss, einer Intervention bedarf. Ohne Sprache ist das Kind der Welt völlig ausgeliefert, unfähig, die starke Flut der Empfindungen aufzuhalten, die die Welt auf es loslässt.[60]

Es ist interessant, diese Beschreibung vor dem Hintergrund der vorherrschenden romantischen Sichtweise der Kindheit zu betrachten, die von der unschuldigen, ursprünglichen und originären Erfahrung der Welt durch das Kind ausgeht. Der erwachsenen Sichtweise auf den konzentrierten, reinen Blick des Kindes gewährt sie einen flüchtigen Einblick in eine vorsprachliche, glückselige Art der Welterfahrung, eine Erfahrung, die demjenigen verwehrt ist, der diesen einzigartigen Blick mit dem Erwerb der Sprache verloren hat. Im *Emile* liefert Rousseau eine gänzlich andere Darstellung: Statt ruhig und gelassen zu sein, ist die vorsprachliche Stufe (die dem Kind und dem Wilden gemeinsam ist) durch gewaltsame Ausbrüche von Schmerz, Angst und Leiden gekennzeichnet. Mit dem Eintritt des Kindes in den Bereich der Sprache verringern sich diese Schmerzen graduell, da sie beginnen, in der sprachlichen Raum des Ausdrucks einzutreten.[61]

Dies ist der Hintergrund von Rousseaus Argument: Die Sprache entsteht als Schutzschild gegen die überwältigende Flut der Wahrnehmung. Nur wenn das

60 Es ist interessant, Rousseaus Beschreibung mit Herders Bemerkungen über das neugeborene Kind zu vergleichen. In der *Abhandlung* schreibt Herder über den Vergleich von Mensch und Tier: „Bei jedem Tiere ist, wie wir gesehen, seine Sprache eine Äußerung so starker sinnlicher Vorstellungen, daß diese zu Trieben werden: mithin ist Sprache, so wie Sinne, und Vorstellungen und Triebe *angeboren* und dem Tier *unmittelbar natürlich*. Die Biene sumset, wie sie sauget; der Vogel singt wie er nistet – aber *wie spricht der Mensch von Natur? Gar nicht!* so wie er wenig oder nichts durch völligen Instinkt, als Tier tut. Ich nehme bei einem neugebornen Kinde das Geschrei seiner empfindsamen Maschine aus; sonst *ists stumm*; es äußert weder Vorstellungen noch Triebe durch Töne, wie doch jedes Tier in seiner Art; bloß unter Tiere gestellet, ists also das verwaisetste Kind der Natur. Nackt und bloß, schwach und dürftig, schüchtern und unbewaffnet: und was die Summe seines Elendes ausmacht, aller Leiterinnen des Lebens beraubt. – Mit einer so zerstreuten geschwächten Sinnlichkeit mit so unbestimmten schlafenden Fähigkeiten, mit so geteilten und ermatteten Trieben geboren, offenbar auf tausend Bedürfnisse verwiesen, zu einem großen Kreise bestimmt – und doch so verwaiset und verlassen, daß er selbst nicht mit einer Sprache begabt ist, seine Mängel zu äußern – Nein! ein solcher Widerspruch ist nicht die Haushaltung der Natur. Es müssen statt der Instinkte andre verborgne Kräfte in ihm schlafen! *stummgeboren*, aber –" (FHA 1, S. 714–715, Herv. i. Orig.).

61 Ein ähnlicher Gedanke taucht in Rousseaus Erörterung des Wortes „Elend" im *Zweiten Diskurs* auf. Dort argumentiert er, dass der wilde Mensch im Naturzustand keineswegs so elend ist, wie wir zu denken pflegen, ganz im Gegenteil: „Nun, ich hätte gerne, daß man mir erklärte", schreibt Rousseau, „welche Art das Elend eines freien Wesens sein kann, dessen Herz in Frieden und dessen Körper gesund ist. Ich frage, welches, das bürgerliche oder das natürliche Leben am meisten der Gefahr ausgesetzt ist, denen unerträglich zu werden, die es genießen. [...] Nichts wäre im Gegenteil so elend gewesen wie ein durch Aufklärung verblendeter, von Leidenschaften gequälter wilder Mensch, der über einen von dem seinigen verschiedenen Zustand räsoniert hätte" (Rousseau: *Diskurs über die Ungleichheit*, S. 133, 135).

Kind mit Sprache ausgestattet ist, kann es sich gegenüber der Welt positionieren, statt von ihr völlig überflutet zu werden. Ohne eine angemessene sprachliche Distanz zur Welt gibt es sozusagen gar keine Welt, bzw. kann die Welt zumindest nicht Teil der menschlichen Erfahrung werden. Rousseaus Argumentation ähnelt hier auffallend Herders Beschreibung des Unterschieds zwischen Mensch und Tier im Kontext von dessen Diskussion der ‚Lebenssphären'. Auch für Herder entspringt die Sprache einer menschlichen Schwäche, nicht einer Stärke, und auch er formuliert die menschliche Gebrechlichkeit in Bezug auf das Verhältnis des Menschen zu der ihn umgebenden Welt. Herder führt die Besonnenheit als die Fähigkeit ein, die die einzigartige menschliche Art und Weise der Begegnung mit der Welt bestimmt und es damit dem Menschen ermöglicht, sie sich aus der überwältigenden Flut anzueignen. Bei Rousseau verläuft die Geschichte etwas anders: Dem Säugling fehlt die Sprache und er ist daher außer Stande, sich die Welt vom Leib zu halten oder sie als verschieden zu erleben. Die Sprache schützt uns nicht nur, indem sie eine Barriere bildet, die den Schock der unmittelbaren Begegnung mit der Realität auffängt, sondern sie hat auch die Macht, diese Begegnung abzumildern und die Erfahrung, die sie hervorbringt, zu verändern. Mit dieser Behauptung wirft Rousseau eine Frage auf, die auch für Herders Argumentation prägend ist: Für beide Autoren ist die Gebrechlichkeit des noch nicht sprachfähigen Kleinkinds weder sozialer noch kommunikativer Natur. Vielmehr handelt es sich um eine geminderte Fähigkeit, die Welt wahrzunehmen. Beide Autoren entwerfen den Schnittpunkt zwischen Sprache und Welt nicht als semiotisch, d. h. als ein Verhältnis, in dem Sprache die Welt beschreibt, sich auf sie bezieht oder sie bezeichnet. Vielmehr lässt für beide Denker die Beziehung zwischen Sprache und Welt ein Dilemma erkennen: Seine sprachlichen Fähigkeiten schützen den Menschen vor der mächtigen Flut einer vermeintlich bereits existierenden Welt, aber gleichzeitig kann der Mensch nur insofern eine Welt *haben*, als er Sprache hat.[62]

Es lohnt sich in diesem Zusammenhang auf Agambens Konzept der Kindheit einzugehen. Obwohl Agamben den Begriff weder in Bezug auf Herder noch in Bezug auf Rousseau erwähnt, ist sein Verständnis der Wechselbeziehungen

62 Es ist beachtenswert, dass bei Rousseau, im Unterschied zu Herder, der Ursprung des sprachlichen Ausdrucks nicht nur durch Schmerz und Leid eingeführt wird, sondern gerade dann entsteht, wenn die Kommunikation mit anderen Menschen notwendig wird. Rousseau erklärt, dass „das Unbehagen der Bedürfnisse [...] seinen Ausdruck in Zeichen [findet], wenn der Beistand anderer nötig ist, um Abhilfe zu schaffen. Daher die Schreie der Kinder. [...] Alle ihre Empfindungen sind gefühlsgeladen [...]; sind sie schmerzlich, äußern sie das in ihrer Sprache und fordern Erleichterung." (E, S. 65.)

zwischen Kindheit, Sprache und Erfahrung für den Kontext meiner Diskussion bedeutend. Agamben diskutiert die Frage der Erfahrung als ein Problem der Sprache und vertritt die Auffassung, dass beide – Sprache und Erfahrung – nicht voneinander zu trennen sind. Die Möglichkeit der menschlichen Erfahrung ist wesentlich mit dem Spracherwerb verknüpft, denn

> die Erfahrung und die Kindheit können nicht einfach etwas sein, das der Sprache zeitlich vorangeht und an einem gewissen Punkt zu existieren aufhört, um in die Rede zu münden; sie sind kein Paradies, das wir zu einem gewissen Zeitpunkt für immer verlassen, um zu sprechen, sondern sie sind ursprünglich koexistent mit der Sprache, sie konstituieren sich sogar erst dadurch, daß die Sprache uns ihrer beraubt, indem sie den Menschen immer wieder als Subjekt produziert.[63]

Es gibt also kein außersprachliches Paradies, keine Möglichkeit der Erfahrung außerhalb von Sprache oder *In-fantilität* (Agamben bezieht sich hier auf das lateinische *infantia*, das das Unvermögen zu sprechen bezeichnet und damit einen Seinszustand ohne Sprache).[64] Agamben greift auf Humboldts Sprachtheorie zurück, insbesondere auf dessen Behauptung, dass unser naives Bild von einem sprachlosen Menschen, der sich allmählich und auf natürliche Weise seine eigene Sprache formt, ein Phantasiegebilde ist. Humboldt zufolge kann Menschlichkeit niemals von Sprache losgelöst werden; vielmehr definiere „die Sprache selbst […] den Menschen als solchen."[65] Agamben führt dazu aus, dass es im Hinblick auf Sprache keine Form der Vorzeitigkeit gibt, da das Individuum erst durch Sprache konstituiert wird.

Dass Rousseau interessanterweise den Schmerz als Beispiel für die „Flut" der Wahrnehmungen gebraucht, zeigt eine zunehmende Wechselseitigkeit beim Zusammentreffen von Schmerz und Sprache an: Sprache wird aus Schmerz erzeugt und ereignet sich durch Schmerz, aber der Schmerz wird auch durch Sprache um-gestaltet. Wenn das Kind das Sprechen erlernt, lernt es auch zu fühlen; was sich ändert, sind dementsprechend seine Empfindungen und nicht nur deren Ausdrucksweisen. Sobald wir die Schmerzempfindung zum Gegenstand sprachlichen Ausdrucks gemacht haben, erleben wir sie auch anders. In diesem Sinn repräsentiert die Äußerung *Ich habe Schmerzen* nicht den Schmerz, sondern verändert tatsächlich die Art und Weise, wie uns Schmerz betrifft, wie er

63 Giorgio Agamben: *Kindheit und Geschichte. Zerstörung der Erfahrung und Ursprung der Geschichte*, aus d. Ital. v. Davide Giuriato. Frankfurt am Main: Suhrkamp 2004, S. 71.

64 Vgl. Leland de la Durantaye: *Giorgio Agamben. A Critical Introduction*. Stanford: Stanford UP 2009, S. 90–91.

65 Agamben: *Kindheit und Geschichte*, S. 72.

in und an unserem Körper empfunden wird. Was unter der Schwelle intensiver Schmerzen liegt, kann sich anscheinend in der Äußerung des Wortes *Schmerz* auflösen, d. h., die körperliche Empfindung wird besänftigt, indem sie sich in Sprache auflöst. Eine solche Ausdrucksform wäre Rousseau zufolge ein neues, ‚angemessenes' oder verhältnismäßiges Verständnis der Schmerzerfahrung. Wenn ein Schmerzensschrei laut wird, würde das nicht bloß die Präsenz von Schmerz anzeigen, sondern auch seine Intensität.[66]

Aber sogar für Rousseau ist eine solche Ersetzung nicht restlos möglich: „Wird Emile einmal gesagt haben: *Mir tut etwas weh*, müssten die Schmerzen, die ihn dann noch zum Weinen bringen, schon sehr heftig sein." (E, S. 85, Herv. i. Orig.) In Momenten starker Schmerzen wird das sprechende Kind von der Intensität des Schmerzes überwältigt, die nicht durch Sprache ‚ersetzt' werden kann. Hiermit zieht Rousseau eine klare Grenze, außerhalb derer sprachliche Ersetzungen nicht mehr funktionieren; die Empfindung von Schmerz kann nur bis zu einem gewissen Grad mit dem Wort *Schmerz* eingeschlossen und erfasst werden. Im Fall starker Schmerzen werden Worte nicht genügen, um die Empfindung buchstäblich auszudrücken und auch diejenigen, die über Sprache verfügen, werden in unartikuliertes Geschrei ausbrechen. Dies zeigt, wie Rousseau – trotz seiner Darstellung der Sprachentwicklung und des Fortschritts von Sprache – an der wesentlichen Verbindung von Sprache mit ihrem Ursprung festhält. Selbst nachdem Emile die sprachlichen Fähigkeiten erworben hat, seinen Schmerz in Worte zu fassen, verliert er nicht seine Fähigkeit und das Bedürfnis, seinem Schmerz unmittelbar in einer unartikulierten und leidenschaftlichen Weise Ausdruck zu verleihen.

Rousseau verweist auf etwas, das er hier als zwei Formen des Ausdrucks versteht – den Schrei und das Wort:

> Wenn die Kinder anfangen zu sprechen, weinen sie weniger. Das ist eine natürliche Folge: eine Sprache wird durch die andere ersetzt. Warum sollten sie durch Schreie sagen, wenn sie Schmerzen haben, sobald sie es mit Worten sagen können, es sei denn, der Schmerz sei zu heftig, um durch Worte ausgedrückt werden zu können? (E, S. 85)

Hiermit bezieht sich Rousseau auf den Übergang vom Naturzustand zu einer gesellschaftlich konstruierten Form des Ausdrucks: vom natürlichen

66 Eine mögliche Konsequenz hieraus wäre, dass die Sprache keinen Platz mehr für die Intensität der Gefühle hat, so dass die Existenz der Sprache den Schmerz nicht nur lindert, sondern vielleicht sogar verhindert, dass er überhaupt intensiv empfunden wird.

unartikulierten Schrei zur gesellschaftlich erzeugten Rede. Außerdem – und das ist noch wichtiger – weist er darauf hin, dass es einen eindeutigen Unterschied zwischen Schrei und Wort gibt. Rousseau möchte hier nicht bloß auf zwei unterschiedliche Formen von Sprache verweisen, sondern es geht ihm um die viel maßgeblichere Behauptung, dass diese beiden Sprachen sich gegenseitig ausschließen. Das gesprochene Wort repräsentiert nicht den Schrei oder auch nur die Schmerzempfindung, sondern sie *ersetzt* diese.[67] Rousseaus Argumentation kann fast so gelesen werden, als wäre die bloße Äußerung des Wortes *Schmerz* selbst machtvoll genug, um die Intensität des tatsächlichen körperlichen Schmerzes zu schwächen und zu lindern. Emile lernt, dass das Sprechen über seine Schmerzen (anstatt sie wild herauszuschreien) ein angemessenes gesellschaftliches Benehmen ist. Und sprechen zu lernen ist immer daran gekoppelt, nicht nur in die Sprache, sondern auch in die sprachliche Gemeinschaft einzutreten. Darüber hinaus impliziert Rousseaus Argumentation – in einer geradezu Wittgenstein'schen Wende –, dass Emile seinen Schmerzensschrei nicht bewusst unterdrückt, um sich ‚sozial' zu verhalten, sondern er entdeckt stattdessen durch das Aufkommen der Sprache einer Veränderung seiner Schmerzerfahrung. Die interessante Folge ist hier, dass der Eintritt des Kindes in die Sprache auch einen Wiedereintritt in seine eigene Welt markiert. Im Unterschied zu seiner Diskussion über den Ursprung der Sprache im *Diskurs* schlägt Rousseau in *Emile* eine Sichtweise vor, die weder auf die darstellende, referentielle und kommunikative Funktion von Sprache begrenzt ist noch auf die Fähigkeit des Menschen, die Natur durch die Sprache nachzuahmen (genau das kritisiert Herder). *Emile* bietet eine andere Argumentation an: Durch den Erwerb von Sprache eignet sich das Kind die Welt erneut an, es orientiert und positioniert sich in ihr von neuem und hat nun ein anderes *Verhältnis* zu ihr.

Dies ist, glaube ich, ein Schlüsselelement in der gerade vorgestellten Begegnung (oder Wiederbegegnung) zwischen Herder und Rousseau. Sprache ermöglicht es dem Menschen, Unterscheidungen in einer Welt vorzunehmen, die seine ungeschützten Sinne bestürmt.[68] Ähnlich wie bei Herders einzigartiger menschlichen

67 Die Ähnlichkeit mit Wittgenstein ist hier frappierend. In seinen *Philosophischen Untersuchungen* diskutiert Wittgenstein das Problem der Verbindung zwischen Worten und Empfindungen am Beispiel des Schmerzes. „So sagst du also, daß das Wort ‚Schmerz' eigentlich das Schreien bedeute?", fragt der Gesprächspartner. „Im Gegenteil", antwortet Wittgenstein, „der Wortausdruck des Schmerzes ersetzt das Schreien und beschreibt es nicht. [...] Wie kann ich denn mit der Sprache noch zwischen die Schmerzäußerung und den Schmerz treten wollen?" (Wittgenstein: Philosophische Untersuchungen, § 244–245, S. 357.)

68 Vgl. hierzu auch Walter Benjamins interessanten Vergleich zwischen Schmerz und Vergnügen in: Schemata zum psychophysischen Problem (1922–1923). In: Ders.: *Gesammelte Schriften*, Bd. VI, hrsg. v. Rolf Tiedemann / Gerhard Schweppenhäuser. Frankfurt am Main:

Besonnenheit, die eine Welle ausdifferenziert und als etwas hervorhebt, mit dem die Seele eine Beziehung unterhält, liefert uns Rousseaus Konzeption der Sprache eine Darstellung, in der der Spracherwerb des Kindes anzeigt, dass es eine Welt hat und sich zugleich in ihr orientieren kann. Ein faszinierender Aspekt dieses Verständnisses von Sprache ist, dass Sprache hier nicht nur als Beziehung erscheint, sondern für den Menschen auch eine Art Maß oder Maßstab bereitstellt. Rousseau beruft sich auf diese Idee in einer langen und aufschlussreichen Fußnote im zweiten Buch des *Emile*, in der er Buffons *Histoire Naturelle* zitiert, um einige Punkte seiner eigenen Diskussion über die Angst zu erläutern, insbesondere seine Behauptung, dass die Angst eine Folge der „Unwissenheit über die Dinge um und über das, was um uns vorgeht" (E, S. 196), ist. Buffons Schriften bieten eine interessante Beschreibung dazu, wie der erste Eindruck von Objekten um uns herum viel bedrohlicher und furchteinflößender sein kann, als sie ‚wirklich' sind, wie es Rousseau formuliert. Anhand von Beispielen wie Pferden, Fliegen und Schafen (!) erklärt Buffon, wie unsere Fehleinschätzung des richtigen Abstands zwischen uns und dem Objekt unserer Erfahrung unsere Wahrnehmung direkt beeinflussen oder, genauer gesagt, bestimmen kann, ob unsere Wahrnehmung ‚angemessen' ist. Rousseau zitiert Buffon wie folgt:

> Daher kommen der Schauder und das unbestimmte Angstgefühl, das die nächtliche Dunkelheit fast allen Menschen einflößt; darauf gründet sich die Erscheinung von Gespenstern und riesenhaften, schrecklichen Gestalten, die so viele Leute gesehen zu haben behaupten. [...] Das muss ihn tatsächlich verwundern und erschrecken, bis er dann soweit kommt, den Gegenstand zu berühren oder ihn zu erkennen, denn im gleichen Augenblick, da er erkennt, um was es sich handelt, verkleinert sich dieser Gegenstand, der ihm so riesenhaft erschien, sofort und hat für ihn nur noch seine wirkliche Größe. (E, S. 197–198, Fn)

Obwohl die Sprache nicht im Mittelpunkt von Buffons Diskussion steht, gibt seine Argumentation wichtige gedankliche Impulse in Bezug auf Rousseaus Darstellung von Schmerz und Angst. Was Buffon als *Beherrschung* der Welterfahrung durch die *Korrektur* oder den Ausgleich der anfänglichen, ungenauen und inadäquaten Erfahrung beschreibt, findet sein genaues Echo in Rousseaus Erörterung des Verhältnisses zwischen der Schmerzempfindung

Suhrkamp 1991, S. 78–87. Ich habe diesen Text sowie Benjamins Gedanken über den Schmerz in einem anderen Beitrag erörtert: Ilit Ferber: „Schmerz war ein Staudamm". Benjamin über den Schmerz. In: *Benjamin-Studien* 3 (2014), S. 165–177.

und ihrer Artikulation in Worten. In Buffons Darstellung führt die Furcht vor einem unbekannten, riesigen Objekt im Dunkeln zunächst zu einer ‚inadäquaten' Wahrnehmung und Beurteilung; erst danach kann sich diese inadäquate Wahrnehmung in ein Wissen über die adäquate oder richtige Beschaffenheit des Objekts verwandeln, so dass erkannt werden kann, „um was es sich handelt" (kein Monster, sondern ein Schaf). Anders als bei Buffon wird in Rousseaus Darstellung die Korrektur oder Umwandlung der anfänglichen überwältigenden Empfindung in eine handhabbare und begrenzte sprachliche Äußerung jedoch nicht durch Beobachtung, sondern durch die Folge des eigentlichen Spracherwerbs erreicht. Buffons Vorstellung von der Inadäquatheit unserer Wahrnehmungen in der Dunkelheit taucht in Rousseaus Darstellung wieder auf, wobei er sich diesmal nicht auf die Dunkelheit der Nacht, sondern auf die Dunkelheit der Sprachlosigkeit bezieht. Für Rousseau ist die Korrektur der Erfahrung der Moment, in dem wir die Erfahrung ‚adäquat' machen oder sie neutralisieren können, ein *rein sprachliches Moment*. Unsere Wahrnehmung der Welt sowie unser Erleben von Schmerz oder Angst können in diesem Beispiel erst dann adäquat werden, wenn sie durch Sprache angeeignet werden.

## Sprache als Beziehung: Herder und Rousseau

Diese Vorstellung von Sprache als etwas, das erstens das ursprüngliche Gefühl oder die emotionale Reaktion ersetzt und zweitens in der Lage ist, die Intensität der Reaktion zu vermindern, findet sich auch in Rousseaus *Essay über den Ursprung der Sprachen*. Im berühmten dritten Kapitel des *Essays* („seine ersten Ausdrücke [waren] bildlicher Art", EUS, S. 105) beschäftigt sich Rousseau mit der bildlichen und der wörtlichen Sprache und nimmt dabei die Frage nach dem Vorrang in Angriff bzw. in diesem Fall die Frage, was zuerst da war. Rousseau argumentiert, dass die bildliche Sprache der wörtlichen Sprache vorausgeht und dass zudem die wörtliche Sprache erst in Erscheinung treten kann, nachdem die bildliche, gefühlsbetonte Begegnung mit der Welt die erste sprachliche Äußerung ausgelöst hat (vgl. EUS, S. 105–106). Aber hier stößt Rousseau auf eine logische Schwierigkeit: Wie kann ein bildlicher Ausdruck, der üblicherweise als um die buchstäbliche Bedeutung herum konstruiert gedacht wird, tatsächlich der wörtlichen Bedeutung eines Objekts (die Rousseau auch den „eigentliche[n] Sinn" (EUS, S. 105) nennt) vorausgehen? Wie kann der metaphorische und bildliche Ausdruck eine Bedingung für eine ‚richtige' oder ‚wahre' sprachliche Äußerung sein und nicht umgekehrt? Um dieses Problem zu erklären und sein Argument zu rechtfertigen, gibt Rousseau ein Beispiel:

> Ein Wilder wird, wenn er andere trifft, zuerst erschrocken sein. Sein Erschrecken wird ihn diese Menschen viel größer und stärker ansehen lassen als sich selbst. Er wird sie *Riesen* nennen. Erst nach vielen Erfahrungen wird er erkannt haben, daß diese vermeintlichen Riesen weder größer noch stärker sind als er und daß ihre Gestalt keineswegs der Vorstellung entspricht, die er zuvor mit dem Wort Riese verband. Deshalb wird er für sie und sich selbst gemeinsam einen anderen Namen erfinden, z. B. den Namen „Mensch", und er wird die Bezeichnung „Riese" dem unwirklichen Gegenstand vorbehalten, der ihn in seiner Einbildung bestürzt hatte. Auf solche Weise entsteht das bildhafte Wort vor dem eigentlichen Wort, wenn uns Leidenschaft die Augen vernebelt und die erste Vorstellung, die sie uns anbietet, nicht der Wirklichkeit entspricht. (EUS, S. 106)

Ich schlage vor, diese Passage im Lichte von Rousseaus Argumentation im *Emile* zu lesen. Wir haben es hier nicht mit einem Kind zu tun, sondern mit einem Wilden, dessen Rolle in der Geschichte die eines ‚Menschenkindes' oder eines Kindes in seiner vorsozialen, infantilen Phase ist (*in-fantil* bedeutet wörtlich: die Unfähigkeit, Sprache zu benutzen). Rousseau beschreibt hier die allererste Begegnung des Wilden mit einem anderen Menschen. Dies ist ein überraschender und leidenschaftlicher Moment, der zu einer starken emotionalen Reaktion in der Form von Angst Anlass gibt.[69] Die Intensität dieser Angst bringt den Wilden dazu, den Anderen als „größer und stärker" als sich selbst aufzufassen. Die daraus hervorgehende Äußerung bezeichnet einen Moment, in dem „uns Leidenschaft die Augen vernebelt" (EUS, S. 106) oder, wie es im französischen Original heißt: „la passion nous fascine les yeux" (*die Leidenschaft bezaubert unsere Augen*). Diese Bezauberung führt nicht zur Sprache, sondern vielmehr zu einem Spiel mit Bildern, das die Sprache suspendiert. Sprache kann nur beginnen, wenn dieser Zauber oder diese Faszination gebrochen wird. „Riese" ist daher weder eine sprachliche Beschreibung noch eine andere Form der Repräsentation des Objekts der Begegnung. Es ist ein Ausdruck, der sich vollkommen jeglicher propositionalen oder kommunikativen Struktur entzieht und der tiefliegenden Angst eine Stimme verleiht, die durch die Begegnung mit dem Anderen entfacht wurde.[70]

69 Rousseau legt im *Diskurs* einen interessanten, wenn auch etwas anderen Bericht vor, wenn er eine Verbindung zwischen Leidenschaft und Begehren einerseits und dem Denken und der Entstehung der Sprache andererseits herstellt: „Wir suchen nur zu erkennen, weil wir zu genießen begehren", schreibt er, „und es ist unmöglich zu begreifen, weshalb einer, der weder Begehren noch Besorgnisse hätte, sich die Mühe geben sollte nachzudenken." (Rousseau: *Diskurs über die Ungleichheit*, S. 107.)

70 Vgl. hierzu auch Eli Friedlander: *J. J. Rousseau. An Afterlife of Words*. Cambridge: Harvard UP 2004, S. 48–50. In Rousseaus Darstellung hängt die Stärke der Leidenschaft deutlich mit der Tatsache zusammen, dass dies die erste soziale Begegnung des Wilden ist.

Die erste Äußerung, „Riese“, missglückt Rousseau zufolge in zweierlei Hinsicht: Erstens misslingt es, den angetroffenen Gegenstand (ein Mensch) von der überwältigenden Leidenschaft (Angst), die er hervorgerufen hat, zu *unterscheiden*; und zweitens misslingt die korrekte Beurteilung der Beschaffenheit und insbesondere der Größe des vorliegenden Gegenstandes. Anders und im Sinne von Rousseaus ursprünglichem Problem ausgedrückt: Wenn der Wilde zum ersten Mal einem anderen Menschen begegnet, drückt sein erstes Wort „Riese“ eine figurative Bedeutung aus, während das folgende Wort „Mensch“ die buchstäbliche oder ‚eigentliche‘ Bedeutung des Gegenstandes anzeigt. Der wesentliche Irrtum oder das Fehlurteil kommt in dem Wort „Riese“ zum Ausdruck, das später durch das Wort „Mensch“ korrigiert wird. Rousseau fasst sein Beispiel wie folgt zusammen:

> Da das durch die Brille der Leidenschaft erblickte trügerische Bild sich als erstes zeigte, wurde auch diejenige Sprache, die dieses Bild wiedergab, zuerst erfunden. Später, wenn ein erwachter Geist, seinen ersten Irrtum erkennend, derlei Ausdrücke nur noch bei den Leidenschaften anwendet, denen sie ihre Entstehung danken, wird sie metaphorisch. (EUS, S. 106)

Aber dieses wichtige Beispiel begründet nicht nur Rousseaus Argumentation in Bezug auf die Beziehung zwischen figurativer und buchstäblicher Bedeutung. Ich möchte nahelegen, dass es auch und vor allem etwas von der Struktur der Sprache selbst aufzeigt. Das Wort „Riese“ bezog sich eigentlich gar nicht auf den anderen Mann, sondern vielmehr auf die *Leidenschaft*, die die Begegnung mit dem anderen Mann auslöste, nämlich Angst. Erst wenn das Gefühl selbst nachgelassen hat, wenn es von der Verzerrung der anfänglichen Gefühlsreaktion ‚gereinigt‘ ist, kann das beschriebene Objekt seinen ‚richtigen‘ oder ‚wahren‘ Namen erhalten: „Mensch“.

Dies könnte Rousseaus Beharren auf dem Primat des Bildlichen erklären. Wenn das Bildliche oder das Metaphorische die Form ist, in der die Sprache etwas durch ihre Beziehung zu etwas anderem ausdrückt – und die Rückkehr der Sprache zum Objekt *durch* etwas anderes anzeigt –, dann ist die Möglichkeit, das Wort „Mensch“ auszusprechen, nur dann gegeben, wenn das Wort „Riese“ bereits geäußert wurde. In diesem Sinn könnte, wie Friedlander in seiner Diskussion von Rousseaus *Träumereien eines einsamen Spaziergängers* hervorhebt, die Heftigkeit der starken Leidenschaften auf einen Exzess der Bedeutung hinweisen, der der Sprache selbst inhärent ist:

> Dem Dilemma zu begegnen, angesichts eines solchen Exzesses wahrhaftig zu sein, würde zuallererst erfordern, sich selbst ihm auszusetzen. [...] Das Ausgesetztsein gegenüber der Bedeutung macht es gerade erforderlich, die Intention aufzugeben und dem Exzess standzuhalten.[71]

Eine angemessene sprachliche Beurteilung des vorliegenden Objekts kann daher nur zustande kommen durch das Ausgleichen des exzessiven Ausdrucks der Leidenschaften. Friedlander fährt fort zu erklären, dass der sprachliche Umweg, durch den das Figurative die Macht hat, uns zu seinem Objekt durch etwas anderes, scheinbar Falsches, zurückzuführen, tatsächlich notwendig ist, wenn es keine Möglichkeit gibt, direkt über die Sache selbst zu sprechen.[72]

Vergleichen wir diese Argumentation mit der vorherigen über den Schmerz in *Emile*, so können wir eine Konfiguration aufspüren, in der Rousseaus psychologische Anschauungen über das Kind vor seinem Spracherwerb (in *Emile*) in sprachliche umgewandelt werden (im *Essay*). Die Ersetzung des unartikulierten Schreis des Kindes durch das Wort findet ein deutliches Echo in der Ersetzung von „Riese" durch „Mensch". In beiden Fällen hat die Ersetzung wesentlich einen beruhigenden oder besänftigenden Effekt, womit der anfängliche Gefühlsexzess durch den Gleichmut oder die Gelassenheit des Wortes ausgeschaltet wird. Der erste Schrei oder ängstliche Ausruf – hier wird das Wort „Riese" als ein Ausruf und nicht als Wort angesehen – zeigt eine verstärkte emotionale Reaktion an. Die zweite Äußerung allerdings – sei es der Satz *Ich habe Schmerzen* oder das neue Wort *Mensch* – ist eine gelassene, ‚gesammelte' Äußerung, die die Neutralisierung der anfänglichen starken und gefühlsbetonten Reaktion ausdrückt.

Aber Rousseaus Erklärung, wie die sprachliche Äußerung den Gegenstand ‚verkleinert' und seine ‚echte Größe' wiederherstellt, berücksichtigt nur die Maße des Gegenstandes, um den es geht (den anderen Menschen oder, in *Emile*, das spezifische Bedürfnis des Kindes). Das sprachliche Zeichen, das dieses Objekt repräsentiert, verwandelt in der Tat das Bildliche in das Wörtliche und bestätigt damit genau Rousseaus Hypothese über den Vorrang des Bildlichen. Diese Darstellung übersieht aber, dass die anfängliche Äußerung nur insoweit als ungeeignet angesehen werden kann, als der vorliegende *Gegenstand* betroffen ist, aber *nicht*, wenn sie sich auf das Gefühl bezieht, das dieser Gegenstand im Subjekt auslöst. Das heißt, wenn das Kind schreit oder der Wilde „Riese" ausruft, mögen diese Ausdrücke sprachliche Übertreibungen in Bezug auf den Gegenstand des

71 Friedlander: *J. J. Rousseau*, S. 47–48.

72 Vgl. ebd., S. 49.

Ausdrucks (sei es Hunger oder ein Mensch) sein, aber sie sind die absolut genaue Wiedergabe der gefühlserregten und leidenschaftlichen Reaktionen des Kindes oder des Wilden auf diese Gegenstände. Das hungrige oder müde Kind schreit *in der Tat* aus Schmerzen auf und der Wilde ist *unbestreitbar* verängstigt. Man könnte sagen, dass die artikulierte Sprache die leidenschaftliche Szene betritt, um die Erscheinung des Gegenstandes zu verkleinern oder den Schrecken, mit dem sie uns befällt, auszuschalten. Was beschrieben wird, ist allerdings nicht der Gegenstand selbst (dessen ‚Größe' man nun wieder anpassen kann), sondern vielmehr die Leidenschaft (in unserem Fall: Angst, Schmerz oder eine eher allgemeine Erfahrung des Leidens). „Riese" bezeichnet daher Angst, während „Mensch" auf einen anderen Menschen von ähnlicher Größe verweist, der dem Wilden entgegentritt. Die Verwandlung des Schreis des Kindes und des Ausrufs des Wilden in ‚eigentliche' oder ‚maßgenaue' Wörter bezeichnet daher nicht lediglich einen Übergang zwischen unterschiedlichen Sprachen, wie Rousseau meint. Sie bezieht sich vielmehr auf eine Veränderung des Bezugsobjekts der Sprache selbst: Statt auf den angetroffenen Gegenstand bezieht sie sich auf die Leidenschaft, die durch die Begegnung beim Sprecher hervorgerufen wurde.
In seiner berühmten Lektüre dieser Szene[73] erklärt Derrida die Bedeutung der „Unangemessenheit" der Metapher:

> Und es ist die *Unangemessenheit der Bezeichnung* (die Metapher), welche die Leidenschaft *ausdrückt.* Wenn die Angst mich Riesen sehen läßt, wo nur Menschen sind, dann ist der Signifikant – als Vorstellung des Gegenstandes – metaphorisch, doch ist der Signifikant meiner Leidenschaft eigentlich. Und wenn ich sage: „Ich sehe Riesen", so ist diese falsche Bezeichnung der eigentliche Ausdruck meiner Angst. Denn ich sehe tatsächlich Riesen, habe es also hier mit einer verläßlichen Wahrheit zu tun [.][74]

Derridas Akzentsetzung zeigt hier den einzigartigen Weg an, durch den das Wahre (der Affekt) und das Falsche (das Referenzobjekt) zusammenkommen, wodurch eine metaphorische Struktur entsteht: Das Wort „Riese" mag eine falsche oder unangemessene Bezeichnung des Gegenstandes (der andere Mensch) sein, es ist jedoch ein richtiger und damit eigentlicher Ausdruck der Leidenschaft, die dieser Gegenstand beim Wilden auslöst (Angst). Das Wort „Riese" verweist daher nicht auf den Gegenstand, der dem Wilden gegenübersteht, sondern

73 Vgl. Jacques Derrida: *Grammatologie,* aus d. Franz. v. Hans-Jörg Rheinberger / Hanns Zischler. Frankfurt am Main: Suhrkamp 1994, S. 461–481.
74 Ebd., S. 472–473.

vielmehr auf die furchterregende Weise, mit der der andere Mensch vor dem Wilden erschienen ist, nämlich *als* Riese, furchterregend, stärker usw.
Die Bedeutung von Derridas eben erwähnter Behauptung über die Unangemessenheit der Bezeichnung ist: Angst ist weder ein Objekt an sich, noch entsteht sie aus dem bloßen Größenunterschied zweier Menschen. Es ist die Unangemessenheit an sich, die die Angst zum Ausdruck bringt, so dass die Kluft zwischen 1) der Unangemessenheit des Signifikanten in Beziehung auf das Signifikat und 2) dessen Angemessenheit und Genauigkeit in Bezug auf das, was der Gegenstand tatsächlich in mir auslöst (Angst) – ebendiese Kluft die Struktur der Leidenschaft darstellt. Derrida kritisiert Positionen, die die Leidenschaften auf irgendeine Art im Subjekt situieren, als ob sie ein innerer *Gehalt* wären, der dann wiederum sprachlich ausgedrückt wird:

> Die Rede, das gesprochene Wort, indem sie den Bezug auf den Gegenstand beibehält, damit „Riese" ein geeigneter Ausdruck meiner Angst sei, verhindert nicht, sondern impliziert vielmehr, daß es als Zeichen des Gegenstandes unangemessen, metaphorisch ist. Es kann das Vorstellungszeichen der Leidenschaft nur sein, indem es sich als Vorstellungszeichen der mutmaßlichen Ursache dieser Leidenschaft darstellt, indem es ein Auge auf das Draußen wirft.[75]

Angst ist nicht im Subjekt und nicht im Gegenstand: Sie entsteht aus der Kluft zwischen diesen oder sie haftet dem Moment an, in dem das sprechende Subjekt den Gegenstand erfährt. Derridas Behauptung impliziert, dass Sprache nicht die Leidenschaft durch den Gegenstand repräsentiert, da die Leidenschaft immer in der Beziehung zwischen Leuten, dem Menschen und der Welt usf. liegt. Die Heftigkeit der Leidenschaft wird nur innerhalb einer Differenz, einer Kluft, gefühlt und repräsentiert. Derridas Darstellung ist nicht nur folgerichtig für unser Verständnis von Rousseau, sondern auch insofern relevant, als sie eine Perspektive auf das Wesen der Begegnung zwischen Leidenschaften und Sprache im Allgemeinen eröffnet: Leidenschaften entstehen und erscheinen im Dazwischen, in der Beziehung, und können daher nicht mit einer demonstrativen Geste, als referentieller Inhalt, erfasst oder ausgedrückt werden.
In seiner Kritik an Derrida[76] wirft Paul de Man ihm vor, eine Interpretation zu erzeugen, die Rousseaus eigenem Text gefährlich ähnelt. Anstatt den ‚echten'

75 Derrida: *Grammatologie*, S. 473.

76 Paul de Man erörtert Derridas Interpretation von Rousseaus *Essay* in zwei Haupttexten: Die Rhetorik der Blindheit. Jacques Derridas Rousseauinterpretation. In: Ders.: *Die Ideologie des Ästhetischen*, aus d. Amerik. v. Jürgen Blasius, hrsg. v. Christoph Menke. Suhrkamp: Frankfurt am Main 1993, S. 185–230; ders.: *Allegorien des Lesens II. Die Rousseau-Aufsätze*, aus d. Amerik. v. Sylvia Rexing-Lieberwirth, hrsg. v. Gerhard Poppenberg. Berlin: Matthes & Seitz 2012,

Rousseau zu lesen, dekonstruiere er einen ‚Pseudo-Rousseau' und liefere damit einen, wie es de Man nennt, „klassische[n] Fall von textkritischer Blindheit"[77]. De Man stimmt mit Derrida darin überein, dass das Wort „Riese"

> objektiv falsch sein [mag] (Tatsächlich ist der andere Mensch gar nicht größer), aber aus subjektiver Sicht ist es ehrlich (dem Subjekt, das sich fürchtet, erscheint er größer). Die Aussage mag im Irrtum sein, aber sie ist keine Lüge. Sie verleiht der inneren Erfahrung in korrekter Weise ‚Ausdruck'.[78]

Allerdings tadelt de Man Derrida dafür, dass er im traditionellen Verständnis von Leidenschaft als einem Brückenschlag zwischen Innen und Außen gefangen ist, wenn er behauptet, dass „Riese" sich auf ein inneres Gefühl der Furcht bezieht. De Man zufolge ist Derrida nicht in der Lage zu verstehen, dass der Grund für die Furcht etwas mit dem konkreten Erscheinen von etwas in der äußeren Welt zu tun hat, mit „sichtbaren Attribute[n]"[79] (de Man versteht Derrida so, als sei ein innerer Sachverhalt der Gegenstand der Angst, eine durchaus strittige Interpretation). Angst geht aus einem fundamentalen Misstrauen hervor: Was vor mir erscheint, ist ein Mensch, der mir der Größe nach ähnlich zu sein scheint, doch trotz dieser offensichtlichen Ähnlichkeit könnte er tatsächlich eine Bedrohung darstellen. In anderen Worten: Angst ist das Resultat meines Verdachts, dass eine mögliche Diskrepanz zwischen den äußeren und inneren Eigenschaften von Entitäten besteht; und sie hat mit einer inhärenten „Furcht" zu tun, dass die Dinge nicht so sind, wie sie zu sein scheinen, das „in beruhigender Weise vertraute und ähnliche Äußere könnte eine Falle sein."[80]

De Man führt ein alternatives Verständnis der Funktion der Leidenschaften und der Gefühle an, indem er einen epistemischen Referenzrahmen nutzt:

> [D]ie Furcht vor einem anderen Menschen ist hypothetisch; einem Abgrund kann niemand trauen, aber ob man nicht gerade ein Paranoiker oder ein Narr ist, eine offene Frage. Indem man ihn einen „Riesen" nennt, lässt man die Hypothese oder die

S. 11–43. Wie Rei Terada akribisch nachgewiesen hat, unterscheiden sich diese beiden Versionen in einigen wichtigen Punkten. Da diese Unterschiede nicht im Fokus meiner Untersuchung liegen, werde ich nur den zweiten, späteren Text kurz vorstellen. Vgl. Rei Terada: *Feeling in Theory. Emotion after the "Death of the Subject"*. Cambridge, MA: Harvard UP 2001, bes. S. 48–89.

77 de Man: Die Rhetorik der Blindheit, S. 223.

78 de Man: *Allegorien des Lesens II*, S. 35.

79 Ebd., S. 34.

80 Ebd., vgl. auch Teradas Erläuterung zur Differenz zwischen den beiden Texten de Mans unter diesem Gesichtspunkt in: *Feeling in Theory*, S. 56–57.

> Fiktion zu einer Tatsache erstarren und verwandelt „Furcht", die ihrerseits ein figurativer Zustand der schwebenden Bedeutung ist, in eine feste, eigentliche Bedeutung ohne Alternative. Die Metapher „Riese", die gebraucht wird, um Mensch zu konnotieren, hat tatsächlich eine eigentliche Bedeutung (Furcht), aber diese Bedeutung ist nicht wirklich eigentlich: Sie verweist auf einen permanenten Schwebezustand zwischen einer wörtlichen Welt, in der Erscheinungsbild und Wesen zusammenfallen, und einer figurativen Welt, in der diese Übereinstimmung nicht a priori gesetzt ist. Die Metapher ist ein Irrtum, weil sie an ihre eigene referenzielle Bedeutung glaubt oder zu glauben vorgibt.[81]

De Man zufolge bezieht sich das Wort „Riese" auf einen Moment der epistemischen Aufhebung und der Unbestimmtheit. Es bezeichnet daher weder einen Gegenstand noch eine Leidenschaft, sondern die epistemische Oszillation zwischen diesen beiden. Der Wilde verwendet das Wort „Riese", um sich auf den ihm gegenüberstehenden Menschen zu beziehen, aber was das Wort wirklich bezeichnet, ist der Zustand einer Suspendierung von Bedeutung, in der sich der Wilde, von Angst überwältigt, selbst wiederfindet.

De Man kritisiert Derrida dafür, dass er das Konzept der Leidenschaft verwendet, um die inhärente Diskrepanz zwischen den äußeren Erscheinungen der Objekte und ihren ‚wahren' inneren Eigenschaften zu kompensieren, da für de Man diese Diskrepanz genau das ist, was nicht aufgelöst werden kann. Für Rousseau, so fährt de Man fort, sind

> alle Leidenschaften – Liebe, Mitleid oder Zorn, ja sogar ein solcher Grenzfall zwischen Leidenschaft und Bedürfnis wie Furcht – durch eine derartige Diskrepanz charakterisiert [...]; sie gründen nicht auf der Erkenntnis, dass eine solche Differenz besteht, sondern auf der Annahme, dass sie existieren könnte, und damit auf einer Möglichkeit, die niemals auf empirischem oder analytischem Wege belegt oder widerlegt werden kann. Eine Aussage, die Misstrauen bekundet, ist weder wahr noch falsch: Dem Wesen nach ist sie eher von der Art einer permanenten Hypothese.[82]

De Mans Argumentation erhellt in diesen letzten Zeilen etwas Entscheidendes im Hinblick auf die Beziehung zwischen Sprache und den Leidenschaften: Unsere Angst oder unser Misstrauen rührt nicht von einem tatsächlichen Bruch oder Widerspruch. Sie entspringt vielmehr aus der *Möglichkeit*, dass eine solche Diskrepanz existiert. „Riese" bezeichnet daher nicht einen Gegenstand oder

81 de Man: *Allegorien des Lesens II*, S. 36.
82 Ebd., S. 34–35.

seine Größe oder das, was ich dem gegenüber empfinde; es drückt sich darin vielmehr das potentielle Risiko aus, dass das, was ich sehe, sozusagen nicht das ist, was ich bekomme. Dieses Potential haftet zweifellos der Sprache als solcher an und ist ihr wesentlich. Der Ursprung der Sprache kann nicht erörtert werden, ohne dieses Risiko zu berücksichtigen.[83]

Es ist daher kein Wunder, dass sich Rousseau auf Probleme der Proportionen konzentrierte (seien es Probleme der unverhältnismäßigen Bewertung von Größe oder der angeblich übertriebenen emotionalen Reaktion). Solche Probleme unterstreichen die Tatsache, dass Sprache immer von der Begegnung mit dem *Anderen* (sei es ein Mensch, ein Tier oder ein Gegenstand) handelt und daher immer ein Ausdruck der Beziehung zwischen dem sprechenden Menschen und etwas anderem als ihm selbst ist, sie ist eine Art und Weise, die Implikationen einer solchen Begegnung zu bewerten und auszudrücken. (Dies gilt auch für Sprachen, die nicht nach außen kommunizieren, sondern ‚innere Inhalte' wie Gefühle und Gedanken ausdrücken; dies wären die von Herder genannten Fälle, in denen die ‚Seele zu sich selbst spricht'). Außerdem sind, wie Bruns anmerkt, Angst und Schmerz der „verborgene Sinn aller menschlichen Sprache, als ob es so wäre, dass die Worte, die ich jetzt spreche, einen geheimen Ausdruck von Angst enthielten"[84]. Angst und Schmerz sind daher der latente und doch fundamentale Gehalt der menschlichen Sprache, ihr Ursprungsort, aber auch und zuerst ihr innerstes Wesen. Anstatt sie als bloß nostalgisch zu ignorieren, bewahrt Rousseau die emotionale, ursprüngliche sprachliche Äußerung als die Infra-Struktur der Sprache als solcher – eine Struktur, die gleichermaßen in den extremen Momenten der Leidenschaft und in sprachlichen Momenten zum Ausdruck kommt: in der Erfahrung starken Leidens und bei intensivem Schmerz ebenso wie in der (und nicht weniger wichtigen) figurativen und metaphorischen Sprache. All diesen Momente ist gemeinsam, dass sie an ein Extrem rühren, die Grenzen der menschlichen Fähigkeit ausreizen, um ihr Leiden zu ertragen und ihm Ausdruck zu verleihen. In diesem Sinn zeigt meine Lektüre von Rousseau vor allem Momente auf, in denen die Sprache selbst, und nicht nur das Gefühl des Leidens, an ihre Grenzen stößt. In diesen Momenten, in denen Sprache nicht lediglich als eine bezeichnende Apparatur fungiert, wird etwas

83 Obwohl de Man in seiner Lektüre von Derrida einen ziemlich kritischen Ton anschlägt, beruht seine alternative Deutung weitgehend auf Derridas eigenen Behauptungen. Dies gilt insb. für die Affinität zwischen Derridas Idee der ‚Unzulänglichkeit' und de Mans ‚Unbestimmtheit' sowie für ihre Ähnlichkeit, was die Rolle der Metapher betrifft. Vgl. Terada: *Feeling in Theory*, insb. S. 56–58.

84 Gerald L. Bruns: Language, Pain and Fear. In: *Iowa Review* 11,2 (1980), S. 131–132, hier S. 131.

Wesentliches über ihren Ursprung und ihre innere Struktur offenbart. Und das gleiche trifft auf die bloße Erfahrung des Menschseins zu: Ihre Konturen werden scharf und ihr Wesen entfaltet sich nur an ihren Extremen, wenn sie an die Grenzen der Erfahrung des Menschseins stößt – und das Leiden ist eine solche auffallende Grenze.

Indem ich Rousseau und Herder zusammenbringe, geht es mir darum, dass das Wort „Riese", ähnlich wie das Blöken des Schafes, zeigt, dass in der Sprache der Gegenstand und sein Eindruck im Grunde nicht isoliert voneinander erfahren werden können. Hierin besteht die Einzigartigkeit von Herders und Rousseaus Sprachtheorien. Für beide konstruiert die Sprache einen Erfahrungsraum, dessen Gestaltung keine groben Unterscheidungen zwischen Gegenständen, Wahrnehmungen und Affekten ermöglicht. Rousseaus Wilder, der den riesigen Anderen fürchtet, ebenso wie Herders Blöken, das der menschlichen Seele entschieden eingeprägt ist, verdeutlichen genau dies. Das blökende Schaf wird vielleicht aus der Flut der Empfindungen ausgesondert und durch den Menschen, der über Sprache verfügt, separiert. Aber es ist nicht und kann nicht von dem gleichen Menschen getrennt werden, der dies erlebt. Das Wort „Riese" stellt weder den anderen Menschen als Gegenstand dar noch die Leidenschaft, die er beim Sprecher auslöst; es handelt sich um einen vehementen Ausruf, der den leidenschaftlichen Inhalt der Begegnung selbst – Wilder und anderer Mensch, Mensch und blökendes Schaf – in einer unteilbaren sprachlichen Ausdehnung zum Ausdruck bringt. Beide Denker fassen die Problematik ins Auge, die der Begegnung von Sprache und Leidenschaft inhärent ist. Betrachtet man eine solche Begegnung im Hinblick auf die Beziehung zwischen Sprache und Schmerz, so könnten wir sagen, dass es für beide, Herder und Rousseau, nicht so sehr um die Frage geht, ob Sprache geeignet oder ungeeignet ist, eine gegebene Empfindung oder Leidenschaft vollständig und exakt zu erfassen. Vielmehr wird sowohl für Herder als auch für Rousseau der starke Ausbruch der Leidenschaft zur Bedingung der Möglichkeit für die Entstehung des sprachlichen Ausdrucks. Nicht weil Sprache in der Lage ist, die Leidenschaft darzustellen oder sich auf sie zu beziehen, sondern weil sie einen Extremfall darstellt, angesichts dessen allein die Sprache entstehen kann.

# 4
# Sprache und Gehör
## Heideggers Herder

Schmerz entfaltet sich und dringt hervor aus einer einzigartigen inneren Inkongruenz, die als Bewegung beschrieben werden kann: Einerseits geht die Schmerzerfahrung mit einer Bewegung nach außen einher, die weg vom leidenden Körper und in den Bereich führt, der mit anderen geteilt wird. Dieses Sich-Hinwenden ist deutlich akustischer Natur, da der gequälte Körper seinen Schmerz herausschreit, als ob er versuche, seine körperliche Pein durch den Ausdruck verzweifelter Schreie abzuwerfen, die jedes Ohr erreichen, ganz gleich wie entfernt es sei. Statt von einer gegebenen, empfänglichen Gemeinschaft abhängig zu sein, kann von dieser mit dem Außen verbundenen Bewegung des Schmerzausdrucks gesagt werden, dass sie eine Gemeinschaft konstituiert. Die Erfahrung von Schmerz fällt daher mit der Transzendenz des privaten, solipsistischen Selbst zusammen. Andererseits ist Schmerz durch eine entgegengesetzte Bewegung gekennzeichnet. Er treibt uns auf gewaltsame Weise ins Innere, schließt uns in unseren leidenden Körper ein, ohne einen Ausweg, uns durch seine Intensität hypnotisierend. Niemandem wird der Eintritt erlaubt; keiner versteht unseren Schmerz oder kann ihn wirklich *kennen*. Er kann nicht geteilt oder verteilt werden. Er ist unser eigen; er wird zu uns.

Der von Schmerzen geplagte menschliche Körper, zwischen diesen beiden antithetischen Bewegungen eingekeilt, ist zerstückelt und zugleich durch den Ausdruck unweigerlich geteilt. Diese einzigartige Konfiguration des Schmerzes ist nicht lediglich als ein Zusammenstoß zwischen dem Individuum und seinem Schmerz zu verstehen, zwischen Willen und Instinkt, zwischen Mensch und Tier. Schmerz ist gerade durch seine paradoxe Struktur gekennzeichnet, durch die Tatsache, dass jedem Denken, das sich gegenseitig ausschließenden Strukturen überlässt, die Kraft fehlt, das einzigartige Wesen des Schmerzes zu begreifen.

Diese schwierige Frage des Schmerzes erhärtet sich in der Beziehung zwischen den ersten beiden Abschnitten der *Abhandlung* bzw. zwischen Herders zwei Sprachen: der ursprünglichen Sprache der Empfindungen, die animalisch-menschlich ist, und der reflexiven, der menschlichen Sprache. Die erste ist unmittelbar, instinktiv und dem Wesen nach deutlich akustisch; ihr Kern ist die menschliche und tierische Stimme, die ihren Schmerz in der Form von expressiven Schreien kundgibt. Die Abschnitte, in denen Herder von dem natürlichen Mitgefühl spricht (vgl. FHA 1, S. 698), können als Anregung eines geteilten, gemeinsamen Raums verstanden werden, in dem die Schmerzensschreie und das überwältigende, unmittelbare Mitgefühl auf einen Schlag zusammenkommen. Selbst wenn die Präsenz eines mitfühlenden Gesprächspartners in Zweifel steht, schreit das leidende Tier oder der leidende Mensch (oder, in diesem Fall, Philoktet) auf. In der Sprache der Empfindungen wird daher die Schmerzerfahrung durch ihre Ausdrucksform vorgestellt und beschrieben, die außerhalb der Grenzen des leidenden Körpers (des Tieres oder des Menschen) realisiert wird, anstatt als ein ‚innerer' Gehalt zu existieren. Die expressive Sprache der Empfindungen wandelt sich im zweiten Abschnitt der *Abhandlung* in eine deutlich menschliche, reflektierende und ausgesprochen *nicht-akustische* Sprache. Menschliche Sprache und Besonnenheit erscheinen nicht im zweiten Teil von Herders *Abhandlung*, der von der Erzeugung der Stimme oder von jeder anderen Form des akustischen Ausdrucks handelt: Ganz im Gegenteil tritt die menschliche Sprache als eine menschliche Einstellung gegenüber der Welt hervor, als eine Beziehung zwischen Menschen und ihrer Lebenssphäre und schließlich als eine stille Bewegung zwischen dem Menschen und sich selbst – oder, in Herders Worten, als ein Zustand, in dem ‚die Seele zu sich selbst spricht'.

Herders zwei Sprachen scheinen eine Struktur anzubieten, die aus zwei gegensätzlichen Bewegungen besteht: eine äußerliche, unmittelbare und tontragende Bewegung des Ausdrucks und eine innere, stille Bewegung der Seele, die sich zurückzieht, um sich selbst zu begegnen und dadurch ein inneres Wort zu erschaffen. Ein genauerer Blick offenbart, dass diese Gegensätze tatsächlich auf der gleichen Ebene operieren. Die Struktur des Mitgefühls und die Reaktion, die außerhalb des leidenden Körpers stattfindet, stößt auf eine parallele Struktur der Resonanz und Reaktion, die sich im Inneren vollzieht. Wie wir bereits gesehen haben, ist diese Aufteilung in die zwei Sprachen nicht eine bloß binäre, auch wenn Herder sie als solche darzustellen scheint. Außerdem sind seine Versuche, sich zwischen den zwei sprachlichen Strukturen zu bewegen, nicht ausreichend begründet und gerechtfertigt. Zwischen den ersten beiden Abschnitten hängend, scheint Herder mit einem Dilemma zu kämpfen: Er konstatiert einen Bruch zwischen den beiden Sprachen, stellt diese aber gleichzeitig als ausgesprochen korrespondierend dar.

Man mag sich dieser Problematik aus einer kritischen Perspektive nähern, um eine Schwäche in Herders Argumentation aufzuzeigen, und dann Alternativen einfordern, die entweder die Aufteilung der *Abhandlung* in zwei Abschnitte untermauert oder sie miteinander vereinbar macht. Mein Zugang zu diesem offenkundigen Riss in Herders *Abhandlung* ist ein anderer. Ich bin der Auffassung, dass man dieses Dilemma nicht als eine Schwäche oder einen Fehler Herders erachten, sondern stattdessen seine Theorie aus einer weiteren Perspektive betrachten sollte, die die Verschiedenheit ebenso wie die Verbindung zwischen den beiden Abschnitten berücksichtigt. Das Problem der Beziehung zwischen den beiden Sprachen spiegelt einen Bruch wider, der der Schmerzerfahrung als solcher inhärent ist. In diesem Sinn erachte ich die *Abhandlung* als paradigmatisch für mein eigenes Denken über den Schmerz und seine Beziehung zur Sprache: Sie eröffnet eine wichtige Sichtweise nicht nur auf die Erfahrung des Schmerzes und dessen Ausdruck, sondern auch, was noch wichtiger ist, auf dessen inneren Paradoxien, Brüche und Risse. Genau wie der Schmerz zugleich expressiv und solipsistisch ist, akustisch und in der Stille eingeschlossen, so verhält es sich auch mit der Konstellation von Herders zwei Sprachen.

Das Problem der Beziehung zwischen Herders zwei Sprachen bildet den Kern von *Vom Wesen der Sprache. Die Metaphysik der Sprache und die Wesung des Wortes* (vgl. GA 85), ein Seminar, das Martin Heidegger im Sommersemester 1939 an der Universität Freiburg gehalten hat.[1] Abgesehen von einer kurzen Einführung in das traditionelle Problem des Sprachursprungs und einigen Erörterungen zu G. W. Leibniz, Jacob Grimm und Stefan George (die jeweils philosophische, philologische und poetische Standpunkte vertreten), ist der größte Teil des Seminars einer eingehenden Lektüre von Herders *Abhandlung* gewidmet (der Untertitel des Seminars lautet *Zu Herders Abhandlung ‚Über den Ursprung der Sprache‘*). Eins von Heideggers Zielen in *Vom Wesen der Sprache* ist es, zwischen Herders Frage nach dem *Ursprung* der Sprache (die er als eine metaphysische Frage ansieht) und der nach dem *Wesen* der Sprache zu unterscheiden (eine Frage, die Heidegger zufolge die Metaphysik zugunsten der Frage nach

1 Soweit es um den historischen Kontext Deutschlands und die Entwicklung von Heideggers eigenem Denken und seinen politischen Positionen geht, stellt sich die interessante Frage, warum er sich 1939 (in einer Zeit, in der er sich mit Denkern wie Nietzsche und Schiller beschäftigte) dafür entschied, ein Seminar zu Herder anzubieten. Ein weiteres Rätsel stellt die Tatsache dar, dass Herder im Kontext des deutschen Denkens zweifellos zu einem der ersten Denker zählt, die den Begriff des Volks verwendet haben. Es ist höchst interessant danach zu fragen, warum Heidegger dieses Konzept in Herders Werk nicht angesprochen hat und stattdessen seine Überlegungen zur Sprache als Gegenstand ausgewählt hat. Sein Schweigen über den Begriff des Volks ist es wert, betrachtet zu werden, aber das liegt außerhalb meiner Fragestellung.

dem Sein überwindet). „Ist durch die Ursprungsbetrachtung die Sprache und ihr Wesen erklärt und begreiflich?" (GA 85, S. 82), fragt Heidegger: „Verbürgt die Nachweisung des Ursprungs jemals das Wissen des Wesens" (GA 85, S. 84)? Heideggers Sorge ist, dass durch das bloße Stellen der Ursprungsfrage die Möglichkeit wesentlich „verschlossen" (GA 85, S. 84) bleibt, das Wesen der Sprache zu untersuchen (und zu erfahren) – Sprache sollte aus der Perspektive des Seins behandelt werden und nicht aus der der bloßen Genealogie. Heidegger behauptet, dass Herders Zugang zum Ursprung insofern metaphysisch ist, als sein Projekt eine Transzendenz der Sprache mit sich bringt, die auf der Suche nach einem äußeren ‚Anker' ist, von dem aus ihr Anfang bestimmt werden kann. Heidegger führt dies in *Beiträge zur Philosophie* aus, wo er explizit dafür argumentiert, dass die Suche nach ‚der' a-historischen Sprache die Frage nach dem Wesen der Sprache zerstreut, die sich „im Beginn des Weges zu verwirren" (GA 65, S. 498) scheint. Die Frage nach dem Ursprung zu stellen, fährt er fort, kann uns nicht aus der metaphysischen Sphäre der Sprache als einem äußeren, instrumentellen Apparat hinausführen, einem Apparat, der sich lediglich auf den Menschen *bezieht*, statt sein eigentliches Wesen zu sein. Heidegger unterscheidet zwischen der metaphysisch-anthropologischen Konzeption von Sprache (Sprache als Behauptung, Repräsentation und Werkzeug) und seiner eigenen Herangehensweise, der zufolge das Überwinden der Metaphysik die Macht hat, die Frage nach der Wahrheit des Seins von jeglichen Erklärungen zu befreien, die ihre Zuflucht in der Transzendenz oder einer ‚idealen' Sprache suchen (vgl. GA 65, S. 501–502).

Heideggers Alternative, mit der er die Metaphysik zu überwinden vorschlägt, sucht das Wesen der Sprache aus sich selbst heraus zu begründen. Ein solches Vorgehen würde zuerst Sprache selbst und nur dann ihre metaphysische Erklärung bestimmen (vgl. GA 65, S. 498). *Vom Wesen der Sprache* weist einen ähnlichen Gang der Argumentation auf: Das Problem liegt in Herders eigentlicher *Suche* nach Ursprüngen, nicht in seinen Ergebnissen. Obwohl sein Argumentationsweg sehr nah an der Wesensfrage entlangläuft, stellt Herder die Frage in einer Art und Weise, die die mögliche Reichweite seiner Antwort einschränkt. Heidegger erklärt dies in *Vom Wesen der Sprache* wie folgt:

> *Die metaphysische Wesensfrage ist immer Herkunftsfrage.* (GA 85, S.97, Herv. i. Orig.)
> Der Ursprung ist noch nicht gefunden, sondern nur die *Stelle eines Entsprungenen*, ein „Entsprungenes" *gefunden*, wo etwas vom Wesen der Sprache sichtbar. (GA 85, S. 148, Herv. i. Orig.)

Diese Beobachtungen dienen Heidegger zur Begründung des Einsatzpunktes für seine Herder-Interpretation, die in *Vom Wesen der Sprache* unterschiedliche Richtungen einschlagen wird. Doch bevor ich mich den einzelnen Aspekten von Heideggers Herder-Kritik widme, sind noch einige Erläuterungen bezüglich des Textes *Vom Wesen der Sprache* erforderlich.

Die publizierte Fassung des Seminars kann man keinesfalls als eine geordnete, vollständige Interpretation von Herder auffassen. Wir verfügen nur über Heideggers vorbereitende Notizen (manchmal in Form nummerierter Listen oder extrem verdichteter Entwürfe, an einigen Stellen in Form von Diagrammen) und Protokolle der elf Studierenden, die an dem Seminar teilgenommen haben. Obwohl es an einigen Stellen möglich ist, die Verbindung zwischen Heideggers Notizen und den Mitschriften nachzuvollziehen, ist diese Verbindung zumeist sehr lose (abgesehen davon, dass jeder Studierende eine unterschiedliche Sitzung protokollierte). In den Rückblicken, die er nach dem Seminar schreibt, bezieht er sich auf die Protokolle und bemerkt, dass

> [a]us ihnen [...] nicht immer der wirkliche Gang der Übungen zu ersehen [ist]; diesen Einblick geben die ‚Protokolle', die jeweils von ganz verschiedenem ‚Wert' sind und auch dort, wo sie ‚wörtlich' berichten, niemals die Fragen so geben, wie ich sie dargestellt und durchgesprochen habe. (GA 66, S. 423)

Dies hat eine zweifache Implikation: Die Protokolle stimmen nicht immer mit Heideggers Notizen überein, jedoch genau deswegen bieten sie uns eine nützliche Verfeinerung dieser manchmal sehr vagen Notizen.[2] Nichtsdestoweniger ist *Vom Wesen der Sprache* eine unverzichtbare Quelle, nicht nur um Heideggers späte Philosophie und Herders starken Einfluss auf Heidegger zu verstehen, sondern auch, weil die Vorlesung einige der zentralen Probleme in Herders *Abhandlung* erhellt. Heidegger macht immer und immer wieder – und aus unterschiedlichen Blickwinkeln und diskursiven Perspektiven – deutlich, dass die *Abhandlung* aus philosophischer Sicht nicht stark genug ist, so dass sie einer langen westlichen Philosophietradition zum Opfer fällt, die sich der Sprache von einem metaphysischen Standpunkt aus nähert. Dies ist eine Auffassung von

2 Mein Beitrag zu Heidegger in diesem Kapitel zielt weder darauf ab, eine Interpretation des Seminars vorzulegen (die in der Forschungsliteratur zu Heidegger in der Tat fehlt), noch konzentriert er sich darauf, ein Argument für Herders Einfluss auf Heidegger zu finden (der zweifelsohne stark ist). Das Seminar ist für mich in erster Linie deshalb wichtig, weil Heideggers Analyse der *Abhandlung* einige Behauptungen in den Vordergrund stellt und beleuchtet, die für meine eigene Untersuchung von Herder entscheidend sind. Noch wichtiger ist, dass Heidegger, indem er auf einige Lücken in Herders Position hinweist, eine interessante Kritik sowie einen neuen Einstieg in das Überdenken von Herders *Abhandlung* bietet.

Sprache als Instrument, als einem kommunikativen, darstellenden Apparat, der nur Aussagen *über* die Welt oder in Bezug auf die Welt macht.

Aber trotz seiner heftigen, manchmal konfrontativen Kritik an Herder kann man sich des Eindrucks nicht erwehren, dass Heidegger an der *Abhandlung* außerordentlich interessiert ist. Er ist deutlich von Herders Argumentationsgang, seinen Beispielen und sogar seinen Fehlern angezogen, in die er sich in aller Ausführlichkeit – kritisch und doch liebevoll – versenkt. Heideggers Interesse an Herder kommt allerdings nicht nur in *Vom Wesen der Sprache* zum Ausdruck. Ein genauer Blick auf Heideggers Werk offenbart an verschiedenen Stellen Bezüge zu Herder, und obwohl sie meist eher im Vorbeigehen gemacht werden, markieren sie Herders durchgehende Präsenz in seinem Werk: *Wozu Dichter?* (1926), *Sein und Zeit* (1927) und *Grundbegriffe der Metaphysik* (1929–1930). *Vom Wesen der Sprache* sticht in dieser Hinsicht heraus. Es ist der einzige Text, in dem Heidegger sein Augenmerk rigoros, wenn auch kritisch auf Herders Denken richtet. Einige Interpreten wie Taylor oder Kovacs haben herausgestellt, dass kein Zweifel über Herders starken und grundlegenden Einfluss auf Heideggers Konzepte besteht. Sich auf diesen Einfluss beziehend behauptet Sikka, es sei kennzeichnend für Heidegger, dass er seine Verpflichtung gegenüber anderen Philosophen (Aristoteles und Hegel wären bekannte Beispiele) nicht anerkennt.[3]

## Das Problem

Es gibt verschiedene Wege in das Labyrinth von *Vom Wesen der Sprache*. Zunächst einmal ist da Heideggers explizite Kritik an Herders ‚metaphysischem' Blick auf die Sprache und der angeblich engen Perspektive, von der aus Herder auf den Ursprung und das Wesen der menschlichen Sprache schaut. Ein

3 Sonia Sikka: *Herder on Humanity and Cultural Difference. Enlightened Relativism*. Cambridge: Cambridge UP 2011, S. 184, Fn. 11. Die Beziehung zwischen Heidegger und Herder hat in der Forschung, gelinde gesagt, keinen zentralen Platz eingenommen. Es gibt jedoch zwei wichtige Interpret*innen, die sich mit ihr auseinandersetzen. Die eine ist Sikka, die sie in verschiedenen Studien erörtert hat, vor allem in *Herder on Humanity* und in dem Aufsatz Heidegger's Concept of Volk. In: *Philosophical Forum* 26,2 (1994), S. 101–126. Der andere ist Charles Taylor, der eine detaillierte und gründliche Diskussion der Ähnlichkeiten zwischen Heideggers und Herders Sprachtheorien vorgelegt hat, vgl. Charles Taylor: Heidegger, Language, and Ecology. In: Ders.: *Philosophical Arguments*. Cambridge, MA: Harvard UP 1995, S. 100–126. Keine dieser Diskussionen konzentriert sich jedoch auf den Text *Vom Wesen der Sprache*, der in der Forschungsliteratur zu Heidegger nur selten behandelt wird. Eine Ausnahme stellt George Kovacs dar. In seinem Beitrag Heidegger in Dialogue with Herder. Crossing the Language of Metaphysics towards Be-ing-historical Language. In: *Heidegger Studies* 17 (2001), S. 45–63 bietet er eine ausführliche Erörterung des Textes mit Fokus auf Heideggers Kritik an Herders Sprache der Metaphysik. Eine weitere Quelle ist Kelly Olivers kurze Diskussion von Heideggers Herder-Interpretation in *Animal Lessons*, S. 90–93.

anderer Ausgangspunkt wäre Heideggers wiederholter Versuch das zu untergraben, was er für Herders Auffassung der menschlichen Sprache hält, die nämlich aus dessen Konzeption des Menschen als *animal rationale* hervorgehe, einem Tier, dem die Sprache wie äußerer Schmuck angelegt wird. Es gibt außerdem die Begegnung, die Heidegger zwischen Herders Sprachtheorie und Grimm oder Humboldt inszeniert – oder den eigentümlichen Abschnitt über Stefan Georges Lyrik. Meine Herangehensweise an den Text macht den *Ton* zum Ausgangspunkt. Heidegger ist im gesamten Text ein passionierter und gründlicher Leser Herders, aber bei der Analyse von dem, was er den „Lautcharakter[] der Sprache" (GA 85, S. 204) nennt, ist sein Beitrag für unser Verständnis von Herders Sprachkonzeption besonders lohnenswert. Der Ton ist für Heidegger in zweifacher Hinsicht zentral: Erstens identifiziert er den Ton in der *Abhandlung* als das Hauptproblem, indem er auf die Inkongruenz zwischen Herders verschiedenen Definitionen von Sprache hinweist, die diese zugleich als akustisch und als nicht-akustisch darstellen. Zweitens formuliert er seine eigene Entgegnung in der Form eines sorgfältig ausgearbeiteten Geflechts an Begriffen, die eng mit dem Ton und dem Hören verbunden sind. Beginnen wir mit Heideggers Ausformulierung des Problems.[4]

Die erste Schwierigkeit, die Heidegger in der *Abhandlung* ausmacht, besteht in einer Inkonsistenz zwischen den Vorstellungen einer ursprünglich menschlich-tierischen Sprache der Empfindungen und einer deutlichen menschlichen Sprache des reflektierenden Bewusstseins. Herder beginnt den ersten Abschnitt der *Abhandlung* mit den Worten: „*Schon als Tier, hat der Mensch Sprache*" (FHA 1, S. 697, Herv. i. Orig.). Später schreibt er hingegen, dass „die Menschen für uns die einzigen Sprachgeschöpfe sind, die wir kennen, und sich eben durch Sprache von allen Tieren unterscheiden" (FHA 1, S. 711). Heidegger merkt an, dass Herder einerseits den Menschen als ein Tier mit nonverbaler Sprache darstellt, die aus Ausrufen, Seufzern und Schmerzensschreien besteht. Andererseits ist der Mensch von dem Tier dadurch unterschieden, dass er eine Sprache hat, d. h. eine nichttierische Sprache, die später im Text als mit der menschlichen Reflexionsfähigkeit (Besonnenheit) eng verbunden, wenn nicht gar identisch gezeichnet wird, wodurch die Sprache als ein in der menschlichen Seele wirkender Apparat erscheint. In Begriffen des Klangs bzw. des Tons ausgedrückt, ist Sprache durch zwei widerstreitende Definitionen gekennzeichnet: Es gibt eine Sprache des *Tons*, die aus instinktiven Schreien und unmittelbaren Schmerzensäußerungen zusammengesetzt ist, und es gibt eine entschieden *stille* Sprache, die eindeutig menschlich in der Einstellung und Beziehung zur Welt und zu

4 Vgl. hierzu auch Martin Heidegger: Brief über den ‚Humanismus' (GA 9, S. 313–364).

den menschlichen Lebenssphären ist, die bei der Bildung des *Merkmals* und des *inneren Wortes* auf der inneren Bewegung der menschlichen Seele aufbauen (vgl. GA 85, S. 157–159).
Heidegger hebt eine zweite wichtige Schwierigkeit im Argumentationsgang der *Abhandlung* hervor, die erneut die Problematik des Klangs bzw. Tons beinhaltet. Der Mensch, der die Töne des blökenden Schafs wahrnimmt, ist in der Lage, diese von dem Gegenstand, der die Töne produziert (das Schaf), zu unterscheiden und sie in das erste Wort seiner Sprache zu übertragen. Die Klangdimension, die dem Ursprung der menschlichen Sprache inhärent ist, dominiert Herders Schilderung der Szene. Durch die Einführung des menschlichen Reflexionsbewusstseins bzw. der Besonnenheit verabschiedet sich Herder von der sinnlichen Dimension des Tons und wendet sich dem zu, was er als das ‚innere Wort der Seele' beschreibt. Dies geschieht dann, wenn das Blöken des Schafs sich in ein inneres Blöken verwandelt: „es klang! die Seele haschte – da hat sie ein *tönendes Wort*!" (FHA 1, S. 734, Herv. i. Orig.) Diese Entwicklung ist für Herders Behauptung zentral, da selbst „wenn ihn [den Menschen; I. F.] nie seine Zunge zu stammeln versucht hätte [...]; seine Seele hat gleichsam in ihrem Inwendigen geblöcket" (FHA 1, S. 724). Diese Verwandlung, oder auch Konversion, des Tönenden (das Blöken des Schafs) in das Nichttönende (die Besonnenheit und das inwendige Blöken der Seele) tritt wieder in Erscheinung, wenn Herder die Möglichkeit eines Fortschritts erklären muss oder einer Übersetzung vom inneren Wort und Merkmal in das gesprochene Wort, den Diskurs und die Kommunikation.
Diese zwei Ambiguitäten leiten Heideggers direkten Angriff auf Herder[5] ein:

> Es ist ihm [Herder; I. F.] nicht gelungen, das Wesen des Menschen in der Besonnenheit einheitlich und durchgängig zusammenzufasssen; es gelingt ihm nicht, aus der überlieferten Bestimmung des Menschen als animal rationale herauszukommen [...]. Und wie es Herder nicht gelingt, wenn er es auch darauf absieht, den Menschen in seinem Wesen (Denken und Sinnlichkeit) einheitlich zu fassen und damit wesentlich vom Tier abzuheben, gelingt es ihm nicht, das Wort in seiner Doppelstruktur einheitlich herzuleiten. Damit bleibt die Wortsprache nur eine bestimmte Art von lautlicher mitteilender Äußerung gegenüber der Stimme des Tieres, dem Schrei der Empfindung, und wird nicht wesentlich von dieser unterschieden, wenngleich der Anspruch eines solchen wesentlichen Unterschiedes gemacht ist.

5 Es handelt sich bei diesem Zitat allerdings nicht um Heideggers eigene Worte, sondern um eine Passage aus einem der Seminarprotokolle.

> Und wenn *Herder* […] sagt, daß für die Aufklärung des Ursprungs der Sprache entscheidend sei zu wissen, was Vernunft ist, so kann man sagen, daß Herder nicht gewußt hat, was eigentlich Vernunft ist. (GA 85, S. 204)

Heidegger zufolge misslingt es Herders zweifacher Bestimmung der menschlichen Sprache (oder des ‚Wortes', wie es hier formuliert wird) als tönender Ausdruck einerseits und als innerer nichttönender andererseits eine einheitliche Darstellung des Menschen bereitzustellen (die Formulierung *es gelingt ihm nicht* wird allein in diesem Abschnitt viermal verwendet). Folglich bleibt Herders explizite Forderung nach einer wesentlichen Unterscheidung zwischen Mensch und Tier vollkommen unbegründet und stellt, wichtiger noch, tierische und menschliche Sprache als etwas dar, das sich bloß graduell und nicht wesentlich unterscheidet. Mit diesem Scheitern steht Herder – in Heidegers Lektüre – klar inmitten der westlichen Philosophietradition, in der der Mensch als ein Tier wahrgenommen wird, dem die Vernunft und dadurch auch die Sprache gegeben wird: ein *animal rationale.* Heideggers Kritik an dieser Vorstellung tritt bereits in *Sein und Zeit* (1927) in Erscheinung, wenn er schreibt, dass die Bestimmung des Menschen als eines *animal rationale* vielleicht nicht vollkommen falsch sei, aber nur teilweise die Definition des Daseins berühre: „Der Mensch zeigt sich als Seiendes, das redet. Das bedeutet nicht, daß ihm die Möglichkeit der stimmlichen Verlautbarung eignet, sondern daß dieses Seiende ist in der Weise des Entdeckens der Welt und des Daseins selbst." (GA 9, S. 219–220) In einem Bemühen ähnlich vorzugehen und das in Frage zu stellen, was er für Herders eingeschränkte Definition der Sprache hält, schlägt Heidegger hier vor, dass wir Herders Aufteilungen und konzeptionelle Unterscheidungen nicht als Nennwert nehmen und stattdessen versuchen, das zwischen den Differenzen Liegende zu lesen oder vielmehr diese zu überschreiten, um so eine einheitlichere, stabile Konzeption der Sprache und des Menschen zurückzugewinnen. In einer seiner Notizen formuliert es Heidegger wie folgt: „Nicht göttlich, nicht tierisch, sondern ‚menschlich'!! Das sagt nur: Sprache zeichnet den Menschen aus – aber wer ist der Mensch?" (GA 85, S. 48)[6] Heidegger bewältigt das Problem, indem er behauptet, dass die Einheit, an der es sowohl zwischen den beiden Sprachen Herders als auch zwischen den beiden getrennten Anteilen des Menschen mangelt,

6 Betrachtet man Heideggers spätere Philosophie, so ergibt sich ein wesentlicher Unterschied: In *Vom Wesen der Sprache* (1939) beschäftigt er sich noch mit dem Problem des Menschen, des sprachlichen Menschen. In *Sprache* (1950), um ein prominentes Beispiel zu nennen, hat sich sein Interesse bereits verlagert: Sprache und Sprechen sind nicht nur „eine Tätigkeit des Menschen"; vielmehr spricht die Sprache selbst und „erwirkt und er-gibt erst den Menschen. So gedacht wäre der Mensch ein Versprechen der Sprache." (GA 12, S. 12.)

nur ausfindig gemacht werden kann, wenn wir mit einem Schlag „das Ganze[] der Abhandlung" (GA 85, S. 160) berücksichtigen.

Führen wir nun die Fäden der Argumentation zusammen. Heidegger macht zwei zentrale Probleme in der *Abhandlung* aus: Erstens stellt Herder zwei grundsätzlich verschiedene Geschöpfe (Tier und Mensch) vor, aber seine Darstellung des genauen Unterschieds oder selbst der bloßen Beziehung zwischen diesen bleibt inkonsistent. Zweitens beschreibt Herder zwei Arten von Sprache: eine Kontakt suchende, Töne erzeugende Form des sprachlichen Ausdrucks (Ruf, Schrei, Wort) und eine innere, stille Sprache des Merkmals, der Aufmerksamkeit und der Reflexion. Heidegger zeigt, dass Herder in keinem Fall eine ausreichende Begründung für den Übergang zwischen beiden – Tier und Mensch, innere und äußere, tönende und nichttönende Sprache – bereitstellt, und er behauptet, dass Herder nicht in der Lage ist, eine kohärente Konzeptualisierung des sprechenden Menschen anzubieten. Aber Heidegger geht es nicht bloß um eine kritische Analyse von Herders *Abhandlung*. *Vom Wesen der Sprache* zielt darauf ab, diese der Herder'schen Theorie inhärenten Probleme als Sprungbrett für Heideggers eigene anderslautende Sprachkonzeption zu nutzen. Obwohl Heidegger sehr nah an den Formulierungen und Konzepten der *Abhandlung* bleibt, führt er uns weit weg von Herders ursprünglichen Behauptungen.

**Der „Lautcharakter" der Sprache**

Nachdem Heidegger die Möglichkeit angesprochen hat, die *Abhandlung* als Ganzes zu erklären, stellt er eine entscheidende Frage: „Wie aber können nichttönende Merkmale Laut werden?" (GA 85, S. 195) Oder in anderen Worten: Wie wird der blökende Ton des Schafs in ein inneres Wort der Seele verwandelt und wie kann daher dieses innere Wort schließlich zu einer tönenden Rede werden? Worin besteht die Beziehung zwischen der *sprachlich* stillen inneren Bewegung der Seele und dem auditiven Sprachapparat, an den wir üblicherweise denken, wenn wir über Sprache reflektieren? Die Lösung dieser Probleme liegt Heidegger zufolge im Lautcharakter der Sprache, eine Lösung, die von Herder selbst in den Vordergrund gerückt wurde, allerdings nicht absichtsvoll und ohne eine „völlig gesichert[e]" Lösung zu sein (GA 85, S. 187). Herder bleibt auf dem halben Weg stehen, was zum Ergebnis hat, dass „das Problem des Lautcharakters der Sprache [...] nicht gelöst [ist], der Zusammenhang zwischen innerem und äußerem Wort in seinem Grunde nicht gefaßt." (GA 85, S. 204) Da Herder ‚bloß' den Laut in den Vordergrund rückt, aber daran scheitert, sein Argument zu entwickeln und zu begründen, nimmt Heidegger diese Aufgabe in seinem Seminar auf sich. Der Lautcharakter der Sprache ist für Heideggers Argument zentral, da hier die gegensätzlichen Aspekte von Herders Argument – sowohl innere und äußere als auch tönende und nicht tönende Sprache – zusammengebracht werden können:

> Den notwendigen *Übergang* vom inneren zum äußeren Wort ermöglicht der Lautcharakter des Merkmals, das gleichzeitig inneres Wort und ‚Element der [gesprochenen] Sprache' [...] ist. Dieser Lautcharakter weist vom inneren Wort auf das äußere. (GA 85, S. 187, Herv. I. F.)

Heidegger führt hier einen entscheidenden Begriff ein: *Übergang.*
Das Wort *Übergang* kann Wechsel oder Transformation, aber auch im buchstäblichen Sinn das Überqueren eines Hindernisses (Fluss, Gebirge) bezeichnen. Im ersteren Sinn kommt der Begriff Übergang z. B. in Heideggers *Beiträge zur Philosophie (Vom Ereignis)* und seinen Nietzsche-Vorlesungen zum Tragen.[7] Die wörtliche Bedeutung von Übergang ist für Heideggers Herder-Lektüre zentral, da er sich in seiner Argumentation von dem traditionellen Verständnis des Übergangs als das Transitorische zu lösen sucht. Er möchte eher die *Erfahrung* des Übergangs hervorheben als den Wechsel oder die Transformation, die er mit sich bringt. In der Erfahrung des Übergangs ist immer auch eine Erfahrung des Kreuzens, des Überquerens impliziert. Dies ist von Bedeutung, weil das, worin sich die beiden Ziele kreuzen, der Zwischenraum, erhalten bleiben und ein Teil dieser Erfahrung des Kreuzens selbst sein sollte.[8]

7 Vgl. GA 65, GA 6.1 u. 6.2. Ein weiterer wichtiger Bezugspunkt für den Begriff des Übergangs ist zweifelsohne Immanuel Kant, mit dessen Werk Heidegger sehr vertraut war. Zu Kants Verwendung des Begriffs vgl. Peter Fenves: *Der späte Kant. Für ein anderes Gesetz der Erde*, aus d. Amerik. v. Thomas Schestag. Göttingen: Wallstein 2010, S. 230–252.

8 Ich bin Peter Fenves zu Dank verpflichtet, der mich im Kontext der Frage nach der Übersetzbarkeit des Wortes *Übergang* ins Englische auf diese Implikationen hingewiesen hat. (A. d. Ü.: In der englischen Fassung wird der Begriff des Übergangs nicht – wie sonst üblich – mit *transition*, sondern mit *crossing-over* übersetzt.) Ein weiterer interessanter Bezugspunkt ist Heideggers Brief an Ernst Jünger „Über ‚die Linie'", der später unter dem Titel „Zur Seinsfrage" veröffentlicht wurde (vgl. GA 9, S. 385–426). Obwohl Heidegger dort nicht den Begriff *Übergang*, sondern *Überqueren* verwendet, gibt es dennoch einige wichtige Aussagen, die auch für die Interpretation des Übergangs in *Vom Wesen der Sprache* relevant sind. Kurz gesagt: Jünger erörtert den Nihilismus und die Möglichkeit, ihn zu überwinden, indem er seine Grenze in einer neuen Epoche überschreitet, in der der Nihilismus nicht länger unerfüllt bleibt. Heidegger hingegen betont eher die Grenze selbst als die Folgen ihrer Überschreitung. William McNeil fasst es wie folgt zusammen: „Am Ende argumentiert Heidegger gegen Jünger, dass der Nihilismus überhaupt nicht überwunden werden kann und dass die Frage des Nihilismus auf die Seinsfrage zurückgeführt werden muss" (William McNeil: Foreword. The Question of Being. In: Martin Heidegger: *Pathmarks*, hrsg. u. aus d. Deut. v. William McNeil. Cambridge: Cambridge UP 1998, S. 291–322, hier S. 291). Vgl. Vincent Blok: An Indication of Being. Reflections on Heidegger's Engagement with Ernst Jünger. In: *Journal of the British Society for Phenomenology* 42,2 (2011), S. 194–208.

Der Übergang erzeugt in Heideggers Argumentation einen Zwischenraum, der nicht vollkommen klangvoll, aber auch nicht klanglos ist, weder absolut still noch allein ausdrucksstark. Heidegger liefert eine interessante (und doch vage und komplizierte) Erklärung des Begriffs in *Vom Wesen der Sprache* und kritisiert dabei die Vorstellung, der Übergang sei ein transitorischer Raum oder eine Übergangsphase, durch die man hindurchgeht und die man hinter sich lässt. Stattdessen schlägt er vor, dass wir den Übergang nicht „als Folge heutiger Zustände" (GA 85, S. 61) ansehen, sondern vielmehr dessen eigentliche Erfahrung in Erwägung ziehen und auf dieser insistieren. Im Übergang ist der Lautcharakter nicht auf dessen akustische Bedeutung begrenzt.[9] Heidegger vollzieht hier einen interessanten Schritt: Er greift Herders Argument über das Hören auf und rekonstruiert es so, dass das Hören nicht mehr von Natur aus akustisch ist, sondern in der Aufmerksamkeit begründet. Es ist eine einzigartige Art und Weise, sich zur Welt zu verhalten und dabei begründet es den Übergang als Ermöglichung von dem, was sowohl den Klang trägt als auch still bleibt, sowohl innerlich als auch äußerlich. Der dazwischenliegende Bereich betrifft das, was Heidegger den „sinnlichen Bereich der Sprache" (GA 85, S. 189) nennt, den er als Bereich beschreibt, der „den Übergang vom inneren zum äußeren Wort" ermöglicht und „die Einheit von beiden fest[stellt]. [...] So ist die Einheit des inneren und äußeren Wortes gegeben, da sie beide in der Sinnlichkeit gründen." (GA 85, S. 190)

Eine exakte Darstellung von Heideggers interpretativem Schritt erfordert eine neue Zusammenstellung von Begriffen. Heidegger präsentiert sein Konzept des Übergangs als eine Alternative zu dem, was er für Herders unzulängliche Darstellung der Möglichkeit des Übergangs vom Äußeren zum Inneren erachtet, vom Tönenden zum Nichttönenden. Die Unzulänglichkeit in Herders Darstellung ist besonders deutlich in dem leeren und stillen Raum des Dazwischen, einem Raum, auf den Heidegger den Fokus seiner Erörterung richtet. Herder stellt sozusagen das passende Material zur Verfügung, aber scheitert daran, eine richtige Darstellung von dem zu entwickeln, was Heidegger als die Bedeutung der *Abhandlung* ‚als ganzer' ansieht. Der Übergang ist daher nicht irgendetwas Äußerliches, das Herders Theorie hinzugefügt wird, sondern vielmehr eine geradezu neue Formulierung ihrer eigentlichen Bestandteile.

Zuerst werde ich das Argument aus Heideggers einigermaßen losen, vorbereitenden Seminarnotizen rekonstruieren, in denen er die einzigartige Funktion vom

9 Heideggers Darstellung des Übergangs wird im Kontext einer Analyse von drei Gedichten Stefan Georges betrachtet, die alle auf die eine oder andere Weise das Hören und/oder den Klang berühren (*Seelied*, *Das Wort* und *Horch, was die dumpfe erde spricht*), vgl. GA 85, S. 61–72.

Blöken des Schafs in der *Abhandlung* erörtert. Von Anfang an betont Heidegger, dass Herders Beschäftigung mit dem Beispiel des blökenden Schafes die Aufmerksamkeit nicht auf den Lautcharakter richtet und daher nicht in der „Merkmaligkeit des Tones" verstanden werden kann:

> Und darum kann auch bei dem Beispiel des blökenden Schafes das ‚Sich-losreißen' des Tons nicht akustisch verstanden werden [...]. Sondern das ‚Sich-losreißen' des Tons ist zu verstehen als ein Entgegenkommen auf uns zu, derart, daß das Entgegenkommende zurückbleibt und in sich zum Stehen kommt (GA 85, S. 203–204).

Aber was bedeutet „Sichlosreißen" hier? Heidegger beschreibt das Blöken als ein ‚Aufrichten' des Tons, als „das Abgehobene, sich Abhebende" (GA 85, S. 137). Indem er an den akustischen Begriffen festhält (Laut, Ton, Hören), begründet Heidegger eine konzeptionelle Anordnung, die einen viel weiteren Rahmen öffnet.

Das spiegelt sich in einer von Heideggers Skizzen wider:

| | | |
|---|---|---|
| Die innige (einholende) | gestimmte | |
| Ausbreitung | Inständigkeit | Da-*sein* |
| Die entrückende Sammlung | im Inzwischen | |

Abb. 1: Transkription von Heideggers Skizze zum Horchen.

Die Skizze spürt der Bewegung zwischen dem Menschen und dem tönenden Gegenstand nach – in diesem Fall: dem blökenden Schaf. Durch das Hervorheben dieser Bewegung gelangt Heidegger dazu festzustellen, dass es für Herder bei der menschlichen Sprache nicht um die Rede oder das menschliche Ohr geht und auch nicht um die bloße Fähigkeit zu hören und Töne zu identifizieren. Sprache ist die menschliche Art und Weise des In-der-Welt-Seins, die Bewegung des Menschen in und seine Beziehung zu ihr. Das *Gestimmt-Sein* in der zweiten Spalte eröffnet die Möglichkeit, den Übergang bzw. das *Inzwischen* zu bemerken. Mit anderen Worten: Der Laut schafft ein Verhältnis, das sich jetzt als entschieden sprachliches offenbart und nur insofern entsteht, als der Mensch eine Bewegung spürt und ein Teil von ihr wird. Es ist daher nur durch das *nach* und das *von* der Bewegung möglich, dass etwas sich selbst als tönender Gegenstand präsentiert – „Der Laut meldet seine Herkunft" (GA 85, S. 193) – und dadurch das Auftauchen der objektiven Präsenz (des Schafs) ermöglicht. Die Reziprozität zwischen menschlicher Gestimmtheit gegenüber der Welt (eine nach außen gerichtete Bewegung, *von*) und dem Hereinziehen und dem Beharren, dem gewaltsamen Eindringen des Blökens in die Seele (eine innere Bewegung, *nach*), begründet den Ursprung der Sprache (vgl. GA 85, S. 193). Wenn wir Heideggers Diagramm im Licht von Herders *Abhandlung* betrachten, ist es wichtig in Erinnerung zu halten, dass für Herder das Blöken des Schafs lediglich der erste Schritt in seiner Darstellung der Entstehung der menschlichen Sprache ist. Unabhängig von der Frage, ob der Ton äußerlich oder innerlich ist, ist es das Schaf als sprachlicher Gegenstand, in dem der beschriebene Prozess kulminiert. Der Mensch ist gegenüber Tönen aufmerksam, die seine Aufmerksamkeit fordern. Er wiederholt dann diese Töne lautlos in seiner Seele und ist schließlich in der Lage, das *Schaf* und nicht nur sein Blöken zu bemerken.

Das *von-nach*-Muster der Bewegung erscheint in der Skizze in Zusammenhang mit dem Begriff Sammlung, der hier als eine Sprachbewegung zu verstehen ist. Der Mensch nimmt etwas wahr und wendet sich daher nach außen zum blökenden Ton. Dieser Bewegung folgt eine zweite Bewegung des Tons, die nach innen, in die Seele, führt: Eine Beziehung entsteht, die durch die Sprache begründet ist. Heideggers Rekonstruktion von Herders Argumentation erklärt, wie die Bewegung des Sich-in-die-Welt-Ausstreckens untrennbar mit der Gegenbewegung des Hereinlassens-der-Welt verbunden ist. Heidegger verwendet das Wort *Sammlung* hier in einem doppelten Sinn: erstens *sammelt* die Seele des Hörenden den blökenden Ton in einem Gegenstand; zweitens nimmt die Seele, indem sie auf das Blöken achtgibt, sich selbst im Akt des Achtgebens wahr: „sich in einem Moment des *Wachens sammeln*, etwas als unterschieden und Unterschiedenes bei sich anerkennen. [...] An-erkenntnis [...] vernehmen Gegenständliches und so *sich mit* vernehmen." (GA 85, S. 20–21, Herv. i. Orig.) Achtzugeben beinhaltet genau das: Besonnenheit begründet die Fähigkeit des Menschen, aufmerksam zu sein, zu merken und aufzumerken – gefolgt von einem *abmerken* bzw. einem *sich selbst bemerkbar machen*. In § 13 präsentiert Heidegger die folgende Skizze:

merken – spüren, vernehmen
aufmerken – sich hinwenden zu, dabeibleiben, gespannt warten, lauern
be-merken – *vorblicken – Übersicht*, »frei«
ab-merken → Mal festnehmen
sich merken ← Merkmal behalten, aufbewahren, verzeichnen, vermerken
vermerken – im Mal festhalten
bemerkbar machen – kund geben.
*Merkmal* – Marke, notio, nota, Kenn-zeichen, *Festmachen des Beständigen und auf sich je Ständigen*; Unterscheiden, unterscheidendes sich zu-erkennen.

ad – perceptio | ad – sensus
← – → | »sich« – »sagen«!

*merken*: als An-wesen lassen, Gegenwärtigen, durch *»Male« Behaltbares*

Vernunft-gebrauch ist *Merkmalbildung*, sofern durch diese Gegen-ständliches zum Stehen und zur Selbständigkeit gebracht und frei verfügbar gehalten wird.

Abb. 2: Transkription von Heideggers Skizze zu Besinnung und Merken.

Weiterhin geht Heidegger näher auf die Beziehung zwischen Aufmerksamkeit und Zeichenbildung ein. Er schreibt, dass „*Töne* merken und zu *Merkmalen* bilden – durch das *Ohr* der *Zunge* übermitteln“ die Möglichkeit, „das innere Wort *hinaus*“ zu tönen, begründet. (GA 85, S. 132, Herv. i. Orig.) Heidegger unterscheidet hier zwischen zwei unterschiedlichen Eigenschaften des tönenden inneren Wortes: 1) die Bewegung selbst, „Anwesung der Unter-scheidung des Von – zu“, 2) das „Bewegte, selbst bewegend – auf den Hörenden zu kommen – Los-riß und *doch Anbleibe*!“ (GA 85, S. 132, Herv. i. Orig.) Das Schaf ist jetzt als ein Merkmal in der Seele präsent, aber dieses Merkmal erscheint (und das ist entscheidend) eher als ein Teil einer Beziehung denn als eine Repräsentation eines Gegenstandes. Die Sammlung, die der Sprache inhärent ist, bringt es mit sich, dass die wahrgenommenen Gegenstände immer schon als an dem Verhältnis mit dem sprechenden Menschen teilnehmend erkannt werden. Dies war ein wichtiger Faktor in Rousseaus Argumentation (vgl. Kapitel 3): Das Kriterium

der Genauigkeit oder der Wahrheitswert des Wortes „Riese" ist nicht auf das Wissen über den Gegenstand beschränkt, sondern wird durch die Beziehung begründet, die der letztere mit dem Sprecher unterhält (in Rousseaus Fall: die Beziehung zwischen dem Wilden und anderen Menschen).
Heidegger ist fasziniert von Herders Idee des *inneren Wortes*, insbesondere in Bezug auf die Übertragung der akustischen Sinnesdaten, die zuerst in ein Merkmal und dann in ein inneres Wort übersetzt werden. Den Gegenstand wahrzunehmen und zu bemerken ist nicht das gleiche wie ihn *als* Gegenstand zu begründen; um das Letztere zu erreichen, ist das Merkmal entscheidend. Das Protokoll der sechsten Stunde zeigt deutlich, dass das Schaf aufgrund des Merkmals des Blökens als ein einheitlicher „weiß[er], sanft[er], wollicht[er]" Gegenstand erfahren werden kann, „denn erst jetzt ist ja ein Substrat gewonnen, ein Ansatzpunkt möglicher Erfahrung: eben das ‚Blökende'! Im Merkmal ist das innere Merkwort zu sehen" (GA 85, S. 181). Der blökende Ton reißt sich vom Schaf los, wird getrennt und unterschieden, anschließend von der Seele empfangen und tönt in ihr.[10] Heidegger bemerkt allerdings, dass ungeachtet des Umstandes, dass der Ton sich von dem tönenden Geschöpf ablöst, Herder das Blöken nicht als ein isoliertes Zeichen oder Merkmal, das auf einen gegebenen Gegenstand verweist (Heidegger zufolge würde die Sprache auf diese Weise zu einem Resultat der bloßen Abstraktion reduziert werden), oder als etwas „Selbständiges" (GA 85, S. 183) außerhalb der Seele behandelt. Stattdessen wird das Blöken,

> indem die Seele dies Blöken aufnimmt, indem sie selbst innerlich blökt, [...] zu einem Inneren – und als dieses Innere, als Name, als Ton, hat das Wahrgenommene fortan sein wahres Sein. Nur als ein Inneres *ist* das Tier dem Menschen (bzw. das Ding überhaupt); eben dieses Innere aber ist der Mensch selbst. (GA 85, S. 183, Herv. i. Orig.)

Das Tier hat möglicherweise einen objektiven Status außerhalb der empfindenden und hörenden Seele, aber es kann zu einem Gegenstand *für den Menschen* werden, zu einem Gegenstand der Sprache, wenn es im inneren Raum der Seele widerhallt. Wenn der Ton in die Seele eindringt, bleibt er „nicht im Ohr hängen,

10 Vgl. auch die folgenden Ausführungen Heideggers zum Aufmerken und zur Aufmerksamkeit: „Merk-‚Zeichen'. Der Merk – das, wobei uns, den Menschen etwas aufgeht; wobei wir etwas ‚merken', d. h. erfahren, d. h. betroffen werden, Anwesenheit spüren; νός, *innewerden* – (Innigkeit) (diese Bezüge wesentlicher vor allen bloß rationalen ‚Zeichen'). Merken: notare, animadvertere, memoria tenere, observare, attendere. Achthaben, Achtsamkeit, Achtung. Im Gedanken behalten. *Merkung*: *consideratio*." (GA 71, S. 290.)

nicht zum einen hinein und zum anderen hinaus." (GA 85, S. 138) Herders Verständnis von Sprache ist Heidegger zufolge vielmehr ein „Moment in dem Beziehungsgefüge der Anerkennung eines Seienden als solchen." (GA 85, S. 181) Wörter sind zuallererst innere Wörter und daher nicht Repräsentationen von Gegenständen, sondern vielmehr – wenn wir auf die Skizze, mit der wir begonnen haben, zurückgreifen – „die Fahrt in die Gestimmtheit und Stimmung" (GA 85, S. 149) in der Begegnung mit dem Gegenstand. Heideggers Schwerpunkt liegt woanders: Für ihn ist der Lautcharakter der Sprache nicht dessen einfache, bloße Wirklichkeit. Er gehört zu einer anderen, wesentlichen Wirklichkeit, die als Bedingung für die Existenz des bloßen akustischen Lauts dient (vgl. GA 85, S. 128). Dieses Argument markiert einen entscheidenden Moment des Übergangs von der lediglich akustischen Bedeutung des *Hörens* zu einem davon vollkommen verschiedenen Verständnis des Hörens als Aufmerksamkeit und Zuhören: als *Horchen*.

Bei seinem interpretativen Schritt vom Hören zum Horchen bemerkt Heidegger, dass die *Abhandlung* zwar Hinweise für diesen Übergang bereithält, diese dort aber nicht mit Absicht platziert wurden: „Ohne es eigentlich zu fassen und gar in seiner Tragweite auszumessen, vollzieht Herder hier eine Auslegung des Hörens als *Horchen* im Sinne des *Auf-merkens*." (GA 85, S. 117, Herv. i. Orig.) Einige Abschnitte später fährt Heidegger fort:

> Trotz allem bleibt Herder mit seiner Betonung des Hörens und Horchens im „Akustisch"- „Phonetischen" [...]. Er sieht nicht einmal das Wesen des Hörens als Horchen und noch weniger den inneren *Zusammenhang* des Hörens *als Horchen mit dem Aufmerken* (Besonnenheit, Vernehmung); er beachtet nicht, daß er das „Gehör" schon *wesentlich* anders sieht. (GA 85, S. 128, Herv. i. Orig.)

Diese Behauptung ist anfechtbar (im 3. Kapitel habe ich gezeigt, dass sich Herder tatsächlich des Unterschiedes bewusst war), aber Heidegger beharrt in *Vom Wesen der Sprache* auf seinem kritischen und manchmal verächtlichen Ton in Bezug auf Herders *Abhandlung*. Bisweilen kann dies als der Versuch erscheinen, Herders zentrale Ideen als die eigenen auszugeben. Die Bedeutung von Heideggers Analyse besteht darin, dass er das Hören nicht durch Horchen *ersetzt*, sondern vielmehr über den aufmerkenden Aspekt des Hörens berichtet. Wenn wir hören, registrieren wir nicht nur die Töne um uns herum; wir gehen auch eine Beziehung mit unserer Umgebung ein: wir orientieren uns in ihr, wir bringen unsere Beziehung zu anderen Wesen und zu uns selbst in Erfahrung. Aus diesem Grund geht es für Heidegger beim Hören des blökenden Schafs nicht nur um den Laut (*mäh*); es geht vielmehr um unsere Fähigkeit, uns selbst in Bezug auf das blökende Schaf zu empfinden, in Bezug auf die Art und Weise, wie es durch sein Tönen sich vor uns aufstellt bzw. entsteht. Heidegger stellt dies in einer seiner Seminarnotizen in den Vordergrund, wenn er schreibt: „Daß hier das Gehör, als Vernehmen mit dem Ohr keineswegs einen Vorrang hat, sondern nur, sofern es als Vernehmen im Sinne des Aufmerkens, des Horchens, des Stillseins begriffen wird." (GA 85, S. 123) Das heißt, wahrgenommene *Laute* haben keinen Vorrang gegenüber den inneren nichttönenden (vgl. GA 85, S. 125).[11] Heidegger stellt dann die Frage: „Horcht der Mensch, weil er hören kann, oder kann *er hören,* weil er horchen kann? Und was heißt *horchen können*? Und *was* ‚hört' der Mensch? Das, worauf er *horcht – worauf horcht* er?" (GA 85, S. 110, Herv. i. Orig.)

**Hören und Horchen**

Heideggers Darstellung des Übergangs als Antwort auf die Schwierigkeiten der *Abhandlung* bleibt allerdings eher undeutlich oder zumindest schematisch. In *Vom Wesen der Sprache* werden die entscheidenden Probleme zwar umrissen und der Übergang scheint ein geeignetes Konzept zu sein, um sie zu lösen, aber es gibt keine vollständige Umsetzung und Entwicklung dieser Lösung. Um diese Argumentation vollkommen zu verstehen, ist es wichtig, auf andere Schriften Heideggers zurückzugreifen. Obwohl die Frage des Hörens hier im Kontext der Diskussion von Herder auftaucht, hat sich Heidegger in seinem akademischen Leben durchgehend mit ähnlichen Fragen beschäftigt. Es begann mehr als eine Dekade zuvor, insbesondere im Kontext seiner fortlaufenden Auslegung von Heraklits Fragmenten. Diese Diskussion setzt Mitte der 1930er Jahre ein und dauert bis in die späten 1960er Jahre an. Ich beziehe mich auf seine 1935 erschienene Schrift *Einführung in die Metaphysik*, deren letztes Kapitel sich der Erörterung von Logos und Sein bei Heraklit widmet (vgl. GA 40), auf *Logos: Heraclitus B50* (1951) (vgl. GA 7, S. 211–234), auf die fünfte der Freiburger Vorlesungen (vgl. GA 79) und schließlich auf ein Heraklit gewidmetes Seminar, das Heidegger zusammen mit Eugen Fink im Wintersemester 1966/67 gegeben hat (vgl. GA 15, S. 9–263). Ich komme auf diese Texte zurück, um seine Bemerkungen zu Herder in *Vom Wesen der Sprache*, die ein überraschend ähnliches Thema berühren, damit zu bereichern. Meine Diskussion von Hören, Horchen und Sammeln wird daher frei zwischen *Vom Wesen der Sprache* und den eben erwähnten Schriften Heideggers hin- und herwechseln.

11 Vgl. auch Heideggers Anmerkungen zu Hören und Horchen in *Sein und Zeit*, GA 2, S. 213–221.

Die Berücksichtigung des Hörens, des Horchens und des Sammelns tritt im Kontext von Heideggers Untersuchung von Heraklit und der Bedeutung des λόγος (logos) in Erscheinung. Auf der Suche nach dem Ursprung des Begriffs, bevor das westliche Denken seine Bedeutung auf *Sprache* festlegt, nimmt Heidegger bei Heraklit Zuflucht. In seiner Lektüre von Heraklits ersten beiden Fragmenten zeigt er, dass *logos* für die Griechen, anstatt bloß auf Sprache, Wort oder Lehre Bezug zu nehmen, ursprünglich mit einer Begriffsgruppe verbunden war, die zum Verb Sammeln in Beziehung stand, so dass „alles was geschieht, d.h. in das Sein kommt, steht da gemäß diesem ständigen Zusammen" (GA 40, S. 138). Indem er die Geschichte des *logos* reflektiert, zeigt Heidegger, dass der Begriff von dem Wort *légein* abstammt, das sowohl sagen oder erzählen als auch sammeln oder einsammeln bedeutet. Logos bezeichnet anders ausgedrückt nicht bloß Sprache oder ein Wort, sondern vielmehr eine Aktivität, die mit unterschiedlichen Formen des Sammelns und Einsammelns zu tun hat. Für Heraklit ist der *logos* als Sammeln daher nicht bloß ein Lautausdruck einer vorgegebenen Idee oder eines Konzepts, sondern eine Art und Weise des Sammelns, des In-eine-Einheit-Fügens.[12] Hier kommt das Hören ins Spiel. Heidegger bezieht sich auf verschiedene Fragmente Heraklits, aber der Fokus liegt auf dem Fragment 50B: „Solange wir nur den Wortlaut als den Ausdruck eines Sprechenden anhören, hören wir noch gar nicht zu." (GA 7, S. 220, Heideggers Übersetzung) In seiner Lektüre des Fragments stellt Heidegger eine Verbindung zwischen *Hören*, wie es von Heraklit gebraucht wird, und *Sammeln* oder *Warten* her. Heidegger präsentiert einen wichtigen Unterschied zwischen Hören und Horchen, den, wie bereits erwähnt, zwei zentralen Begriffen aus *Vom Wesen der Sprache*.[13]

Mit Bezug auf Heraklit unterscheidet Heidegger zwischen Hören und Horchen. Er argumentiert, dass die anatomischen und physiologischen Bestandteile des täglichen akustischen Hörens nicht die zentralen sind, da sie

> nie ein Hören [bewirken], nicht einmal dann, wenn wir dieses lediglich als ein Vernehmen von Geräuschen, Lauten und Tönen fassen. [...] So wird denn, solange wir beim Bedenken des Hörens nach der Art der Wissenschaften vom Akustischen ausgehen, alles auf den Kopf gestellt. Wir meinen fälschlicherweise, die Betätigung der leiblichen Gehörwerkzeuge sei das eigentliche Hören. (GA 7, S. 219)

12 Vgl. auch Michael Inwood: *A Heidegger Dictionary*. Oxford: Blackwell 1999, S. 21–22.

13 Zu Hören, Sammeln und Zugehörigkeit vgl. auch Jacques Derrida: Heideggers Ohr. In: Ders.: *Politik der Freundschaft*, aus d. Franz. v. Stefan Lorenzer. Frankfurt am Main: Suhrkamp 2002, S. 413–493.

Akustisches Hören hat daher die Eigenschaft der Taubheit: Je offener das Ohr für den akustischen Aspekt von Diskurs und Dialog ist, desto mehr untergräbt es unsere Fähigkeit zu begreifen, zu verstehen und zu *horchen*. Heideggers Behauptung erscheint auf den ersten Blick kontraintuitiv: Anstatt den Gehörsinn mit Bewusstsein von der Präsenz der Dinge zusammenzubringen, behauptet er, dass wir gerade aufgrund unseres Gehörsinns, durch den wir uns mit der uns umgebenden Welt verbunden fühlen, von ihr abwesend sind oder anwesend-abwesend. Das bloße Hören, schreibt er in *Einführung in die Metaphysik*, „verstreut und zerstreut sich" in der *doxa* oder im Schein, so dass diejenigen, die kaum hören können, vielleicht Wörter oder eine Rede hören, aber „doch dem, worauf sie hören sollten, verschlossen [sind]." (GA 40, S. 138) Heraklits Fragment 34 folgend beschreibt Heidegger sie als „Hörende, die den Tauben gleichen", als solche, die als „Anwesende abwesend", „dabei und doch weg [sind]" (GA 40, S. 138).[14] Andererseits ist Horchen, das Heraklits Logos-Begriff nähersteht, unabhängig von Mund oder Ohr und bezieht sich darauf, teilnehmend und aufmerksam zu sein. In seiner Lektüre des Fragments 50 – und mit sehr ähnlichen Begriffen wie denen, die er in *Vom Wesen der Sprache* verwendet – argumentiert Heidegger dahingehend, dass echtes Horchen nichts mit dem Ohr oder der Zunge zu tun hat. Wir können nur hören, wenn wir schon horchen (vgl. GA 40, S. 138). Die Bezugnahme auf „Ohrläppchen und Trommelfelle" (GA 20, S. 368) als Organe des Hörens ist daher lediglich zufällig. Aufgrund dieser Entscheidungen formuliert Heidegger Heraklits Argument wie folgt:

> Die Menschen hören zwar und hören Worte, aber in diesem Hören können sie nicht auf das „hören", d. h. dem folgen, was nicht hörbar ist wie Wörter, was kein *Reden* ist, sondern der λόγος. [...] Entsprechend ist auch dem bloßen Hören und Herumhören das echte Hörig-sein entgegengehalten. (GA 40, S. 138)

Es ist das Frühere (Horchen), das das Spätere (Hören) ermöglicht, das es begründet. Fast dreißig Jahre später kehrt Heidegger zu dieser Vorstellung in dem bereits erwähnten Seminar, das er zusammen mit Eugen Fink gegeben hat, zurück. In einem Gespräch der beiden Lehrenden über die Beziehung zwischen Sehen und Hören bemerkt Heidegger: „Im Dunkeln sehe ich nichts, und dennoch sehe ich." (GA 15, S. 208) Hierauf antwortet Fink mit einer ausführlichen Darstellung des Gehörsinns:

14 Schon 1925 behauptet Heidegger, wenn wir von jemandem sagen, dass er ‚nicht hören' kann (wenn es keinen physiologischen Grund gibt, der ihn am Hören hindert), er sehr wohl in der Lage sein kann, zu horchen. Vgl. GA 20, S. 367.

> Ähnlich ist es beim Hören. Etwa ein Wachtposten lauscht angestrengt in die Stille hinein, ohne daß er etwas Bestimmtes hört. *Wenn er auch keinen bestimmten Laut hört, so hört er doch.* Sein Horchen ist die gespannteste Wachheit des Hören-wollens. *Das Horchen ist die Bedingung der Möglichkeit des Hörens.* Es ist das Offensein für den Raum des Hörbaren, während das Hören das Antreffen von bestimmtem Hörbaren ist. (GA 15, S. 208, Herv. I. F.)

Finks Argument führt die Fäden zusammen: Wir sind im akustischen Zusammenhang des täglichen Lebens üblicherweise mit unserer Fähigkeit zu hören beschäftigt. Die Folgen dieser Fokussierung auf das Hören haben uns allerdings für das Horchen taub gemacht. Um Matthew Meyer zu zitieren:

> [In] der banalen Vertrautheit, mit der wir dem ‚Hörbaren' begegnen, haben wir unsere Fähigkeit verloren, auf etwas zu hören, das tiefer ist als oder jenseits von bloßen Wortbestimmungen. Das heißt, dass wir durch das ständige Hören unsere Fähigkeit verloren haben, zuzuhören, uns sogar für die Möglichkeit des Zuhörens zu öffnen.[15]

Unabhängig von unserer Fähigkeit, Töne mit den Ohren zu hören, können wir unfähig sein, zu horchen, und damit dem Logos, der in seiner ursprünglichen Bedeutung als *légein* zu verstehen ist, also dem Auslegen und Sammeln, vorenthalten sein (vgl. GA 40, S. 13a). Wir haben unsere Fähigkeit verloren, aufmerksam zu sein, uns zu sammeln und versammelt zu sein. Wir hören, sind aber trotzdem nicht aufmerksam; wir tauchen in das Meer der Töne ein und werden dabei taub für die Stille. Aber insofern wir in die Dunkelheit sehen können, so Fink, können wir auch horchen, wenn kein Ton zu hören ist. Beim Hören halten wir uns an „etwas Bestimmtes" (GA 15, S. 208), Hörbares, während wir beim Horchen gestimmt, aufmerksam und offen für die Möglichkeit des *Hörbaren* sind.[16]

Kehren wir zurück zu Heideggers Herder-Seminar, in dem er argumentiert, dass das, was gehört wird (*das Gehörte*), nur hörbar ist, wenn es schon *erhorcht ist* (*das Erhorchte*). Gleichzeitig fordert der akustische Ton allerdings das *Erhorchte.* Heidegger verwendet hier den Ausdruck *Ohrenspitzen*, um einen geschärften, aufmerksamen Modus des Hörens anzudeuten. Horchen ist daher nicht auf die

15 Matthew Meyer: Reflective Listening in Heraclitus. In: *International Journal of Listening* 21,1 (2007), S. 57–65, hier S. 60.

16 Heidegger und Fink führen eine aufschlussreiche Diskussion über die Beziehung zwischen Sehen, Hören und Tasten. Zur Erinnerung: Ein detaillierter Vergleich zwischen diesen drei Sinnen steht im Mittelpunkt von Herders Diskussion des Gehörsinns (vgl. Kapitel 3).

akustische Wahrnehmung von Lauten beschränkt, sondern wesentlicher noch, so Heidegger, auf „Vor-habe und Vor-nahme von An-wesendem, Zu-wesendem" (GA 85, S. 138) zu beziehen. Der Mensch *hört* den Laut des Blökens, aber mehr als alles andere erhorcht er ihn. Er bemerkt ihn und ist ihm gegenüber aufmerksam, weil er ihm gegenüber offen ist. Dies ist eine „*Offenheit für* als zugleich zurücknehmende und doch das Genommene an seinem Stand lassende – ja sogar – *Klang und Ton übersteigende.*" (GA 85, S. 109, Herv. i. Orig.) Die Quintessenz des Horchens in Heideggers Herder-Lektüre wird in der folgenden Aussage exemplifiziert: „Das Merken gründet im Horchen, aber das Horchen das tiefere Wesen der Vernunft." (GA 85, S. 137) Nachdem er in *Vom Wesen der Sprache* zahlreiche Seiten darauf verwendet hat, Herders Hervorhebung der Vernunft heftig zu kritisieren, ersetzt er diese hier durch das, was er selbst als das Wesen des Menschen ansieht: das Horchen.

Heidegger sucht hier Zuflucht zum Gedanken der *Sammlung*. Der Begriff erscheint in *Vom Wesen der Sprache* durchweg im Kontext seiner Darstellung des Hörens und sollte vor dem Hintergrund seiner vorausgehenden Erörterung Heraklits und der Beziehung zwischen Logos und *légein*, zwischen Sprache und Sammlung, behandelt werden. Heidegger geht davon aus, dass die Zentralität des Hörens für Herder nicht auf die bloße Form der Rezeptivität begrenzt ist, sondern dass Hören vielmehr ein entschieden aktiver Sinn ist und mit der menschlichen Fähigkeit des *Sammelns* zu tun hat: Wenn der Mensch hört, sammelt er den gehörten Gegenstand und gleichzeitig sammelt er sich selbst, ist gesammelt in seiner auf den Laut gerichteten Aufmerksamkeit. Hören ist

> *Ausbreitung zu …*, *Entrückung nach …* und dieses zugleich mit dem *Empfangen* und *Auffangen,* mit der In-nigkeit (in das Innen hereinnehmen) als einem Sammeln, Einbehalten […] *innige Ausbreitung und entrückende Sammlung,* keine bloße Verstreuung und Zerstreuung […], sondern: *mittelnde,* auf die Mitte *zu holende* und zugleich stets *ausholende* Mitte. (GA 85, S. 119, Herv. i. Orig.)

Es ist interessant, diese Anmerkungen mit Heideggers Darstellung der Beziehung zwischen Sagen und Sammeln in *Grundsätze des Denkens* (seine Freiburger Vorträge von 1957) zu vergleichen. Im Kontext seiner Erörterung des Sagens argumentiert Heidegger, dass jede Form des Sprechens notwendig ein ‚Sagen' ist; allerdings meint Sprechen in diesem Sinn nicht die Verwendung unserer Sprechorgane. Sagen ist vielmehr „Bringen als Zubringen, das zugleich wegbringt und uns einbringt in das Gesagte. Die sanfte Gewalt des Bringens durchwaltet das Sagen." (GA 79, S. 161–162) Es ist besonders aufschlussreich, diese Stelle mit *Vom Wesen der Sprache* zu vergleichen, wo Heidegger dies in ähnlichen Worten wiederholt:

In der Sprache sammeln wir Gegenstände in der Weise, daß dies Sammeln zugleich ein Sagen ist. Dies in der Sprache enthaltene Sammeln ist aber das, was wir meinen, wenn wir „denken" sagen. Sprache wird also doppelt verstanden, sie ist Denken und Sagen. (GA 85, S. 156)

Bedenkt man diese Stelle im Zusammenhang mit der vorherigen, so illustrieren diese Bemerkungen Heideggers Betonung der Verwandtschaft zwischen der äußerlichen Bewegung des Ausbreitens und Ausstreckens und der entgegengesetzten, nach innen gerichteten Bewegung des Empfangens durch Zurückziehen. Diese beiden unvereinbaren Bewegungen schaffen faktisch die Bedingung für die Bildung eines Zwischenraums, eines Da-zwischen, das die Sammlung ermöglicht. Der Übergang und das Sammeln bilden daher einen Zusammenhang.[17] Heidegger fährt mit einem bemerkenswerten Schritt fort: Er erklärt Aufmerksamkeit, indem er eine Verbindung zwischen Hören, Gehörsinn und Gehören schafft. Im Sammeln begründen wir ein Verhältnis zu dem, was gehört wird, und machen es uns zu eigen. Heidegger führt aus:

Die Sterblichen hören den Donner des Himmels, das Rauschen des Waldes, das Fließen des Brunnens, das Klingen des Saitenspiels, das Rattern der Motoren, den Lärm der Stadt nur und nur so weit, als sie dem allen schon in irgendeiner Weise *zugehören und nicht zugehören*. [...] Wann aber ist dieses? *Wir haben gehört, wenn wir dem Zugesprochenen gehören.* (GA 7, S. 220, Herv. I. F.)

Bezieht man diese Bemerkung auf *Vom Wesen der Sprache* und die oben zitierte Skizze, dann initiiert das ‚Ausbrechen' des blökenden Lauts eine doppelte Bewegung: ein „auf mich zu" und ein Hinwenden von mir zu etwas. Mit diesen beiden Bewegungen „kommt ein ‚von' und ein ‚zu', d. h. ein Unterschied zum Anwesen. Wir sehen also, daß gerade in der Bewegung das Merkbare merklich wird." (GA 85, S. 193). Wenn der Mensch das Blöken hört, betritt der Laut die Seele, nimmt sie in Beschlag und macht sie *zugehörig*. Das Schaf ist nicht bloß ein Gegenstand, der Laute erzeugt, sondern untrennbar von der menschlichen Seele. Zu diesem Zeitpunkt der Begegnung zwischen Laut und Seele sagt „der so getroffene Mensch ‚Du'" (GA 85, S. 194). Diese Interpretation von Herders Text wird durch den Bezug auf den Logos erklärt. Der Moment des Beziehens, des Dazuge*hörens*, ist der eines Da-zwischen: Wenn das Schaf zu dem, der ihm

17 Vgl. auch Blanchots aufschlussreiche Bemerkungen über die Rolle, die das Hören für Heidegger spielt: Maurice Blanchot: *L'entretien infini*. Paris: Gallimard 1995, S. 33–34.

zuhört, zugleich dazugehört und noch nicht dazugehört. Der Mensch ist aufmerksam, offen für das Blöken, das in die Seele eindringt – aber dieser Moment des Übergangs kann nur stattfinden, wenn sich die Beziehung im Noch-Nicht konstituiert.

Zur Erinnerung: Heidegger kritisiert Herder für seine unzusammenhängende, zerklüftete Beschreibung des menschlichen Wesens. Der Gehörsinn in Verbindung mit dem Sammeln stellt Heidegger eine mögliche Lösung bereit: Zusammen bilden sie einen Zwischenraum, der auf der Grundlage des Gehörsinns strukturiert ist. Heidegger charakterisiert diesen als „sensorium commune", als „sammelnde[n], einigende[n] Sinn. [...] So ist bei Herder das Gehör der Ort, wo alle Gefühle zusammenkommen, wo die Vergegenwärtigung der sinnlichen Welt ursprünglich vollzogen wird" (GA 85, S. 188)[18] – ein zusammenfließender Mensch entsteht aus dem Gehörsinn, und das Hören ist die Grundlage der Sprache.

## Das Schweigen der Sprache

Heideggers Verwendung des Begriffs des Übergangs in Reaktion auf die offensichtlichen Lücken in Herders Argumentation führt ihn dazu, das Konzept einer nicht-tönenden (oder nicht bloß akustischen) Sprache zu entwickeln. Die zuvor erwähnte Diskussion des Hörens und des Horchens bestätigt dies, wo das letztere als eher primäre und grundsätzlichere Form der Sprachbeziehung dargelegt wird, die nicht nur auf dem Laut oder dem Gehörsinn begründet ist, sondern auch auf dem stillen Aufmerken und Bemerken. In meiner Lektüre von Heidegger habe ich mich bisher auf den letzteren Aspekt konzentriert, es bleibt aber gleichwohl festzustellen, was es bedeutet, schweigend zu sprechen, etwas auszudrücken, ohne ein Wort zu äußern, und schließlich, wie man (wenn überhaupt) solche schweigenden sprachlichen Äußerungen hören und auf sie reagieren kann. Wenn Heidegger die Frage stellt: „Sprache zeichnet den Menschen aus – aber wer ist der Mensch?" (GA 85, S. 48), so fragt er tatsächlich danach, ob der Mensch ein sprachfähiges Geschöpf sein kann, ohne ein Wort zu äußern oder irgendeinen Laut aufzunehmen.

18 Vgl. auch die folgende Anmerkung aus *Einführung in die Metaphysik*: „Die Sammlung ist nie ein bloßes Zusammentreiben und Anhäufen. Sie behält das Auseinander- und Gegenstrebige in eine Zusammengehörigkeit ein. Sie läßt es nicht in die bloße Zerstreuung und das nur Hingeschüttete zerfallen. Als Einbehalten hat der λόγος den Charakter des Durchwaltens, der φύσις. Sie löst das Durchwaltete nicht in eine leere Gegensatzlosigkeit auf, sondern erhält aus der Einigung des Gegenstrebigen dieses in der höchsten Schärfe seiner Spannung." (GA 40, S. 142.)

Bevor ich dieser Frage nachgehe, möchte ich hervorheben, dass Heideggers Gedanken zwar eine kritische Alternative zu Herders Ansatz darstellen, wir aber schon in den vorherigen Kapiteln gesehen haben, dass die *Abhandlung* tatsächlich einige sehr explizite Aussagen enthält, die deutlich die Vorstellung einer nicht-akustischen Sprache implizieren. Dies ist insbesondere in Herders Erörterung des ‚inneren Worts der Seele' evident. Die menschliche Sprache, schreibt er, ist nicht ein Schrei der Empfindungen und nicht auf Nachahmung begründet; und sie entstammt auch nicht der Kommunikation oder propositionalen Ausdrücken: Sie ist Besonnenheit, Aufmerksamkeit, Ausrichtung. Dies erlaubt es Herder zu behaupten, dass „selbst ein Blinder und Stummer, siehet man, [...] Sprache erfinden [mußte], wenn er nur nicht fühllos und taub ist" (FHA 1, 735); und „auch der zeitlebens Stumme war er Mensch: besann er sich: so lag Sprache in seiner Seele!" (FHA 1, 725) Sprache tritt dann als das in Erscheinung, was Herder „Einverständnis seiner Seele mit sich" nennt, „und ein so notwendiges Einverständnis, als der Mensch Mensch war." (FHA 1, S. 725). Ich nutze diesen letzten Satz, um zu Heideggers entsprechender Darstellung des schweigenden Rufs des Gewissens in der zweiten Abteilung von *Sein und Zeit* zurückzukehren.
Der Ruf des Gewissens ist wie eine innere Stimme, in der und mit der das Dasein sich selbst anruft und auf sich selbst antwortet, wobei es sich sich selbst gegenüber als Dasein enthüllt. Heidegger beschwört diese Vorstellung in *Sein und Zeit* im Kontext seiner Erörterung der eigentlichen Möglichkeit des Daseins, einer Möglichkeit, die aufgrund des Eintauchens des Daseins in das Man betäubt wird oder verloren geht: „Weil es aber in das Man *verloren* ist, muß es sich zuvor *finden*. Um *sich* überhaupt zu finden, muß es ihm selbst in seiner möglichen Eigentlichkeit ‚gezeigt' werden." (GA 2, S. 356, Herv. i.Orig.) Im Kontext unserer Diskussion zeigt sich hier, dass Heidegger das Verloren- und Wiedergefundensein des Daseins erneut mit akustischen Begriffen beschreibt. Versunken in die Töne des Geredes oder des Diskurses hat das Dasein sowohl seine Fähigkeit verloren, auf sich selbst zu hören als auch die einmalige Art des Hörens, die für ein solches Zuhören erforderlich ist. Der Ruf des Gewissens verkörpert die eigentliche Stimmhaftigkeit und das Zuhören, um das es Heidegger geht, aber in einer vollkommen nicht-tönenden Konfiguration. Heidegger kennzeichnet den Ruf des Gewissens, indem er ihn mit dem Alltagsdiskurs und der Alltagskommunikation kontrastiert. Der Diskurs besteht aus der Kommunikation von Information *über* etwas; er hat eine propositionale, intentionale Struktur und wird durch eine Beziehung zwischen Sprecher und Adressat begründet. Der Ruf des Gewissens kommuniziert keinerlei Information. Er sagt nichts und hat nichts zu erzählen; er „entbehrt jeglicher Verlautbarung. Er bringt sich gar nicht erst zu Worten – und bleibt gleichwohl nichts weniger als dunkel und unbestimmt." (GA 2, S. 363)

In seinem Essay *Heideggers Ohr* beschäftigt sich Derrida mit der zentralen Rolle, die das Hören bei Heidegger einnimmt, insbesondere in Bezug auf die Vorstellung, welche Folgen das Hören einer Stimme hat, die nicht spricht. Diese Stimme, schreibt Derrida, ist nicht als ein akustisches Phänomen zu verstehen und setzt dementsprechend nicht das Ohr als ein Organ voraus, mit dem man einer externen Äußerung zuhört. Während er Heideggers Behauptungen aus *Sein und Zeit* diskutiert, schreibt Derrida über das Hören, dass es „konstitutiv für den Diskurs [ist], aber es ist kein akustisches, psycho-physisches Phänomen, es ist auf das ‚innere' oder ‚äußere' Ohr im Sinne eines Organs angewiesen."[19] Derrida macht Heideggers „Stimme des Freundes" (GA 2, S. 217), die vom Dasein getragen wird, zum Ausgangspunkt seines Essays:

> Die Stimme des Freundes ist nicht zwangsläufig eine sprechende. [...] Durch seine Stimme, die ich höre, durch dieses Hören hindurch höre ich den Freund selbst, jenseits seiner Stimme und doch in ihr. Der Freund ist es, was ich im Vernehmen seiner Stimme höre und bei mir trage. Gewiß, das Dasein „trägt" den Freund selbst, nicht aber den Freund als ganzen, in Fleisch und Blut. Es trägt ihn, wenn man so sagen kann, im Hören seiner Stimme, in Gestalt seiner Stimme, in seiner metonymischen Gestalt oder Figur (ein Teil steht für das Ganze).[20]

Für Derrida ist das *Tragen* der Schlüssel zum Verständnis der Möglichkeit des Hörens dessen, was nicht gesagt wird, was nicht in irgendeiner Weise dem Dasein oder dem Ohr äußerlich ist. Das Dasein hört eine Stimme, die es mit sich trägt, aber weder innerlich noch äußerlich, sondern im Innern. Was zählt ist nicht das Gesagte oder das Sagen des Gesagten, sondern vielmehr das Hören der Stimme.[21]

Den Ruf als ungenauen, unbestimmten Ausdruck zu kennzeichnen (was das Risiko mit sich bringt, als bloßer Unsinn gedeutet zu werden), schwächt den Ruf des Gewissens nicht – im Gegenteil. Heidegger zufolge ist es gerade sein nicht-propositionales und nicht-hörendes Wesen, das dem Ruf des Gewissens die Macht verleiht, das Dasein anzurufen, es aus dem müßigen Gerede des Alltags zurückzurufen. Aber das erfordert natürlich eine große Anstrengung. Das Dasein ist von den endlosen, leeren Lauten des ‚man' umgeben, Laute, die dem

19 Derrida: Heideggers Ohr, S. 427 (A. d. Ü.: modifizierte Übersetzung, da in der deutschsprachigen Übersetzung „discours" an dieser Stelle versehentlich mit „*Dasein*" übersetzt wurde).
20 Ebd., S. 413.
21 Ebd., S. 414.

ähneln, was Heidegger in seiner bereits erwähnten Heraklit-Lektüre anspricht. Um auf sich selbst hören zu können, muss das Dasein für diese Laute unempfindlich sein. Das Dasein muss, um zu *hören*, eine *Taubheit* entwickeln. Der Ruf des Gewissens ist also nicht die Negation der Rede oder der Alltagssprache. Er eröffnet vielmehr die Möglichkeit, das Schweigen zu hören, auf das zu hören, was nichts zu sagen hat, uns aber immer stärker aufruft (vgl. GA 2, S. 364). Heidegger erwähnt also wiederholt, dass es, damit das Dasein sich selbst anrufen und anhören kann, eine bestimmte Form der Unterbrechung oder des Bruchs mit dem Anhören des alltäglichen Geredes geben muss, aus dem es *zurückgerufen* werden muss. Brogan drückt es wie folgt aus:

> Dieser besondere Ruf des Selbst zu sich selbst ist eine Art Erschütterung der Alltäglichkeit und des Stumpfsinns der Absorption und des Ausweichens. Aber dieser Bruch oder Riss ist eine Modalität des Seins des Daseins. Das bedeutet in gewissem Sinne, dass jede Kommunikation und jedes Gerede, jede Alltäglichkeit, von dieser Störung heimgesucht wird, zumindest als existentielle Möglichkeit.[22]

Diese Heimsuchung ist entscheidend: Heidegger interessiert sich nicht nur für die Möglichkeit, dem Ruf zuzuhören, sondern rückt die Präsenz der Unmöglichkeit eines Hörens (des müßigen Geredes) in den Vordergrund, das für immer von seiner eigenen Auflösung verfolgt wird, die wiederum als Bedingung für eine andere Art des Hörens (auf sich selbst) dient. Anders ausgedrückt: Es ist das Unauthentische, das immer vom Authentischen heimgesucht wird.[23]
Nur vermittels einer stillen Stimme kann das Dasein sich selbst anreden. Es ist eine einzigartige Form der Anrede, eine Anrede, die nichts zu sagen hat, und von Natur aus schweigsam ist: „*Das Gewissen redet einzig und ständig im Modus des Schweigens.*" (GA 2, S. 363, Herv. i. Orig.) Der Ruf ist schweigsam, weil er nur den Gerufenen ruft (und von diesem gerufen wird), und außerdem ruft er ihn und sie nicht aus dem öffentlichen, müßigen Geschwätz des ‚Man' heraus, sondern zurück „*in die Verschwiegenheit des existenten Seinkönnens*" (GA 2, S. 368, Herv. i. Orig.). Heidegger hat hier im Hinblick auf das einzigartige Vokabular von *Sein und Zeit* seinen Gipfelpunkt erreicht. Allerdings ähnelt die Idee

22 Walter Brogan: Listening to the Silence. Reticence and the Call of Conscience in Heidegger's Philosophy. In: Jeffrey Powell (Hrsg.): *Heidegger and Language*. Bloomington: Indiana UP 2013, S. 32–45, hier S. 35.

23 Zur Diskussion der Beziehung zwischen dem Authentischen und dem Persönlichen bei Heidegger vgl. Hagi Kenaan: *The Present Personal. Philosophy and the Hidden Face of Language*. New York: Columbia UP 2004, S. 97–102.

des stillen Rufs des Gewissens – insbesondere die Fähigkeit des Daseins, diesen zu erkennen und auf ihn zu antworten – deutlich der vorhergehenden Diskussion über das Hören, das Horchen und das Sammeln. Auch hier erfordert das Hinhören auf den eigenen Ruf eine besondere Form der Aufmerksamkeit, die es dem Dasein ermöglicht, sein *Hören* von Alltagsgeräuschen zu unterdrücken, um dadurch in der Lage zu sein, auf den eigenen inneren, stillen Ruf zu *horchen*. Brogans Interpretation dieses Bruchs mit der betäubenden Wirkung des müßigen Geredes ist hier wichtig. Er argumentiert, dass der Ruf des Gewissens nicht als bloßer Gegensatz zur kommunikativen, propositionalen Sprache verstanden werden sollte. Das Gewissen ist tatsächlich die Bedingung von Kommunikation; es ist die „Zusammenkunft von Faktizität und Sein"[24]. So verstanden erwähnt Heidegger die Möglichkeit, den Ruf zu hören und auf ihn zu reagieren nicht anstelle des müßigen Diskurses, sondern aus ihm heraus.

Heidegger schlägt eine einzigartige Form des intensiven und aufmerksamen Hörens vor: nämlich das Horchen. Genau wie bei seiner Lektüre von Heraklit ereignen sich sowohl die stille *Stimme* des Rufs als auch die Fähigkeit auf diese zu horchen wesentlich nicht im Alltagsdiskurs. Der Ruf ist überhaupt nicht äußerlich – weder kommt er von außen, noch wird er als ein in den inneren Bereich des Daseins *eintretender* Ruf gehört, noch entsteht aus ihm irgendeine Form der Externalisierung eines inneren Gehalts, der an einen Empfänger zu übermitteln wäre. Er tritt hervor und ereignet sich nur im Inneren. Im Gegensatz zur Struktur des Diskurses oder der propositionalen Ausdrücke, bei denen eine Äußerung ausgesprochen wird, die sich auf etwas bezieht und jemandem mitgeteilt wird, bricht diese Struktur beim Ruf des Gewissens in sich selbst zusammen. Wovon geredet wird – dem Rufenden und dem Angerufenen – ist ein und dasselbe: das Dasein selbst.

Heidegger unterscheidet hier zwischen dem, was er das Selbst nennt, und dem Man-selbst. Das letztere zerfällt, wenn das erstere die Bühne betritt: „Weil nur das *Selbst* des Man-selbst angerufen und zum Hören gebracht wird, sinkt das *Man* in sich zusammen." (GA 2, S. 362–363, Herv. i. Orig.) Trotz der unbestimmten Definition des Kontextes und der kommunikativen Struktur des Rufs macht Heidegger deutlich, dass der Ruf nicht vom Dasein übersehen werden kann, weil das, was er enthüllt, unmissverständlich ist; er ist absolut klar in seiner Anrede und seinem Herbeirufen.

24 Brogan: Listening to the Silence, S. 37.

> Die „Täuschungen“ entstehen im Gewissen nicht durch ein Sich-versehen (Sichverrufen) des Rufes, sondern erst aus der Art, wie der Ruf *gehört* wird – dadurch, daß er, statt eigentlich verstanden zu werden, vom Man-selbst in ein verhandelndes Selbstgespräch gezogen und in seiner Erschließungstendenz verkehrt wird. (GA 2, S. 364, Herv. i. Orig.)

Diese Darstellung hebt nicht nur die nicht-tönende sprachliche Form der Kommunikation mit sich selbst hervor, sondern verortet mit der Einführung der Eindeutigkeit des Herbeirufens die gesamte Diskussion in der moralischen Sphäre.

Die Struktur des Rufs des Gewissens scheint dann großenteils mit Herders Sprachverständnis zu korrespondieren: Die Seele spricht zu sich selbst, der Mensch ist ein sprachliches Geschöpf, ganz gleich, ob er über Mund oder Ohren verfügt und schließlich das Herbeirufen (wie auch das Sammeln), das Herders Verständnis von Aufmerksamkeit und Bewusstsein sehr nahe zu kommen scheint. Herder und Heidegger teilen eine Sprachkonzeption, die nicht auf propositionale Äußerungen oder Kommunikation begrenzt ist. Diese Ähnlichkeiten ergeben allerdings noch kein Gesamtbild. Das Auftreten des Rufs des Gewissens bezeichnet den Moment, in dem Sprache, verstanden als Diskurs, in sich selbst zusammenbricht und dadurch einen Zwischenraum erzeugt, in dem das Dasein sich selbst gegenübersteht. Obwohl auch Herder von einem inneren Raum und einem inneren Wort im Menschen spricht, fährt seine Darstellung damit fort, zu erörtern, wie diese innere Bewegung der Sprache nach außen zurückkehren könnte. Heideggers stiller, auffordernder Ruf bleibt innerlich und hört nicht auf, in dem solipsistischen inneren Raum des Daseins widerzuhallen. Die Eigentlichkeit des Rufs (insofern Eigentlichkeit den Gegensatz zu Heideggers Verwendungsweise von ‚Täuschung‘ in dem obigen Zitat darstellt) wird auch innerlich begründet, wenn das Dasein seinen eigenen Ruf an sich selbst vom müßigen Alltagslärm unterscheidet und wiedererkennt, um ihn ‚aufzurichten‘, als singulären Punkt des Sammelns erscheinen zu lassen und nach ihm zu horchen.

Der Ruf des Gewissens leistet Heidegger gute Dienste bei seinem Versuch, die unterschiedlichen Weisen darzulegen, in denen sich das Dasein selbst begegnen oder wiederbegegnen kann, sich aus seiner Versenkung in das müßige Geschwätz und das Man zurückrufen kann. Das Gewissen stellt in Heideggers Schilderung eine Möglichkeit zur Öffnung des Daseins gegenüber sich selbst dar. Aber bezeichnenderweise kann der Ruf nur innerhalb von Heideggers Horizont als Möglichkeit dienen. Wenn es auf den Ruf horcht, offenbart das Dasein sein tiefstes Sein, sein Feld der Möglichkeiten, während es die Sprache hinter sich lässt. Der Schritt, der in *Sein und Zeit* in den Abschnitten über den Ruf des Gewissens vollzogen wird, beginnt mit einer Konzeption der nicht-tönenden Sprache, die ziemlich stark mit Heideggers Interesse in *Vom Wesen der Sprache* übereinstimmt. Im Kontext seines Vorhabens in *Sein und Zeit* wird allerdings der Rückgriff auf den stillen Ruf und die Fähigkeit, der Stille nachzuhorchen, nicht mit der Absicht vorgenommen, die Struktur der Sprache neu zu durchdenken, sondern er betrifft vielmehr Fragen der Authentizität und des Seins. Mein eigenes Interesse an Herders Sprachkonzeption liegt woanders: Sein Fokus auf das Nichttönende, auf die Aufmerksamkeit und das Sammeln ist insofern von Bedeutung, als er die Sprache in das Zentrum der Diskussion rückt und uns dadurch eine Möglichkeit bietet, seine Konzeptualisierung weiter auszubauen und anzureichern, anstatt sie hinter uns zu lassen.

Eine weitere Perspektive auf die Einschränkungen von Heideggers Darstellung des Gewissens tritt in Erscheinung, wenn wir die Beziehung zwischen Herders zwei Sprachen berücksichtigen. Obwohl die nichttönende, stille Sprache der Besonnenheit in der *Abhandlung* weder auf die bloße Rede oder die Kommunikation begrenzt noch durch das Vermitteln von Information oder das Sich-Hinwenden zum Empfänger bestimmt ist, bringt Herders Darstellung keine eingekapselte, solipsistische Struktur mit sich. Im Gegenteil kulminiert die Beschreibung der ursprünglichen Sprache des Schmerzes und der Empfindungen in der sehr starken Behauptung einer sympathetischen Gemeinschaft:

> Nun rühre man es nicht an, dies schwache, empfindsame Wesen! so allein und einzeln und jedem feindlichen Sturme des Weltalls es ausgesetzt scheinet; so ists nicht allein: es steht mit der ganzen Natur im Bunde! zartbesaitet; aber die Natur hat in diese Saiten Töne verborgen, die gereizt und ermuntert, wieder andre gleich zart gebaute Geschöpfe wecken, und wie durch eine unsichtbare Kette, einem entfernten Herzen Funken mitteilen können, für dies ungesehene Geschöpf zu fühlen (FHA 1, S. 698).[25]

Heideggers Ruf des Gewissens erweckt die Vorstellung einer solipsistischen Sphäre, die durch das Ausbrechen des Daseins aus dem Diskurs mit den Anderen bedingt ist und die moralische Bedeutung des Gewissens problematisiert. Herder präsentiert ein anderes Bild, in der die Zentralität des inneren Worts und der zu sich selbst sprechenden Seele nicht die Möglichkeit des Mitleids und

25 Proß merkt an, dass Herders Konsonanztheorie den Arbeiten von Gassendi, Rameau, d'Alembert und Euler (die ihrerseits von Leibniz und Newton beeinflusst sind) verpflichtet ist sowie auf die des „Magnetischen Weltbildes" von Athanasius Kircher (1601–1680) zurückgeht (Proß: Kommentar. Einzelhinweise. In: Herder: *Abhandlung*, S. 113).

des *Mitseins* ausschließt. Genau dies ist der Kern von Herders Sprachkonzeption: Die Ausdruckskraft und die (Mit-)Teilbarkeit hängen nicht vom propositionalen oder kommunikativen Wesen der Sprache ab. Auf diese Weise rückt der Schmerz wieder in den Vordergrund.

### Eine abschließende Bemerkung über den Schmerz

Trotz ihrer inneren Inkongruenzen – ihr energisches, ausdrucksvolles Wesen zusammen mit ihrer fundamentalen Privatheit und Unteilbarkeit – haben wir bereits gesehen, dass die Schmerzerfahrung einen starken und festen Kern hat. Unabhängig von der Richtung seines Ausdrucks, nach außen oder nach innen, ist der Schmerz durch seine Unmittelbarkeit gekennzeichnet, durch die er mit uns, denjenigen, die ihn ertragen, nahezu identisch wird. Um es etwas anders auszudrücken: Die Macht des Schmerzes liegt nicht in seiner Fähigkeit, unsere Körper oder Identitäten zu zerstören (wie Scarry behauptet), sondern in seinem unvergleichbaren Vermögen, unsere Aufmerksamkeit zu besetzen. Eine solche Aufmerksamkeit bedeutet allerdings nicht – und das ist mein Punkt –, dass wir in unsere leidenden Körper und Seelen gänzlich eingeschlossen werden und all unsere Verbindungen zur Welt und zu Anderen vollständig verlieren. Die überwältigende Forderung des Schmerzes impliziert vielmehr seine Fähigkeit, unsere Aufmerksamkeit so gewaltsam gefangen zu nehmen, dass wir keine andere Wahl haben, als an ihm teilzuhaben. C. S. Lewis schreibt: „Der Schmerz aber besteht darauf, daß man sich mit ihm befasse. Gott flüstert in unseren Freuden, er spricht in unserem Gewissen; in unseren Schmerzen aber ruft er laut. Sie sind sein Megaphon, eine taube Welt aufzuwecken."[26] Das Problem ist hier weder die Isolierung noch die Destruktivität, sondern vielmehr unsere Unempfänglichkeit für das Leiden, dem Gott begegnet, indem er in unsere Schmerzen hineinruft und dadurch zu einem Megaphon der Aufmerksamkeit wird. Dies äußert sich zunächst darin, dass sich unsere Aufmerksamkeit und unsere Beziehung zu uns selbst verändern, aber der Schmerz hat auch die Kraft, unsere Beziehung zur Welt radikal zu verändern. Was letzteres anbelangt, so treten die weitreichenden und verblüffenden Auswirkungen, die der Schmerz auf unsere Erfahrung von Welt und unsere Beziehung zu Anderen hat, nicht dadurch hervor, dass sich letztere *aufgrund* unseres Schmerzes verändern (die Anderen verstehen uns nicht, haben kein Verständnis für unser Leiden usw.), sondern dadurch, dass

26 C. S. Lewis: *Über den Schmerz*, aus d. Engl. v. Hildegard Pieper / Josef Pieper. München: Kösel 1978, S. 109.

sich unsere eigene Aufmerksamkeit und Orientierung in der Welt radikal verändern. Unser Körper, der unreflektiert und unbemerkt immer da ist und da war, wird plötzlich das Zentrum unserer Existenz und alles andere dreht sich um ihn,[27] aber er ist nicht die einzige präsente Sache. Der Schmerz wird zu unserem Maßstab.[28]

Doch es gibt noch mehr zu beachten: Die Art und Weise, wie Schmerz unsere Aufmerksamkeit vereinnahmt, hat etwas mit seiner Gleichzeitigkeit zu tun. Der Schmerz offenbart sich uns selbst, aber er erlaubt uns gleichermaßen, uns selbst gegenüberzutreten – beides mit unerreichter Grausamkeit. In anderen Fällen, wenn unsere Aufmerksamkeit von etwas angezogen ist, sind wir davon gefangen und verlieren uns selbst darin. Schmerzen allerdings ‚haben' wir nicht bloß oder besitzen sie wie irgendeinen Gegenstand. Wir werden vielmehr, wie schon erwähnt, der Schmerz, so dass wir in unserem erhöhten Stadium der Aufmerksamkeit tatsächlich aufmerksam gegenüber uns selbst sind. Um es mit Jean-Luc Marions eindrucksvoller Beschreibung auszudrücken:

> Sobald ich leide, leide ich selbst […] sobald ich leide, leide ich in, durch und aus mir selbst. Das Eisen und das Feuer erscheinen in dem Maße, wie ich leide, nicht mehr vor der Welt, sondern in mir selbst […]. Ich leide *selbst* durch sie. Zwischen dem Eisen und dem Feuer und mir, der ich sie erleide, verschwindet die Kluft. Ich kann mich nicht mehr länger in einen zurückgezogenen Turm verkriechen: Ist die Umzäunung erst einmal angelegt, bin ich endgültig überfallen, eingenommen, erledigt. Das Leiden nietet mich an mich selbst, wie man etwas an den Boden nietet, indem man es erdet. Das Leiden tut mir nicht nur weh, es ordnet mich vor allem mir selbst als Fleisch zu.[29]

Ich schlage vor, dass wir das *sich zu sich selbst zuordnen* im Sinne von Aufmerksamkeit verstehen. Kehren wir zur *Abhandlung* zurück und werfen einen anderen Blick auf Herders Darstellung der Besonnenheit und insbesondere auf seine provozierende Beschreibung der menschlichen Fähigkeit, Aufmerksamkeit zu schenken. Zur Erinnerung: Herder beschreibt einen „Ozean von Empfindungen" (FHA 1, S. 722), der die Seele durchflutet, die wiederum in ihn eintaucht und

27 Vgl. Vetlesens Erörterung von Merleau-Pontys ähnlichem Konzept des Schmerzes und des Körpers: Arne Johan Vetlesen: *A Philosophy of Pain*, aus d. Norweg. v. John Irons. London: Reaktion 2009, S. 53–54.

28 Ich habe diesen Ausdruck als Titel für einen Artikel über Jean Améry und seine Erfahrungen mit der Folter verwendet. Vgl. Ilit Ferber: Pain as Yardstick. Jean Améry. In: *Journal of French and Francophone Philosophy* 24,3 (2016), S. 3–16.

29 Jean-Luc Marion: *In Excess. Studies of Saturated Phenomena*, aus d. Franz. v. Rabyn Horner / Vincent Berraud. New York: Fordham UP 2002, S. 92.

von ihm überwältigt wird. Dies ist der Punkt, an dem die Besonnenheit und die Reflexion in Erscheinung treten, und zwar als eine Macht der Seele, die es ermöglicht, eine „Welle […] ab[zu]sondern, sie an[zu]halten, die Aufmerksamkeit auf sie [zu] richten" (FHA 1, S. 722). Durch die Besonnenheit ist der Mensch in der Lage sich zu ‚sammeln', eine einzige Welle – oder in Herders Beispiel: das Blöken des Schafs – zu isolieren und aufmerksam zu sein. Aber diese ‚Welle', oder der Klang der Welle, wird nicht in einen Gegenstand verwandelt, der später zum Inhalt des sprachlichen Ausdrucks des Menschen wird. Herder hat hier eine komplexere Figur im Sinn. Einer einzigen Welle Aufmerksamkeit zu schenken, bezieht sich wesentlich auf die menschliche Fähigkeit, die Welt in sich aufzunehmen, sich ihr auf andere Art und Weise zu widmen, obwohl sie schon immer da war. Anders ausgedrückt: Bei der Aufmerksamkeit handelt es sich um eine Bewegung der Rückkehr, um ein Rück-kehren zu dem, was immer schon da war. Aber Besonnenheit handelt nicht nur von Aufmerksamkeit; sie erfasst auch die Fähigkeit, zu reflektieren und sich des Menschen eigener Aufmerksamkeit bewusst zu sein (vgl. FHA 1, S. 722). Der Mensch zieht sich von der Flut zurück, gewinnt Abstand und bemerkt die Welle; aber gleichzeitig ist er in der Lage, seinen Akt der Aufmerksamkeit zu bemerken, er ist also, in anderen Worten, reflektierend. Herder erläutert den Unterschied zwischen dem Herausheben eines äußeren Gegenstandes aus der Flut (z. B. dem Blöken) und der Fähigkeit, das eigene Vermögen der Aufmerksamkeit zur reflektieren (vgl. FHA 1, S. 722). Aber was Herder in diesem Abschnitt erwägt, ist nicht nur die Einzigartigkeit der menschlichen Aufmerksamkeit, sondern auch und vor allen Dingen die menschliche Sprache. Wie ich bereits ausführlich dargelegt habe,[30] steht Herders Besonnenheit nicht für einen vorsprachlichen Inhalt, sondern verleiht dem Menschen entweder sprachliche Fähigkeiten oder ist von ihnen gleichsam ununterscheidbar. Diese doppelte Funktion der Besonnenheit, als Aufmerksamkeit und Reflexion, kann im Sinne von Bewegung verstanden werden: das Sich-Hinausstrecken und das Wieder-hineingezogen-Werden sind beides Teile der gleichen Bewegung der Sammlung, der Reflexion und der Aufmerksamkeit. Diese Dualität und ihre Produktivität werden nicht nur in den zwei Teilen der *Abhandlung* reflektiert, sondern auch in der Struktur des Schmerzes als solchem. Auch der Schmerz wird sowohl durch seine ausdrucksstarke Bewegung nach außen als auch durch die Intensität, mit der er uns einzieht und einkreist, gekennzeichnet.[31] Er ist ein

30 Vgl. Kapitel 3.

31 Ungeachtet der Ähnlichkeiten zwischen Schmerz und Besonnenheit (Aufmerksamkeit sowie Reflexion), gibt es einen bemerkenswerten Unterschied. Zwar wird auch die Besonnenheit als eine Erfahrung beschrieben, bei der die Welle gewaltsam getrennt wird (um sie in ein Merkmal zu verwandeln), aber sie wird nicht als gewaltsamer Akt beschrieben – zumindest ist

Aufschrei und zugleich eine stille Konzentration; er ist eine verzweifelte Wendung hin zum Anderen und doch gibt es nichts, was in einem höheren Maße privat wäre als die Erfahrung des Schmerzes.

Herders Sprachtheorie beweist die einmalige Fähigkeit, sowohl die Paradoxien des Schmerzes als auch seine innere Verbindung zur Sprache zu bewahren – und dies insbesondere vermittels der einzigartigen Verschränkung zwischen der Sprache der Empfindung und der menschlichen Sprache. Heidegger leistet hierfür allerdings einen wichtigen Beitrag: Er führt den Begriff des Übergangs ein und insistiert darauf, dass Herders Argument nur dann vollständig begriffen werden kann, wenn die *Abhandlung* als Ganzes betrachtet wird, d. h., nicht in zwei Sprachen, in Mensch und Tier, in Laut und Stille aufgeteilt wird. Mit Heideggers Begriffen aus *Vom Wesen der Sprache* könnten wir sagen, dass der Übergang das Sammeln erlaubt.

Heideggers Bedeutung für das Verständnis von Herder erschöpft sich, wie wir gesehen haben, trotzdem nicht in seiner expliziten Diskussion von dessen Werk. Ich möchte daher in einer abschließenden Bemerkung kurz auf eine wichtige Passage in seinem Vortrag *Die Sprache* hinweisen, in der Heidegger eine erhellende Überlegung zum Schmerz anstellt. Im Kontext seiner Diskussion von Georg Trakls Dichtung bemerkt Heidegger, es sei ein Fehler, Schmerz als eine bloße Empfindung des Leidens oder des Gebrechens vorzustellen.[32] Die Innigkeit, die dem Schmerz inhärent ist, sollte man sich nicht psychologisch „als jenes vorstellen, worin sich die Empfindsamkeit einnistet." (GA 12, S. 25) Heidegger ist auf der Suche nach einer anderen Vorstellung, in der Schmerz nicht im Sinne von Innerlichkeit, sondern von Innigkeit wahrgenommen wird, wodurch der Grund für unsere Fähigkeit gelegt wird, Beziehungen aufzubauen. Anstatt den Schmerz als bloße körperliche Empfindung zu betrachten, wird er als eine Form der Intimität zu einer wesentlichen Grundlage von Beziehungen. Heidegger fährt fort:

keine Gewalt gegen den Menschen gerichtet. Im Gegenteil, die „Sammlung" (FHA 1, S. 740), von der Herder spricht, hat sogar etwas Ruhiges an sich. Gewalt oder das, was nicht bekämpft werden kann, taucht an anderer Stelle in der *Abhandlung* in den Abschnitten auf, in denen Herder davon spricht, wie der „auffahrende Sturm einer Leidenschaft" (FHA 1, S. 699) der Seele sich gewaltsam ankündigt und sein Recht einfordert, in seiner „mütterlichen Sprache" (ebd.) zu sprechen; dies geschieht, wenn die Sprache der Natur „ihr Recht wieder [nimmt]" (ebd.), wie Herder sagt. Es ist, so könnte man sagen, eine Gewalt zwischen den beiden Sprachen, die um den Vorrang ringen.

32 Ein ähnliches Argument findet sich in *Unterwegs zur Sprache*, vgl. GA 12, S. 58.

> Doch was ist Schmerz? Der Schmerz reißt. Er ist der Riß. Allein, er zerreißt nicht in auseinanderfahrende Splitte. Der Schmerz reißt zwar auseinander, er scheidet, jedoch so, daß er zugleich alles auf sich zieht, in sich versammelt. Sein Reißen ist als das versammelnde Scheiden zugleich jenes Ziehen, das wie der Vorriß und Aufriß das im Schied Auseinandergehaltene zeichnet und fügt. Der Schmerz ist das Fügende im scheidend-sammelnden Reißen. Der Schmerz ist die Fuge des Risses. Sie ist die Schwelle. Sie trägt das Zwischen aus, die Mitte der zwei in sie Geschiedenen. Der Schmerz fügt den Riß des Unter-Schiedes. Der Schmerz ist der Unter-Schied selber. (GA 12, S. 24)

Die Bedeutung von Heideggers Behauptung liegt hier darin, dass sie den gewaltsamen Akt des Trennens oder des „Reißens“ mit der unvergleichlichen Fähigkeit des Versammelns zusammenbringt. Während sie uns ohne Zweifel auseinanderreißt (Körper und Seele), geht diese Gewalt mit der dem Schmerz inhärenten Fähigkeit einher, uns miteinander in Beziehung zu bringen, stellt also die Bedingung der Möglichkeit von Beziehung bereit. Das ist, was Heidegger das „in sich gegenwendige[] Wesen“ (GA 12, S. 57) des Schmerzes nennt. Mitchell liefert eine profunde Erklärung, wenn er schreibt, dass

> der Schmerz eine Beziehungswunde ist, und insofern der Riss des Schmerzes uns mit der Welt verbindet, ist dieser Schmerz immer ein gemeinsamer Schmerz. Die Diskontinuitäten des Schmerzes bringen uns in Kontinuität mit der Welt. [...] Letztlich ist es der Schmerz, der den medialen Raum für diese Relationalität erst eröffnet und uns in diese Welt *zwischen* Subjekt und Objekt hineinspült.[33]

An dieser Stelle wird die Problematik angesprochen, die der völligen Schließung und dem Solipsismus von Heideggers Ruf des Gewissens innewohnt. Schmerz ist eine Öffnung, eine Möglichkeit, eine Bewegung des Daseins zurück zu sich selbst (in der Sprache von *Sein und Zeit*), und er ist eine Öffnung insofern, als die Struktur der Sprache betroffen ist (um es mit den Begrifflichkeiten von Heideggers späterem Werk auszudrücken). Hier deutet Heidegger an, dass das Verständnis von Schmerz sowohl als Riss als auch als Versammlung seiner Funktion als Schwelle, seiner Liminalität, inhärent ist: In der Zusammenführung mit dem Riss erscheint der Schmerz als Schwelle, als eine Ansiedlung des Dazwischen, „die Mitte der zwei in sie Geschiedenen“ (GA 12, S. 24). Eine ähnliche Vorstellung taucht im Kontext von Heideggers Lektüre von Trakls

33 Andrew J. Mitchell: Entering the World of Pain. Heidegger. In: *Telos* 150 (2010), S. 83–96, hier S. 86.

Gedicht *Winterabend* auf, in dem der Bruch, die Unterbrechung und die Abwesenheit als ‚Schwellen' fungieren, und der Schmerz die „Schwelle [versteinerte]" (GA 12, S.15), eine Formulierung Trakls, die Heidegger mehrfach wiederholt. Peter Hanly zufolge entsteht

> im und *als* Schmerz die Schwelle, wird sie möglich – wird sie „zu Stein". [...] Schmerz trägt die Ambivalenz, das Spiel, die Zweisamkeit von Freude und Trauer. Es ist der Zwischenraum, der die Gegensätze in der Nähe zueinander hält.[34]

Überdenkt man dies mit Bezug auf Herder, dann ist der Schmerz ein Riss, bei dem es im Wesentlichen um die Herstellung einer Beziehung zur Welt geht. Er ist eine Art der Sammlung. Der gewaltsame, zerstörende Eintritt des blökenden Tons in die ausgesetzte Seele, der ihr nichts weniger als aufgezwungen wird, gebiert die Fähigkeit des Menschen, sich mit seinem inneren Wort der Seele um ihn zu sammeln und gesammelt zu werden. In seinem Brief an Ernst Jünger von 1955 deutet Heidegger eine ähnliche Struktur an, wenn er auf die Verwandtschaft zwischen den griechischen Wörtern *logos* (Sprache) und *algos* (Schmerz) hinweist: „Vermutlich ist ἄλγος mit ἀλέγω verwandt, das als Intensivum zu λέγω das innige Versammeln bedeutet. Dann wäre der Schmerz das ins Innigste Versammelnde." (GA 9, S.404)

34 Peter Hanly: Dark Celebration. Heidegger's Silent Music. In: Jeffrey Powell (Hrsg.): *Heidegger and Language*. Bloomington: Indiana UP 2013, S.240–264, hier S.259 (Herv. i. Orig.).

# 5
# Schmerz, Ausdruck und Mitleid

## Die Figur des Philoktet

Die Geschichte des Philoktet hat von Beginn an einen großen Teil meiner Diskussion begleitet.[1] Wie wir gesehen haben, hat sich Herder schon in seinem *Ersten Wäldchen* (1769) mit dieser Figur beschäftigt, wo er den leidenden Helden ausführlich im Kontext seine Kritik an Lessing diskutiert (vgl. FHA 2, S. 95–107). Philoktet wird dann kurz in der *Abhandlung* (vgl. FHA 1, S. 697) als ein Beispiel für den Schmerzensschrei des Tieres ebenso wie im Kontext der Diskussion über das Mitleid (vgl. FHA 1, S. 784) erwähnt.[2] Aber Philoktet ist nicht nur im Hinblick auf Herders Texte zur Sprache und zur Ästhetik von Bedeutung; die Präsenz dieser Figur fungiert in mehrfacher Hinsicht als Rückgrat meiner Argumente, die sich auf das Verhältnis zwischen Schmerz und Sprache beziehen. Aber was noch wichtiger ist: Sie stellt die zwei theoretischen Paradigmen in Frage, mit deren Darstellung ich mein Buch begann und die gegenwärtig die Forschungsliteratur zum Schmerz beherrschen.

1 Die Geschichte des Philoktet wird ausführlich in Kapitel 1 dargestellt.

2 Die vollständigen Zitate aus der *Abhandlung* lauten: „Ein leidendes Tier sowohl, als der Held Philoktet, wenn es der der Schmerz anfället, wird wimmern! wird ächzen! und wäre es gleich verlassen, auf einer wüsten Insel, ohne Anblick, Spur und Hoffnung eines hilfreichen Nebengeschöpfes" (FHA 1, S. 697); „dieser arme Erdbewohner kommt elend auf die Welt, ohne zu wissen, daß er elend sei: er ist der Erbarmung bedürftig, ohne daß er sich ihrer im mindsten wert machen könnte: er weinet – aber selbst dies Weinen mußte so beschwerlich werden, als das Gehaul des Philoktet, der doch so viel Verdienste hatte, den Griechen, die ihn der wüsten Insel übergaben." (FHA 1, S. 784) Herder erwähnt Philoktet (üblicherweise als Beispiel) in verschiedenen anderen Texten: *Auch eine Philosophie zur Geschichte der Bildung der Menschheit* (1774), *Plastik. Einige Wahrnehmungen über Form und Gestalt aus Pygmalions bildendem Träume* (1778).

Zur Erinnerung: Dem ersten Paradigma zufolge ist der Schmerz nicht nur in Bezug auf unseren Körper und unsere Psyche destruktiv; er greift auch gewaltsam unsere sprachlichen Fähigkeiten an, beraubt uns dessen, was wir als unsere Menschlichkeit ansehen. Indem der Schmerz unsere Sprache zerstört und uns damit die Möglichkeit zu kommunizieren entzieht, verhindert er beim zweiten Paradigma jede Möglichkeit, uns mit Anderen in Beziehung zu setzen, wodurch ein unüberwindbarer Abgrund zwischen dem Leidenden und der Welt aufgetan wird. Schmerz ist daher sowohl zerstörend als auch isolierend, wobei das erste Paradigma in das zweite übergeht. Ich habe mich auf die für diese Konzeption der zwei Paradigmen beispielhafte Arbeit zum Schmerz von Elaine Scarry bezogen. Interessanterweise sieht Scarry die Geschichte Philoktets als repräsentativ für ihr Argument bezüglich der Unteilbarkeit des Schmerzes an. Auf Sophokles' Drama Bezug nehmend beschreibt sie die Auflösung der Grenzen zwischen Innerem und Äußerem und erörtert, wie dies eine obszöne Verschmelzung von Privatem und Öffentlichem bezeugt. Der äußersten, absoluten Privatheit des Schmerzes übergeben, ist Philoktet in der solipsistischen Ausdruckslosigkeit seines Leidens hoffnungslos eingeschlossen, und trotzdem bleibt ihm die Sicherheit und der Schutz verwehrt, die man von einer solchen Form der Isolierung erwartet. Scarry beschreibt diese destruktive Verknüpfung als etwas, das räumlich erfahren wird, und behauptet, dass der Schmerz „entweder als die Zusammenziehung des Universums in den unmittelbaren Bereich des Körpers" erfahren wird oder „als das Anschwellen des Körpers, um das gesamte Universum auszufüllen."[3]

Aber was im Kontext unserer Diskussion noch schwerer wiegt, ist die Art und Weise, durch die Philoktets Schmerz und seine zerbrochene Sprache einen absoluten Riss zwischen ihm und dem Rest der Welt öffnen, um es mit Scarrys Worten auszudrücken. Während die referentielle Struktur und Funktion der Sprache verschwinden, tritt die starke Inkongruenz zwischen dem Leidenden und der Möglichkeit von Mitgefühl für andere in Erscheinung. Diejenigen, die von Schmerz betroffen sind, begreifen ihn ohne den geringsten Zweifel. Für sie ist das Gefühl des Schmerzes so evident wie es nur sein kann. Das Gegenteil trifft auf diejenigen zu, die dies von der anderen Seite des Abgrundes miterleben: Für sie ist die unmittelbarste, ja sogar instinktive Erfahrung, wie Scarry behauptet, ihr fundamentaler Zweifel, bis zu dem Punkt eines Gefühls der Unwirklichkeit

3 Elaine Scarry: *The Body in Pain. The Making and the Unmaking of the World*. Oxford: Oxford UP 1985, S. 35. (A. d. Ü.: In der deutschen Übersetzung fehlt diese Passage. Daher erfolgt der Nachweis nach dem amerikanischen Original.)

in Bezug auf den Schmerz des Anderen.[4] Diese Abweichung ist bekundet zehn Jahre bevor in Sophokles' Drama die Handlung beginnt, wenn Philoktets Kameraden und Soldaten den Anblick und den Gestank seiner Wunde nicht ertragen können und von seinen unkontrollierbaren Schreien und Fluchen abgestoßen werden. Philoktets unartikulierte, tierähnliche Schreie erregen eine schreckliche Angst in ihnen, was sie schließlich dazu bringt, ihn für zehn lange Jahre auf der verlassenen Insel auszusetzen.

Es ist naheliegend, diese Geschichte als eine Darstellung der beiden Paradigmen zu interpretieren: Philoktet verkörpert tatsächlich großes Leiden – von seinem verwundeten, gequälten Fuß bis zum Schmerz des Betrugs und der Verlassenheit. Seine Einsamkeit auf der verlassenen Insel verstärkt nur seine Qual und seine unaufhörlichen Schmerzensschreie sind ein unmittelbarer Ausdruck davon. Gemäß den zwei Paradigmen würde Philoktet durch seine Schmerzen (körperliche und seelische) zerstört und seine Sprache langsam in bloße Schreie und Ausrufe zerfallen. Wir könnten für diesen Zerfall in der Tat den Verlust der artikulierten Sprache verantwortlich machen, indem wir seine Schreie als etwas Instinktives und Animalisches betrachten, das vollständig außerhalb der Grenzen der menschlichen Kommunikation liegt. Bei dieser Betrachtungsweise wird Philoktet gewaltsam seiner Möglichkeiten beraubt, und zwar genau in dem Moment, in dem der Schmerz die Sprache ‚überwindet', besiegt, sie zum Schweigen bringt und ihm dabei seine Menschlichkeit entzieht. Diese beiden Konzeptionen scheinen während der ganzen Geschichte gegenwärtig zu sein, insbesondere in der Mitte des Dramas, wenn Philoktet einen intensiven Schmerzkrampf erleidet, der ihm auf gewaltsame Weise seine Sprache raubt und sie auf bloße Ausrufe wie „Ah, ah, ah, ah!" oder „Papá-ih! Papá-ih!" reduziert, bis er sein Bewusstsein verliert und zusammenbricht. Meine Deutung von Philoktets Geschichte und insbesondere der Szene, in der der Krampf ihn höchstwahrscheinlich niederstreckt, ist eine andere. Die Szene des Schmerzanfalls stellt in meiner Lektüre die zwei Paradigmen in Frage und bekräftigt, dass Schmerz weder bloß destruktiv (für den Körper oder die Sprache) noch isolierend ist.

In diesem Kapitel werde ich zeigen, dass Sophokles' Szene des Schmerzanfalls, auch wenn es auf den ersten Blick so erscheinen mag, nicht die Vorstellung erweckt, dass der Schmerz die Unmöglichkeit von Mitleid begründet und einen Bruch zwischen Leidendem und Zeugen vollzieht. Wenn Philoktet vom Schmerzenskrampf erfasst wird und nur noch stammeln und aufschreien kann, wird er nicht der Sprache beraubt, sondern vielmehr mit einer Sprache

4 Vgl. Scarry: *Der Körper im Schmerz*, S. 12–13.

ausgestattet, wie unartikuliert und nicht-propositional sie auch sein mag. Außerdem ist Neoptolemos, wenn er Philoktets extremen Schmerz und seine eigene versteinerte Reaktion darauf miterlebt, nur anfangs zögerlich, später zieht er sich aber weder zurück noch lässt er Philoktet im Stich – ganz im Gegenteil. Statt eines sich auf gewaltsame Weise öffnenden Bruchs zwischen den beiden begründen die Schmerzensäußerungen einen Raum der Innigkeit zwischen dem, der Schmerzen hat, und dem, der sie miterlebt. Genau dann, wenn die Sprache zusammenbricht, wenn sie zu einem Skelett der artikulierten Rede wird, erwacht das Gefühl in Neoptolemos. Er zieht sich nicht von der Zurschaustellung des schrecklichen Schmerzes und den Schreien zurück, sondern empfindet vielmehr eine plötzliche Nähe zu Philoktet: Er leidet mit ihm bis zu dem Punkt, an dem er Philoktets Schmerz in seinem eigenen Körper fühlt. In der folgenden Diskussion, in der Schmerz, Sprache, Mitleid und Hören zusammentreffen, blicke ich zurück auf meine früheren Überlegungen zu Herder und Heidegger und insbesondere auf die bedeutende Verbindung zwischen ihnen. Sowohl Philoktets verwundeter Körper als auch seine beschädigte Zunge konvergieren mit Neoptolemos' Mitleid und seiner späteren Identifizierung mit Philoktets Schmerz. Die Figur des Philoktet und insbesondere die Szene des Schmerzanfalls stehen im Zentrum dieses Kapitels.

Die Szene (beginnend ab Vers 730) enthält zwei fatale Momente: Erstens sehen wir Philoktet auf dem Höhepunkt seines Leidens, wenn der Schmerz ihn überwältigt und seinen Körper zerrüttet, bevor er bewusstlos auf den Boden fällt. Zweitens konfrontiert die Szene das Publikum mit dem graduellen Zerfall von Philoktets Sprache. Philoktet spricht in erkennbaren Worten („Ich bin verloren, Kind! Es frißt mich auf!"; SPh, V. 742), aber sobald ihm die Worte ausgehen, stößt er unzusammenhängende Ausrufe bzw. bloße Silben wie „Papá-ih! Papá-ih!" (SPh, V. 746) aus.

**Die Szene des Schmerzanfalls**

Der Schmerzanfall beginnt, nachdem Neoptolemos Philoktet versprochen hat, dass er ihn von der Insel retten wird. Da allerdings der junge Mann noch vollkommen loyal gegenüber seinem Befehlshaber Odysseus agiert, ist dem Publikum klar, dass er Philoktet anlügt. Aber dann passiert etwas. Philoktet hat heftige Schmerzen und friert. Neoptolemos ist überrascht und fragt Philoktet wiederholt: „Was ist?" Philoktet antwortet: „Ah ah ah ah!"[5] und dann: „Es geht, geht (mir) durch und durch" (nach der Übersetzung von Manuwald).[6] Er fährt fort mit einer Reihe von Ausrufen: „Papá-ih! Papá-ih!" (SPh, V. 746; bei Manuwald: *„papai, apapapai!"*).[7] Dies ist ein im Hinblick auf das Mitleid entscheidender Moment. Philoktets körperliches Leiden begründet jetzt nicht nur einen Bruch zwischen ihm und Neoptolemos, sondern auch zwischen Philoktet und seiner eigenen Sprache. Philoktets Fähigkeit, sich selbst sprachlich mitzuteilen, bricht mit der Zunahme des Schmerzes zusammen. Er ist jetzt vollständig von Neoptolemos getrennt und von seinem Schmerz und der zerbrochenen Sprache umgeben. Mit Seamus Heaney gesprochen: „Es gibt keine Worte dafür. Nur Mitleid. Mitleid."[8]

In Sophokles' Version befürchtet Philoktet, dass auch Neoptolemos ihn verlassen wird und er scheint darauf erpicht zu sein, den jungen Mann zu beschwichtigen. Er beschreibt z. B. seine Schmerzen als nicht so schwer und sagt, dass er denke, ihm gehe nun besser („Nein, nicht! schon wird mir besser", V. 733). Allerdings werden schon sehr bald diese artikulierten Sätze von unkontrollierten Ausrufen unterbrochen: „I-o! ihr Götter!" (V. 734) Es gibt einige interessante Deutungen dieser Schmerzensschreie, die sich auf die bei der Übersetzung dieser Szene auftauchenden Schwierigkeiten, insbesondere hinsichtlich der Ausrufe Philoktets, beziehen. Hall zufolge sind Philoktets Schreie eher in „extra-metrischen"[9] Versen als im jambischen Trimeter (der üblichen griechischen Versform) verfasst,

5 Sophokles: Philoktet, hrsg. v. Manuwald, V. 732–733.

6 Ebd., V. 744–745.

7 Ebd., V. 745–746. David B. Morris erwähnt zwei weitere Szenen in der griechischen und englischen Tragödie der Renaissance, in denen die Helden auf dem Höhepunkt ihres Leidens nicht mehr in artikulierten, beschreibenden Sätzen sprechen können und nur noch weinen. Er verweist auf den Schmerzensschrei des Ödipus am Ende von *König Ödipus*: „Wenn Ödipus schließlich spricht, hören wir keine Worte, sondern nur einen einzigen, wiederholten Schmerzensschrei: in bloßen Klang und Qual zurückverwandelte Sprache." (David B. Morris: *The Culture of Pain*. Berkley: U of California P 1993, S. 284.) Der zweite tragische Held ist König Lear, der ganz am Ende des Stücks die Bühne mit der Leiche der toten Cordelia in den Armen betritt und drei Worte in einer Weise wiederholt, die Tierschreie nachahmt: „Heult, heult, heult" (ebd.).

8 Seamus Heaney: *The Cure at Troy. A Version of Sophocles' Philoctetes*. New York: Farrar, Straus & Giroux 1991, S. 41.

9 Hall: Ancient Greek Responses to Suffering, S. 163.

so dass sein „Ah ah" den rhythmischen Fluss von Philoktets vorherigen Versen bricht. Da der Schmerz alle Worte übersteigt, wählt Sophokles diese unartikulierten Laute, um Philoktets Schmerz zum Ausdruck zu bringen; es sind die üblichen Laute, die gleichermaßen von tierischen und menschlichen Körpern erzeugt werden, wenn sie leiden.[10] Knox argumentiert dahingehend, dass der anhaltende rhythmische Schrei unübersetzbar ist: Es gibt keine parallele Form, um diese Laute der Trauer und des Weinens in einer anderen Sprache darzustellen. Im Griechischen sind solche Laute in formale Strukturen geordnet, die sowohl den Höhepunkt des Leidens als auch das menschliche Durchhaltevermögen, das es erfordert, zum Ausdruck bringen. Die einzige Art und Weise sie zu übersetzen, so Knox, ist durch Regieanweisungen wie „ein verzweifelter Schrei, zwölf Silben lang, drei jambische Metren lang"[11] usw. Ein solcher tierischer Schmerzensschrei, schreibt Knox, „ist mehr, als andere Menschen ertragen können; wir leben, indem wir vergessen, dass es diesen Schmerz gibt, wir schließen ihn in schalldichten Räumen weg und betäuben ihn mit Drogen"[12]. Philoktets Schrei ist also weder ein direkter körperlicher noch ein sprachlicher Ausdruck: in ihm werden beide unzertrennbar.[13]

Hagi Kenaan betrachtet dieses Problem in seiner Diskussion über das, was er das Persönliche in der Sprache nennt, aus einer philosophischen Perspektive. Kenaan macht auf die anhaltende Tendenz der Sprachphilosophie (der angloamerikanischen wie der kontinentalen) aufmerksam, eine propositionale Form als Maßstab für unsere Sprachkonzeption zu setzen. Diese theoretische Tendenz hat den sprachlichen Sinn von der Beziehung zwischen individuellem Sprecher und Empfänger abgekoppelt und damit die Sprache nur in der Korrelation zwischen einem selbstgenügsamen sprechenden Subjekt und einem Bezugsobjekt situiert. Der Gehalt der Sprache ist daher von der Partikularität dessen getrennt, der spricht: Berücksichtigt man nur die propositionale Dimension der Sprache, so ignoriert diese Herangehensweise die einzigartige Manier, „in der du, indem du bist, wer du bist, deine Sprache bewohnst."[14] Sprache bleibt daher von der Partikularität von „Zunge, Atem, Stimme, Körper"[15] getrennt. Wenn Philoktet

10 Vgl. Hall: Ancient Greek Responses to Suffering, S. 163.

11 Bernard M. W. Knox: *The Heroic Temper. Studies in Sophoclean Tragedy*. Berkley: U of California P 1983, S. 131.

12 Ebd., S. 131. Vgl. auch J. Ceri Stephens: The Wound of Philoctetes. In: *Mnemosyne* 48 (1995), S. 153–168.

13 Vgl. Felix Budelmann: The Reception of Sophocles' Representation of Physical Pain. In: *American Journal of Philology* 128,4 (2007), S. 443–467, hier S. 445.

14 Kenaan: *The Present Personal*, S. 8.

15 Ebd.

aufschreit, drückt er sich nicht in einer propositionalen Sprache aus, er kommuniziert nicht und er erfasst seinen Schmerz nicht durch einen referentialisierbaren Gegenstand. Genau diese Schreie ermöglichen es seinem Ausdruck, die Begrenzungen der propositionalen Sprache zu umgehen, deren kommunikative Eigenschaften scheitern, wenn es dazu kommt, die persönliche, subjektive Präsenz des Individuums auszudrücken.
Bei seinem Schmerzanfall ist es genau das mutmaßliche Scheitern der Proposition, die es ermöglicht, dass Philoktet seine persönliche Gegenwart zum Ausdruck bringt und Neoptolemos hierauf reagiert. Werfen wir einen genaueren Blick auf Sophokles' Szene des Schmerzanfalls und berücksichtigen dabei die Problematik des Mitleids.

> NEOPTOLEMOS [...]
> Komm doch, ich bitte dich! – Warum verstummst du
> So ohne Grund auf einmal und stehst so erstarrt?
> PHILOKTET
> Ah ah ah ah!
> NEOPTOLEMOS
> Was ist?
> PHILOKTET
> Nichts Schlimmes! O nein, geh' nur, Kind!
> NEOPTOLEMOS
> Sag, hast du Schmerzen von der Krankheit, die dich plagt?
> PHILOKTET
> Nein, nicht! schon wird mir besser, denke ich –
> I – o! ihr Götter!
> NEOPTOLEMOS
> Was stöhnst du so und rufst die Götter an?
> PHILOKTET
> Daß sie als Helfer kommen, Lindrung bringen mögen! –
> Ah ah ah ah!
> NEOPTOLEMOS
> Was ist dir denn? Willst du nicht sprechen, nein, verharrst
> So schweigsam? Etwas plagt dich offenbar!
> PHILOKTET
> Ich bin verloren, Kind! Kann nicht das Übel
> Vor euch verbergen – atatä-ih – Es bohrt,
> Durchbohrt mich! ich Unsel'ger! o ich Armer!
> Ich bin verloren, Kind. Es frißt mich auf!

Papá-ih! Papá-ih!
Appápapa, páppapa páppa, papá-ih!
O bei den Göttern! Hast du griffbereit, mein Sohn
Ein Schwert zur Hand, so schlage zu,
Ganz unten auf den Fuß, mäh ihn ab!
Schnell! schone nicht mein Leben! Komm o Sohn –
NEOPTOLEMOS
Was ist das nur so plötzlich, da du über dich
Solch Winseln und solch Gestöhn erhebst?
PHILOKTET
Du weißt es Kind –
NEOPTOLEMOS
Was ist's?
PHILOKTET
Du weißt es, Sohn!
NEOPTOLEMOS
Was ist mit dir? Ich weiß es nicht –
PHILOKTET
Wie, du weißt es nicht?
Páppapápappapápappapa-ih!
NEOPTOLEMOS
Furchtbar die Bürde dieser Krankheit!
PHILOKTET
Ja
Furchtbar, unsagbar – O, hab Mitleid mit mir!
NEOPTOLEMOS
Was also soll ich tun?
PHILOKTET
Gib mich aus Furcht nicht preis!
Denn dieser Daimon, er kommt nur von Zeit zu Zeit,
Dann wohl, wenn er es satt hat, rings umherzuschweifen! (V. 730–758)

Die Szene beginnt, als Neoptolemos bemerkt, dass Philoktet scheinbar in Schweigen verfallen ist. Wie er selbst sagt, ist dieses Schweigen keine Reaktion auf irgendetwas, dass gesagt wurde und dementsprechend kein Teil des Dialogs, sondern es markiert stattdessen einen Stillstand in der Konversation. Anstatt etwas auszudrücken, unterbricht es den Ausdruck. Der anfangs innige und freundschaftliche Dialog mündet rasch in ein gewaltsames Hemmnis, da Philoktets Rede scheitert und Neoptolemos verblüfft an seiner Seite verbleibt. Dieser unerwartete Wechsel provoziert eine Reihe von Fragen, die alle mit den Worten *Warum?* und *Was?* beginnen: Was veranlasst dich plötzlich dazu, zu schreien? Warum stöhnst du? Was ist mit dir los? Was soll ich machen? Neoptolemos spricht offensichtlich die Situation an, um zu verstehen, was passiert ist. Aber diese Fragen offenbaren, als ob Neoptolemos nicht das, was vor seinen Augen passiert, wahrnehmen würde, ein Beharren darauf, eine sichere Distanz gegenüber Philoktets Schmerz zu wahren, als ob er ihn nicht sehen könnte.

An diesem Punkt deutet Neoptolemos die Schreie als artikulierten Ausdruck und scheint sie in einem ganz buchstäblichen Sinn zu verstehen: Wenn Philoktet „ihr Götter" ausruft, dann ist das ein Aufschrei, keine performative Äußerung, aber Neoptolemos fragt ihn, warum er die Götter anruft. Philoktet schreit weiterhin (auf verschiedene Art und Weise), aber Neoptolemos ignoriert die Schreie und fährt damit fort, ihn zu fragen, was nicht in Ordnung ist. Er bezieht sich dabei erneut auf Philoktets Schweigen (V. 720–761). Es herrscht allerdings überhaupt kein Schweigen. Das ist umso merkwürdiger, da Philoktet nicht bloß aufschreit. Er wendet sich direkt an Neoptolemos, indem er ihn „Sohn" und „Kind" nennt, so als würde der Schmerzanfall nicht eine Distanz zwischen den beiden Männern schaffen, sondern eine Nähe wie die zwischen Vater und Sohn. Neoptolemos bleibt davon allerdings unberührt oder er bemerkt all das vielleicht nicht.

Diese Unfähigkeit, Mitgefühl für den Anderen zu empfinden, diese tiefe Abwendung vom Schmerzensschrei des Anderen, ruft die epistemologische Inkommensurabilität in Erinnerung, die in dem impliziert ist, was die Philosophie des Geistes als das ‚Problem des Fremdpsychischen' bezeichnet, dessen Musterbeispiel das Gefühl des Schmerzes ist. Zur Erinnerung: Das hier vorliegende Problem besteht in der wesentlichen Inkongruenz zwischen unserer Fähigkeit, unsere eigenen Schmerzen zu kennen (unmittelbares, unumstößliches Wissen), und dem Wissen, zu dem wir in der Lage sind, wenn es um die Schmerzen anderer Leute geht (vermitteltes und unsicheres Wissen). Im Fall unserer eigenen Schmerzen haben wir ein direktes, unwiderlegbares Wissen, das kaum von unserer körperlichen Wahrnehmung unterschieden ist. Bei den Schmerzen von anderen konfrontiert uns jeglicher Versuch, Wissen zu begründen mit einer erkenntnistheoretischen Unmöglichkeit. Es gibt daher in Bezug auf das Wissen eine fundamentale Asymmetrie, die darin besteht, dass jeder nur bei seinen eigenen Schmerzen über ein unmittelbares Wissen verfügt.[16]

Wenn Neoptolemos Philoktet fragt, was mit ihm geschehen ist, versucht er zu verstehen bzw. Wissen zu erlangen. Die Wiederholung dieser Fragen verweist

16 Vgl. auch Nagel: *Der Blick von nirgendwo.*

auf seine Unfähigkeit zu wissen, auf die epistemologische Kluft zwischen ihm und Philoktets Leiden. Selbst wenn Philoktet antworten würde, wäre Neoptolemos nicht in der Lage zu verstehen. Andererseits kann Philoktet seinen Schmerz nicht vermittels einer Erklärung oder einer Aussage über seine Gefühle teilen. Er kann ihn nur fühlen und unmittelbar zum Ausdruck bringen, wenn er wiederholt die verstörenden Laute „Ah ah" äußert. Folgt man den Prämissen des Problems des Fremdpsychischen, kann man sagen, dass der Austausch in der Szene des Schmerzanfalls für uns die wesentliche Unmöglichkeit darstellt, den Schmerz eines anderen zu kennen und dass wir deshalb mit einer wesentlichen Kluft zwischen uns und anderen konfrontiert werden.[17] Ebenso bestätigen die Fragen des Neoptolemos die Tatsache, dass er vom Schmerz des Philoktet ausgeschlossen ist, dass er im Prinzip keinerlei *Wissen* davon hat. Neoptolemos fährt fort zu fragen und Philoktets Sprache lässt ihn weiterhin im Stich. Mit anderen Worten: Der Schmerzensschrei zeigt in dieser Szene, was es konkret bedeutet, wenn die Sprache angesichts intensiver Schmerzen ‚scheitert', nämlich dass sie aufhört zu funktionieren (*funktionieren* bedeutet in diesem Fall, zu kommunizieren und Informationen *über* Schmerzen zu vermitteln). Schmerz offenbart, wie sich eine gescheiterte Sprache anhört.

Ich möchte hier die Behauptung aufstellen, dass Sophokles' Szene des Schmerzanfalls ein vollkommen anderes Bild präsentiert. Es befasst sich nicht mit der Distanz, die das Subjekt gegenüber den Schmerzen anderer Leute einnimmt, und dem Skeptizismus, den es beinhaltet, sondern vielmehr mit dem tiefen Mitleid und dem Mitgefühl, die genau aus dieser epistemologischen Diskrepanz zwischen Wissen und Fühlen erwächst. Rebecca Comay verweist auf das innere Paradox des Schmerzes und seine Unaussprechbarkeit, wenn sie schreibt, dass

> gerade das, was uns am meisten zu isolieren scheint, was uns von der Welt wegreißt, was nicht geteilt werden kann und will, was jede Verbindung zu verhindern und sogar andere mit seiner unerbittlichen Selbstversunkenheit und kompromisslosen Getriebenheit abzustoßen scheint – nämlich der Schmerz selbst – die Grundlage unserer tiefsten sozialen Bindung ist. Das Leiden schließt mit seinem exorbitanten ethischen ‚Beharren' andere Menschen gleichzeitig aus und drängt sie zurück.[18]

17 Vgl. hierzu auch meine ausführlichere Erörterung dieses Problems in Kapitel 1.

18 Rebecca Comay: Paradoxes of Lament. Benjamin and Hamlet. In: Ilit Ferber / Paula Schwebel (Hrsg.): *Lament in Jewish Thought. Philosophical, Theological, and Literary Perspectives*. Berlin: de Gruyter 2014, S. 257–275, hier S. 258–259.

Ohne auf Neoptolemos' Unzugänglichkeit zu achten, zieht sich Philoktet nicht von diesem frustrierenden Dialog zurück und insistiert darauf, Neoptolemos' Fragen zu beantworten. Er tut dies, indem er die Formulierungen „Du weißt es" und „Wie, du weißt es nicht?" innerhalb von wenigen Versen (V. 751–755) dreimal wiederholt. Wenn Philoktet sagst „Du weißt es" meint er damit nicht, dass Neoptolemos seine Schmerzen wahrhaftig verstehen oder kennen [know] kann. Niemand kann wirklich und vollständig den Schmerz eines Anderen kennen [know]. Philoktet ist sich dessen wohl bewusst. Dennoch wiederholt er die Formulierungen „Du weißt es" und „Wie du weißt es nicht?" Was ist das für ein Wissen, auf das sich Philoktet hier bezieht?
Ich berücksichtige diesen Dialog, um die entscheidende Verbindung zwischen der (Un-)Möglichkeit, den Schmerz des Anderen zu kennen (Neoptolemos versteht nicht und erkennt nicht) und der andauernden Forderung, dass die Anderen den Schmerz eines Menschen kennen (Philoktet, der immerzu „Du weißt es" sagt), zu veranschaulichen. Ich werde nun aus der Perspektive von Stanley Cavells Gedanken zum Skeptizismus und zur Anerkennung über diese Verbindung Überlegungen anstellen.

## Wissen und Anerkennung: Cavell

Cavells Diskussion über Anerkennung entspringt seinem anhaltenden interpretativen Interesse an Wittgensteins *Philosophischen Untersuchungen*, die er als das größte philosophische Werk des 20. Jahrhunderts bezeichnet. Ein zentrales Thema der *Philosophischen Untersuchungen* ist das Problem des Schmerzes.[19] Cavell schreibt, der Schmerz sei eines von Wittgensteins „häufig angeführten Beispielen"[20]. Bei der Diskussion des Problems der Kriterien und ihrer Anwendung (ein Problem, das im Hintergrund von Wittgensteins Kritik an der referentiellen Struktur der Sprache steht) führt Wittgenstein den Schmerz als sein Hauptbeispiel ein – und das zu Recht. Drei Probleme überschneiden sich bei der Begegnung von Schmerz und Sprache: das Problem der Kriterien, das Problem der Gewissheit und der Skeptizismus in Bezug auf das Fremdpsychische. Beim Schmerz treten diese drei fundamentalen epistemologischen Aspekte mit extremer Relevanz hervor: Wenn ein anderer Mensch Schmerz empfindet, reichen

19 Vgl. Stanley Cavell: Comments on Veena Das's Essay "Language and Body. Transactions in the Construction of Pain". In: *Daedalus* 125,1 (1996), S. 93–98, hier S. 95.

20 Stanley Cavell: *Der Anspruch der Vernunft. Wittgenstein, Skeptizismus, Moral und Tragödie*, aus d. Engl. v. Christiana Goldmann. Frankfurt am Main: Suhrkamp 2006, S. 90.

Kriterien niemals aus, um Gewissheit zu gewinnen (dies ist jeglicher Begegnung mit dem Schmerz als solchem eigentümlich). Schmerz ist daher paradigmatisch für einen Zustand, in dem die immanente Kluft zwischen den Kriterien und der Bestätigung von Existenz eine grundsätzliche Unerkennbarkeit zur Folge hat. Allerdings offenbart diese Struktur nicht nur die wesentlichen Hindernisse gegenüber unserem Vermögen, den Schmerz zu ‚kennen' oder seine Existenz zu bestätigen, sondern sie veranschaulicht auch und vor allem unsere feste Voreingenommenheit in Bezug auf die Unterscheidung zwischen intern und extern, privat und mitteilbar.[21]

In Bezug auf Frage, wie Wörter sich auf unsere Empfindungen beziehen, behauptet Wittgenstein, dass das Wort *Schmerz* nicht unseren Schmerzensschrei (die unartikulierte, unmittelbare Schmerzensäußerung) beschreibt, sondern ihn ersetzt.[22] Indem wir die Diskussion von der Übersetzung aus einer Sprache in eine andere zu der Bewegung zwischen unterschiedlichen Formen des Ausdrucks verlagern, wird ein anderer entscheidender Punkt hervorgehoben: Es nimmt die Kategorien des Inneren und des Äußeren aus der Diskussion. Das Wort *Schmerz* beinhaltet nicht mehr die Übersetzung eines unabhängigen inneren Objekts in dessen äußerliches sprachliches ‚Namensschild'. Wittgenstein zufolge verweist eine solche Struktur fälschlicherweise auf etwas, das ‚hinter' dem äußerlichen Ausdruck liegt, auf etwas, das angeblich der unabhängige (und unsichtbare) Bezugspunkt dieses Ausdrucks ist. „Wie kann ich denn", schreibt Wittgenstein, „mit der Sprache noch zwischen die Schmerzäußerung und den Schmerz treten wollen?"[23] Wittgensteins Alternative ist daher, das Konzept des inneren Gegenstandes insgesamt aufzugeben und auf das zu verzichten, was Cavell die ‚Phantasie' nennt, die als Zugang zu einem solchen Gegenstand gedacht ist. Wittgenstein vermeidet damit die irreführende Innen-Außen-Binarität und schiebt unsere Fähigkeit der ‚Introspektion' als Illusion zur Seite. In dieser Illusion erscheinen unsere inneren Zustände als beobachtbare Gegenstände und es scheint möglich zu wissen, ob andere Menschen Schmerzen haben. Wittgenstein bezweifelt nicht die Existenz von Schmerz oder die Fähigkeit, ihn zu empfinden, es geht ihm aber nicht um die Gewissheit der inneren Zustände, sondern um die Möglichkeit, etwas philosophisch Bedeutsames über diese Zustände auszusagen. Es ist immer hilfreich, sich daran zu erinnern, dass Wittgensteins Diskussion von

21 Michael N. Forster hat sich ausführlich mit der Beziehung zwischen Herder und Wittgenstein befasst. Vgl. insb. Gods, Animals, and Artists; Herder's Philosophy of Language.

22 Vgl. Wittgenstein: Philosophische Untersuchungen, § 244, S. 357.

23 Ebd., § 245, S. 357.

Sprache, Ausdruck und Bedeutung handelt – und nicht von ontologischen Fragen in Bezug auf die ‚Gegenstände' der Sprache.[24]
Cavells Diskussion des Problems des Skeptizismus ist weitreichend und hat eine ganze Reihe von Implikationen für die Geschichte der Philosophie im Allgemeinen sowie für die Literatur und die Tragödie im Besonderen. In dieser Diskussion spielt der Schmerz eine entscheidende Rolle. Dies liegt zum Teil daran, dass im Kontext des Schmerzes die Bedrohung, ja die Gefahr des Skeptizismus greifbar wird. Dennoch ist es nicht Cavells Absicht, den Skeptizismus insgesamt zu widerlegen, sondern die Bedrohung deutlich zu machen, die er für die Philosophie der normalen Sprache (*ordinary language philosophy*) darstellt. Der Skeptizismus bringt in vielerlei Hinsicht unser Bestreben zum Ausdruck, die Bedingungen der menschlichen Existenz, die in Begriffen des Wissens gedacht werden, zu leugnen. Zu Begreifen was es heißt, ein Mensch zu sein und zu existieren, ist für Cavell der beständige Versuch, dieser Angst vor der Ungewissheit entgegenzutreten. Die Identifizierung dieser Angst ist daher für ihn äußerst wichtig. Es ließe sich sogar sagen, dass es gefährlich wäre, sie zu leugnen.

> Man könnte es sogar als die Aufgabe der Philosophie ansehen, den Skandal des Skeptizismus zu bewahren, anstatt ihn zu verdrängen – als ob diese Bewahrung unser Zugang zur Erinnerung wäre, dass wir Menschen sind oder sein sollen, um mit dem Stolpern zu leben.[25]

Betrachtet man dies im Licht von Neoptolemos' Position, die man skeptisch nennen könnte, so stellen sein Missverstehen und sein grundsätzliches Bezweifeln

24 Die Geschichte von der Käferschachtel, die Wittgenstein in § 293 skizziert, zeigt dies deutlich (Wittgenstein benutzt dieses Gleichnis, um darauf hinzuweisen, dass wir den Schmerz eines anderen nicht durch das Wissen um unseren eigenen Schmerz ‚kennen' können). Angenommen, wir alle haben Schachteln mit etwas darin, das wir *Käfer* nennen. Der Inhalt von jedermanns Schachtel ist prinzipiell unzugänglich: Ich kann nur wissen, was mein *Käfer* bedeutet, aber ich kann nie mit Sicherheit wissen, ob die anderen *Käfer* derselbe Gegenstand sind wie mein eigener. Außerdem kann der *Käfer* auch nichts bedeuten, oder Leere, oder ein sich ständig veränderndes Objekt. Das Gleichnis von der Käferschachtel soll zeigen, dass die Existenz des Käfers als Ding irrelevant und bedeutungslos wird, egal wie wir es betrachten. Die Frage nach der Existenz des Käfers zieht somit eine Parallele zu der Unfähigkeit des Erwachsenen, die Existenz des Schmerzes des Kindes zu ‚beweisen'. Der Inhalt der Schachtel, wie auch die Empfindung des Kindes, steht außerhalb der Diskussion. Wittgenstein schließt mit den Worten: „Wenn man die Grammatik des Ausdrucks der Empfindung nach dem Muster von ‚Gegenstand und Bezeichnung' konstruiert, dann fällt der Gegenstand als irrelevant aus der Betrachtung heraus" (Wittgenstein: Philosophische Untersuchungen, § 293, S. 373).

25 Stanley Cavell: In Quest of the Ordinary. Texts of Recovery. In: Morris Eaves / Michael Fischer (Hrsg.): *Romanticism and Contemporary Criticism*. Ithaca / London: Cornell UP 1986, S. 183–239, hier S. 184.

von Philoktets Schmerzen nicht bloß ein zu überwindendes Hindernis oder ein moralisches Scheitern dar. Es zeigt sich vielmehr, wie der Schmerz etwas Bedeutsames über unsere Beziehung zu Anderen offenbart.

In seinem Essay „Knowing and Acknowledging", der hier mein Hauptbezugspunkt ist, analysiert Cavell die skeptische Position, nach der es für uns unmöglich ist, den Schmerz eines anderen Menschen aufgrund von dessen innerer, ‚privater' Natur zu erkennen. Diese Natur des Schmerzes verbietet es uns, gewiss zu sein, dass wir das gleiche Gefühl haben, dass wir den Schmerz fühlen, den ein anderer Mensch hat.[26] Der Skeptiker stellt die richtigen Fragen und verweist auf das Kernproblem in Bezug auf den Schmerz ebenso wie auf das Wissen. Seine Schlussfolgerung ist erschreckend: Sie zieht eine explizite Grenze zwischen dem, was eine andere Person fühlt, und dem, dass wir nicht mit ihr fühlen können, da wir niemals in der Lage sind, auf genau die gleiche Weise zu fühlen wie eine andere Person. Wenn wir diese Folgen verstehen, „sind wir geschockt", wie Cavell schreibt (KA, S. 246–247). Wir spüren, dass wir die skeptische Position zurückweisen müssen. Dies ist ein philosophischer Instinkt, dem Cavell mehr Aufmerksamkeit schenken will. Sein Essay „In Quest of the Ordinary" bietet eine ausführliche Erläuterung. Cavell zufolge entzündet der Skeptizismus unser Bestreben, die menschliche Existenz zu leugnen. Insofern „die Verleugnung des Menschlichen wesentlich für das ist, was wir als das Menschliche denken, kann und darf der Skeptizismus oder das, was ich die Bedrohung durch den Skeptizismus nenne, nicht geleugnet werden."[27] Dieses Argument führt Cavell dazu, die Aufgabe der Philosophie darin zu sehen, den Skandal des Skeptizismus zu bewahren und nicht zu widerlegen. Cavell zufolge beginnt der Skeptiker

> mit der vollen Anerkennung der entscheidend bedeutsamen Tatsache, dass ich vielleicht leide, während niemand sonst leidet, und dass niemand (sonst) es wissen (oder sich darum kümmern?) kann; und dass andere vielleicht leiden und ich es nicht weiß, was ebenso erschreckend ist. Doch dann geschieht etwas, und anstatt der Bedeutung dieser Tatsachen nachzugehen, verstrickt er sich – so scheint es – in die Frage, ob wir dasselbe Leiden empfinden können, das Leiden des Anderen. [...] Er hat entdeckt, oder es scheint ihm so, dass wir nicht wissen können, was die andere Person erlebt (wenn überhaupt), solange wir keine Gefühle teilen oder austauschen können. (KA, S. 247)

26 Vgl. Stanley Cavell: Knowing and Acknowledging. In: Ders.: *Must We Mean What We Say*? Cambridge: Cambridge UP 1976, S. 238–266, hier S. 246–247 (im Folgenden im Text mit der Sigle KA nachgewiesen).

27 Cavell: In Quest of the Ordinary, S. 184.

Cavell geht es hier nicht um die Vorstellungen des 18. Jahrhunderts wie diejenigen von Adam Smith, denen zufolge das Einzige, was ich zur Verfügung habe, das ist, was Smith als sympathetische Reaktion im Streng physischen Sinn bezeichnet – in meinem eigenen Körper gefangen, kann ich unmöglich den Schmerz des Anderen kennen. Obwohl ich vielleicht nicht in der Lage bin zu wissen, kann ich mit jeder Faser den Schmerz des Anderen in meinem eigenen Körper fühlen. Ich kann für den Anderen fühlen, indem ich den Schmerz in mir selbst fühle.[28] Ein solcher Standpunkt wäre immer noch mit der Position des Skeptikers vereinbar. Cavell bietet eine Alternative an. Er ignoriert nicht das Problem, das tatsächlich beunruhigende Implikationen hat. Stattdessen folgt er Wittgensteins Spuren und zeigt eine Alternative auf, die den epistemologischen Standpunkt des Skeptikers problematisiert. Schmerz ist nicht bloß eine unzugängliche innere Empfindung, die mit Sicherheit erkannt oder bezweifelt werden kann. Das Problem des Schmerzes des Anderen ist überhaupt kein epistemologisches Problem. Der Schmerz verlangt nicht, erkannt zu werden; Cavell zufolge fordert er, anerkannt zu werden.[29] Mit dieser Einführung der Anerkennung auf dem Schauplatz des Skeptizismus kann Cavell die Kriterien des Erfolgs oder des Scheiterns der kommunikativen, referentiellen Sprache (die Wittgenstein zufolge keinen Zugang zum Inneren bzw. zum Privaten hat) beiseitelassen und über die Funktionen hinausgehen, die üblicherweise mit der Äußerung „ich weiß“ verbunden sind. Für ihn sind einige andere Funktionen von „ich weiß“ relevant (oder nicht offensichtlich irrelevant, wie er es formuliert) in Bezug auf das Wissen vom eigenen Schmerz (z. B. Wissen im Sinne von vertraut sein, eingestehen oder bestätigen) (vgl. KA, S. 255). Diese Funktionen führen Cavell dazu, die Äußerung „ich weiß, dass ich Schmerzen habe“ als eine Aussage zu begründen, die nicht lediglich entweder gewiss oder zweifelhaft ist, sondern vielmehr ein Ausdruck der Verzweiflung, der Anerkennung fordert oder beansprucht. Anders ausgedrückt: Das Problem ist nicht, ob irgendjemand meine Schmerzen kennt, sondern ob er anerkennt, dass ich Schmerzen habe.

In Cavells anhaltender Kritik des Skeptizismus scheint die Anerkennung seine Antwort auf dessen Gefahr bereitzustellen. Allerdings erinnert uns Cavell bei der Vorstellung des Unterschieds zwischen Wissen und Anerkennen daran,

28 Vgl. Smith: *Theorie der ethischen Gefühle*, S. 6. Vgl. auch Martha Nussbaums Anmerkungen zu Smith in *Upheavals of Thought. The Intelligence of Emotions*. Cambridge: Cambridge UP 2003, S. 309–310.

29 Hiermit nähert sich Cavell interessanterweise Levinas an. Zum Verhältnis von Wittgenstein, Cavell und Levinas vgl. Hent de Vries: From “Ghost in the Machine” to “Spiritual Automaton”. Philosophical Meditation in Wittgenstein, Cavell, and Levinas. In: *International Journal of the Philosophy of Religion* 60 (2006), S. 77–97.

dass Anerkennung niemals eine Alternative zum Wissen darstellt: sie wird und kann es nicht ersetzen. Sie ist eher eine Interpretation von Wissen[30] oder, mit Wittgenstein gesprochen: „Das Wissen gründet sich am Schluß auf der Anerkennung."[31] In unserem Fall bedeutet die Anerkennung des Schmerzes des Anderen, dass die Bedeutung des Schmerzes ohne Bezug auf Gewissheit begriffen wird, wobei das Wissen als etwas behandelt wird, das über die Gewissheit hinausgehende Folgen hat. Cavells Einführung des Begriffs der Anerkennung ist daher nicht der Schlüssel für den Umgang mit einer unbeantwortbaren Frage („hat er *wirklich* Schmerzen?"), sondern eine Anregung, wenn nicht ein Imperativ, eine vollkommen andere Frage zu stellen. Es geht hier nicht um die Gewissheit der Existenz von Schmerz, sondern um seine Bedeutung; und diese Bedeutung ist niemals unabhängig von der Anerkennung des körperlichen Ereignisses des Schmerzes als solchem zu finden. Die Bedeutung des Schmerzes ist immer in der Art und Weise anwesend, in der der Schmerz angesichts der Reaktion auf ihn erscheint (sei es durch einen anderen Menschen, eine Gemeinschaft oder andere weniger direkte Faktoren). Stephen Mulhall weist darauf hin, dass für Cavell die „Grammatik des Schmerzes"[32] nicht den Schmerz selbst gegenüber dem auslässt, was Wittgenstein als Schmerzverhalten beschreibt, sondern vielmehr meine Reaktion auf dieses Verhalten: „Das Wissen, das solche Kriterien vermitteln, zwingt mich zu einem Ruf nach Trost, Beistand, Heilung; nach einer Antwort, die hilft, den Schmerz zu lindern oder anzuerkennen, dass er hier und jetzt nicht zu bewältigen ist."[33]

Wenn Philoktet auf unartikulierte Weise aufschreit, ist klar, dass er nicht seinen Schmerz erklärt oder irgendetwas ‚über' ihn mitteilt. Ich würde sogar sagen, dass dies nicht seine Absicht ist. Philoktets Schreie drücken Verzweiflung aus, die reine Tatsache, dass er Schmerzen hat. In diesem Sinn ändert Neoptolemos' Besuch auf der Insel nichts – niemand kann Philoktets Schmerz verstehen oder kennen und niemand kann ihn lindern. Gleichwohl ändert sich etwas. Neoptolemos mag nicht dazu in der Lage sein, Philoktets Schmerz (den körperlichen Schmerz und den Schmerz des Verlassenseins) zu ‚erkennen'. Er fühlt ihn

30 Vgl. Stanley Cavell: *In Quest of the Ordinary. Lines of Skepticism and Romanticism*. Chicago: U of Chicago P 1988, S. 187.

31 Ludwig Wittgenstein: Über Gewißheit. In: Ders.: *Werkausgabe*, Bd. 8, neu durchgesehen v. Joachim Schulte. Frankfurt am Main: Suhrkamp 1984, S. 113–258, hier S. 194 (§ 378).

32 Stephen Mulhall: *Stanley Cavell. Philosophy's Recounting of the Ordinary*. Oxford: Oxford UP 1994, S. 110.

33 Ebd. Für eine erhellende Darstellung zu Cavell und dem Problem des Skeptizismus vgl. ebd., S. 94–114. Vgl. außerdem David Macarthur: Cavell on Skepticism and the Importance of Not-Knowing. In: *Conversations. Journal of Cavellian Studies* 2 (2014), S. 2–23.

möglicherweise nicht, aber er kann ihn anerkennen. Das ist meine Deutung von Philoktets Worten, die er auf dem Höhepunkt seiner Qual ausstößt: „Wie, du weißt es nicht?"

Cavell formuliert ein ähnliches Argument in einer wunderbaren Passage aus *Der Anspruch der Vernunft*, in der es um das grundlegende Problem geht, den eigenen Schmerz auszudrücken und insbesondere um die Angst (und nicht das Scheitern), die es in sich birgt:

> Mein Problem ist nicht mehr, daß meine Worte nicht an seinem Körper vorbei zu *ihm* gelangen. Da ist nichts, wohin sie gelangen könnten; sie reichen nicht einmal bis zu *meinem* Körper; sie bleiben im Mund stecken oder im Hinterkopf. Die Zeichen sind tot; sie lediglich laut auszubreiten flößt ihnen kein Leben ein; selbst Hunde sprechen wirkungsvoller. Worte haben kein Gewicht. Es ist als versuchte man, eine Feder zu werfen. Für einige Dinge ist Atem besser als Kraft; stärker. Auch daran dachte ich, als ich sagte, meine Kriterien auszusprechen muß die Kraft von „rufen" haben.[34]

Philoktet wird dessen gewahr. Er weiß, dass Neoptolemos nicht seine Sinnesempfindung haben kann, den Schmerz nicht mit der gleichen Unmittelbarkeit und Intensität spüren kann. Aber aus Cavells Perspektive sind Philoktets Angst und Neoptolemos' Unfähigkeit nicht das Ende der Geschichte. Es liegt etwas Einzigartiges in der Schmerzerfahrung: Einerseits scheint der Schmerz des Anderen meinen eigenen Schmerzen zu ähneln (irgendwann); andererseits behauptet Cavell (Smith' Position zurückweisend), dass es für mich unmöglich ist, ihn tatsächlich zu fühlen, ihn zu meinem eigenen zu machen. Dieses innere Paradox führt Cavell dazu, zu behaupten, dass die Frage nach dem Unvermögen, den Schmerz eines Anderen zu erkennen, zwar eine richtige Frage ist, es auf sie aber keine Antwort gibt. Einfach zu sagen, dass ich nicht die Gefühle des Anderen empfinden kann, ist zu schwach für dieses Dilemma, das ich erlebe und mitteile. Wir müssen daher „eine Beschreibung dieser Art des Unvermögens bereitstellen und den Grund für unser Beharren angeben, dies in Worte zu bringen" (KA, S. 262). Ich spüre, dass wir dasselbe wissen, dass wir es teilen, aber „ich bin angefüllt mit diesem Gefühl – sagen wir: des Getrenntseins – und ich will, dass du es auch empfindest. Also spreche ich es aus. Und meine Machtlosigkeit stellt sich selbst als Ignoranz dar – eine metaphysische Endlichkeit als intellektueller Mangel." (KA, S. 263).

Veena Das vermittelt diese Vorstellung vortrefflich, wenn sie behauptet, Cavells Interpretation von Wittgenstein befreie uns von dem Denken, dass unsere

34 Cavell: *Der Anspruch der Vernunft*, S. 163 (Herv. i. Orig.).

Aussagen über den Schmerz (unseren eigenen und den von anderen) in Begriffen von Gewissheit oder Zweifel zu bewerten sind. Der Kernpunkt von Das' Analyse besteht darin, dass es bei der „Leugnung des Schmerzes des anderen nicht um das Versagen des Intellekts geht, sondern um das Versagen des Geistes."[35] Hier wird etwas Wichtiges deutlich: Cavell weiß: Da ich nicht erkennen kann, fühle ich manchmal, dass ich nicht anerkennen kann. Hier zeigt sich allerdings eines der entscheidenden und vielleicht überraschenden Elemente dieser Ansicht: Anerkennung besagt, dass wir mit dem Schmerz des Anderen umgehen – mit anderen Worten: dass wir auf ihn reagieren, indem wir ihn entweder anerkennen oder vermeiden. So oder so muss ich mit dem Schmerz des Anderen in Verbindung treten. Anerkennung ist, anders gesagt, etwas, das angesprochen, dem entgegengetreten werden muss – selbst wenn es nicht notwendig gefühlt oder realisiert wird. Nicht zu reagieren bedeutet, die Gewalt endlos fortzusetzen, die vom Schmerz erzeugt wurde.

Das Verhältnis zwischen Cavells Herausforderung des Skeptizismus und Levinas' Konzept des Anspruchs des Leidens ist hier von Interesse, insbesondere insofern es die Verbindung von Leiden und Verantwortung betrifft. Levinas beschreibt das Leiden des Anderen sowohl als einen Ruf oder einen Anspruch als auch als eine Möglichkeit, mit dem Anderen zu leiden und nicht als einen Grund, um sich von ihm zurückzuziehen. Indem er die Reaktion auf den Anspruch, der dem Leiden des Anderen inhärent ist, in den Vordergrund rückt, gibt er ihm Vorrang gegenüber jeglichem epistemologischen Bedenken.[36] Er zeigt vielmehr, dass selbst der Rückzug vom Anderen nicht als eine bloße Opposition zum Mitleid oder als Negation von Mitleid verstanden werden sollte, sondern dieser bildet vielmehr ein entscheidendes Zeichen unserer ursprünglichen moralischen Verantwortung gegenüber dem Anderen und betont damit die Fähigkeit des Leidens, eine Gemeinschaft zu erschaffen, die auf gegenseitiger Verantwortung und Verpflichtung basiert.[37]

Auf dem Höhepunkt seines Schmerzanfalls wird Philoktet ohnmächtig und als er wieder zu sich kommt, hat Neoptolemos einen Sinneswandel durchgemacht. Er teilt Philoktet die Wahrheit über Odysseus mit, und er gesteht seine eigenen Lügen sowie ihren Plan, seinen Bogen zu stehlen. Aber Philoktet wird nun misstrauisch. Und hier findet ein interessanter Umschwung statt. Beim Versuch herauszufinden, was sich verändert hat, ist es nun Philoktet, der Neoptolemos

35 Veena Das: Language and Body. Transactions in the Construction of Pain. In: *Daedalus* 125,1 (1996), S. 67–91, hier S. 88.

36 Vgl. Edward Mooney: Acknowledgement, Suffering, and Praise. Stanley Cavell as Religious Continental Thinker. In: *Soundings. An Interdisciplinary Journal* 88,3–4 (2005), S. 393–411.

37 Vgl. Levinas: *Zwischen uns*, S. 117–131 (Kapitel „Das sinnlose Leiden").

unaufhörlich Fragen stellt wie „Worauf willst du damit hinaus?" und „Was sagst du da, Kind? Ich verstehe nicht" (V. 896, 914). Philoktet *weiß* nicht, was sich verändert hat oder was Neoptolemos fühlt oder denkt. Er befürchtet, dass Neoptolemos von der Wunde und seinen Schreien abgestoßen ist und seine Meinung hinsichtlich des Vorhabens, ihn von der Insel zu retten, geändert hat (vgl. SPh, V. 900–901). Und tatsächlich hat Neoptolemos eine Meinung geändert, aber in einem vollständig anderen Sinn. Er antwortet: „Alles ist widerwärtig, wenn die eigne Art / Einer verläßt und Dinge tut, die ihm nicht anstehn!" (SPh, V. 902–903). Und später: „Schlimm dastehn werde ich: das quält mich längst!" (SPh, V. 906) Neoptolemos verkörpert jetzt den moralischen Wandel, den er durchlaufen hat. Es ist nun *er*, der widerwärtig ist und nicht mehr die eiternde Wunde. Sein Mitgefühl für Philoktet hat enthüllt, was er vor sich selbst geheim gehalten hat: Seine Entscheidung, Odysseus zu gehorchen, machte ihn kaltherzig gegenüber einem anderen Mann, der – und das ist im Kontext des antiken Griechenlands von Bedeutung – ihm in seiner aristokratischen Abstammung ähnlich ist. Neoptolemos, der nicht mehr in der Lage ist, seine innere Aufregung zu verbergen, schreit auf: „O weh" (SPh, V. 895). Wie Philoktet äußert er kein artikuliertes Wort, sondern einen Ausruf.[38] Richard Eldridges Überlegungen zur Ausdrucksfähigkeit bei Cavell sind hier von Relevanz. Meinem Schmerz „eine Stimme zu geben", schreibt er, „impliziert nicht nur eine brachiale Entladung, sondern auch, verständlich zu machen, wie der menschliche Zustand in jemandem, der zum Sprechen bewegt wurde, präsent ist."[39] Eine Stimme zu geben bedeutet, eine Ausdruckskraft zu erreichen, deren Inhalt und Implikationen „über die Mitteilung von Informationen über die materielle Welt hinausgehen."[40] Mit anderen Worten: Es ist nicht nur die Anerkennung, die das bloße Wissen oder das diskursive Verständnis vom Schmerz des Anderen überschreitet, sondern auch und bedeutenderweise der ausdrucksvolle Akt selbst.[41]

Die Diskussion über den Schmerz von der Frage des Wissens auf die Frage der Anerkennung zu verlagern, erschließt nicht nur alternative Möglichkeiten, um dem Schmerz des Anderen zu begegnen. Es deutet auch auf etwas Wesentliches in Bezug auf den Leidenden selbst hin. Der Leidende erwartet nicht von uns,

38 Vgl. Knox: *The Heroic Temper*, S. 132.

39 Richard T. Eldridge: Introduction. Between Acknowledgement and Avoidance. In: Ders. (Hrsg.): *Stanley Cavell*. Cambridge: Cambridge UP 2003, S. 1–14, hier S. 1.

40 Ebd.

41 Vgl. ebd.; Richard T. Eldridge / Bernard Rhie (Hrsg.): *Stanley Cavell and Literary Studies. Consequences of Skepticism*. New York: Continuum 2011, bes. S. 106–119; Richard T. Eldridge: Philosophy and the Achievement of Community. Rorty, Cavell, and Criticism. In: *Metaphilosophy* 14 (1983), S. 107–125.

dass wir ihm mit einem Wissen über seinen Schmerz oder irgendeiner Bestätigung seines Schmerzes begegnen (das wäre sinnlos). Er sagt: Wenn ich Schmerzen habe, will ich nicht, dass du das weißt, ich will, dass du es anerkennst – nicht, ob ich Schmerzen habe oder nicht, sondern die Tatsache, *dass* ich Schmerzen habe. Cavells Argument bereichert nicht nur die Art und Weise, wie wir über die Beziehung zwischen dem Leidenden und dem Zeugen des Leidens denken, sondern es hat auch wichtige Implikationen bezüglich der Schmerzerfahrung selbst. Das Leiden erhebt einen Anspruch an uns, schreibt Cavell:

> Es genügt nicht, dass ich *weiß* (sicher bin), dass du leidest – ich muss etwas tun oder etwas preisgeben (was auch immer gemacht werden kann). In einem Wort: ich muss es *anerkennen*, sonst weiß ich nicht, was ‚(dein oder sein) Im-Schmerz-Sein' bedeutet; was er ist. (KA, S. 263)

Cavell besteht nicht darauf, dass wir tatsächlich den Schmerz der Anderen fühlen oder dass wir von Mitleid erfüllt sind (oder es sein sollten). Beim Anerkennen geht es weder um das Wissen noch hängt es davon ab, ob und was wir tatsächlich fühlen. Es ist eine moralische Haltung.

Der Wortwechsel zwischen Philoktet und Neoptolemos kann daher nicht einfach als ein Scheitern des Dialogs gelesen werden, das in der Mitteilung des Schmerzes des einen und der des Mitleids des anderen besteht. Hier ist Cavells Argumentation wichtig:

> Wenn man sagt, dass es ein *Versäumnis* ist, das Leiden eines anderen anzuerkennen, würde das dann nicht bedeuten, dass wir in solchen Fällen nicht *wissen*, dass er leidet? Vielleicht, vielleicht auch nicht. Der Punkt ist jedoch, dass das Konzept der Anerkennung sowohl durch sein Scheitern als auch durch seinen Erfolg belegt wird. Es handelt sich nicht um eine Beschreibung einer bestimmten Reaktion, sondern um eine Kategorie, anhand derer eine bestimmte Reaktion bewertet wird. [...] Es zu ‚versäumen', etwas zu wissen, kann einfach Unwissenheit, eine Abwesenheit von etwas, eine Leere bedeuten. Es zu ‚versäumen', etwas anzuerkennen, bezeichnet die Präsenz von etwas, eine Verwirrung, eine Gleichgültigkeit, eine Gefühllosigkeit, eine Erschöpfung, eine Kälte. (KA, S. 263–264)

Um dies neu zu formulieren, ausführlicher als bei Sophokles und näher an Cavell: Es ist für dich unmöglich nicht zu wissen, weil wir beide Menschen sind. Und wenn ein Mensch aus Schmerz aufschreit, musst du seinen Schrei verstehen. Du ‚weißt' von meinem Schmerz weder in dem Sinn, dass du in meinen Körper schlüpfen kannst und meinen infizierten Fuß fühlen kannst, noch in dem Sinn, dass du einmal den gleichen Schmerz gefühlt hast, sondern du ‚weißt', was es ‚bedeutet', Schmerzen zu haben – was es bedeutet, menschlich zu sein. Folgt man Cavell, könnte Neoptolemos antworten, indem er folgendes sagt bzw. fühlt: „Zu wissen, dass du Schmerzen hast, bedeutet, sie anzuerkennen, oder die Anerkennung zu entziehen. Ich kenne deinen Schmerz so, wie du ihn kennst" (KA, S. 266). Ich möchte nicht, dass du, Neoptolemos, irgendetwas ‚über' meinen Schmerz weißt oder ihn bestätigst. Ich erwarte nicht mal von dir, dass du Hilfe leistest. Ich möchte nur, dass du die Tatsache anerkennst, dass hier ein Mensch direkt neben dir Qualen erleidet und dass seine Qual einen Anspruch an dich, an deine Menschlichkeit erhebt. Ich möchte, dass du anerkennst, dass wir beide Menschen sind und wir beide anfällig für Schmerzen sind: „Doch bitt' ich dich: laß' nicht alleine mich zurück!" (SPh, V. 809)[42]

Anerkennung ist genau deshalb so zwingend, weil sie nicht vom Moment des Schmerzes oder vom Höhepunkt seines Ausdrucks abhängt. Sie ist nicht lediglich eine vorübergehende Reaktion auf den Schrei (physisch oder moralisch), sondern eine vollständige Wandlung unserer moralischen Position. Eine vorübergehende Empfindung des Mitgefühls, die nicht von Dauer ist, hat Cavell hier nicht im Sinn. Die Anerkennung ist vielmehr niemals bedingt: Das Ereignis des Schmerzes und sein Ausdruck bedingen weder die Möglichkeit der Anerkennung noch die Präsenz einer bestimmten Person, die in einem besonderen Fall des Schmerzes verwickelt ist. Neoptolemos schüttelt seine Gleichgültigkeit ab, aber nicht bei Philoktets anfänglichem Schmerzensgeschrei, sondern wenn der Anfall vorbei ist: genau dann drückt er seine Anerkennung aus. Das ist äußerst bedeutsam. Mulhall formuliert in diesem Zusammenhang ein wichtiges Argument: Die Folgen einer *Abwesenheit* von Anerkennung liegen jenseits des besonderen Ereignisses des Schmerzes, sie berühren die Grundlage unserer eigenen Existenz:

> Wenn mein Schmerz von anderen für nicht würdig erachtet wird, um darauf zu reagieren [...], wenn meine Existenz als Mensch auf diese Weise verleugnet wird, worauf läuft dann meine Existenz als Mensch hinaus? Mit anderen Worten: Wenn ich durch die Kenntnis der anderen in deren Existenz verwickelt bin, dann ist meine Existenz in die Anerkennung der anderen mir gegenüber verwickelt.[43]

42 Hall weist auf den Unterschied zwischen der Reaktion des Neoptolemos, die sie als „mitfühlende, nicht aufdringliche, zuhörende Präsenz eines anderen Menschen" charakterisiert, und der des Chors hin, der anfangs Philoktets Leiden gegenüber mitfühlend zu sein scheint, ein Mitgefühl, das sich nach und nach als eingeschränkt erweist. Der Chor vertritt die Position einer Gemeinschaft, die Philoktet Hilfe anbietet, ihm aber, sobald er sie ablehnt, den Rücken zuwendet (Hall: Ancient Greek Responses to Suffering, S. 164–165).

43 Mulhall: *Stanley Cavell*, S. 139–140.

Mein Anspruch, anerkannt zu werden läuft auf nicht weniger hinaus als auf den Anspruch, menschlich zu sein.

Für Cavell befasst sich Anerkennung nicht mit Gefühlen (die er zusammen mit dem Wissen hinter sich lässt), sondern betrifft eine praktische Verpflichtung – nicht im Sinne eines Teilens des Schmerzes, sondern im Sinne einer aktiven Reaktion auf ihn. Die Schwierigkeit des Skeptizismus besteht in der Distanz, die er schafft, während die Anerkennung eine entschiedene Beteiligung bedeutet, in diesem Fall: an Philoktets Leben. „Was also soll ich tun?" (SPh, V. 757), fragt Neoptolemos; „laß' nicht alleine mich zurück!" (SPh, V. 809), erwidert Philoktet. Philoktets Antwort macht genau dies deutlich: Er fragt nicht nach dem Wissen oder dem Gefühl des jungen Mannes; er möchte, dass er für ihn da ist, dass er Anteil nimmt. Anerkennung geht für Cavell über das Wissen hinaus, nicht weil sich die Hierarchie zwischen den beiden verändert (sie ist nicht besser oder steht nicht höher als das Wissen): sie erfordert, „dass ich etwas *tue* oder preisgebe auf der Grundlage dieses Wissens" (KA, S. 257, Herv. i. Orig.).[44]

Gides Fassung spiegelt in besonderer Weise Cavells Verständnis von Anerkennung wider. Die Begegnung mit Philoktet, seiner Figur ebenso wie der Geschichte seiner Verlassenheit, macht Neoptolemos fassungslos. Philoktets Präsenz und seine Worte haben Wurzeln in seinem Herz geschlagen; er sagt: „Solange du sprachst, wußte ich nichts zu erwidern. Ich hörte nur zu, mein Herz war unbefangen offen deinen Worten. Seit du nun schweigst, höre ich noch immer dich." (GPh, S. 250) Das ganze Stück über fragt Neoptolemos Philoktet, was Tugend ist; Philoktet versucht es zu erklären, aber ohne Erfolg, bis er ihm schließlich mitteilt: „Ach, Kind, wenn ich dir doch nur die Tugend zeigen könnte" (GPh, S. 252). In der letzten Szene des Stücks werden wir Zeugen, wie Neoptolemos versucht, Philoktet zu zeigen, was Tugend ist: Er sagt ihm die Wahrheit und warnt ihn vor Odysseus; er übergibt ihm den Schlaftrunk, den Odysseus ihm verabreichen wollte. „Besteht darin die Tugend?", fragt Neoptolemos. „Ist das Tugend? Sag es mir!" (GPh, S. 254) Philoktets Antwort offenbart etwas von Cavells Beharren, Anerkennung nicht als vorübergehendes Gefühl angesichts des Leidens zu definieren, sondern vielmehr als eine beständige moralische Haltung: „Zur hohen Tugend gelangt man nur Schritt für Schritt, mein Kind; was du da tust, ist nur ein einziger Sprung." (GPh, S. 254)

Das Stück bringt die Empfänglichkeit der Anerkennung auf verschiedene Weisen zum Ausdruck. Die erste ist Neoptolemos' unmittelbare Reaktion auf das

44 Ich bin Eli Friedlander dankbar für unsere Gespräche über Cavell und über diesen Aspekt im Besonderen.

Berühren von Philoktet. Dieser Augenblick markiert Neoptolemos' Anerkennung: Sie wird ihm zuerst durch das Berühren bewusst.[45] Er ist da, an Philoktets Seite, und wendet sich ihm zu. Obgleich Philoktet ihn zurückweist und die Möglichkeit des Berührens ablehnt (er gibt stattdessen Neoptolemos seinen Bogen), ist dies gleichwohl ein Schlüsselmoment, da in Neoptolemos Anerkennung zu wachsen beginnt. Eine weitere wichtige Realisierung von Neoptolemos' Verpflichtung ist seine Entscheidung, seine Loyalität und seinen Gehorsam gegenüber Odysseus durch ein inniges Verhältnis mit Philoktet zu ersetzen. Er gesteht die Lügen, seine eigene ebenso wie Odysseus' Intrige und bezeugt damit, dass er sich an Philoktets Seite stellt. Genau das ist damit gemeint, auf den Schmerz eines Anderen zu reagieren, ihn anzuerkennen.

### Die Schönheit der Sprache: Gide

Wie wir gesehen haben, stellt bei Sophokles die Szene des Schmerzanfalls einen Wendepunkt dar. Das zeigt sich daran, dass Neoptolemos moralisch verwandelt wird, sobald Philoktets Worte zu gewaltsamen, unartikulierten Geräuschen werden und seine kommunikative Ansprache scheitert. Dies kann als die Umkehrung der Ereignisse angesehen werden, die zehn Jahre früher stattgefunden haben, als Philoktets ungezügelte Schmerzensschreie seine Kampfgenossen und Soldaten dazu bringen, vor ihm wegzulaufen und ihn schließlich zu vertreiben, statt sich ihm zuzuwenden. Aber diese Szene des extremen Schmerzes ist nicht nur insofern entscheidend, als sie das Problem des Mitgefühls und der Barmherzigkeit betrifft. Sie demonstriert auch nachdrücklich, was es für die Sprache bedeutet, anstatt durch den Schmerz vernichtet von ihm konstituiert zu werden, und was es für den Schmerz bedeutet, mit Sprache untrennbar verbunden, anstatt kategorisch von ihr ausgeschlossen zu sein.

Wir können natürlich Philoktets unartikulierte Schreie erklären, indem wir sie als etwas Instinktives und Tierisches ansehen, das ihn seiner kommunikativen Sprache und dadurch seiner Menschlichkeit beraubt. Der Augenblick scheint ein solcher zu sein, in dem Philoktet seine Sprache ‚verliert', wenn der Schmerz die Sprache ‚überwältigt' und sie verdrängt. Mein Argument ist allerdings ein anderes. Zweifellos geschieht etwas mit Philoktets Sprache, aber es wäre unangebracht, es als Scheitern oder Rückfall in eine Form des tierischen Seins (wie es einige Untersuchungen suggerieren) zu betrachten. Obwohl er keine verständlichen

45 Zur Berührung in Sophokles' *Philoktet* vgl. die interessante Erörterung von Jennifer Clarke Kosak: Therapeutic Touch and Sophokles' *Philoktetes*. In: *Harvard Studies in Classical Philology* 99 (1999), S. 93–134.

Wörter oder Sätze verwendet, *spricht* Philoktet. Seine Sprache bezieht sich auf nichts; sie weist weder propositionale Äußerungen auf noch vermittelt sie irgendeine Form von zeichenhafter Bedeutung. Sie spricht eher von einem Abgrund des Ausdruckslosen, der sich im Innern des Sprach-Streiks auftut.[46] Aber sie ist gleichwohl Sprache.

Mein Argument, das sowohl die Frage des Mitgefühls als auch die der Sprache berührt, gründet auf André Gides Adaption der Geschichte: *Philoktet oder: Der Traktat von den drei Arten der Tugend* (1898).[47] Gides Drama, dessen ursprünglicher Titel *Abhandlung über die stinkende Wunde* (*Philoctète ou le Traité de l'immonde blessure*) war, erschien erstmals 1899 in der angesehenen Zeitschrift *Revue Blanche*. Obwohl Gide das Stück nicht für die Bühne konzipiert hatte, wurde es in der Zeit zwischen 1919 und 1937 dreimal aufgeführt. Der Untertitel des Stücks bezieht sich auf die drei von den Protagonisten repräsentierten ethischen Positionen, die Dugdale wie folgt bestimmt: Hingabe an den Anderen (Philoktet), Zuneigung (Neoptolemos) und Ergebenheit gegenüber dem eigenen Land (Odysseus). Gides Version ist einzigartig in ihrer klaren Darstellung des Philoktet. Für Gide ist Philoktet nicht einfach derjenige, der für Jahre auf der Insel gefangen ist und sich danach sehnt, gerettet zu werden; er ist auch nicht, wie bei Sophokles, ein verbitterter, nachtragender, von den Göttern und seinen Leuten getäuschter Mann, der nicht fähig ist zu vergeben (selbst auf Kosten seines eigenen Lebens). Obwohl Gides Philoktet ebenfalls verbannt und sein Schmerz genauso stark ist, wird seine ganze Wesensart anders dargestellt. Er ist ein ruhiger, friedlicher Mann, der durch ein inniges Verhältnis zur Natur bestimmt ist. Aber vor allem geht Gides *Philoktet* der Frage nach dem Verhältnis der Sprache zum Schmerz nach und rückt dabei eher die Möglichkeiten von Sprache als ihre Unmöglichkeiten in den Vordergrund, wenn sie auf die Intensität und den Solipsismus des Schmerzes trifft.

Während sie auf seine Ankunft warten, sagt Odysseus Neoptolemos voraus, was Philoktet ihm antworten wird, wenn er ihn sieht. Er wird in Zorn geraten und fluchen, erzählt er Neoptolemos, mich beschuldigen, ihn verlassen zu haben, und mir den Tod wünschen (vgl. GPh, S. 243). Odysseus sagt außerdem voraus, dass Philoktet um seine Rettung flehen werde. Allerdings irrt sich Odysseus vollkommen. Wenn Philoktet auf der Bühne erscheint und die beiden Männer erblickt, ist er nicht aufgebracht. „Ich empfinde großes Vergnügen, euch zu sehen" (GPh, S. 244), sagt er zu Odysseus. Seine einsamen Jahre auf der Insel haben

46 Mein Gebrauch des Begriffs bezieht sich auf Werner Hamachers Text Afformativ, Streik. In: Christiaan L. Hart Nibbrig (Hrsg.): *Was heißt ‚Darstellen'?* Frankfurt am Main: Suhrkamp 1994, S. 340–371 (im Folgenden im Fließtext mit der Sigle AS nachgewiesen).

47 Gide: Philoktet (im Fließtext mit der Sigle GPh nachgewiesen).

weder Empörung noch das Begehren nach Rettung hervorgerufen – im Gegenteil. Nach einem langen Monolog, in dem er die Schönheit seines Lebens im Exil schildert, lehnt Philoktet die Bemühungen von Neoptolemos und Odysseus ihn zu retten ab. Er zieht die Einsamkeit vor und er realisiert freudig, nachdem er ihnen gegen Ende des Stückes den Bogen ausgehändigt hat, dass seine Zurückgezogenheit nun dauerhaft ist. Dies wird vor allem durch die Transformation von Philoktets Sprache vermittelt. Anstatt seinen (unaussprechlichen) Schmerz zu beschreiben oder ihn anderen mitzuteilen (es ist niemand da, und selbst wenn jemand da wäre, hätten sie ihn nicht hören können) – bringt Philoktets Sprache nun eine andere Form des Schmerzes zum Ausdruck, nämlich die der ihn umgebenden Natur. Die Natur fungiert nicht mehr länger als das ‚Andere' des menschlichen Leidens, als der leere, unmenschliche Raum, in dem der Schmerzensschrei nur sein eigenes Echo auslösen kann. Für Gide ist Natur selbst leidend, ihr Schmerz offenbart sich nur, wenn Philoktet ihn herausschreit (vgl. GPh, S. 246). Dieses Bündnis von Sprache und Natur markiert das Herzstück von Gides Philoktet, der nicht nur für die Natur empfindet, wie bis zu einem gewissen Grad auch in Sophokles' Version, sondern der die Natur dem sozialen Leben vorzieht, das für ihn jeglicher Möglichkeit von Tugendhaftigkeit entbehrt (vgl. GPh, S. 244–245). Wenn Odysseus' Schiff davonsegelt, sitzt Philoktet ruhig und allein auf einem Felsen, schaut über das Meer und murmelt: „Sie kommen nicht mehr wieder, sie haben keinen Bogen mehr zu rauben … Ich bin glücklich." (GPh, S. 257)[48] Seine Stimme, so heißt es in den Regieanweisungen, *„ist außerordentlich schön und sanft geworden; um ihn her dringen Blumen aus dem Schnee, und die Vögel des Himmels kommen herab, ihn zu nähren."* (GPh, S. 257, Herv. i. Orig.) Philoktets Glück hängt von niemand anderem ab als von ihm selbst und der Natur. Die Isolierung, die der Schmerz ihm auferlegt hat, wird zu einer Seligkeit.[49] Wilson bringt Philoktets Entscheidung, auf der Insel zu bleiben, damit

48 Zu Beginn des Stücks, als er allein auf der Bühne steht, beklagt Philoktet die Kaltherzigkeit von Odysseus, seinen Verrat und seine List. Er erwägt, seinen Bogen gegen ihn einzusetzen, als er den Laut sich nähernder Schritte hört. Philoktet ergreift seinen Bogen, sieht dann aber Neoptolemos und legt ihn nieder. Obwohl Neoptolemos Teil der Intrige war, hat er Philoktet zugehört und ihn schließlich gebeten, ihn Tugend zu lehren. Das rettet ihm das Leben. Vgl. GPh, S. 249.

49 Vgl. auch Heideggers Erörterung von Knut Hamsuns *Nach Jahr und Tag* (das in einen Zusammenhang mit *Der Landstreicher* und *August Weltumsegler* gehört). Heidegger beschreibt die Figur des August, „in dem sich das entwurzelte Alleskönnen des heutigen Menschen verkörpert in der Weise allerdings eines Daseins, das die Bezüge zum Ungewöhnlichen nicht verlieren kann, weil es in seiner verzweifelten Ohnmacht echt und überlegen bleibt. Dieser August ist in seinen letzten Tagen einsam oben im Hochgebirge. Der Dichter sagt: ‚Er sitzt hier mitten zwischen seinen Ohren und hört die wahre Leere. Ganz komisch, ein Hirngespinst. Auf dem Meer (A. ist früher viel zur See gefahren) rührte sich (doch) etwas, und dort gab es einen Laut,

in Verbindung, dass er ein Moralist, ein Künstler und ein Literat ist, jemand, „dessen Genie im Verhältnis zu seiner Isolation und Ächtung reiner und tiefer wird [...] sehr erleichtert darüber, dass es für die Menschen keinen Grund mehr gibt, ihn aufzusuchen."[50] Wilson verknüpft dies mit seinem weiter gefassten Argument bezüglich der wesentlichen Verbindung zwischen dem Leiden und der Gabe der Kreativität, „der Idee, dass Genie und Krankheit, wie Stärke und Verstümmelung, untrennbar miteinander verbunden sein können."[51]

Aber es gibt noch eine andere wichtige Bedeutung von Philoktets Einsamkeit: Sie ist sehr eng mit seiner Sprache verbunden. In Erinnerung an den schrecklichen Moment, in dem er entdeckte, dass er auf der Insel allein zurückgelassen worden ist, erzählt Philoktet, wie er zuerst schrie und stöhnte, bald aber erkannte, dass niemand da war, ‚kein Ohr', um seine Schreie zu ‚hören'. Soweit ähnelt seine Beschreibung derjenigen in Sophokles' Fassung. Aber bei Gide geht Philoktets Rede in eine völlig andere Richtung. Auf Odysseus' Frage, ob seine Einsamkeit ihn über die Jahre schweigsam gemacht habe, antwortet Philoktet: „O nein!" (GPh, S. 244) Er erläutert seine Leiden wie folgt:

> Sich zu erfahren, bedarf mein Leiden hier nicht mehr der Worte, da nur ich es noch erkennen kann. [...] Aber seit ich mich ihrer nicht mehr bediene, um mein Leiden vorzustellen, ist meine Klage so schön geworden, so schön, daß ich durch sie getröstet bin. [...] Seit ich nicht mehr zu Menschen spreche, drücke ich mich viel klarer aus. [...] Auch beschäftigte es mich, meine Schmerzen zu erzählen, und gelang mir ein sehr schöner Satz, schenkte er mir um so größeren Trost. (GPh, S. 244, 246)

etwas Hörbares, einen Wasserchor. Hier – trifft Nichts auf Nichts und ist nicht da, ist nicht einmal ein Loch. Man kann nur ergebungsvoll den Kopf schütteln.'" (GA 40, S. 29) August repräsentiert etwas von Heideggers Idee des Verhältnisses zwischen wissenschaftlicher (kommunikativer, referentieller) Sprache und der Sprache und dem Nichts, das nur durch den Philosophen und den Dichter ausgedrückt werden kann: „Man kann in der Tat nicht über Nichts reden und verhandeln, als sei dies ein Ding wie draußen der Regen oder ein Berg oder überhaupt ein Gegenstand. Das Nichts bleibt grundsätzlich aller Wissenschaft unzugänglich. Wer vom Nichts wahrhaft reden will, muß notwendig unwissenschaftlich werden. [...] Aus solcher Überlegenheit spricht der Dichter immer so, als werde das Seiende erstmals aus- und angesprochen. Im Dichten des Dichters und im Denken des Denkers wird immer soviel Weltraum ausgespart, daß darin ein jeglich Ding, ein Baum ein Berg, ein Haus, ein Vogelruf die Gleichgültigkeit und Gewöhnlichkeit ganz verliert. Das wahre Reden vom Nichts bleibt immer ungewöhnlich. Es läßt sich nicht gemein machen. Es zerrinnt freilich, wenn man es in die billige Säure eines nur logischen Scharfsinnes bringt. Das Sagen vom Nichts kann daher auch nie unvermittelt anheben wie z. B. die Beschreibung eines Bildes. Aber auf die Möglichkeit solchen Sagens vom Nichts läßt sich hinzeigen." (GA 40, S. 28–29) Ich danke Werner Hamacher für den Hinweis auf diese Passagen.

50 Wilson: *The Wound and the Bow*, S. 289.

51 Ebd.

Philoktets erzwungene Einsamkeit und die Verdunklung der kommunikativen Sprache haben ihn nicht ausgelaugt und zu einem nicht artikulationsfähigen Tier verwandelt; stattdessen hat sie als Bedingung der Möglichkeit einer sprachlichen Ausdehnung fungiert. Hier wird die Sprache nicht länger durch die intersubjektive Reichweite der Kommunikation begründet oder ist von ihr abhängig, sondern vielmehr materialisiert sie sich zwischen Philoktet und der Natur, in der ihn umgebenden nicht-menschlichen Welt. Philoktet erlebt jetzt nicht seinen eigenen Schmerz, sondern den Schmerz der Natur und kann ihn – was noch wichtiger ist – ausdrücken. „Die Natur war meiner Trauer gleich; ich war ihre Stimme, so schien mir, auf die warteten die sprachlosen Felsen, um ihre Leiden zu erzählen", erzählt er Odysseus: „So nahm ich langsam die Gewohnheit an, weniger die meine, als die Verlorenheit vielmehr der Dinge laut zu beteuern." (GPh, S. 246)

Die zwei Formen des Schmerzes, die menschliche und die der Natur, vereinigen sich daher nicht auf der Ebene der Empfindung, sondern auf der des *Ausdrucks*. Gide fordert damit eine der bewährtesten Annahmen über den Schmerz und dessen Ausdruck heraus: Wenn jemand darin Erfolg hat oder scheitert, den Schmerz auszudrücken, dann ist es immer sein oder ihr *eigener Schmerz*, der zur Diskussion steht. Gides Philoktet weist eine vollkommen andere Struktur auf: Obwohl er daran scheitern mag, seinen eigenen Schmerz zu artikulieren, wird dieses Scheitern zur Bedingung der Möglichkeit, den Schmerz eines Anderen auszudrücken (in diesem Fall den Schmerz der Natur, eine Ausdrucksmöglichkeit, die nicht auf den menschlichen Bereich begrenzt ist). Im Sinne des zuvor erwähnten Problems des Fremdpsychischen kann auch der Schmerz des Anderen – unabhängig davon, ob er bloß gewusst, bezweifelt oder sogar anerkannt wird – ausgedrückt werden. Ein solcher Ausdruck stellt in der Tat eine Form des Mitleids dar, ein ausdrucksstarkes Mitleid, genau wie das widerhallende Echo in Herders Darstellung der miteinander verbundenen menschlichen und natürlichen sprachlichen Äußerung.

Gides poetischer Philoktet und Sophokles' Darstellung der Szene des Schmerzanfalls befinden sich zutiefst miteinander in Einklang. Beide zeigen auf ergreifende Weise das Scheitern der Sprache, und bei beiden läuft das Scheitern nicht auf die Zerstörung der Sprache oder der Menschlichkeit hinaus – ganz im Gegenteil. Bei Sophokles ereignet sich das Scheitern, wenn Neoptolemos' Mitleid am Ende der Szene des Schmerzanfalls aufwallt – d. h. genau dann, als Philoktets Sprache versagt. Tatsächlich taucht das Mitleid, wie gezeigt, nur auf, wenn Philoktets artikulierte Formulierungen in Heulen („Ah ah") umschlagen. Gides Darstellung steigert dies, wenn Philoktet, der von dem menschlichen Bereich der Kommunikation ausgeschlossen und nicht mehr dazu in der Lage ist, irgendetwas *über* den Schmerz zu sagen, nicht dadurch reagiert, dass er sich in einen stillen Solipsismus zurückzieht. Es ereignet sich vielmehr genau dann, wenn er seine einzigartige ausdrucksstarke Vertraulichkeit mit der natürlichen Welt ausbildet.

Die Vertrautheit oder die Verwandtschaft wird durch zwei wichtige Besonderheiten ermöglicht: Erstens hat die Natur wie er Schmerzen und ist ausdruckslos; zweitens ist Philoktets Fähigkeit, auf die Natur durch den Ausdruck ihres Schmerzes zu reagieren, durch seinen eigenen Schmerz, sein Leidend-Sein, bedingt. Zudem ist hier der Kern der Verwandtschaft zwischen Mensch und Natur die Sprache; bei Gide eine Erneuerung der Sprache, die in ihrer äußersten Nicht-Mitteilsamkeit schön wird. Ein weiterer Punkt, der hier zu bedenken wäre, ist die bedeutsame Umkehrung zwischen Sophokles und Gide: Bei dem Ersten bringt das Scheitern der Sprache im Angesicht des Schmerzes (Philoktet) das Mitleid (Neoptolemos) hervor; beim Zweiten ist das Versagen der Sprache zu kommunizieren der Ursprung einer Sprache, deren Schönheit es zu eigen ist, dass sie nicht mehr den eigenen Schmerz (Philoktet) ausdrückt, sondern den Schmerz von Anderen (Natur).

Gide und Cavell teilen eine weitere Verbindung, die durch die Frage nach dem Zusammenbruch der Sprache und dem Problem des Mitleids begründet ist. Sie nähern sich der Beziehung zwischen Schmerz, Sprache und Mitleid auf unterschiedliche Weise. Cavells Argumentation ist unmissverständlich intersubjektiv. Sie stellt den epistemischen Bezugsrahmen in Frage, der das Problem des Fremdpsychischen dominiert, und zwar die Vorstellung, dass es eine inhärente Kluft gibt: zwischen dem Ausdruck unseres eigenen Schmerzes und der Möglichkeit von Anderen, ihn mit Sicherheit zu erkennen und jegliche intuitiven Zweifel loszulassen. Stattdessen weist Cavell darauf hin, dass unsere Schmerzen, obwohl sie weder von den Anderen erkannt noch ihre Gewissheit begründet werden kann, nichtsdestoweniger einen Anspruch erheben, eine Forderung stellen. Wenn wir vor Schmerzen aufschreien, fordern wir nicht Wissen oder Glauben von den Anderen, sondern vielmehr deren Anerkennung. Dies geschieht Cavell zufolge im Zwischenraum zwischen zwei Personen: einer, die ausdrückt, und einer, die anerkennt.

Gides Fall ist komplexer. In seiner Darstellung ist es genau Philoktets Verlust der menschlichen Sphäre, aufgrund dessen er Mitleid fordern und erhalten kann. Hierdurch öffnet sich ein vollkommen neuer Bereich an Verbindungen, nämlich zwischen Philoktet und allem auf der Insel, das nicht menschlich ist. Abgesondert von jeglichem sozialen Bereich erkennt Philoktet jetzt den Schmerz der Natur, der der Sprache entzogen ist, und bringt das zum Ausdruck, was niemals mit der Möglichkeit des Ausdrucks ausgestattet war. Gide beschreibt eine

Sphäre, die durch Mitleid und insbesondere durch Ausdruck gekennzeichnet ist (Philoktet verleiht sowohl dem Schmerz als auch dem Mitleid Ausdruck); aber das Mitleid ist außerhalb des menschlichen Bereichs situiert. Philoktets eigenes unlösbares Leiden verschafft ihm den Zugang zum Schmerz der Natur und ermöglicht es ihm, diesem Ausdruck zu verleihen. Diese Fertigkeit ist durch das Hemmnis möglich geworden, das seinem eigenen menschlichen Ausdruck auferlegt wurde.

Gides Fassung ist allerdings nicht auf die Frage menschliches vs. nicht-menschliches Mitleid beschränkt, sondern steht in engem Zusammenhang mit Gides Sprachkonzeption angesichts von Schmerz und Isolierung. Wenn wir Gides Philoktet mit Elaine Scarrys Werk (das ich in den vorherigen Kapiteln ausführlich diskutiert habe) zusammenführen, tritt ein bedeutender Unterschied hervor. Scarry zufolge zerstört der körperliche Schmerz die Sprache und infolgedessen die Möglichkeit, eine Beziehung mit der Welt aufrecht zu erhalten (hierauf zielt der Untertitel ihres Buchs *The Making and Unmaking of the World*[52]). Für Gide mag der Schmerz in uns eindringen und unbestreitbar unsere Erfahrung prägen; aber anstatt die Zerstörung der Sprache zu verursachen, offenbart der Schmerz etwas über ihre Möglichkeitsbedingungen. Sprache wird zweifelsohne durch den Schmerz auf gewaltsame Weise unterminiert. Allerdings hat diese Gewalt überraschende Implikationen. Der Schmerz ist heuchlerisch: er verletzt die Sprache, aber zur gleichen Zeit erlaubt er ihr, sich durch Selbstreflexion selbst zu heilen.[53] Sprache hängt an dieser Stelle nicht mehr von externen Bezugspunkten ab (sich auf diesen oder jenen Referenten beziehend), sondern kann sich selbst ausdrücken.

Philoktets isolierte Existenz auf der Insel hat nicht seinen Sprachfluss zum Versiegen gebracht. Seine Sprache hat nicht ihre Grenze erreicht oder ist in völliges Unvermögen verfallen: „Seit ich nicht mehr zu Menschen spreche, drücke ich mich viel klarer aus" (GPh, S. 246), teilt er Odysseus mit. Gides Philoktet hat im Gegenteil nach dem eigentlichen Zusammenbruch und dem Versagen,

52 *Das Erschaffen und Abschaffen der Welt* (A. d. Ü.: in der deutschen Übersetzung wird der Untertitel ersetzt durch *Die Chiffren der Verletzlichkeit und die Erfindung der Kultur*).

53 Ein bemerkenswertes Echo dieser Struktur findet sich in der Geschichte von Telephos, der von Achilles' Speer an der Hüfte verwundet wurde, eine Wunde, die nur durch das, was sie verursacht hat, geheilt werden konnte. Hier ist eine Art homöopathisches (oder sympathetisches) Prinzip am Werk. Die Wunde ermöglicht die Heilung: Im Fall von Philoktet ist seine zerstörte Sprache auch der Schlüssel zu ihrer Wiedererstehung. Die Geschichte von Telephos wurde in vielen Versionen erzählt, unter anderem von Sophokles: *Tragödien und Fragmente*. Griechisch / deutsch, hrsg. u. aus d. Griech. v. Wilhelm Willige. München: Ernst Heimeran 1966, S. 991 und Euripides: *Telephos*, hrsg. u. aus d. Griech. v. Claudia Preiser. Hildesheim / Zürich / New York: Olms 2000.

Propositionen zu formulieren, die Sprache wiedergefunden: „Ich begriff, daß die Worte erst schön werden, sobald sie nicht mehr einem Verlangen dienen. Um mich war kein Ohr noch ein Mund; so bediente ich nur mich der Schönheit meiner Worte." (GPh, S. 246) Die Schönheit, die Philoktet hier beschreibt, ist eine Schönheit, die nur möglich wird, wenn die Sprache nicht ‚funktioniert', nicht kommunizieren kann, wenn sie nicht davon abhängt, gehört zu werden und Reaktionen auszulösen, wenn sie „nicht mehr einem Verlangen dien[t]" (GPh, S. 246). Philoktet erklärt, dass seine Äußerungen (sie bestehen nicht aus Wörtern) nicht wiederholt oder verbreitet werden können. Erst dann versteht er, dass die „vertraute Flamme" (GPh, S. 247), die seine Rede beseelte (denn sie war ‚bloß' kommunikativ und referentiell, abhängig von dem, was außerhalb von ihr war und nicht von ihr selbst stammte), nun langsam verlöscht. Philoktets Sprache des Schmerzes hat ihre eigene unabhängige, innere Flamme, ihre eigene innere Kraft (vgl. GPh, S. 247). Anstatt die Möglichkeiten (der Kommunikation) zu verwirklichen, ist sie ihre eigene Bedingung der Möglichkeit geworden. Die Sprache wird unabhängig, wenn sie dem Schmerz begegnet, weil der Schmerz nicht mehr ihr Bezugsobjekt ist. In diesem Sinn ‚lernt' die Sprache etwas vom Schmerz, von seiner solipsistischen und erschütternden Natur, von der Macht seines eigensüchtigen Wesens, das nicht von irgendetwas anderem als sich selbst abhängen kann und abhängen will.[54]

## „Sprache, und zwar jede, ist die Sprache des Schmerzes"

Ich bin in diesem Kontext Werner Hamacher verpflichtet, dessen Werk einen engen Bezug zu meinen eigenen Überlegungen über die Beziehung zwischen Sprache und Schmerz hat.[55] Hamacher hat in seinem gesamten Werk – mehr oder weniger explizit – über den Schmerz nachgedacht. Aber der Schmerz interessiert ihn weder im körperlichen noch im psychischen Sinn. Für Hamacher sind Schmerz und Sprache auf einzigartige Weise miteinander verbunden: „Sprache", schreibt er, „und zwar jede, ist die Sprache des Schmerzes."[56] Die Ursprünge dieser eigentümlichen Behauptung können in einer von Hamachers „95 Thesen

54 Ich habe dieses Argument auch im Kontext von Gershom Scholems frühen Schriften über die sprachliche Struktur der Klage entwickelt; vgl. Ilit Ferber: A Language of the Border. On Scholem's Theory of Lament. In: *Journal of Jewish Thought and Philosophy* 12,2 (2013), S. 161–186.

55 Eine frühere Fassung der folgenden Seiten wurde veröffentlicht in Ilit Ferber: Wandering about Language. In: *Philosophy Today* 61,4 (2017), S. 1005–1012.

56 Werner Hamacher: *Andere Schmerzen*. Zürich: Diaphanes 2022, S. 55.

zur Philologie" gefunden werden.[57] In der 52. These zitiert er die folgenden Verse aus Paul Celans Gedicht *Tübingen, Jänner*:

> [...] er dürfte,
> Spräch er von dieser
> Zeit, er
> Dürfte
> Nur lallen und lallen,
> immer-, immer-
> zuzu.
>
> („Pallaksch. Pallaksch.")[58]

Die Philologie würde Hamacher zufolge auf diese Verse antworten, indem „sie alle Versuche zurückweist, sie an einer Sprachnorm zu messen, die in ihnen zerfällt." (Thesen, S. 64) Das Lallen und das Stottern sind überhaupt nicht pathologisch. Sie bringen vielmehr eine Störung zum Ausdruck, die zur Sprache als solcher gehört, einer Sprache des Schmerzes, die mit Hamachers Worten nicht „den Schmerz [...] zur Sprache, sondern die Sprache zum Schmerzen bringt." (Thesen, S. 64)

Im Jahr 2014 schrieb Hamacher mir einen Brief, in dem er die Auffassung zurückwies, Sprache sei eine Form, innere Gefühle auszudrücken – z. B. den Schmerz, den man fühlt, wenn ein Freund von uns geht. Ich zitiere einige Zeilen aus diesem Brief:

> Ich betrachte Sprache nicht unter dem Aspekt des Ausdrucks. Ich weise die Deutung der Sprache als Ausdruck für etwas wie Gefühle, Emotion usw. zurück. Die Bedeutung des Ausdrucks beruht auf der Grenze zwischen Innen und Außen, man könnte es als eine „räumliche Metapher" bezeichnen, aber die Platzierung und die eigentliche Möglichkeit, eine solche Grenze zu ziehen, ist vollkommen abhängig von Sprache: Sprache zieht die Grenze zwischen Innen und Außen – und daher kann Sprache nicht selbst dieser Teilung unterworfen werden. Sie ist die Aufteilung, die Vermittlung, der Zwischenraum. Der menschliche Raum ist durch die Sprache ausgerichtet und umrissen, und ebenso die Zeit. In einer Art umgekehrten Handlung kann Sprache zum

57 Vgl. Werner Hamacher: 95 Thesen zur Philologie. In: Ders.: *Was zu sagen bleibt*. Schupfart: Engeler 2019, S. 51–76 (im Folgenden im Fließtext nachgewiesen als Thesen).

58 Paul Celan: Tübingen, Jänner. In: Ders.: *Gesammelte Werke in sieben Bänden*, Bd. 1: Gedichte, hrsg. v. Beda Alleman / Stefan Reichert. Frankfurt am Main: Suhrkamp 2000, S. 226.

Unterworfenen werden von dem, was sie selbst getan, unterworfen hat, sprich: zum Unterworfenen des Raums, den sie geöffnet hat und der Zeit, die sie gegeben hat. Dann und nur dann kann sie als „Ausdruck" von etwas erscheinen.[59]

Das Problem des Ausdrucks liegt Hamacher zufolge in der Annahme, Sprache sei auf der Grenze zwischen Innen und Außen situiert, wodurch die Verborgenheit der inneren Emotionen vor der Offenheit der Worte abgeschottet wird. Sprache gibt sich nicht dieser Trennung hin, sondern sie begründet sie. Anders ausgedrückt: Sprache tritt, anstatt ausdrucksstark zu sein, als Bedingung der Möglichkeit des Ausdrucks hervor. Uns auf Distanz zur kommunikativen Rede haltend bahnt Hamachers Sprachverständnis den Weg in den Raum der Unterbrechung, des Streiks der Sprache und in der Sprache: aus der Teilung, die sie begründet und der sie sich nicht hingibt. Anstatt ihre propositionalen Möglichkeiten zu verwirklichen, wird Sprache zu ihrer eigenen Bedingung der Möglichkeit und spricht nur noch sich selbst. Diese Argumente führen Hamachers Denken in eine besondere Nähe zur Erfahrung des Schmerzes, dessen Intensität ihn gleichgültig gegenüber Objektivierung macht und daher nicht dargestellt oder kommuniziert werden kann. Er ist inhaltslos und kann demnach nur sich selbst ausdrücken. In diesem Sinn ‚lernt' die Sprache etwas vom Schmerz, von seinem solipsistischen und erschütternden Wesen, das nicht von irgendetwas anderem als sich selbst abhängig ist bzw. abhängig sein kann.

Es ist in diesem Zusammenhang nützlich, einen Blick auf den Anfang von *Die Sekunde der Inversion* zu werfen. Dort übt Hamacher Kritik an der Sprachkonzeption von Aristoteles, in der sprachliche Äußerungen hauptsächlich als Aussagen auftreten, die sich direkt auf unabhängige Gegenstände oder Zustände beziehen. Hamacher stört hieran, dass gemäß solchen Vorstellungen Sprache „zu einem nichtigen Wink erklärt" wird, „der sich vor der Gewalt des Faktischen verflüchtigen soll"[60]. Sprache ist demnach dazu bestimmt zu verschwinden, wenn die Gegenstände selbst gegenwärtig werden. Als Schatten der Wirklichkeit verstanden, ist Sprache daher ein Apparat, der dazu verdammt ist, in der fortlaufenden Bewegung einer leeren Wiederholung und Darstellung dessen, was der Sprache gegenüber postuliert wird, gefangen zu bleiben. Sprache kann daher nur Aussagen *über* etwas anderes produzieren, über das, was nicht als das Eigene der Sprache bestimmt ist.

59 Werner Hamacher an Ilit Ferber, 03.06.2014.

60 Werner Hamacher: Die Sekunde der Inversion. Bewegungen einer Figur durch Celans Gedichte. In: Ders.: *Entferntes Verstehen. Studien zu Philosophie und Literatur von Kant bis Celan*. Frankfurt am Main: Suhrkamp 1998, S. 324–368, hier S. 324.

Hamachers Werk ist eine konstante und beharrliche Bewegung gegen solche Sprachkonzeptionen.[61] Seine alternative Konzeption kündigt sich am stärksten in seiner Arbeit zu Paul Celan an. Aus seinen Lektüren von Celans Gedichten heraus ebenso wie aus der bekannten Meridian-Rede des Dichters zeichnet Hamacher ein Verständnis von Sprache nach, das eine Alternative zu der auf Aristoteles zurückgehenden Tradition darstellt. Sprache, die nicht mehr auf der Grundlage ihrer semantischen und propositionalen Funktionen bestimmt wird, kann sich selbst am genauesten in der Abwesenheit solcher Funktionen ausdrücken. Ihr Wesen offenbart sich daher in einem „chronischen Entzug"[62] der referentiellen und semantischen Funktionen der Sprache, d. h. wenn sie aus ihrer ständigen Abhängigkeit vom Faktischen befreit wird.
In Celans Dichtung findet Hamacher einen Ausdruck für die Sprache als solche in ihr selbst, autonom und unabhängig von allem, was ihr äußerlich ist, sei es ein Gegenstand, ein Empfänger oder ein Zustand, den Sprache in einer Aussage zum Ausdruck bringt. Das Wesen der Sprache wird daher genau in ihrem Rückzug von der Welt ihrer Bezugsobjekte offenbar:

> So wie die Zeichenfunktionen angesichts eines ‚Objekts' wie des Abgrunds, des Todes, des Nichts versagen, so lösen sich von diesem Tod gleichsam infiziert, die konventionalisierten Bedeutungseinheiten, die Wörter und Sätze, die Strophen – auch sie sind ja Wendungen – und die Einheit der Texte auf und räumen einer veränderten Form des Sprechens und dem Aussetzen des Sprechens selber den Platz.[63]

In anderen Worten: Die Stärke der poetischen Sprache wird ausgesetzt und ausgedrückt, wenn eine solche Sprache auf ihre eigene Unfähigkeit trifft, als darstellender ‚Schatten' eines Gegenstandes zu fungieren, wenn sie dem begegnet, was frei von jeglicher Form der objektiven Präsenz ist. An diesen Orten, an denen die propositionale Sprache nur negieren kann (‚tot', ‚nicht lebendig' ist usw.), besitzt die poetische Sprache die Kraft, dem Abgründigen standzuhalten, ohne zum Schweigen gebracht oder bloß negiert zu werden. Genau dann erklärt Celans

61 In diesem Sinne steht er in einer Reihe mit Autoren wie Benjamin, Heidegger und Derrida, die diese Vorstellungen in ähnlicher Weise in Frage gestellt, kritisiert und mit ihnen gerungen haben. Vgl. z. B. Derridas Kennzeichnung von Hamachers Text als „beeindruckend[], bewundernswert[] und originell[]"; er fügt hinzu: „Trotzdem es so scheinen mag, ist nichts Widersinniges an der Tatsache, dass ich hier nur sehr wenig über seine Bemerkungen spreche und mich damit begnüge, den Leser zu ermuntern, Hamachers Text selbst wiederholt zu lesen und über jedes seiner Worte reiflich nachzudenken." (Jacques Derrida: *Marx & Sons*, aus d. Franz. v. Jürgen Schröder. Frankfurt am Main: Suhrkamp 2004, S. 35.)

62 Hamacher: Die Sekunde der Inversion, S. 338.

63 Ebd., S. 340.

Dichtung die Bedingungen der Möglichkeit von Sprache als diejenigen Bedingungen, die die Stabilität ihrer semantischen Existenz und referentiellen Funktionen unmöglich machen. Aber wie kann eine solche Abwesenheit dargestellt werden? Hamacher zufolge kann die poetische Sprache dies leisten, wenn der Raum der sprachlichen Funktionen ausgeweitet wird: wenn Sprache nicht länger ein bloßes Instrument der Repräsentation ist, sondern vielmehr ihre eigenen Bedingungen zum Ausdruck bringt. Sie spricht nicht mehr eloquent, sondern fängt an zu stottern. Ihr Stottern, ihre innere Unterbrechung, ist nun völlig unabhängig und bezieht sich nur auf sich selbst. Sprache begegnet der Sprache – und ihre Autonomie wird nachdrücklich begründet.

In diesem Kontext ist Hamachers berühmter Aufsatz „Afformativ, Streik" einschlägig. In seiner Interpretation von Walter Benjamins Essay *Zur Kritik der Gewalt* (1921) führt Hamacher das ein, was er als ‚afformativ' bezeichnet. Hamacher zufolge ist die Sprache kein Medium, das an einem objektiven Sachverhalt gemessen werden kann, „der von diesem Medium unabhängig schon gegeben und von ihm abgelöst verifizierbar wäre" (AS, S. 349). In Sprache artikuliert sich vielmehr eine Medialität, die der Möglichkeit vorausgeht, zwischen ‚wahr' und ‚falsch' zu unterscheiden und daher nicht Gegenstand dieser Unterscheidung sein kann, die sie selbst konstituiert (vgl. AS, S. 349). An Benjamins Kritik der ‚bourgoisen' oder instrumentellen Sprachkonzeption anknüpfend, arbeitet Hamacher Benjamins Idee einer unmittelbaren, reinen Sprache aus. Ein solches Konzept des Sprachlichen würde jegliche Form der Kommunikation oder Proposition zurückweisen und stattdessen eher den ‚afformativen' Aspekt der Sprache als ihre performativen Dimensionen betonen. Das Afformative ist daher „prä-positional" und „vorperformativ" (AS, S. 348).

Doch obwohl das Afformative nicht eine einfache sprachliche Handlung ist, wird es, wie Hamacher betont, niemals aus der Sphäre der Handlungen verbannt oder von den Beziehungen zu dieser Sphäre abgelöst. „Das Afformative", fasst Hamacher zusammen, „ist die Ellipse, die stillschweigend jede Handlung begleitet und jeder Sprachhandlung stumm ins Wort fallen kann." (AS, S. 360) Immer eine Bedingung, aber niemals eine Realisierung, ist es das ‚vor-' der Sprache, der Verzicht auf Handlung. Das Wesen der Sprache ist demgemäß nicht auf ihre darstellenden, semantischen und referentiellen Funktionen begrenzt. Noch kann es in ihrer Fähigkeit aufgefunden werden zu ‚performen', d. h., das Wirkliche zu konstituieren, anstatt es bloß zu beschreiben. Und darin liegt sogar noch ein anderer wichtiger Unterschied zwischen Hamachers Konzeption und der des Aristoteles. Für Letzteren ist die Sprache ironischerweise enthüllt, wenn es ihr gelingt, sich in der Tatsache ihrer Bezugsobjekte zu verflüchtigen. Bei Hamacher muss die Sprache in dieser Funktion scheitern, damit sie in ihrer ganzen Erhabenheit hervortreten kann. Sie muss scheitern, um zur Erscheinung zu gelangen. Anders ausgedrückt: Statt zu gelingen, um zu verschwinden, muss sie scheitern, damit sie sich in ihrer Reinheit materialisieren kann.

Dies führt uns zurück zu Hamachers zuvor erwähntem Brief: Sprache liefert sich nicht der Teilung zwischen dem Inneren und dem Äußeren aus. Sie konstituiert diese Teilung zuallererst. Bei der heftigen Begegnung zwischen Sprache und Schmerz geht es nicht darum, dass Sprache den Schmerz als irgendeinen Inhalt ausdrückt oder unfähig ist, ihn auszudrücken – einen Inhalt, der hinter der Barriere des Körpers oder unserer bezweifelbaren Beziehung zum ‚Fremdpsychischen' verborgen ist. Es geht hier um die Teilung selbst, die sich konstituiert und manifestiert. Der Schmerz markiert daher nicht das Scheitern oder den Zusammenbruch der Sprache; er ermöglicht vielmehr die Manifestation der Stärke der Sprache, ihrer Grenzenlosigkeit: Er verursacht die Möglichkeiten, die eigentlichen Bedingungen, die es ihr erlauben, Sprache zu sein. „Die Sprache spricht nicht"[64] unter Schmerzen, um Hamachers Kategorien zu verwenden; sie kann keine Aussage machen, die einem faktischen Schmerzzustand entspricht. Sprache ist also angesichts intensiver Schmerzen unfähig zu ‚performen' und kann sie kaum ‚berühren' mit ihren schwachen Worten und Sätzen. Aber Hamacher zufolge können wir hier nicht von einem ‚performativen Widerspruch' sprechen, da solche Widersprüche nur aus einem sprachlichen System hervorgehen können, das sich gemessen an seiner Effektivität schon als förderlich erwiesen hat.[65] Der Auftritt der Sprache ist durch ihr eigenes Scheitern gekennzeichnet.

In *Andere Schmerzen*, einem Text, den Hamacher nicht vollendet hat und der posthum publiziert wurde, finden wir eine wichtige Bemerkung über die Beziehung zwischen dem Schmerz und dem Streik der Sprache bzw. dem Streik in der Sprache.[66] Zusammen mit Pindar, Cicero, Seneca, Kant, Hegel und Valéry widmet er sich in einem kurzen Unterkapitel Sophokles und insbesondere seinem *Philoktet*. Hamacher beschäftigt sich nicht mit dem ungerechten Leiden des Helden oder mit Fragen des Mitleids und der Anerkennung. Er ist gänzlich davon eingenommen, auf welche Art und Weise Philoktets Schmerz nicht als ein innerer Gegenstand funktioniert (und nicht funktionieren kann), auf den die fremde Sprache intentional gerichtet ist. In diesem Text denkt Hamacher über

64 Hamacher: Die Sekunde der Inversion, S. 325.

65 Vgl. Werner Hamacher: Das Versprechen der Auslegung. Zum hermeneutischen Imperativ bei Kant und Nietzsche. In: Ders.: *Entferntes Verstehen*, S. 49–112, hier S. 98–99.

66 Vgl. Hamacher: *Andere Schmerzen*, S. 51–101.

die einzigartige Struktur des Schmerzes und des Leidens nach, die, wie der Text weiter ausführt, zur Struktur der Sprache wird, wenn sie auf den Schmerz trifft. Beide, sowohl die Sprache als auch der Schmerz, sind durch ihr eigenes Unmaß erschüttert. Hamacher zufolge deutet die Schmerzerfahrung an, was während der gesamten Zeit, in der er ertragen wird, unmessbar ist, dass nämlich „der Schmerz ein Maß allein an ihm selbst und deshalb keines hat, mit keinem anderen Schmerz verglichen werden kann und deshalb unermesslich bleibt“[67]. Deshalb ist das Leiden einsam: weil seine Größe mit nichts vergleichbar ist außer mit sich selbst, es gehört nur dem Leidenden allein an und versagt jegliche Beziehung mit Anderen. Es kann sich nicht dem Mitleid der Anderen öffnen oder der Möglichkeit einer Gemeinschaft. Schmerz *begründet* hier eher den Gegenstand der Sprache, als dass er selbst *als solcher begründet* wird. Philoktet ist „an Krankheit krank“ (griech. *noseî nóson*) und „[leidet] das Leiden“[68]: Formulierungen, die die „Grammatiker [...] als ‚internen Akkusativ‘ [bezeichnen]“[69], eine intransitive grammatische Struktur, die Nachdruck durch Wiederholung erreicht. Für Hamacher erleidet Philoktet nicht einen einzigen schrecklichen Schmerz unter allen möglichen Schmerzen: Er leidet am Leiden selbst.[70] Ähnlich wie bei der Struktur des *nosei noson*, in der es keinen Gegenstand und keinen unabhängigen Inhalt gibt und nur eine Wiederholung des Nominativs, ist auch hier Philoktet „durch und durch affiziert vom Affiziertsein, betroffen vom Betroffensein, passiv vom Passivsein. Er erfährt kurzum das Erfahren“[71].

Unter Berücksichtigung der Beziehung zwischen Schmerz und der Möglichkeit der Erfahrung behauptet Hamacher, dass Kants Kategorien, die dessen Erkenntnistheorie bestimmen,

> sämtlich auf dem Setzungsvermögen eines Subjekts [beruhen], doch dieses Vermögen geht dem Leidenden ab; er erfährt nicht die von ihm gesetzte und zusammengesetzte, die konstituierte Welt und erfährt sich selbst nicht als ihr konstituierendes Subjekt; er erfährt in diesem, kantischen Sinn überhaupt nicht, da er allein das Erfahren selbst erfährt und damit ein Geschehen, das jedem Objekt, aber auch jedem Subjekt der Erfahrung vorausgeht.[72]

67 Hamacher: *Andere Schmerzen*, S. 59.
68 Ebd.
69 Ebd., S. 58.
70 Vgl. ebd., S. 59.
71 Ebd.
72 Ebd., S. 61–62.

Obwohl der Schmerz erfahren wird, ist er nicht *Teil* der Erfahrung. In der Terminologie von „Afformativ, Streik" gesprochen: Schmerz ist „[p]rä-subjektiv, prä-objektiv und mithin prä-propositonal" und „das Geschehen des bloßen Leidens vor-räumlich, vor-zeitig, vor-weltlich."[73] Bei Gides Philoktet spricht die Sprache selbst, und darin besteht ihre Schönheit. Hamachers Philoktet erfährt seine bloße Erfahrung. In beiden Fällen ist das, was er erfährt, so Hamacher, „unentscheidbar vom Erfahren selbst"[74]. Und hier gerät Hamachers Beschreibung von Philoktets Leiden in eine auffällige Nähe zu Gides Darstellung von Philoktets Sprache, die keinen Inhalt umfasst und keine Unterstützung bei ihren propositionalen Funktionen findet.[75]
„Pallaksch. Pallaksch" ist dementsprechend ein

> Memorandum für eine auf andere Weise menschliche Sprache [...] – für eine Sprache des Schmerzes, die nur sagen kann, daß sie nur lallen dürfte, aber ihr eigenes Gesetz verletzt: den Schmerz nicht zur Sprache, sondern die Sprache zum Schmerzen bringt. (Thesen, S. 64)

Die Sprache zum Schmerzen bringen meint, dass die Sprache den Schmerz nicht als ihren Gegenstand zum Ausdruck bringen kann, da im Zustand intensiver Schmerzen die Kluft zwischen der Sprache und ihren Gegenständen nicht mehr existiert. Die Sprache begegnet nun dem Schmerz als etwas, das ihr innewohnt und mit ihr untrennbar verbunden ist. Es ist nicht eine Sprache *über* den Schmerz; es ist nichts anderes als der Schmerz selbst. „Sprache, und zwar jede", schreibt Hamacher, „ist die Sprache des Schmerzes"[76].

73 Ebd., S. 62.
74 Ebd., S. 60.
75 Vgl. ebd.
76 Ebd., S. 55.

# 6
# Sprachwehen

## Ein drittes Paradigma

Herders *Abhandlung* und seine *Kritischen Wälder*, Heideggers *Vom Wesen der Sprache* ebenso wie die Geschichte Philoktets in ihren verschiedenen Varianten bis hin zu Gides Philoktet und schließlich Cavell – sie alle stellen Meilensteine auf dem weiten Argumentationsweg dieses Buchs dar. An diesem Punkt blicken wir auf die zwei paradigmatischen Positionen zum Verhältnis von Schmerz und Sprache zurück, die das Nachdenken über diese Schnittstelle dominiert haben. Die Krux des ersten Paradigmas ist das destruktive Wesen des Schmerzes, und sie betont die Gewalt, die der Schmerz auf den Körper, die Seele und das Selbstgefühl ausübt. Das zweite Paradigma hat mit der einzigartigen Art und Weise zu tun, wie uns der Schmerz von Anderen isoliert und eine Kluft aufreißt zwischen denen, die Schmerzen haben, und denen, die dies beobachten. Der Schmerz zerstört folglich nicht nur unsere Körper, sondern auch die Möglichkeit unserer Beziehungen mit Anderen.[1]

Denkt man die beiden Paradigmen zusammen, könnte man sagen: Der Schmerz zerstört, indem er uns in jeglicher Hinsicht zerstört, auch unsere Fähigkeit zu kommunizieren und ihn zu teilen. Insofern als Schmerz von uns untrennbar wird, zwingt er uns eine absolute Trennung von den Anderen auf. Allerdings betreffen die beiden Paradigmen nicht nur die Schmerzerfahrung (die auf ihn folgende Zerstörung und Isolierung), sondern auch die Bedeutung im Hinblick auf ihre Beziehung zur Sprache. Der Schmerz ist die Erfahrung mit der vielleicht mächtigsten Verbindung zur Sprache und zum Ausdruck, was ihn immer und wesentlich zu einer Spracherfahrung macht: erstens durch die Wirkung des

1 Ich habe dies im 1. Kapitel näher ausgeführt.

Zusammenbruchs der artikulierten Sprache angesichts des Schmerzes; zweitens durch die einerseits starke Verbindung zwischen der Schmerzerfahrung und dem Drang ihm Ausdruck zu geben, und die andererseits vollkommene Unmöglichkeit irgendetwas über den Schmerz zu sagen, ihn zu beschreiben oder ihn mitzuteilen. Schmerz verlangt nach Ausdruck, obwohl er seine Artikulation verhindert. Aber bei beiden paradigmatischen Auffassungen wird die Beziehung zwischen Schmerz und Sprache über allem als antagonistisch gedeutet, als eine gewaltsame Konfrontation, als ein Entweder-Oder, als allumfassend oder zerstörerisch. Der heftige Antagonismus offenbart allerdings, dass Schmerz am genauesten in der Beziehung zur Sprache bestimmt ist, und Sprache manifestiert sich in Beziehung zur Erfahrung des Schmerzes. Mit anderen Worten: Genau weil ihr Ausgangspunkt in dem gewaltsamen Gegensatz besteht, ist die Verbindung zwischen Sprache und Schmerz unbestreitbar.

Der Zugriff dieser beiden Paradigmen auf das Verhältnis von Schmerz und Sprache ist im Durchgang der Kapitel, in denen Herder, Rousseau, Heidegger, Sophokles, Cavell und Gide diskutiert wurden, graduell abgeschwächt worden. Keiner dieser Autoren bestreitet die Gewalt, die der Schmerz der Sprache und unseren Beziehungen zu Anderen zufügt, unseren Körpern und unseren Seelen, aber keiner von ihnen sieht dies als das Ende vom Lied an – im Gegenteil, diese Gewalt konstituiert vielmehr dessen Anfang. Was die beiden Paradigmen als die Ruinen der Sprache, als ihre unharmonischen Fragmente oder Trümmer behandeln, entpuppt sich bei dieser Reihe von Denkern als das genaue Gegenteil: Dieser irreduzible Antagonismus und die Inkongruenz garantieren die Kraft und den Reichtum der Sprache und die lebendige Kraft des Ausdrucks. Außerdem stellt die Gewalt des Schmerzes, anstatt uns von den Anderen zu isolieren und damit die Möglichkeit des Mitgefühls zu vereiteln, dieses her und stärkt unsere Bindung zu den Anderen, die nun nicht mehr vom Erfolg oder Misserfolg unserer kommunikativen Fähigkeiten abhängt. Philoktets Geschichte sticht nicht nur dadurch heraus, dass sie alternative Konzeptionen des Verhältnisses von Schmerz und Sprache veranschaulicht, sondern vor allem durch das Aufzeigen, dass die Beziehung zwischen diesen nicht einseitig ist und durch eine gleichlaufende Interaktion erschöpft wird. Stattdessen erschließt sie eine umfangreiche, vielseitige Bandbreite an Ausdrucksformen.

Die Sprachphilosophie des 20. Jahrhunderts hat uns gelehrt, Sprache aus zwei Hauptperspektiven zu betrachten. Die erste, die beginnend mit Aristoteles in einer langen Tradition steht, versteht Sprache als etwas, das eine grundlegende propositionale Struktur hat, dessen Äußerungen sich auf Gegenstände oder Zustände beziehen und deren Rolle auf die semantischen und referentiellen Funktionen begrenzt ist, die immer von den Gegenständen abhängig sind, für die sie einstehen oder die sie zu repräsentieren suchen.[2] An meine Diskussion von Hamachers Schriften im fünften Kapitel anknüpfend lässt sich sagen, dass eine solche Konzeption Sprache überflüssig macht, sobald sie auf ihre Gegenstände trifft. Sprache kann daher nur Aussagen *über* etwas anderes aufstellen, über das, was nicht als das Eigene der Sprache bestimmt ist. Hamacher zufolge können solche auf Semantiken beruhenden Sprachtheorien nur ein aporetisches Urteil hervorbringen: „Die Sprache spricht nicht; sie hat nichts, nur eben sich selbst oder ihr Verschwinden, zu bedeuten."[3]

Die zweite dominante Konzeption von Sprache wird bekanntlich durch das Werk von John L. Austin repräsentiert, das eine alternative Sichtweise zu dieser nur darstellenden und propositionalen Sprachkonzeption aufzeigt.[4] Austins Sprachtheorie der performativen Äußerungen kritisiert das philosophische Vorurteil, das ein eingeschränktes Verständnis von Sprache begünstigt hat, welches auf deren referentieller und semantischer Struktur begründet ist. Austin schlägt vor, die Grenzlinien der Sprache zu überdenken, so dass sie nicht nur das umfassen, was Sprache beschreibt oder was sich auf die Wirklichkeit bezieht, sondern auch das, was sie *tun* kann. Anstatt eine Aussage über etwas zu treffen, das existiert, tut Sprache noch etwas anderes mit Worten; sie bewirkt etwas (das „Ja"-sagen bei einer Trauungszeremonie ist eins von Austins bekannten Beispielen). Das heißt um zu bestimmen, ob eine sprachliche Handlung oder eine performative Äußerung erfolgreich ist (bin ich jetzt verheiratet oder nicht?), kalkulieren wir mit Bezug auf die Wirklichkeit und niemals ausschließlich in sprachlichen Ausdrücken.[5] Im Kontext von Austins Konzept des Performativen und der bedeutenden philosophischen Debatte darüber (am prominentesten sind die Beiträge von John Searle und Jacques Derrida) hat Hagi Kenaan die Sprachphilosophie (die anglo-amerikanische ebenso wie die kontinentale) wegen ihres allumfassenden Fokus auf den Erfolg und die Vernachlässigung des Scheiterns

2 Vgl. Aristoteles: *Hermeneutik. Peri Hermeneias*. Griechisch / deutsch, hrsg. u. aus d. Griech. v. Hermann Weidemann. Berlin / Boston: de Gruyter 2015, Kapitel 4–6. Es ist bemerkenswert, dass Aristoteles seine kurze Diskussion über sprachliche Sätze mit einer Bemerkung über das Gebet beendet, das er als eine sprachliche Form versteht, die nicht der obigen Erklärung folgt und „weder wahr noch falsch" (ebd., 17a 1–4) ist.

3 Hamacher: Die Sekunde der Inversion, S. 325.

4 Vgl. John L. Austin: *Zur Theorie der Sprechakte (How to Do Things with Words)*, aus d. Engl. v. Eike von Savigny. Stuttgart: Reclam 1979. Der Text basiert auf einer Vorlesungsreihe, die Austin 1955 an der Harvard University gehalten hat.

5 Vgl. ebd., S. 31. Vgl. auch Shoshana Felmans Diskussion von Austins Verwendung der Begriffe *felicity* und *infelicity* (d. h. für Erfolg und Misserfolg) in Bezug auf die performative Sprache in ihrem Werk *The Scandal of the Speaking Body. Don Juan with J. L. Austin, or Seduction in Two Languages*. Stanford: Stanford UP 2003, S. 7.

kritisiert, was zu der irreführenden Tendenz geführt habe, eine ‚erfolgreiche' Äußerung mit der Vollendung von Kommunikation gleichzusetzen.[6]
Zieht man diese beiden philosophischen Annahmen über die Sprache – die propositionale und die performative – in Erwägung, gelangen wir zu einer ähnlichen Problematik. Obwohl Austins performative Äußerungen eine substantielle Herausforderung für die referentielle und propositionale Konzeption von Sprache darstellen, geht seine Theorie nichtsdestoweniger davon aus, dass Sprache intrinsisch von der äußeren Wirklichkeit abhängt. Das Performative beschreibt nicht die tatsächliche oder objektive Realität, sondern sie erzeugt sie vielmehr; seine Kriterien beinhalten allerdings noch die Verbindung zwischen sprachlichen Äußerungen und einem objektiven äußeren Zustand. Obwohl Sprache von der Verpflichtung befreit sein mag, das Faktische zu repräsentieren, bleibt sie mit diesem durch die der performativen Äußerung eigenen Qualität verbunden, das Wirkliche zu transformieren. In diesem Sinn teilen diese beiden dissonanten Theorien – referentieller vs. performativer Zugang zur Sprache – einige bedeutende Vorannahmen, die auf der wahrgenommenen Wechselbeziehung zwischen Sprache und Sachverhalten gründen; im Sinne der ersten Konzeption beschreibt Sprache Sachverhalte; im Sinne der zweiten erzeugt sie diese.[7]
Diese Paradigmen, die die Begegnung des Schmerzes mit der Sprache als überwältigend destruktiv und isolierend deuten, gründen beide stark, aber auch blind auf den Kriterien von Erfolg und Scheitern. Aus einer solchen Perspektive kann Schmerz nicht beschrieben werden; es kann nicht auf ihn Bezug genommen bzw. er kann nicht vollständig kommuniziert werden. Sprache, sei sie propositional oder performativ, bietet keinen Ausweg aus dem Schmerz; sie kann ihn nicht lindern oder ändern. In diesem Sinn kann Sprache angesichts extremer Schmerzen, die uns mit einem sprachlichen Abgrund konfrontieren, nicht ausgeübt werden. Der Abgrund ist allerdings nicht auf die Sprache und deren Beziehung zum Schmerz begrenzt. Er geht tiefer und trennt die Anderen von denjenigen, die Schmerzen und damit zu kämpfen haben, ihr Leiden mitzuteilen und lässt die Anderen, die nicht in der Lage sind zu reagieren, zurück – ein

6 Vgl. Hagi Kenaan: Language, Philosophy and the Risk of Failure. Rereading the Debate between Searle and Derrida. In: *Continental Philosophy Review* 35 (2002), S. 117–133. Kenaan präsentiert nicht nur eine ausführliche Darstellung der problematischen Implikationen von Austins Theorie, sondern geht auch näher auf Searles und Derridas Positionen gegenüber Austin ein. Obwohl er nicht auf den Schmerz oder irgendeine andere extreme Empfindung eingeht, ist Kenaans Argumentation für meine eigenen Überlegungen von Bedeutung, da sie den Fokus auf die ‚erfolgreiche' Sprache richtet und darauf, was sie außen vor lässt oder tatsächlich aus dem Blick verliert.

7 Eine ausführliche Erörterung dieser Behauptungen präsentiere ich in: *Language Failing. The Reach of Lament*, Vortrag, ICI (Institute for Cultural Inquiry) Berlin, 11.05.2015.

Scheitern der Proposition ebenso wie der Kommunikation. Es sollte festgehalten werden, dass diese beiden Bereiche, in denen das Scheitern statthat – das propositionale ebenso wie das kommunikative –, von der Prämisse abhängen, dass Sprache intrinsisch mit der äußeren Welt verbunden ist: mit den Bezugsobjekten ebenso wie mit den Empfängern. Mein zentrales Argument in diesem Buch stellt solche Sichtweisen infrage und vertritt stattdessen die Auffassung, dass die Beziehung zwischen Sprache und Schmerz durch diese Funktion nicht erschöpfend beschrieben wird und eine andere Perspektive erfordert.

## Abschluss

Ich möchte hier Herders *Abhandlung* wieder in die Diskussion einbeziehen. Wie ich ausführlich gezeigt habe, ist Herders Bezug auf Philoktet in irreführender Weise marginal. Obwohl die Figur nach wenigen Seiten zu verschwinden scheint, fungiert Philoktet für Herder als weit mehr denn als bloße Illustration, und seine Präsenz ist auf jeder Seite der *Abhandlung* zu spüren. Im Bereich zwischen dem ersten und dem letzten Kapitel des Buchs – zwischen der Anspielung auf Philoktet und der ausführlichen Erklärung der Figur und seiner Geschichte – werden die zentralen Argumente des Buches ausgearbeitet, insbesondere diejenigen, die die Beziehung zwischen der Schmerzerfahrung und dem sprachlichen Ausdruck betreffen.

Um mit dem eigentlichen Anfang zu beginnen: Herder versteht den Ursprung der Sprache als einen rein somatischen Moment. Indem er den Schmerz als sein primäres Paradigma nutzt, präsentiert er die ursprünglichen, unmittelbaren Schmerzensschreie als etwas, das von der Empfindung, die sie ausdrücken, nicht zu trennen ist. Schmerz ist daher weder das Bezugsobjekt der Sprache noch bedeutet er einen bestimmten, gegebenen Sachverhalt, den Sprache zu fassen und zu beschreiben versucht. Der Schmerzensschrei fungiert außerdem nicht als propositionale Äußerung und ist in keiner Weise bestrebt, irgendeinen Inhalt *über* den Schmerz mitzuteilen. Auf diese Art und Weise wird der Körper, anstatt das zu sein, was die Sprache überwinden muss, um ins Dasein zu kommen, zur eigentlichen Stätte seines Ursprungs. Sprache ist nicht unabhängig von der Empfindung und sie verweist auf sie; stattdessen wird der Körper zur Achse, auf der sich die beiden Ausdrucksformen kreuzen: der sprachliche Ausdruck und der Schmerzausdruck.

Aber Herders *Abhandlung über den Ursprung der Sprache* erhebt noch einen anderen, viel bedeutenderen Anspruch. Obwohl er die beiden zur Diskussion stehenden Sprachen – die ursprüngliche Sprache der Empfindungen und die reflektierende menschliche Sprache – explizit voneinander trennt, ist sein diese

Trennung betreffender Anspruch irreführend. Wie ich ausführlich gezeigt habe, wird eine Sprachkonzeption, die nicht wesentlich kommunikativ, sondern eher ausdrucksstark ist, nicht nur im unmittelbaren Schmerzensschrei offenbar, sondern sie steht auch im Zentrum von Herders Beschreibung der menschlichen Sprache. Anders ausgedrückt: die *Abhandlung* zeigt, dass der Schmerzausdruck nicht der menschlichen Sprache vorausgeht und nicht als vorsprachlich oder in irgendeiner Weise als primitives Stadium von Sprache zu verstehen ist. *„Diese Seufzer, dies Töne"*, schreibt Herder, *„sind Sprache."* (FHA 1, S. 698, Herv. i. Orig.) Die Folgen sind radikal: Unmittelbare, instinktive Schreie sind selbst Sprache, und sie werden überdies nicht zurückgelassen, wenn die menschliche Sprache in Erscheinung tritt. Menschliche Sprache wird nicht als das bestimmt, was die instinktiven, animalischen Schreie überwindet, sondern ist insofern mit ihnen verbunden, als beide eher expressiv als referentiell oder kommunikativ sind.

Betrachtet man die Geschichte von Philoktet in diesem Bezugsrahmen, so ergibt sich, wie ich behaupte, eine einzigartige und vielleicht überraschende Lesart der Szene des Schmerzanfalls. Der plötzliche Zusammenbruch der artikulierten sprachlichen Äußerung und der Übergang in eine Reihe von heftigen, wilden Ausrufen bedeutet nicht, dass Philoktets Schmerz ihm seine Sprache und damit seine Menschlichkeit geraubt hat. Er verwandelt ihn nicht in ein sprachloses Tier und, was am wichtigsten hierbei ist, er beschränkt ihn nicht auf ein abgeschlossenes, solipsistisches Reich des Schmerzes, zu dem den Anderen der Zugang verwehrt ist. Wenn trotzdem die Frage nach der Menschlichkeit im Kontext von Philoktets Schmerzensschrei aufkommt, so schließt diese, statt seiner eigenen Person, seine Krieger und Kampfgefährten ein, die ihn nicht bloß zurückließen, *als* er extreme Schmerzen hatte, sondern, in unmittelbarer Reaktion auf seine unerträglichen Schreie, *aufgrund* seiner Schmerzen und deren Ausdrucksformen. Für Herder ist ein schreiender Mensch weder durch seine Animalität gekennzeichnet, noch ist der sich artikulierende, sprechende Mensch notwendig durch seine Menschlichkeit bestimmt.

Die Figur des Philoktet bestätigt noch etwas anderes in Herders Argumentation im Hinblick auf die Beziehung zwischen den zwei Sprachen. In der *Abhandlung* gibt Herder zu, obwohl der Mensch die ursprüngliche Sprache der Empfindungen mit dem Tier gemein hat, sei dieses enge Verhältnis der reflektierenden menschlichen Sprache unterworfen worden. Und dennoch gibt es deutliche Momente, in denen die Sprache der Empfindungen, die „mütterliche[] Sprache", mit all ihrer Kraft ertönt und ihr „Recht wieder [nimmt]" (FHA 1, S. 699). Dies geschieht Herder zufolge in Momenten extremer Empfindungen wie etwa Rache, Schrecken, Freude und Schmerz. Philoktet berührt den Ursprung der

Sprache, wenn der Schmerz ihn trifft. Die unmittelbare Sprache des Schmerzes kann nicht einfach betrachtet oder theoretisch erwogen werden: Ihre Gegenwart oder ihre Wiederkehr hängt von den extremen Momenten ab, denen wir manchmal (Herder zufolge nur selten) unterworfen sind. Genau dann drückt sich unsere Muttersprache selbst aus und nicht durch unseren Willen, sie auszusprechen. Philoktet wird dementsprechend in der *Abhandlung* nicht als Verkörperung eines Tier-Menschen beschworen, sondern als ein Mensch, dessen heftige Schmerzen ihn dazu bringen, den ursprünglichen Augenblick von Sprache physisch zu berühren. Schmerz ist daher nicht der Untergang von Menschlichkeit und Sprache; vielmehr weist er auf ihren gemeinsamen Ursprung hin.

Diese Struktur könnte eventuell einige kritische Vorbehalte hervorrufen, da es schwierig ist, das Argument zu verteidigen, dass ein unmittelbarer, körperlicher Schmerzensschrei als sprachliche Artikulation gilt. Um die Schwierigkeit aufzulösen: Ich verstehe Herders Ansatz hier nicht einfach als Erweiterung der sprachlichen Sphäre, so dass alles mit einer irgendwie postmodernen Geste zu Sprache wird, es kein Entrinnen vor dem Sprachlichen gibt usw. Abseits von seiner Darstellung der ursprünglichen Sprache der Empfindungen kann man ein anderes Verständnis von Herders Überlegung in seiner Beschreibung der reflektierenden menschlichen Sprache finden. Herder begründet die reflektierende Sprache nicht mittels der Rede oder der Kommunikation, sondern durch ihr Wesen als ausdrucksstarker Apparat, in dem nicht nur der Schrei zentral bleibt, sondern auch die Fähigkeit des Menschen, ihn zu *hören*. Indem er das Erzeugen und das Hören von Tönen in den Vordergrund rückt, hinterfragt Herder in rigoroser Weise die übliche Anordnung, in der Sprache auf einer intersubjektiven Ebene positioniert ist, mit der dazugehörenden Trennung zwischen den Menschen, die danach verlangt, dass sie die Sprache ‚erfinden', um die kommunikative Kluft zu überbrücken. Insoweit der Schmerzensschrei von der Sprache nicht zu trennen ist, kann er nicht zu ihrem Bezugsobjekt werden; er bleibt konsequenterweise außerhalb von jeglichem propositionalen und kommunikativen System. Er begründet allerdings eine sehr starke Form der Wechselbeziehung, die weder semantisch noch in irgendeiner Weise kommunikativ ist. Dies hängt entscheidend damit zusammen, dass Herder die Rolle des Hörens und nicht die des Sprechens in der Sprache betont.

Entgegen der ersten paradigmatischen Konzeption schließt uns der unmittelbare Schmerzensschrei nicht aus der sozialen, kommunikativen Sphäre aus, um uns zu ewiger Isolierung zu verdammen. Obwohl Herder den Schrei nicht als mitteilende Information oder irgendeinen anderen artikulierten Inhalt denkt, betrachtet er die Sprache auch nicht als etwas, dass eine Beziehung zu irgendetwas und zu irgendjemandem außerhalb des Schmerzes verhindert. In dieser

Hinsicht kann seine Sprachtheorie nicht weiter von der Kernfrage des Problems des Fremdpsychischen entfernt sein: Unsere Unfähigkeit, uns propositional auf den Schmerz zu beziehen oder ihn zu beschreiben, sollte nicht zu dem Rückschluss führen, dass diejenigen, die keine Schmerzen haben, von demjenigen ausgeschlossen sind, der sie erleidet, selbst von der Empfindung des Schmerzes an sich. Für Herder gehört die ursprüngliche Unmittelbarkeit der Sprache zum Schmerzensschrei, aber sie betrifft ebenso die Reaktion, die er hervorruft. Wenn jemand aus Schmerz aufschreit, stellt sich unmittelbar die Frage des Zweifels ein: für die, die leiden, kann der Schmerz nicht angezweifelt werden; für diejenigen, die nicht von ihm betroffen sind, ist der Schmerz nichts anderes als zweifelhaft. An dieser Stelle sticht Herders Theorie des Mitleids heraus. Die Möglichkeit oder auch die Unmöglichkeit des Mitleids ist von den Fragen der Gewissheit, des Zweifels oder unserer kommunikativen Kompetenzen losgelöst. Für Herder verursacht der Schmerzensschrei eine unmittelbare natürliche Reaktion: Jeglicher Schmerzensschrei steht wesentlich mit einer Resonanz oder einer Reaktion in Wechselbeziehung – beides fest in einem akustischen Bereich situiert. Herder stützt sich hier auf eine musikalische Metapher, indem er die sympathetische Beziehung mit zwei klingenden Saiten vergleicht. Seine Vorstellung von der Beteiligung der gesamten Natur am Schmerz erlaubt es uns, die Hypothese aufzugeben, dass der Schmerz nur dem Körper gehört, der ihn erleidet. Unter dem Gesetz des Mitleids ist ein einzelner Schmerz ein gemeinschaftlicher.

Es ist offensichtlich, auf welche Weise dies mit der Figur des Neoptolemos in Verbindung steht. Seine Verwandlung gegen Ende der Szene des Schmerzanfalls kann als ein Hinweis auf einen Paradigmenwechsel gedeutet werden: Anstatt Philoktets Ausrufe als Belege für die Zerstörung der artikulierten Sprache anzusehen, was wiederum zu einem Zerwürfnis der beiden Männer führt, sollte der Übergang von Worten zu Schreien als der entscheidende Moment der Wiederannäherung gelesen werden. Neoptolemos' insistierenden und besorgten Fragen hinsichtlich der plötzlichen Veränderung Philoktets leiten sich her aus der Perspektive einer streng propositionalen, kommunikativen Sprache: Neoptolemos will *verstehen*. Dies ändert sich auf radikale Weise am Ende der Szene, wenn Philoktet bewusstlos zu Boden fällt. Jetzt wird Neoptolemos klar, dass seine Fragen nicht in einem epistemischen Rahmen gestellt werden können, da nämlich das Problem, das auf dem Spiel steht, nicht darin besteht, ob er genügend Information hat, um zu wissen, was passiert ist. Er muss verstehen, aber auf andere Weise. Der Missklang zwischen der Frage (Was ist passiert?) und der Antwort (Ah ah ah ah) ist das Resultat der Tatsache, dass sie in zwei vollkommen unterschiedlichen Bereichen existieren. Und mit dieser Erkenntnis sieht er, dass er tatsächlich Philoktets Schmerz *kennt*, dass er *versteht*. Dieses Verstehen ist nicht epistemisch oder kommunikativ oder propositional; es ist im Wesen des Mitleids begründet: Es geht hier nicht um Wissen, sondern um Anerkennung. Anders ausgedrückt: Mitleid stößt nicht nur nicht mit dem unartikulierten Schmerzensschrei zusammen; es hängt von ihm ab.

Hier ist Cavells Verständnis der ‚Anerkennung' von Relevanz: das Problem der Beziehung zwischen Schmerz und Sprache ist nicht epistemisch (d. h. im Sinne des Problems des Fremdpsychischen zu berücksichtigen); es ist ein Problem des Mitleids. Es hat mit unserer Fähigkeit zu fühlen zu tun und nicht damit, was wir wissen können oder nicht. Anerkennung, so Cavell, ist keine Reaktion, die im Kontext des Strebens nach Wissen auftaucht; Anerkennung und Wissen schließen sich nicht gegenseitig aus. Cavell schreibt dazu, dass das Scheitern von Wissen als Abwesenheit, als Leerstelle beschrieben werden kann, während das Scheitern von Anerkennung „das Vorhandensein von etwas, eine Verwirrung, eine Gleichgültigkeit, eine Gefühllosigkeit, eine Erschöpfung, eine Kälte" (KA, S. 264) impliziert. Neoptolemos' Verwandlung hat nichts damit zu tun, sich mit Philoktet zu identifizieren, oder damit, den Bruch zwischen ihnen zu überwinden und seinen Schmerz zu teilen. Neoptolemos reagiert. Statt emotionaler Gleichgültigkeit und einer starr beharrenden Forderung, Kenntnis vom Schmerz des Anderen zu erlangen, erkennt Neoptolemos an, dass Philoktet Schmerzen hat, und daher auch, dass er ihm verpflichtet ist (und nicht seinen Schmerzen). Die Bedeutung der Figur des Neoptolemos liegt darin, dass er sowohl beide paradigmatischen Sichtweisen als auch die Folgen ihrer Überwindung verkörpert: vom Epistemologischen zum Moralischen, vom Wissen zur Anerkennung.

Ein weiteres entscheidendes Element in Herders Sprachtheorie ist, wie schon angemerkt, die zentrale Funktion des Hörens und des Akustischen. Vor dem philosophischen Hintergrund des 18. Jahrhunderts, in dem der Ursprung der Sprache in erster Linie in der menschlichen Sprache und insbesondere in der kommunikativen Sprache gesehen wurde, die mit der Konstitution der Gesellschaft einhergeht, sticht Herders Behauptung deutlich hervor. In der *Abhandlung* liegt der Ursprung der menschlichen Sprache nicht in der Rede oder der Kommunikation, sondern in der menschlichen Fähigkeit zuzuhören. Das Ohr und nicht die Zunge markiert den Zugang des Menschen zur Sprache. Schmerz ist nicht ein Gegenstand des Sprechens, sondern des Hörens. Wir sagen nicht etwas über den Schmerz, vielmehr hören wir ihn. Das Hören ist mithin für uns die Bedingung der Möglichkeit überhaupt mit dem Schmerz des Anderen in Berührung zu kommen. Außerdem hören wir nicht unseren eigenen Schmerz; wir hören den Schmerz der Anderen. Ähnlich wie bei Herders berühmten Beispiel vom blökenden Schaf wird der Schmerzensschrei nicht einfach als Ausdruck eines konkreten Leidensgeschehens verstanden oder gewertet. Er dringt gewaltsam in uns ein und lässt keinen Raum für Zweifel oder Fragen. Der Schmerzensschrei zwingt sich uns selbst auf, dazu ist keine Behauptung oder sprachliche Aussage jemals in der Lage. Aus diesem Grund beschreibt Herder den Gehörsinn als für die Begründung der Sprache entscheidend und das Ohr als „Organ der Sprache" (FHA 1, S. 748).

An diesem Punkt meiner Argumentation tritt Heidegger in Erscheinung. Er nimmt die Behauptung über das Hören als Anfangspunkt, um über die Differenz zwischen Hören und Zuhören zu reflektieren. Allerdings stellt Heidegger die eingeschränkte Darstellung der akustischen Grundlagen der Sprache durch Herder in Frage. In seiner Erörterung dessen, was er als Übergang bezeichnet, vertritt Heidegger die Auffassung, dass das Hören nicht bloß akustisch sei, sondern die Beziehung des Menschen zur Welt begründe. Diese Beziehung ist auf dem Zwischenbereich zwischen Innen und Außen aufgebaut, in dem die beiden bestimmt werden (vgl. GA 85, S. 190). Hier besteht eine enge Verbindung zu Herder: Insofern für ihn das Wesen der Sprache nicht kommunikativ ist, zumindest nicht im propositionalen Sinne des Wortes, entspringt diese auch nicht einem intersubjektiven Bereich. Das heißt nicht, dass für Herder Sprache nicht auf dieser Beziehung gründet. Die menschliche Sprache hat ihren Ursprung nicht in der Beziehung zu einem anderen Menschen, sondern zwischen dem Menschen und der ihn umgebenden Welt. Sprache repräsentiert nicht die Welt, sie erfasst sie nicht mit ihren Wörtern und referentiellen Strukturen, die Welt wird aber auch nicht zum Gegenstand des Menschen. Sprache begründet überhaupt erst die Beziehung des Menschen zu seiner Welt.

Der Schmerzensschrei, die Struktur des Mitleids und die Vorherrschaft des Hörens – diese drei Kernbestandteile von Herders Sprachtheorie liefern uns eine klare Entgegnung auf die beiden theoretischen Paradigmen, die in Kapitel 1 dargelegt wurden. Der Schmerzensschrei (sein Ausdruck ebenso wie sein Gehörtwerden) zerstört erstens nicht die Sprache oder die Menschlichkeit, und bringt zweitens keinen unüberbrückbaren Hiatus zwischen dem an Schmerzen Leidenden und denen mit sich, die nicht leiden. Aber die Folgen von Herders Überlegungen in der *Abhandlung* reichen viel weiter: Sie begründen nicht bloß einen alternativen, ‚positiveren' Weg des Denkens über die Beziehung zwischen Schmerz und Sprache. Herders Argumente berühren unsere Vorstellung vom eigentlichen Wesen der Sprache selbst. Aus diesem Grund nimmt Herders *Abhandlung über den Ursprung der Sprache*, und nicht bloß seine Thesen über die Sprache als solche, eine so herausragende Stellung in meiner Argumentation ein. Wenn wir die Frage nach der Beziehung zwischen Sprache und Schmerz zusammen mit der Frage nach dem Ursprung der Sprache stellen, sollte sich unsere

Antwort nicht lediglich auf die Charakterisierung der Schmerzerfahrung (zerstörerisch, isolierend) beziehen, sondern auch auf das Wesen der Sprache: Ausdruck, Mitleid, Hören. Mit anderen Worten: Stellt man das Problem so dar, als beschränke es sich auf die Frage des Erfolgs oder Misserfolgs einer Äußerung *über* den Schmerz, bleibt eine entscheidende Frage unberücksichtigt: die nach der Struktur der Sprache selbst. Wenn wir darauf bestehen, Sprache als etwas zu begreifen, das angesichts des Schmerzes wesensmäßig scheitert, beruht dies auf der Vorstellung, dass die Beziehung zwischen den beiden nur als propositional, referentiell verstanden werden kann. Aber Sprache scheitert nur, wenn wir den Schmerz als inneren Gegenstand behandeln, der von ihr unabhängig ist.

Um diese andere Sicht auf Sprache, die ich hier vornehme, richtig einzuschätzen, müssen die Wechselbeziehungen zwischen Innen und Außen berücksichtigt werden. Eine solche Perspektive gewinnt Gestalt, wenn wir die starke Verbindung zwischen Sprache und Hören betrachten, insbesondere bei der Beschreibung des Blökens des Schafs, das in die Seele eintritt, nicht als sprachliches Zeichen oder Repräsentation, sondern als das, was Herder ein ‚inneres Blöken' nennt. Am wichtigsten ist aber, dass im Kontext der Sprache die Beziehung zwischen dem Inneren und dem Äußeren auftaucht, wenn wir die Beziehung von Sprache und Schmerz untersuchen. Das Verständnis von diesem Zusammentreffen als einer Konfrontation gründet auf der Annahme, dass Schmerz eine innere, private Empfindung ist, während Sprache dadurch wirksam ist, dass sie Schmerz durch die Verwendung einer propositionalen Struktur externalisiert. So betrachtet, scheitert die Sprache tatsächlich.

Die Alternative hierzu, die am prominentesten von Wittgenstein vorgebracht wurde, besteht in einem Überdenken dieser Hypothese, indem die überdeutliche Trennung zwischen dem Inneren und dem Äußeren untergraben wird. Meine Argumentation legt nahe, dass Sprache sich nicht dieser Trennung oder Teilung ausliefert und ihr unterliegt, sondern sie vielmehr begründet. Obwohl der Ausdruck als etwas gedacht wird, das von dieser Grenze oder der strikten Trennung zwischen Innen und Außen abhängt, ist es nach Hamacher die Sprache selbst, die diese Grenze zieht und daher nicht als ihr unterworfen betrachtet werden kann.[8] Die Behauptung, dass Sprache den Schmerz nicht ausdrücken kann, beruht auf unserem manchmal begrenzten Verständnis vom Wesen der Sprache und der irrigen Vorstellung, dass der Schmerz in irgendwelchen unerreichbaren, solipsistischen begrenzten Räumen gefangen ist, die mit dem Schmerz nicht vereinbar sind. Angesichts intensiver Schmerzen ist Sprache vielleicht nicht in der

8 Persönliche Korrespondenz vom 03.06.2014. Vgl. meine Erörterung in Kapitel 6.

Lage zu ‚performen', so machtlos wie sie ist, die Realität des Schmerzes zu verändern: Die Auffassung ist mithin, dass sie kaum den Schmerz mit ihren schwachen, dünnen Wörtern ‚berühren' kann.[9]

Wenn wir Sprache außerhalb dieser Kategorien in Betracht ziehen, geschieht etwas anderes bei ihrer Begegnung mit dem Schmerz: Anstatt bloß ‚unfähig' zu sein, eine Aussage oder Referenz zu produzieren, ist sie nun von der Notwendigkeit befreit, sich auf etwas zu beziehen oder etwas auszusagen. Im Angesicht von Schmerzen stammelt die Sprache, unterbricht und begegnet sich selbst, über dem Abgrund von Aussage, Kommunikation und Performance schwebend. Aber gerade hier tritt die innige Verwandtschaft (nicht der Widerspruch!) zwischen Sprache und Schmerz zutage. Sie ist nicht mehr vom Erfolg oder Misserfolg der ‚Performance' von Sprache abhängig. Im Gegenteil, Sprache gründet in der Konfrontation zwischen der intensiven Schmerzerfahrung und dem wesentlichen Drang sich auszudrücken, wenn das erstere das letztere stärkt, anstatt es zu bedrohen. Entgegen der paradigmatischen Trennung von Schmerz und Sprache nimmt dieses Buch die Herausforderung auf sich, Schmerz und Sprache zusammenzudenken und ihre außerordentliche Vertrautheit zu untersuchen. Wenn sich bei intensiven Schmerzen die äußere Welt als Bezugsobjekt zurückzieht (und es nichts außer Schmerz gibt), dann bezieht sich Sprache auf den Schmerz nicht als Gegenstand, sondern als Erfahrung, die ihr vollkommen innerlich und von ihr untrennbar ist. Es ist nicht mehr eine Sprache über den Schmerz – Sprache ist nun nichts anderes als Schmerz selbst.

9 Vgl. Hamacher: Das Versprechen der Auslegung.

## Danksagung

Die Erfahrung des Schmerzes dreht sich um Isolation, Trennung und das einzigartige, unentrinnbare Selbstgefühl. Es geht dabei in vielerlei Hinsicht um das Alleinsein. Aber beim Schmerz – und in diesem Fall beim Schreiben über den Schmerz – geht es auch darum, Vertrautheit mit anderen zu schaffen, indem man sich ihnen zuwendet, ihnen zuhört und von ihnen gehört wird. Es geht um die einzigartige Weise, in der die Welt uns gegenüber manchmal überraschend aufmerksam ist.

Ich bin all denjenigen dankbar, die diesem Projekt Aufmerksamkeit geschenkt, es unterstützt und es inspiriert haben. Ich danke Eli Friedlander für den unbezahlbaren und langanhaltenden philosophischen Dialog und für seine unerschütterliche Freundschaft; Andrew Benjamin, Adam Lipszic und Ori Rotlevy, die Teile der zahlreichen Transformationen dieses Buches gelesen haben, für ihre sorgfältigen Lektüren und hilfreichen Anregungen; María del Roasario Acost López und Peter Fenves für ihre Kommentare und Vorschläge zur endgültigen Fassung des Buches; Hagi Kenaan für sein Interesse und die Unterstützung über all die Jahre; Omer Michaelis, meinem großartigen wissenschaftlichen Mitarbeiter, für seine unverzichtbare Hilfe und aufschlussreichen Hinweise; Orna Harari und Sharon Weisser für ihre Unterstützung beim Griechischen; Arnd Wedemeyer dafür, dass er mich vor Jahren zu Herder geleitet hat; Lucy Randall von Oxford University Press für ihren Zuspruch und ihren Glauben an das Projekt; meinen Studierenden an der Philosophischen Abteilung der Universität Tel-Aviv für ihre Geduld und die schwierigen Fragen. Ich möchte auch gern einigen meiner eifrigsten Gesprächspartner*innen für ihr Interesse und ihre ermutigende Unterstützung danken: Michael Grover-Friedlander, Moshe Halbertal, Vivian Liska, Mirjam Hadar, Michael W. Jennings, Aicha Liviana-Messina, Menachem Lorberboim, Josi Mali, Tamar Mayer, Hindy Najman, Dana Olmert, Freddie Rokem, Ruth Ronen, Caroline Sauter, Nassima Sharaoui und Galili Shahar.

Für die Erstellung der deutschen Ausgabe des Buches danke ich Peter Brandes, meinem wunderbaren Übersetzer, für dessen stets sorgfältige und gewissenhafte Arbeit, Nadine Werner vom Neofelis Verlag, die mich auf dem gesamten Weg ermutigt und die Übersetzung redigiert hat, für ihre umsichtige und gründliche Arbeit, ihr außergewöhnliches Augenmerk für die Details des Textes und ihr Engagement, Shira Dushy für ihre Hilfe bei der Arbeit an den letzten Details des Manuskripts.

Ich bin meiner Familie dankbar für ihre Liebe, die für mich alles ist und immer alles war. Am allermeisten danke ich meinem Mann Roy für seine Unterstützung und dafür, für mich da zu sein, in all den glücklichen wie in den schmerzhaften Momenten, die mein Schreiben begleitet haben. Ohne seine Liebe wäre dieses Buch nicht möglich gewesen. Und meinen Kindern, die der Geschichte von Philoktet so oft zur Schlafenszeit gelauscht haben: Ich danke Ori für unsere Gespräche und ihre wunderschönen Fragen, Adam für sein einzigartiges Zartgefühl und seine Fähigkeit, mich auch in schmerzhaften Momenten zum Lachen zu bringen, und Yotam, dessen Betrachtungen über das Mitgefühl dieses Buch begleiten.

Die Arbeit entstand inmitten vieler Gespräche mit Werner Hamacher. Ich bin dankbar für seine Aufmerksamkeit, seine Großzügigkeit und seinen Glauben an das Projekt. Werner verstarb am 7. Juli 2017 – nur einige Monate bevor das Manuskript fertiggestellt wurde. Unser letztes Treffen war der Erörterung der letzten Details gewidmet. Es ist sehr traurig, dass er nicht mehr erleben konnte, es gedruckt zu sehen. Das Buch ist ihm gewidmet.

# Siglenverzeichnis

AS Hamacher, Werner: Afformativ, Streik. In: Christiaan L. Hart Nibbrig (Hrsg.): *Was heißt ‚Darstellen'?* Frankfurt am Main: Suhrkamp 1994, S. 340–371.

E Rousseau, Jean-Jacques: *Emile oder Über die Erziehung*, aus d. Franz. v. Eleonore Sckommodau / Martin Rang, hrsg. v. Tim Zumhof. Stuttgart: Reclam 2019.

EUS Rousseau, Jean-Jacques: Essay über den Ursprung der Sprachen. In: Ders.: *Musik und Sprache. Ausgewählte Schriften*, aus d. Franz. v. Dorothea Gülke / Peter Gülke. Wilhelmshaven: Heinrichshofen 1984, S. 99–168.

FHA Herder, Johann Gottfried: *Werke in zehn Bänden*, hrsg. v. Martin Bollacher et al. Frankfurt am Main: Deutscher Klassiker Verlag 1985–2000.

GA Heidegger, Martin: *Gesamtausgabe*, hrsg. v. Friedrich-Wilhelm von Herrmann et al. Frankfurt am Main: Vittorio Klostermann 1975–2022.

GPh Gide, André: Philoktet oder Der Traktat von den drei Arten der Tugend. In: Ders.: *Gesammelte Werke in zwölf Bänden*, Bd. XI, hrsg. v. Raimund Theis / Peter Schnyder. Stuttgart: Deutsche Verlags-Anstalt 1999, S. 235–257.

KA Cavell, Stanley: Knowing and Acknowledging. In: Ders.: *Must We Mean What We Say? A Book of Essays*. Cambridge: Cambridge UP 1976, S. 238–266.

MPh Müller, Heiner: Philoktet. In: Ders.: *Stücke*. hrsg. v. Joachim Fiebach. Berlin: Henschelverlag 1988, S. 117–146.

SPh Sophokles: *Philoktet*, aus d. Griech. v. Wolfgang Schadewaldt, hrsg. v. Hellmut Flashar. Frankfurt am Main / Leipzig: Insel 1999.

# Literaturverzeichnis

Adelung, Johann Christoph: *Grammatisch-kritisches Wörterbuch der hochdeutschen Mundart*, Bd. 1. Leipzig: Breitkopf 1793.

Agamben, Giorgio: *Was von Auschwitz bleibt. Das Archiv und der Zeuge*, aus d. Ital. v. Stefan Monhardt. Frankfurt am Main: Suhrkamp 2003.

*Kindheit und Geschichte. Zerstörung der Erfahrung und Ursprung der Geschichte*, aus d. Ital. v. Davide Giuriato. Frankfurt am Main: Suhrkamp 2004.

*Sprache und Tod. Ein Seminar über den Ort der Negativität*, aus d. Ital. v. Andreas Hiepko. Frankfurt am Main: Suhrkamp 2007.

*Das Offene. Der Mensch und das Tier*, aus d. Ital. v. Davide Giuriato. Frankfurt am Main: Suhrkamp 2014.

Améry, Jean: *Jenseits von Schuld und Sühne. Bewältigungsversuche eines Überwältigten*. München: dtv 1970.

Arendt, Hannah: *Vita Activa oder Vom tätigen Leben*. Stuttgart: Kohlhammer 1960.

Aristoteles: *Hermeneutik. Peri Hermeneias*. Griechisch / deutsch, hrsg. u. aus d. Griech. v. Hermann Weidemann. Berlin / Boston: de Gruyter 2015.

Asad, Talal: *Ordnungen des Säkularen. Christentum, Islam, Moderne*, aus d. Amerik. v. Uwe Hebekus. Konstanz: Konstanz UP 2017.

Austin, John L.: *Zur Theorie der Sprechakte (How to Do Things with Words)*, aus d. Engl. v. Eike von Savigny. Stuttgart: Reclam 1979.

Barnard, Frederick M.: *Herder's Social and Political Thought from Enlightenment to Nationalism*. Oxford: Clarendon 1967.

Bataille, Georges: *Die innere Erfahrung nebst Methode der Meditation und Postskriptum 1953*, aus d. Franz. u. hrsg. v. Gerd Bergfleth. München: Matthes & Seitz 1999.

Baumann, Thomas: *North German Opera in the Age of Goethe*. Cambridge: Cambridge UP 1985.

Beiser, Frederick C.: *The Fate of Reason. German Philosophy from Kant to Fichte*. Cambridge, MA: Harvard UP 1987.

Berlin and the German Counter-Enlightenment. In: *Transactions of the American Philosophical Society* 93,5 (2003): Isaiah Berlin's Counter-Enlightenment, hrsg. v. Joseph Mali / Rober Wokler, S. 105–116.

Bending, Lucy: *The Representation of Bodily Pain in Late Nineteenth-Century English Culture*. Oxford: Clarendon 2000.

Berlin, Isaiah: *Vico and Herder. Two Studies in the History of Ideas*. London: Hogarth 1976.

Blanchot, Maurice: *L'entretien infini*. Paris: Gallimard 1995.

*Die uneingestehbare Gemeinschaft*, aus d. Franz. v. Gerd Bergfleth. Berlin: Matthes & Seitz 2007.

Blok, Vincent: An Indication of Being. Reflections on Heidegger's Engagement with Ernst Jünger. In: *Journal of the British Society for Phenomenology* 42,2 (2011), S. 194–208.

Brogan, Walter: Listening to the Silence. Reticence and the Call of Conscience in Heidegger's Philosophy. In: Jeffrey Powell (Hrsg.): *Heidegger and Language*. Bloomington: Indiana UP 2013, S. 32–45.

Bruns, Gerald L.: Language, Pain and Fear. In: *Iowa Review* 11,2 (1980), S. 131–132.

Budelmann, Felix: The Reception of Sophocles' Representation of Physical Pain. In: *American Journal of Philology* 128,4 (2007), S. 443–467.

Cassirer, Ernst: *Zur Metaphysik der symbolischen Form*, hrsg. v. John Michael Krois. Hamburg: Meiner 1995.

*Gesammelte Werke. Hamburger Ausgabe*, Bd. 5: Das Erkenntnisproblem in der Philosophie und Wissenschaft der neueren Zeit, Vierter Band: Von Hegels Tod bis zur Gegenwart (1832–1932), hrsg. v. Birgit Recki. Text u. Anm. v. Tobias Berben / Dagmar Vogel. Hamburg: Meiner 2000.

Cavell, Stanley: Knowing and Acknowledging. In: Ders.: *Must We Mean What We Say? A Book of Essays*. Cambridge: Cambridge UP 1976, S. 238–266.

In Quest of the Ordinary. Texts of Recovery. In: Morris Eaves / Michael Fischer (Hrsg.): *Romanticism and Contemporary Criticism*. Ithaca / London: Cornell UP 1986, S. 183–239.

*In Quest of the Ordinary. Lines of Skepticism and Romanticism*. Chicago: U of Chicago P 1988.

Comments on Veena Das's Essay "Language and Body. Transactions in the Construction of Pain". In: *Daedalus* 125,1 (1996), S. 93–98.

*Der Anspruch der Vernunft. Wittgenstein, Skeptizismus, Moral und Tragödie*, aus d. Engl. v. Christiana Goldmann. Frankfurt am Main: Suhrkamp 2006.

Celan, Paul: Tübingen, Jänner. In: Ders.: *Gesammelte Werke in sieben Bänden*, Bd. 1: Gedichte, hrsg. v. Beda Alleman / Stefan Reichert. Frankfurt am Main: Suhrkamp 2000, S. 226.

Cioran, Emile M.: *Auf den Gipfeln der Verzweiflung*, aus d. Rumän. v. Ferdinand Leopold. Frankfurt am Main: Suhrkamp 1989.

Comay, Rebecca: Paradoxes of Lament. Benjamin and Hamlet. In: Ilit Ferber / Paula Schwebel (Hrsg.): *Lament in Jewish Thought. Philosophical, Theological, and Literary Perspectives*. Berlin: de Gruyter 2014, S. 257–275.

Cover, Robert M.: Violence and the Word. In: *Yale Faculty Scholarship Series* 2708 (1986), S. 1601–1629.

Dahlstrom, Daniel O.: The Aesthetic Holism of Hamann, Herder and Schiller. In: Karl Ameriks (Hrsg.): *The Cambridge Companion to German Idealism*. Cambridge: Cambridge UP 2017, S. 76–94.

Das, Veena: Language and Body. Transactions in the Construction of Pain. In: *Daedalus* 125,1 (1996), S. 67–91.

Daudet, Alphonse: *Im Land der Schmerzen*, aus d. Franz. v. Dirk Hemjeoltmanns. Bremen: Manholt 2003.

Derrida, Jacques: *Grammatologie*, aus d. Franz. v. Hans-Jörg Rheinberger / Hanns Zischler. Frankfurt am Main: Suhrkamp 1994.

Heideggers Ohr. In: Ders.: *Politik der Freundschaft*, aus d. Franz. v. Stefan Lorenzer. Frankfurt am Main: Suhrkamp 2002, S. 413--493.

*Marx & Sons*, aus d. Franz. v. Jürgen Schröder. Frankfurt am Main: Suhrkamp 2004.

DeSouza, Nigel: Language, Reason, and Sociability. Herder's Critique of Rousseau. In: *Intellectual History Review* 22,2 (2012), S. 221–240.

Dickinson, Emily: *Sämtliche Gedichte*. Englisch / deutsch, aus d. Amerik. v. Gunhild Kübler. München: Hanser 2015.

Dugdale, Eric: Philoctetes. In: Rosanna Lauriola / Kyriakos N. Demetriou (Hrsg.): *Brill's Companion to the Reception of Sophocles*. Leiden / Boston: Brill 2017, S. 77–145.

Durantaye, Leland de la: *Giorgio Agamben. A Critical Introduction*. Stanford: Stanford UP 2009.

Eldridge, Richard T. / Bernard Rhie (Hrsg.): *Stanley Cavell and Literary Studies. Consequences of Skepticism*. New York: Continuum 2011.

Eldridge, Richard T.: Philosophy and the Achievement of Community. Rorty, Cavell, and Criticism. In: *Metaphilosophy* 14 (1983), S. 107–125.

Introduction. Between Acknowledgement and Avoidance. In: Ders. (Hrsg.): *Stanley Cavell*. Cambridge: Cambridge UP 2003, S. 1–14.

Euripides: *Telephos*, hrsg. u. aus d. Griech. v. Claudia Preiser. Hildesheim / Zürich / New York: Olms 2000.

Felman, Shoshana: *The Scandal of the Speaking Body. Don Juan with J. L. Austin, or Seduction in Two Languages*. Stanford: Stanford UP 2003.

Fenves, Peter: *Der späte Kant. Für ein anderes Gesetz der Erde*, aus d. Amerik. v. Thomas Schestag. Göttingen: Wallstein 2010.

Ferber, Ilit: A Wound without Pain. Freud on Aphasia. In: *Naharaim. Zeitschrift für deutsch-jüdische Literatur- und Kulturgeschichte* 4 (2010), S. 133–151.

Aphasie, Trauma und Freuds schmerzlose Wunde. In: Christine Kirchhoff / Gerhard Scharbert (Hrsg.): *Freuds Referenzen*. Berlin: Kadmos 2012, S. 145–167.

A Language of the Border. On Scholem's Theory of Lament. In: *Journal of Jewish Thought and Philosophy* 12,2 (2013), S. 161–186.

„Schmerz war ein Staudamm". Benjamin über den Schmerz. In: *Benjamin-Studien* 3 (2014), S. 165–177.

Pain as Yardstick. Jean Améry. In: *Journal of French and Francophone Philosophy* 24,3 (2016), S. 3–16.

Wandering about Language. In: *Philosophy Today* 61,4 (2017), S. 1005–1012.

Fitzpatrick, Peter: Why the Law Is Also Nonviolent. In: Austin Sarat (Hrsg.): *Law, Violence, and the Possibility of Justice*. Princeton: Princeton UP, 2001, S. 142–173.

Forrester, John: *Language and the Origins of Psychoanalysis*. London: Macmillan 1980.

Forster, Michael N.: Herder's Philosophy of Language, Interpretation, and Translation. Three Fundamental Principles. In: *Review of Metaphysics* 56,2 (2002), S. 323–356.

Gods, Animals, and Artists. Some Problem Cases in Herder's Philosophy of Language. In: *Inquiry* 46 (2003), S. 65–96.

Freud, Sigmund: Hemmung, Symptom und Angst. In: Ders.: *Gesammelte Werke*, Bd. 14, hrsg. v. Anna Freud u. a. London: Imago 1948, S. 111–205.

Zur Einführung des Narzißmus. In: Ders.: *Gesammelte Werke*, Bd. 10, hrsg. v. Anna Freud et al. London: Imago 1946, S. 137–170.

Manuskript G (Melancholie). In: Ders.: *Briefe an Wilhelm Fliess 1887–1904*, hrsg. v. Jeffrey Moussaieff Masson. Frankfurt am Main: Fischer 1986, S. 96–106.

Trauer und Melancholie. In: Ders.: *Gesammelte Werke*, Bd. 10, hrsg. v. Anna Freud et al. London: Imago 1946, S. 427–446.

Friedlander, Eli: *J. J. Rousseau. An Afterlife of Words*. Cambridge: Harvard UP 2004.

Gide, André: Philoktet oder Der Traktat von den drei Arten der Tugend. In: Ders.: *Gesammelte Werke in zwölf Bänden*, Bd. XI, hrsg. v. Raimund Theis / Peter Schnyder. Stuttgart: Deutsche Verlags-Anstalt 1999, S. 235–257.

Greenberg, Valerie D.: *Freud and His Aphasia Book*. Ithaca: Cornell UP 1997.

Gustafson, Susan E. / McCormick Gustafson: Sadomasochism, Mutilation, and Men. Lessings 'Laokoon', Herders 'Kritische Wälder', Gerstenbergs 'Ugolino' and the Storm and Stress of Drama. In: *Poetics Today* 20,2 (1999): Lessing's Laokoon. Context and Reception, S. 197–218.

Hall, Edith: Ancient Greek Responses to Suffering. Thinking with Philoctetes. In: Jeff Malpas / Norelle Lickiss (Hrsg.): *Perspectives on Human Suffering*. Dordrecht: Springer 2012, S. 155–169.

Hamacher, Werner: Afformativ, Streik. In: Christiaan L. Hart Nibbrig (Hrsg.): *Was heißt ,Darstellen'?* Frankfurt am Main: Suhrkamp 1994, S. 340–371.

Das Versprechen der Auslegung. Zum hermeneutischen Imperativ bei Kant und Nietzsche. In: Ders.: *Entferntes Verstehen. Studien zu Philosophie und Literatur von Kant bis Celan*. Frankfurt am Main: Suhrkamp 1998, S. 49–112.

Die Sekunde der Inversion. Bewegungen einer Figur durch Celans Gedichte. In: Ders.: *Entferntes Verstehen. Studien zu Philosophie und Literatur von Kant bis Celan*. Frankfurt am Main: Suhrkamp 1998, S. 324–368.

95 Thesen zur Philologie. In: Ders.: *Was zu sagen bleibt*. Schupfart: Engeler 2019, S. 51–76.

*Andere Schmerzen*. Zürich: Diaphanes 2022.

Hamann, Johann Georg: *Sämtliche Werke*, Bd. III: Schriften über Sprache / Mysterien / Vernunft (1772–1788), hrsg. v. Josef Nadler. Wien: Herder 1951.

Hanly, Peter: Marking Silence. Heidegger and Herder on Word and Origin. In: *Studies in Christian Philosophy* (*Studia Philosophiae Christianae*) 4 (2013), S. 69–86.

Dark Celebration. Heidegger's Silent Music. In: Jeffrey Powell (Hrsg.): *Heidegger and Language*. Bloomington: Indiana UP 2013, S. 240–264.

Harloe, Katherine: Sympathy, Tragedy, and the Morality of Sentiment in Lessing's Lacooon. In: Avi Lifschitz / Michael Squire (Hrsg.): *Rethinking Lessing's Laocoon*. Oxford: Oxford UP 2017, S. 157–176.

Heaney, Seamus: *The Cure at Troy. A Version of Sophocles' Philoctetes*. New York: Farrar, Straus & Giroux 1991.

Hegel, Georg Wilhelm Friedrich: *Enzyklopädie der philosophischen Wissenschaften im Grundrisse. Dritter Theil. Die Philosophie des Geistes*, hrsg. v. Ludwig Bouman. Berlin: Duncker & Humblot 1845.

Heidegger, Martin: *Gesamtausgabe*. Hrsg. v. Friedrich-Wilhelm von Herrmann et al. Frankfurt am Main: Vittorio Klostermann 1975–2022.

*Pathmarks*, hrsg. u. aus d. Deut. v. Wiliam McNeil. Cambridge: Cambridge UP 1998.

Herder, Johann Gottfried: Philoktetes. Scenen mit Gesang. In: *Johann Gottfried von Herder's sämmtliche Werke*, Abt. 2: Zur schönen Literatur und Kunst, sechster Theil: Dramatische Stücke und Dichtungen, hrsg. v. D. Wilhelm Gottfried v. Herder. Tübingen: Cotta 1806, S. 113–126.

Über die Fähigkeit zu sprechen und zu hören. In: Ders.: *Herders Sämmtliche Werke*, Bd. 18, hrsg. v. Bernhard Suphan. Berlin: Weidmannsche Buchhandlung 1883, S. 384–390.

Fragmente zu einer Archäologie des Morgenlandes. In: Ders.: *Herders Sämmtliche Werke*, Bd. 6, hrsg. v. Bernhard Suphan. Berlin: Weidmannsche Buchhandlung 1883, S. 1–129.

Abhandlung über den Ursprung der Sprache. In: Ders.: *Herders Sämmtliche Werke*, Bd. 5, hrsg. v. Bernhard Suphan. Berlin: Weidmannsche Buchhandlung 1891, S. 1–154.

*Abhandlung über den Ursprung der Sprache. Text, Materialien, Kommentar*, hrsg. v. Wolfgang Proß. München / Wien: Hanser 1978.

*Werke in zehn Bänden*, hrsg. v. Martin Bollacher et al. Frankfurt am Main: Deutscher Klassiker Verlag 1985–2000.

Treatise on the Origin of Language. In: Ders.: *Philosophical Writings*, aus d. Deut. u. hrsg. v. Michael N. Forster. Cambridge: Cambridge UP 2002, S. 66–164.

Hume, David: *Ein Traktat über die menschliche Natur*, Bd. 2, hrsg. v. Horst D. Brandt, auf der Grundlage der Übers. aus d. Engl. v. Theodor Lipps. Hamburg: Meiner 2013.

Hyslop, Alec: *Other Minds*. Dordrecht: Kluwer 1995.

Inwood, Michael: *A Heidegger Dictionary*. Oxford: Blackwell 1999.

Kant, Immanuel: Mutmaßlicher Anfang der Menschengeschichte. In: Ders.: *Was ist Aufklärung? Ausgewählte kleine Schriften*, hrsg. v. Horst D. Brandt. Hamburg: Meiner 1999, S. 28–44.

Kenaan, Hagi: Language, Philosophy and the Risk of Failure. Rereading the Debate between Searle and Derrida. In: *Continental Philosophy Review* 35 (2002), S. 117–133.

*The Present Personal. Philosophy and the Hidden Face of Language*. New York: Columbia UP 2004.

Kittler, Friedrich: *Aufschreibesysteme 1800. 1900.* 4. überarb. Aufl. München: Fink 2003.

Knox, Bernard M. W.: *The Heroic Temper. Studies in Sophoclean Tragedy*. Berkley: U of California P 1983.

Kosak, Jennifer Clarke: Therapeutic Touch and Sophokles' *Philoktetes*. In: *Harvard Studies in Classical Philology* 99 (1999), S. 93–134.

Kovacs, George: Heidegger in Dialogue with Herder. Crossing the Language of Metaphysics towards Be-ing-historical Language. In: *Heidegger Studies* 17 (2001), S. 45–63.

Lessing, Gotthold Ephraim: Laokoon oder über die Grenzen der Malerei und Poesie. In: Ders.: *Werke und Briefe in zwölf Bänden*, Bd. 5/2, hrsg. v. Wilfried Barner. Frankfurt am Main: DKV 1990, S. 11–464.

Lestition, Steven: Countering, Transposing, or Negating the Enlightenment? A Response to Robert Norton. In: *Journal of the History of Ideas* 6,4 (2007), S. 659–681.

Levinas, Emanuel: *Die Zeit und der Andere*, aus d. Franz. v. Ludwig Wenzler. Hamburg: Meiner 1984.

*Zwischen uns. Versuche über das Denken an den Anderen*, aus d. Franz. v. Frank Miething. München / Wien: Hanser 1995.

Lewis, C. S.: *Über den Schmerz*, aus d. Engl. v. Hildegard Pieper / Josef Pieper. München: Kösel 1978.

Lifschitz, Avi: *Language and the Enlightenment. The Berlin Debates of the Eighteenth Century.* Oxford: Oxford UP 2012.

Language as a Means and an Obstacle to Freedom. The Case of Moses Mendelssohn. In: Quentin Skinner / Martin van Gelderen (Hrsg.): *Freedom and the Construction of Europe*, Bd. 2. Cambridge: Cambridge UP 2013, S. 84–102.

Macarthur, David: Cavell on Skepticism and the Importance of Not-Knowing. In: *Conversations. Journal of Cavellian Studies* 2 (2014), S. 2–23.

Man, Paul de: Die Rhetorik der Blindheit. Jacques Derridas Rousseauinterpretation. In: Ders.: *Die Ideologie des Ästhetischen*, aus d. Amerik. v. Jürgen Blasius, hrsg. v. Christoph Menke. Suhrkamp: Frankfurt am Main 1993, S. 185–230.

*Allegorien des Lesens II. Die Rousseau-Aufsätze*, aus d. Amerik. v. Sylvia Rexing-Lieberwirht, hrsg. v. Gerhard Poppenberg. Berlin: Matthes & Seitz 2012.

Mandel, Oscar: *Philoctetes and the Fall of Troy. Documents, Iconography, Interpretations*. Lincoln: U of Nebraska P 1981.

Marion, Jean-Luc: *In Excess. Studies of Saturated Phenomena*, aus d. Franz. v. Robyn Horner / Vincent Berraud. Fordham UP 2002.

Marshall, David: *The Figure of Theater. Shaftesbury, Defoe, Adam Smith, and George Eliot*. New York: Columbia UP 1986.

*The Surprising Effects of Sympathy. Marivaux, Diderot, Rousseau, and Mary Shelley*. Chicago: Chicago UP 1988.

Mendelssohn, Moses: Sendschreiben an den Herrn Magister Lessing in Leipzig. In: Ders.: *Gesammelte Schriften*. Jubiläumsausgabe. Bd. 2: Schriften zur Philosophie und Ästhetik, hrsg. v. Fritz Bamberger / Alexander Altmann / Ismar Elbogen. Stuttgart: Fromman 1972, S. 81–110.

Meyer, Matthew: Reflective Listening in Heraclitus. In: *International Journal of Listening* 21,1 (2007), S. 57–65.

Mitchell, Andrew J.: Entering the World of Pain. Heidegger. In: *Telos* 150 (2010), S. 83–96.

Mitchell, W. J. T.: The Politics of Genre. Space and Time in Lessing's Laocoon. In: *Representations* 6 (1984), S. 98–115.

Mooney, Edward: Acknowledgement, Suffering, and Praise. Stanley Cavell as Religious Continental Thinker. In: *Soundings. An Interdisciplinary Journal* 88,3–4 (2005), S. 393–411.

Moore, Gregory Martin: Introduction. In: Johann Gottfried Herder: *Selected Writings on Aesthetics*, hrsg. u. aus d. Deut. v. Gregory Martin Moore. Princeton: Princeton U P 2006, S. 1–30.

Morris, David B.: *The Culture of Pain*. Berkley: U of California P 1993.

*Geschichte des Schmerzes*, aus d. Amerik. v. Ursula Gräfe. Frankfurt am Main: Insel 1994.

Mücke, Dorothea E. von: *Virtue and the Veil of Illusion. Generic Innovation and the Pedagogical Project in Eighteenth-Century Literature*. Stanford: Stanford UP 1991.

Müller, Heiner: Philoktet. In: Ders.: *Stücke*, hrsg. v. Joachim Fiebach. Berlin: Henschelverlag 1988, S. 117–146.

Mulhall, Stephen: *Stanley Cavell. Philosophy's Recounting of the Ordinary*. Oxford: Oxford UP 1994.

Nagel, Thomas: *Der Blick von nirgendwo*, aus d. Engl. v. Michael Gebauer. Frankfurt am Main: Suhrkamp 1992.

Nancy, Jean-Luc: *Die undarstellbare Gemeinschaft*, aus d. Franz. v. Gisela Febel / Jutta Legueil. Stuttgart: Schwarz 1988.

Norton, Robert E.: The Myth of the Counter-Enlightenment. In: *Journal of the History of Ideas* 68,4 (2007), S. 635–658.

Isaiah Berlin's 'Expressionism,' or 'Ha! Du Bist das Blökende!'. In: *Journal of the History of Ideas* 69,2 (2008), S. 339–347.

Nussbaum, Martha: *Upheavals of Thought. The Intelligence of Emotions*. Cambridge: Cambridge UP 2003.

Oliver, Kelly: *Animal Lessons. How They Teach Us to Be Human*. New York: Columbia UP 2009.

Pontalis, Jean-Bertrand: *Zwischen Traum und Schmerz*, aus d. Franz. v. Hans-Dieter Gondek. Frankfurt am Main: Fischer 1998.

Richter, Simon: *Laocoon's Body and the Aesthetics of Pain. Winckelmann, Lessing, Herder, Moritz, Goethe*. Detroit: Wayne State UP 1992.

Ricœur, Paul: Violence and Language. In: Ders.: *Political and Social Essays*, aus d. Franz. v. David Stewart / Joseph Bien. Athens: Ohio UP 1974, S. 32–41.

Rilke, Rainer Maria: Die Sonette an Orpheus. In: Ders.: *Werke. Kommentierte Ausgabe in vier Bänden*. Bd. 2: Gedichte 1910–1926, hrsg. v. Manfred Engel / Ulrich Fülleborn. Frankfurt am Main / Leipzig: Insel 1996, S. 237–272.

Rizzuto, Anna-Maria: Freud's Speech Apparatus and Spontaneous Speech. In: *International Journal of Psycho-Analysis* 74 (1993), S. 113–127.

Rousseau, Jean-Jacques: Essay über den Ursprung der Sprachen. In: Ders.: *Musik und Sprache. Ausgewählte Schriften*, aus d. Franz. v. Dorothea Gülke / Peter Gülke. Wilhelmshaven: Heinrichshofen 1984, S. 99–168.

*Diskurs über die Ungleichheit. Discours sur l'inégalité*. Kritische Ausgabe des integralen Textes, 2. durchges. u. erg. Aufl., hrsg. u. aus d. Franz. v. Heinrich Meier. Paderborn: Schöningh 1990.

Examen de deux principes avancés par M. Rameau. In: Ders.: *Oeuvres completes*. Bd. V: Écrits sur la musique, la langue et le théatre, hrsg. v. Bernard Gagnebin / Marcel Raymond. Paris: Gallimard 1995, S. 344–370.

*Emile oder Über die Erziehung*, aus d. Franz. v. Eleonore Sckommodau / Martin Rang, hrsg. v. Tim Zumhof. Stuttgart: Reclam 2019.

Rudowski, Victor Anthony: Lessing Contra Winckelmann. In: *Journal of Aesthetics and Art Criticism* 44,3 (1986), S. 235–243.

Scarry, Elaine: *The Body in Pain. The Making and Unmaking of the World*. Oxford: Oxford UP 1985.

*Der Körper im Schmerz. Die Chiffren der Verletzlichkeit und die Erfindung der Kultur*, aus d. Amerik. v. Michael Bischoff. Frankfurt am Main: Fischer 1992.

Sikka, Sonia: Heidegger's Concept of Volk. In: *Philosophical Forum* 26,2 (1994), S. 101–126.

Herder on the Relation between Language and World. In: *History of Philosophy Quarterly* 21,2 (2004), S. 183–200.

Herder's Critique of Pure Reason. In: *Review of Metaphysics* 61,1 (2007), S. 47–48.

*Herder on Humanity and Cultural Difference. Enlightened Relativism*. Cambridge: Cambridge UP 2011.

Singer, Peter: Unspeakable Acts [Rezension zu E. Scarry: The Body in Pain. The Making and Unmaking of the World und E. Peters: Torture]. In: *New York Review of Books*, 27.02.1986. https://www.nybooks.com/articles/1986/02/27/unspeakable-acts/ (Zugriff am 21.02.2023).

Smith, Adam: *Theorie der ethischen Gefühle*, aus d. Engl. v. Walther Eckstein. Hamburg: Meiner 2010.

Smith, Peter / O. R. Jones: *The Philosophy of Mind. An Introduction*. Cambridge: Cambridge UP 1986.

Sontag, Susan: *Krankheit als Metapher*, aus d. Amerik. v. Karin Kersten / Caroline Neubaur. München / Wien: Hanser 1980.

Sophokles: *Tragödien und Fragmente*. Griechisch / deutsch, hrsg. u. aus d. Griech. v. Wilhelm Willige. München: Ernst Heimeran 1966.

*Philoktet*, aus d. Griech. v. Wolfgang Schadewaldt, hrsg. v. Hellmut Flashar. Frankfurt am Main / Leipzig: Insel 1999.

Philoctetes. In: Ders.: *Four Tragedies, Ajax, Women of Trachis, Electra, Philoctetes*, aus d. Griech. v. Peter Meineck / Paul Woodruff. Indianapolis: Hacket 2007.

*Philoktet*, hrsg. u. aus d. Griech. v. Bernd Manuwald. Berlin / Boston: de Gruyter 2018.

Stephens, J. Ceri: The Wound of Philoctetes. In: *Mnemosyne* 48 (1995), S. 153–168.

Taylor, Charles: *Hegel*, aus d. Engl. v. Gerhard Fehn. Frankfurt am Main: Suhrkamp 1978.

The Importance of Herder. In: Edna Ullmann-Margalit / Avishai Margalit (Hrsg.): *Isaiah Berlin. A Celebration*. Chicago / London: U of Chicago P 1991, S. 40–63.

Heidegger, Language, and Ecology. In: Ders.: *Philosophical Arguments*. Cambridge, MA: Harvard UP 1995, S. 100–126.

*Quellen des Selbst. Die Entstehung der neuzeitlichen Identität*, aus d. Engl. v. Joachim Schulte. Frankfurt am Main: Suhrkamp 1996.

*The Language Animal. The Full Shape of the Human Linguistic Capacity*. Cambridge, MA / London: Harvard UP 2016.

Terada, Rei: *Feeling in Theory. Emotion after the "Death of the Subject"*. Cambridge, MA: Harvard UP 2001.

Terezakis, Katie: *The Immanent Word. The Turn to Language in German Philosophy 1759–1801*. New York: Routledge 2007.

Trabant, Jürgen: Herder's Discovery of the Ear. In: Kurt Mueller-Vollmer (Hrsg.): *Herder Today. Contributions from the International Herder Conference*. Berlin: de Gruyter 1990, S. 345–366.

Uexküll, Jakob Johann von: *Streifzüge durch die Umwelten von Tieren und Menschen. Ein Bilderbuch unsichtbarer Welten*. Hamburg: Rowohlt 1956.

Vetlesen, Arne Johan: *A Philosophy of Pain*, aus d. Norweg. v. John Irons. London: Reaktion 2009.

Vries, Hent de: From "Ghost in the Machine" to "Spiritual Auomaton". Philosophical Meditation in Wittgenstein, Cavell, and Levinas. In: *International Journal of the Philosophy of Religion* 60 (2006), S. 77–97.

Weissberg, Liliane: Language's Wound. Herder, Philoctetes, and the Origin of Speech. In: *Modern Language Notes* 104,3 (1989), S. 548–578.

Wellbery, David E.: *Lessing's Laocoon. Semiotics and Aesthetics in the Age of Reason*. Cambridge: Cambridge UP 1984.

*The Specular Moment. Goethe's Early Lyric and the Beginning of Romanticism*. Stanford: Stanford UP 1996.

Wilson, Edmund: *The Wound and the Bow. Seven Studies in Literature*. London: Allen 1952.

Winckelmann, Johann Joachim: *Schriften und Nachlaß Bd. 4. Geschichte der Kunst des Alterthums*. Text: Erste Auflage Dresden 1764. Zweite Auflage Wien 1776, hrsg. v. Adolf H. Borbein / Thomas W. Gaethgens / Johannes Irmscher / Max Kunze. Mainz: Philipp von Zabern 2002.

*Gedancken über die Nachahmung der Griechischen Wercke in der Mahlerey und Bildhauer-Kunst*, hrsg. v. Max Kunze. Stuttgart: Reclam 2013.

Wittgenstein, Ludwig: *Das Blaue Buch. Eine Philosophische Betrachtung (Das braune Buch)*. Werkausgabe, Bd. 5. Frankfurt am Main: Suhrkamp 1984.

Über Gewißheit. In: Ders.: *Werkausgabe*, Bd. 8, neu durchgesehen v. Joachim Schulte. Frankfurt am Main: Suhrkamp 1984, S. 113–258.

*Philosophische Untersuchungen*. In: Ders.: *Werkausgabe*, Bd. 1, neu durchgesehen v. Joachim Schulte. Frankfurt am Main: Suhrkamp 2006, S. 225–580.

Woolf, Virginia: *Die Wellen*, aus d. Engl. v. Maria Bosse-Sporleder, hrsg. v. Klaus Reichert. Frankfurt am Main: Fischer 1994.

Über das Kranksein. In: Dies.: *Der Augenblick. Essays*, aus d. Engl. v. Hannelore Faden / Helmut Viebrock, hrsg. v. Klaus Reichert. Frankfurt am Main: Fischer 1996, S. 13–27.

Zuckert, Rachel: Sculpture and Touch. Herder's Aesthetics of Sculpture. In: *Journal of Aesthetics and Art Criticism* 67,3 (2009), S. 285–299.

# Abbildungsverzeichnis

## Promesse – Kritische Studien zu Philosophie, Ästhetik, Geschichte und Religion

hrsg. von Anne Eusterschulte / Ansgar Martins

**Bd. 1:** ***„Der Schein des Lichts, der ins Gefängnis selber fällt"***
***Religion, Metaphysik, Kritische Theorie***

hrsg. von Dirk Braunstein / Grazyna Jurewicz / Ansgar Martins
ISBN: 978-3-95808-117-8
390 S., 28 €

**Bd. 3:** ***Echo im Sprachwald***
***Figuren dialektischen Hörens bei Walter Benjamin***

von Martin Mettin
ISBN: 978-3-95808-238-0
148 S., 19 €

**Bd. 4:** ***Ultima Philosophia***
***Zur Transformation von Metaphysik nach Adorno***

hrsg. von Julia Jopp / Ansgar Martins / Hanna Zoe Trauer / Kathrin Witter
ISBN: 978-3-95808-314-1
246 S., 24 €

**Bd. 5:** ***Kritik(en) des Leidens***

hrsg. von Erika Benini / Anne Eusterschulte
ISBN: 978-3-95808-243-4
ca. 390 S., 29 €

**Bd. 6:** ***„Denn das Wahre ist das Ganze nicht..."***
***Beiträge zur Negativen Anthropologie Ulrich Sonnemanns***

hrsg. von Tobias Heinze / Martin Mettin
ISBN: 978-3-95808-337-0
412 S., 30 €

Das Projekt wurde unterstützt durch den Kadar Family Award for Outstanding Research.

**Bibliografische Information der Deutschen Nationalbibliothek**
Die Deutsche Nationalbibliothek verzeichnet diese
Publikation in der Deutschen Nationalbibliografie;
detaillierte bibliografische Daten sind im Internet
über http://dnb.d-nb.de abrufbar.



Aus dem Englischen übersetzt von Peter Brandes.

www.neofelis-verlag.de


Umschlaggestaltung: Marija Skara
Lektorat & Satz: Neofelis Verlag (nw / vf)
Klimaneutraler Druck: PRESSEL Digitaler Produktionsdruck, Remshalden
Gedruckt auf FSC-zertifiziertem Papier.
ISBN (Print): 978-3-95808-418-6
ISBN (PDF): 978-3-95808-469-8